国家社会科学基金重点项目"数字化视角下推进以县城为重要载体的城镇化建设研究"(项目编号：21AZD049）

县城城镇化数字化协同发展研究

Research on the Digital Coordinated
Development of County Urbanization

李燕凌 著

中国社会科学出版社

图书在版编目（CIP）数据

县城城镇化数字化协同发展研究 / 李燕凌著.
北京：中国社会科学出版社，2024.12. -- ISBN 978-7-5227-4498-8

Ⅰ. F299.21

中国国家版本馆 CIP 数据核字第 2024FH6888 号

出　版　人	赵剑英
责任编辑	刘晓红
责任校对	阎红蕾
责任印制	戴　宽
出　　版	中国社会科学出版社
社　　址	北京鼓楼西大街甲 158 号
邮　　编	100720
网　　址	http://www.csspw.cn
发　行　部	010-84083685
门　市　部	010-84029450
经　　销	新华书店及其他书店
印刷装订	北京君升印刷有限公司
版　　次	2024 年 12 月第 1 版
印　　次	2024 年 12 月第 1 次印刷
开　　本	710×1000　1/16
印　　张	21.5
字　　数	344 千字
定　　价	119.00 元

凡购买中国社会科学出版社图书，如有质量问题请与本社营销中心联系调换
电话：010-84083683
版权所有　侵权必究

目 录

第一章 绪论 …………………………………………………… 1

 第一节 研究背景与意义 ……………………………………… 1
 第二节 研究的主要内容 ……………………………………… 20
 第三节 研究思路与创新 ……………………………………… 30

第二章 县城城镇化数字化协同发展的研究进展与分析框架 ……… 37

 第一节 相关概念界定 ………………………………………… 37
 第二节 县城城镇化数字化协同发展的研究进展 …………… 45
 第三节 县城城镇化数字化协同发展的三维驱动分析框架 … 77

第三章 县城城镇化数字化协同发展的理论基础、实践探索与研究设计 …………………………………………………… 82

 第一节 县城城镇化数字化协同发展的理论基础 …………… 82
 第二节 县城城镇化数字化协同发展的实践探索 …………… 98
 第三节 县城城镇化数字化协同发展的研究设计 …………… 115

第四章 空间结构调整与数字化协同：以县城为重要载体的数字城镇建设 …………………………………………………… 129

 第一节 空间结构调整与数字化协同的理论框架 …………… 129
 第二节 空间结构调整与数字化协同水平测度与组态分析 … 143
 第三节 空间结构调整与数字化协同的结论与启示 ………… 163

第五章 产业结构转型与数字化协同：以县城为重要载体的数字产业发展 …… 170

　　第一节　产业结构转型与数字化协同的理论框架 …… 170
　　第二节　产业结构转型与数字化协同水平测度与组态分析 …… 182
　　第三节　产业结构转型与数字化协同的结论与启示 …… 201

第六章 治理结构变革与数字化协同：以县城为重要载体的数字公民形塑 …… 209

　　第一节　治理结构变革与数字化协同的理论框架 …… 209
　　第二节　治理结构变革与数字化协同水平测度与组态分析 …… 221
　　第三节　治理结构变革与数字化协同的结论与启示 …… 240

第七章 迈向整体智治：县城城镇化数字化协同发展的优化路径 …… 247

　　第一节　数字县城建设整体智治的理论框架 …… 247
　　第二节　县城城镇化数字化协同发展的组态分析 …… 259
　　第三节　县城城镇化数字化协同发展的优化路径 …… 277

第八章 研究结论与成果价值 …… 286

　　第一节　研究结论 …… 287
　　第二节　成果价值 …… 289

参考文献 …… 293

后　记 …… 336

第一章

绪 论

第一节 研究背景与意义

郡县治则天下安，县域强则国家富。党的十九届五中全会通过的《中共中央关于制定国民经济和社会发展第十四个五年规划和二〇三五年远景目标的建议》明确提出"推进以县城为重要载体的城镇化建设"。[①] 这是以习近平同志为核心的党中央，在准确理解中国社会主要矛盾的前提下，对提升城镇化发展水平所作出的重大决策安排。2022年5月，《中办国办印发〈关于推进以县城为重要载体的城镇化建设的意见〉》对县城建设的指导原则、工作标准及其发展目标进行了清晰的战略规划。[②] 党的二十大报告特别指出，要"以城市群、都市圈为依托构建大中小城市协调发展格局，推进以县城为重要载体的城镇化建设"。[③] 县城城镇化建设，是"加快形成以国内大循环为主体、国内国际双循环相互促进的新发展格局"的因时而动、因势而行之举。在党的十九届五中全会召开之际，习近平总书记指出，"我国现有1881个

[①] 《中共中央关于制定国民经济和社会发展第十四个五年规划和二〇三五年远景目标的建议（二〇二〇年十月二十九日中国共产党第十九届中央委员会第五次全体会议通过）》，《人民日报》2020年11月4日第1、3版。

[②] 《中办国办印发〈关于推进以县城为重要载体的城镇化建设的意见〉》，《人民日报》2022年5月7日第1版。

[③] 习近平：《高举中国特色社会主义伟大旗帜 为全面建设社会主义现代化国家而团结奋斗——在中国共产党第二十次全国代表大会上的报告（2022年10月16日）》，人民出版社2022年版，第32页。

县市，农民到县城买房子、向县城集聚的现象很普遍，要选择一批条件好的县城重点发展，加强政策引导，使之成为扩大内需的重要支撑点"。① 由此可见，县城城镇化不仅是增加投资、刺激消费、推行扩大内需策略的关键步骤，也是推动城乡一体化发展的强有力的行动。

推进以县城为重要载体的城镇化建设是一项伟大的系统工程，既包括在空间维度上实现落后农村向现代化城镇的转换，也包括传统农业向现代农业的转型，更包括农民向市民的转变，是一个空间、产业和人口多维度高质量发展的"三农三变"过程。特别是在人口维度上，它不仅要求农民户籍城镇化，以及进城农民享受城镇居民同等的基本公共服务，更重要的是要求加快实现进城农民参与城镇建设全面治理，真正成为城镇的"主人"，实现农业转移人口市民化。当前，新一代信息技术加速突破，深度融入经济社会民生各领域、全过程，为城镇化高质量发展提供更大的动力支持。虽然中国大城市、城市圈、城市群数字化发展水平较高，一些领域甚至处于国际领先水平，但是现阶段中国县域数字化发展的基础还十分薄弱，亟须补短板强弱项，在空间结构调整、产业结构转型、治理结构变革等多重维度上，还停留于传统管理模式，采取传统管理方法，纵向间政府财权与事权分离、横向间政府与社会边界不明，事权管得过死、监督滞后、"数据孤岛"、权责不清。"数字化"是破解县城空间结构调整、产业结构转型、治理结构变革过程中所面临现实问题的一把"金钥匙"，为以高质量发展推进县城城镇化提供重要支持。

一 战略靶向

（一）县城城镇化建设的目标任务

县城城镇化建设是党中央根据新发展阶段总体战略提出的一项重大命题，也是国家"十四五"规划的重要内容。在党的十九届五中全会审议通过的《中共中央关于制定国民经济和社会发展第十四个五年规划和二〇三五年远景目标的建议》②（以下简称《建议》）中，包含

---

① 《我国城市化道路怎么走？习近平总书记这样回答》，求是网，http://www.qstheory.cn/laigao/ycjx/2020-11/04/c_1126697064.htm。
② 《中共中央关于制定国民经济和社会发展第十四个五年规划和二〇三五年远景目标的建议（二〇二〇年十月二十九日中国共产党第十九届中央委员会第五次全体会议通过）》，《人民日报》2020年11月4日第1、3版。

"县城"、"城镇"和"城镇化"的表述有10处之多。其中,在《建议》的第一部分,明确提出"基本实现新型工业化、信息化、城镇化、农业现代化"的目标;在《建议》的第二部分,提出"形成强大国内市场,推进新型基础设施、新型城镇化、交通水利等重大工程建设";在《建议》的第七部分,提出"强化县城综合服务能力"和"统筹县域城镇和村庄规划建设";在《建议》的第八部分,分别提出"完善新型城镇化战略""推进以人为核心的新型城镇化""促进大中小城市和小城镇协调发展""加强城镇老旧小区改造和社区建设""完善财政转移支付和城镇新增建设用地规模与农业转移人口市民化挂钩政策""推进以县城为重要载体的城镇化建设"。从党中央的上述重大决策部署中可以看出,中国新型城镇化战略和政策体系越来越突出"县城"这一重要载体,这不仅是就近就地城镇化战略指向的重要内容,也是促进城乡融合发展、全面推进乡村振兴、增进人民生活福祉的重要举措。

在战略实施中,2022年,《中办国办印发〈关于推进以县城为重要载体的城镇化建设的意见〉》[1](以下简称《意见》)开宗明义地指出,"县城是我国城镇体系的重要组成部分,是城乡融合发展的关键支撑,对促进新型城镇化建设、构建新型工农城乡关系具有重要意义",而且全面系统地阐述了县城城镇化的建设标准和政策支持。《意见》还提出,"到2025年,以县城为重要载体的城镇化建设取得重要进展,县城短板弱项进一步补齐补强,一批具有良好区位优势和产业基础、资源环境承载能力较强、集聚人口经济条件较好的县城建设取得明显成效"。在党的十九届五中全会前后,国家发展改革委先后印发了《关于加快开展县城城镇化补短板强弱项工作的通知》(以下简称《通知》)[2]及若干配套文件,构筑出"1+N+X"系列政策体系,支持县城建设发展。上述政策实践进一步彰显了县城城镇化在高质量推进中国式现代化的实践探索中的独特地位和重要作用,是中国式城镇化新道路

---

[1] 《中办国办印发〈关于推进以县城为重要载体的城镇化建设的意见〉》,《人民日报》2022年5月7日第1版。
[2] 国家发展改革委:《国家发展改革委关于加快开展县城城镇化补短板强弱项工作的通知》,国家发展和改革委员会,https://www.ndrc.gov.cn/xxgk/zcfb/tz/202006/t20200603_1229778.html。

县城城镇化数字化协同发展研究

的重要体现。

(二) 县城城镇化数字化协同发展

在县城城镇化建设进程中,"城镇化"与"数字化"的"两化协同"是县城城镇化建设进程的"靶向"。正如习近平总书记在党的十九届五中全会上所指出的,要将"坚持系统观念"作为"十四五"时期必须遵循的原则之一,"数字化"不仅是新型城镇化的显著标志,也是解开县城城镇化建设过程中各种矛盾的一把"金钥匙"。

第一,《建议》用"六个融合"的相关表述为"数字化"整体性嵌入"城镇化"指明了战略思路。①"六个融合"的主要内容包括:推动互联网、大数据、人工智能等同各产业深度融合,培育新技术、新产品、新业态、新模式;推动现代服务业同先进制造业、现代农业深度融合,加快推进服务业数字化;推动数字经济和实体经济深度融合,发展数字经济,加强数字社会、数字政府建设,提升公共服务、社会治理等数字化智能化水平;促进线上线下消费融合发展,开拓城乡消费市场;发展县域经济,推动农村第一、第二、第三产业融合发展,丰富乡村经济业态,拓展农民增收空间;健全城乡融合发展机制,推动城乡要素平等交换、双向流动,增强农业农村发展活力。

第二,《意见》明确提出"推进数字化改造"。② 其主要任务是建设新型基础设施,发展数字县城;推动第五代移动通信网络规模化部署,建设高速光纤宽带网络;推行县城运行一网统管,促进市政公用设施及建筑等物联网应用、智能化改造,部署智能电表和智能水表等感知终端;推行政务服务一网通办,提供工商、税务、证照证明、行政许可等办事便利;推行公共服务一网通享,促进学校、医院、图书馆等资源数字化。

第三,《通知》进一步指出,"围绕市政公用设施提档升级,推进市政交通设施、市政管网设施、配送投递设施、老旧小区更新改造和县

---

① 《中共中央关于制定国民经济和社会发展第十四个五年规划和二〇三五年远景目标的建议(二〇二〇年十月二十九日中国共产党第十九届中央委员会第五次全体会议通过)》,《人民日报》2020年11月4日第1、3版。

② 《中办国办印发〈关于推进以县城为重要载体的城镇化建设的意见〉》,《人民日报》2022年5月7日第1版。

4

城智慧化改造"。① 国家发展改革委办公厅发布的《关于加快落实新型城镇化建设补短板强弱项工作有序推进县城智慧化改造的通知》具体指出，要"针对县城基础设施、公共服务、社会治理、产业发展、数字生态等方面存在短板和薄弱环节，利用大数据、人工智能、5G等数字技术，在具备一定基础的地区推进县城智慧化改造建设，着力补短板、强弱项、重实效。发挥项目的引领示范作用，提升县城数字化、网络化、智能化基础设施水平，有效提高政府公共服务水平、社会治理效能，不断增强人民群众获得感、幸福感、安全感，持续优化产业发展环境，有力支撑新型城镇化建设和县域经济社会高质量发展"。②

二 政策逻辑

县城城镇化数字化协同发展逻辑，内嵌于"面向现代化新征程的新型城镇化—以县城为重要载体的新型城镇化—数字赋能县城城镇化"的政策脉络中。

（一）面向现代化新征程的新型城镇化逻辑

2013年12月，习近平总书记在中央城镇化会议中指出，"城镇化是现代化的必由之路"，"推进城镇化是解决农业、农村、农民问题的重要途径，是推动区域协调发展的有力支撑，是扩大内需和促进产业升级的重要抓手，对全面建成小康社会、加快推进社会主义现代化具有重大现实意义和深远历史意义"。③ 党的二十大报告指出："推进以人为核心的新型城镇化，加快农业转移人口市民化。以城市群、都市圈为依托构建大中小城市协调发展格局，推进以县城为重要载体的城镇化建设。"④ 这些重要论述指明了推进新型城镇化建设的重要性。

中国的现代化进程离不开新型城镇化。相较于西方发达国家，中国

---

① 国家发展改革委：《关于加快开展县城城镇化补短板强弱项工作的通知》，国家发展和改革委员会，https://www.ndrc.gov.cn/xxgk/zcfb/tz/202006/t20200603_1229778.html。
② 国家发展改革委办公厅：《关于加快落实新型城镇化建设补短板强弱项工作有序推进县城智慧化改造的通知》，国家发展和改革委员会，https://www.ndrc.gov.cn/xxgk/zcfb/tz/202007/t20200728_1234739.html?code=&state=123。
③ 张晓松等：《人到哪去·钱从哪来·地怎么管——中央城镇化工作会议回应社会三大关切》，中国政府网，http://www.gov.cn/jrzg/2013-12/15/content_2547953.htm。
④ 习近平：《高举中国特色社会主义伟大旗帜　为全面建设社会主义现代化国家而团结奋斗——在中国共产党第二十次全国代表大会上的报告》，人民出版社2022年版，第32页。

的现代化进程并不是一个"串联式"的过程,而是一个"并联式"的进程,这个过程涵盖了工业化、信息化、城镇化及农业现代化的交织发展。显然,中国的城镇化进程需要在两次现代化转变期间完成。一方面,城镇化为新型工业化提供了生产要素和初级创新,同时也为信息化提供了技术应用的场所;另一方面,城镇化推动了农业现代化进程,并促进了农业产业结构调整。

基于国家战略的深层需求,中国逐步塑造出一种以人民为中心、以优质生活品质为目标的新型城镇化发展理念。与工业化、信息化、农业现代化相比,新型城镇化侧重"人"的现代化。在"人"的现代化的理解中,至少包括三个层面:一是与"物"对应的"人",即从"以物为本"到"以人为本"。在过去,城市的扩张主要依赖土地利用,而现在,新型城镇化将重心转向人的城镇化。二是与"群体人"对应的"个体人"。现代化的核心问题在于人的主体性,人的主体地位、能力和素质是衡量现代化进程的重要指标。在过去,中国主要依赖经济增长推动城镇化,过分强调"人"作为城市建设的"资源"作用。而新型城镇化倡导给予每位城市个体平等的生存、发展及参与机会。三是与"部分人"对应的"每个人"。过去的快速城镇化在某种程度上忽略了农民工、农民等相对弱势群体的发展需求,而新型城镇化强调"惠及全体",让更多的人公平地享受城镇化红利。因此,"人"的现代化是新型城镇化高质量发展的核心。①

新型城镇化建设还需要引入信息化思维、借助数字化赋能。当前,全球新一轮科技与产业革命正在深入发展,一大批新型与先进技术如互联网、物联网、大数据、云计算、人工智能竞相创立并加速向各领域各方面广泛渗透。在世界进入第五代移动通信技术(5G)时代的当下,城市作为承载人口、资源、产业等的空间单元,也需要接受大数据的洗礼与锻造。中国早在 2019 年 10 月就在河北省(雄安新区)、浙江省、福建省、广东省、重庆市、四川省 6 个地区启动了国家数字经济创新发

---

① 张蔚文:《城镇化是现代化的必由之路》,光明网,https://guancha.gmw.cn/2022-05/09/content_35722936.htm。

展试验区的建设。① 截至 2022 年 5 月，中国数字经济占 GDP 总量的 40% 左右，已成为稳定经济增长、促使业态创新升级、缩小城乡数字鸿沟的重要力量。②

中国式现代化的新征程包含"新阶段、新理念、新格局"三个关键因素，即中国特色社会主义现代化建设步入了新的发展阶段，实施了新的发展理念，形成了新的发展格局，这是党中央在充分考虑世界百年未有之大变局与中国大发展后所作出的战略选择。

第一，新发展阶段的新型城镇化建设凸显高质量发展主题。习近平总书记指出："高质量发展，就是能够很好满足人民日益增长的美好生活需要的发展，是体现新发展理念的发展，是创新成为第一动力、协调成为内生特点、绿色成为普遍形态、开放成为必由之路、共享成为根本目的的发展。"③ 新型城镇化的高质量发展包含高质量的人文环境、高品质的生态环境、高效率的经济环境等诸多方面。④ 因此，我们需要将新型城镇化建设与经济社会的高质量发展有机结合，不仅要关注以国内大循环为主体的新发展格局，还应强调县城在扩大内需、带动投资、促进消费、拉动经济中发挥的"增长点"作用，也应遵循"以人为核心"的新型城镇化价值皈依，牢牢把握县城在促进城乡融合发展、推进乡村振兴中的"辐射带动"功能。

第二，以人民为中心的发展思想是新型城镇化的根本指引。大规模流动人口为城镇化发展注入活力，释放消费潜力和投资需求，同时也促进了北京、上海、广州、深圳等大城市的发展。尽管如此，大城市高昂的生活成本和显著的文化差异，仍使众多农村人口陷入既想迁移又无法定居的尴尬处境。同时，远距离的流动还引发了一系列的社会难题。县城是县域政治、经济、文化和交通的中心。县城城镇化的发展，不仅能

---

① 《国家数字经济创新发展试验区启动建设》，中国政府网，https://www.gov.cn/xinwen/2019-10/20/content_5442574.htm。
② 白华兵：《小县城"新故事"，一场城镇化升级赛》，新京报网，https://www.bjnews.com.cn/detail/165224000314697.html。
③ 习近平：《关于〈中共中央关于制定国民经济和社会发展第十四个五年规划和二〇三五年远景目标的建议〉的说明》，《人民日报》2020 年 11 月 4 日第 2 版。
④ 方创琳：《中国新型城镇化高质量发展的规律性与重点方向》，《地理研究》2019 年第 1 期。

为农村人口提供广阔的发展空间，还能为农村人口提供参与城镇化建设的机会。《意见》提出，"顺应县城人口流动变化趋势"，"防止人口流失县城盲目建设"。[1] 由此可见，县城城镇化需要紧扣人口流动方向、资源环境承载能力、经济社会发展基础来服务人民、提升人民生活水平。

第三，构建新发展格局客观上要求完善城镇化的空间布局。当前，中国城镇化已经步入中后期的发展时期，其增长的步伐正在逐渐放缓。追求更高层次、更优质的新型城镇化不仅能顺应公众期盼，还能在时代前进潮流中把握主动、赢得未来。新型城镇化是以人为核心的城镇化，致力于满足人的自由和全面发展需求。促进县城城镇化与数字化"两化协同"，既有利于解决农业转移人口落户城镇难题，拓展城乡发展空间，又有利于突破农业农村数字瓶颈，释放数字活力。

（二）县城城镇化的现实需求以及建设逻辑

党的十九大提出实施乡村振兴战略。[2] 在随后制定的《乡村振兴战略规划（2018—2022年）》中，又把坚持城乡融合发展作为促进乡村振兴的重要基点，提出要"推动城乡要素自由流动、平等交换，推动新型工业化、信息化、城镇化、农业现代化同步发展，加快形成工农互促、城乡互补、全面融合、共同繁荣的新型工农城乡关系"[3]。

从城市学的角度来看，城乡的联系犹如一枚硬币的正反两面，紧密而又相互依赖。从城市系统科学的角度来看，我们可以发现，"城市病"如交通拥挤、人口过密、环境污染等与"乡村病"如耕地空置、乡村空巢、产业空心等有着密切的联系。加快城乡融合发展是新时代解决"城市病"和"乡村病"的重要途径。从政策层面来看，城乡融合发展的关键在于以要素融合为动力，逐步实现城乡居民基本权益平等化，也就是说，"同城同待遇"是重要的，这需要我们将大规模的数据积累作为推动质的飞跃的动力，以便为达到"同城同待遇"的理想状态打下坚实的基础。新时代新征程推进城乡融合发展，重点就在县城。

---

[1] 《中办国办印发〈关于推进以县城为重要载体的城镇化建设的意见〉》，《人民日报》2022年5月7日第1版。

[2] 唐任伍：《新时代乡村振兴战略的实施路径及策略》，《人民论坛·学术前沿》2018年第3期。

[3] 《中共中央 国务院印发〈乡村振兴战略规划（2018—2022年）〉》，中国政府网，https://www.gov.cn/zhengce/2018-09-26/content_5325534.htm。

需要围绕技术革新、区域协同、优化品质等方面内容,提升县城破解城乡发展问题的服务功能。

(三)县城城镇化与数字化的协同发展逻辑

从2008年国际商业机器公司(IBM)首次引入"智慧地球"开始,智慧城市在全国范围内得到迅速发展。在这个过程中,它经历了一系列的迭代和演变,并逐渐形成如下几个关键阶段:2010年11月到2012年10月的萌芽发展阶段、2012年11月到2014年8月的初级发展阶段、2014年9月到2016年11月的快速阶段,2016年12月到2018年12月的深度发展阶段,以及2019年1月以来的融合发展阶段。[①]

国家发展改革委办公厅下发的《关于加快落实新型城镇化建设补短板强弱项工作有序推进县城智慧化改造的通知》指出,要"针对县城基础设施、公共服务、社会治理、产业发展、数字生态等方面存在短板和薄弱环节,利用大数据、人工智能、5G等数字技术,在具备一定基础的地区推进县城智慧化改造建设,着力补短板、强弱项、重实效。发挥项目的引领示范作用,提升县城数字化、网络化、智能化基础设施水平,有效提高政府公共服务水平、社会治理效能,不断增强人民群众获得感、幸福感、安全感,持续优化产业发展环境,有力支撑新型城镇化建设和县域经济社会高质量发展"。[②] 县城城镇化数字化协同发展是促进传统农村向"数字城镇"转变、传统农业向"数字产业"转变、传统农民向"数字公民"转变的重要途径。这对激活新的经济增长点,全方位推动乡村振兴,党的十九届五中全会提出,强化以工补农、以城带乡,推动形成工农互促、城乡互补、协调发展、共同繁荣的新型工农城乡关系,加快农业农村现代化。可改为"推动形成工农相互促进、城乡相互补充、协调发展,具有十分重要的价值。"从理论上看,县城城镇化数字化协同发展主要以数字赋能贯穿全过程,从而促进数据要素与空间结构调整、产业结构转型、治理结构变革之间的充分交互。然

---

① 郑烨、姜蕴珊:《走进智慧城市:中国智慧城市研究的十年发展脉络与主题谱系》,《公共管理与政策评论》2021年第5期。
② 《国家发展改革委办公厅关于加快落实新型城镇化建设补短板强弱项工作有序推进县城智慧化改造的通知》,国家发展和改革委员会,https://www.ndrc.gov.cn/xxgk/zcfb/tz/202007/t20200728_1234739.html?code=&state=123。

而，现阶段中国县域数字化发展的基础还十分薄弱，面临着数字化基础设施配备不足、核心技术薄弱、产业数字化转型困难等困境。为此，应加快完善数字化基础设施，发挥数据要素价值，促进传统产业和中小企业数字化转型，协调好城镇化发展过程中的财权、事权、数据权三者的关系，以此推动县城城镇化数字化高质量协同发展。

三 问题提出

党的十八大以来，随着对城镇化规律认识的加深，在更高位阶上来调适城乡关系、推进城乡融合的政策不断推出。党的十九届五中全会正式提出，"推进以县城为重要载体的城镇化建设"。① 2022 年，中办、国办印发的《意见》指出，"县城是我国城镇体系的重要组成部分，是城乡融合发展的关键支撑，对促进新型城镇化建设、构建新型工农城乡关系具有重要意义"，要求"推进数字化改造"，"发展数字县城"。② 这深刻表明，新型城镇化建设已然迈向直面大中城市"城市病"与大量中小城镇低质量问题并存的新阶段。

基于上述背景，本书将"县城城镇化"和"县城数字化"的交汇点——"数字县城"作为研究的逻辑起点和对象，将其视为"大国三农+中国之治"的一个重要观测点、"城镇化结构变革+数字化技术变革"的一个重要切入点，力求回应四个关键性问题：一是阐释中国特色新型城镇化战略为何以县城为重要载体。二是分析县城城镇化建设为何走数字化智能化道路。三是解释在县城城镇化建设过程中，如何通过空间结构调整与数字化协同、产业结构转型与数字化协同、治理结构变革与数字化协同，促进传统农村向"数字城镇"转变、传统农业向"数字产业"转变、传统农民向"数字公民"转变。四是阐述如何在"整体智治"的思维指导下，通过"三农三变——一核五治"，促进县城城镇化数字化协同发展。

由于"推进以县城为重要载体的城镇化"建设是党的十九届五中

---

① 《中共中央关于制定国民经济和社会发展第十四个五年规划和二〇三五年远景目标的建议（二〇二〇年十月二十九日中国共产党第十九届中央委员会第五次全体会议通过）》，《人民日报》2020 年 11 月 4 日第 1、3 版。
② 《中办国办印发〈关于推进以县城为重要载体的城镇化建设的意见〉》，《人民日报》2022 年 5 月 7 日第 1 版。

全会提出的一个新命题,学术界对此命题的直接探讨和解读还相对较少。少量的相关文献主要是从"县域"而非"县城"的城镇化角度展开的,还有一些文献是在探讨新型城镇化问题时采用城乡融合的视角,从而间接谈及"县域"或"县城"建设问题。这些研究的主要启示包括:一是相关文献阐明了"以人为核心"是新型城镇化的核心理念,资源的高效利用、环境友好、协调发展是新型城镇化的基本特征。二是新型城镇化研究的核心内容是城镇化的模式选择。相关文献从不同的视角对中国城镇化模式进行了探讨,典型的如以城乡关系为视角的"城乡融合型城镇化模式"、以城市群规模结构和空间布局为视角的"多元协调型城镇化模式"、以资源利用为视角的"集约型城镇化模式"、以社会关系为视角的"和谐型城镇化模式"、以人地关系为视角的"可持续城镇化模式"等。上述分析为我们分析县城城镇化建设相关问题提供了多元视角、多种范畴,揭示了在未来研究中有可能采用的"视角"和"定点"。三是在相关文献中,关于县域经济发展、城乡基本公共服务供给、县域社会治理的文献相对较多,并有少量文献指出"数字技术"是新一轮城镇化的显著标志,这些文献不仅为本书明确县城城镇化研究的重点领域提供了参考,也提示我们,"城镇化"与"数字化"之间存在某种耦合关系。然而,相关文献对"县城"这一特定的城镇化区域关注较少,分析框架的适配性不够;对城镇化的分析视角侧重某一方面,包容性不强;由于当前中国新发展阶段的时代背景发生了显著变化,上述研究无法全面精准地反映"新发展阶段贯彻新发展理念的新要求"特征。对"县城城镇化"与"县城数字化"耦合关系、互促机制、重点领域和实现路径的研究很少,亟待进一步丰富和深化。因此,需要进一步结合党的十九届五中全会精神,建构具有适配性、包容性、时代性和充分解释力的县城城镇化数字化协同发展的三维驱动分析框架,进一步在"数字化"视角下展开空间结构调整、产业结构转型、治理结构变革的相关探讨。

(一)新型城镇化战略为何将县城作为重要载体

党的十九届五中全会提出"推进以县城为重要载体的城镇化建设",是在"两个一百年"奋斗目标历史交汇点上统筹"两个大局"的必然结果。受新冠疫情的冲击,全球贸易和投资大幅下降,国际市场环境恶化对中国大城市发展构成巨大压力。加快县城城镇化发展，是"加快形成以国内大循环为主体、国内国际双循环相互促进的新发展格局"的因时而动、因势而行之举。在党的十九届五中全会召开之际，习近平总书记指出，"我国现有1881个县市，农民到县城买房子、向县城集聚的现象很普遍，要选择一批条件好的县城重点发展，加强政策引导，使之成为扩大内需的重要支撑点"。[①] 在中国，县城扮演着促进工业化和城镇化的关键角色，是城市和乡村融合发展的枢纽平台，也是加快农业农村现代化进程的重要着力点。推进县城城镇化建设，不仅是增加投资、刺激消费、扩大内需的关键环节，也是改善国土空间布局、推动城乡一体化发展的强有力的行动。可见，这一战略具有鲜明的中国特色、深刻的内在逻辑、重大的战略意义。然而，相关学术研究明显滞后于时代发展实践。一方面，作为舶来品的西方城市化理论免不了"时代拘囿"与"西方中心化"的负效应；另一方面，中国特色城镇化理论尚不成熟，学界对中国城镇化模式一直存在"道路之争"，许多文献把大城市、城市圈与县城、小城镇发展作为对立的两极，对城镇体系中"县城"角色及其功能缺乏足够重视。

随着中国城镇化"超速发展"带来的挑战越发突出，尤其是在国际环境变得越发复杂、不稳定且充满未知的情况下，构建具有时空适配性的中国特色新型城镇化理论成为当务之急，县城城镇化建设的实践也就成为重要的历史命题。党的十九届五中全会提出"新发展阶段—新发展理念—新发展格局"的主线，进一步探讨当代中国城镇化建设"为何以县城为重要载体"的内在逻辑，既有助于对西方城市化理论进行合理扬弃，推动形成中国特色新型城镇化理论，也有助于对中国城镇化进程中遇到的问题进行诊断、反思和应对，推进以县城为重要载体的中国城镇化建设实践。

（二）县城城镇化建设为何走数字协同发展新路

全球新一轮科技与产业革命正在深入发展，一大批新型与先进技术如互联网、物联网、大数据、云计算、人工智能竞相创立并加速向各领

---

① 《我国城市化道路怎么走？习近平总书记这样回答》，求是网，http://www.qstheory.cn/laigao/ycjx/2020-11/04/c_1126697064.htm。

域各方面广泛渗透。党的二十大报告明确概括了中国式现代化是人口规模巨大的现代化、是全体人民共同富裕的现代化、是物质文明和精神文明相协调的现代化、是人与自然和谐共生的现代化、是走和平发展道路的现代化。[①] 信息化数字化驱动引领中国式现代化，为全面建设社会主义现代化国家、全面推进中华民族伟大复兴带来千载难逢的机遇。城镇作为由多类元素、多种功能联结耦合成的庞大而复杂的社会系统，作为承载人口、资源、产业等的空间单元，在整体上生动体现出对这些新技术的需求。在城镇化进程中，我们遇到了许多挑战。这些挑战包括中央政府和地方政府的政策冲突、城镇的承载力和对外来人口的超负荷压力、城镇的空间结构调整、产业结构转型、治理结构变革等，协调好财权、事权、数据权三者关系，是推进县城城镇化建设的核心问题。

新型城镇化以人为核心的城镇化、以县城为重要载体，既要求以县城为中心，又要辐射乡村小城镇，服务广大城乡居民。但是，综合解决空间结构调整、产业结构转型和治理结构变革过程中的错综复杂的矛盾，既没有建立起完整的政府管理财权、事权和数据权有机统一的理论，实践中也存在大量数据壁垒，不仅县城数字化技术落后，而且数字社会和数字政府建设滞后。在新型城镇化推进过程中，数字技术与城镇的融合变成了新型城镇化的核心内容或显著标志，"全要素数字化转型"成为基本要求。县城城镇化建设并不是一种简单的技术活动，而是一项系统工程，不仅需要花大力气推动，还要把握正确的路径、着眼解决关键的问题。因此，加强县城城镇化数字化理论建设迫在眉睫，同时，站在全面深化改革的战略高度，落实"放管服"改革要求，把建设重点放在符合县级实际、满足县级需求、服务县级功能的数字化发展之上，更多依靠市场化的迭代来主导"数字化供应链"、"数字化营商环境"和"数字化公共服务环境"，也是新型城镇化建设在"数字化视角"下需要进一步关注和回应的重要议题。

（三）县城城镇化数字化协同发展包含哪些内容

党的十九届五中全会为推进县城城镇化建设指明了方向。我们亟待

---

① 习近平：《高举中国特色社会主义伟大旗帜　为全面建设社会主义现代化国家而团结奋斗——在中国共产党第二十次全国代表大会上的报告》，人民出版社2022年版，第22页。

以"现实问题"为靶心、以科技创新和全面深化改革为动力，做好供给侧与需求端两方面结构性改革，用数字化这把"金钥匙"打开各种问题之锁，针对县城空间结构调整与数字化协同、产业结构转型与数字化协同、治理结构变革与数字化协同的重点领域和关键问题，加强理论与实践创新研究。

第一，空间结构调整与数字化协同：以县城为重要载体的数字城镇建设。国土空间作为国民赖以生存和发展的场景，是经济社会活动的重要载体。改革开放以来，伴随城镇化进程的持续推进，国土空间开发程度显著提高，国民生活生产领域与自然场景的交互叠加越发深入复杂，对国土空间科学、合理、有效布局提出必然要求、带来巨大挑战。党的二十大报告提出，要"优化国土空间发展格局""构建优势互补、高质量发展的区域经济布局和国土空间体系"。[①] 对于国土空间发展格局，我们需要在"五级三类"（国家、省、市、县、乡镇级与总体规划、详细规划和相关专项规划）中，科学地确定"三区三线"（生态空间、农业空间、城镇空间和生态保护红线、永久基本农田保护红线、城镇开发边界），加大底线约束，以此来构筑高质量发展的国土空间布局和支撑体系。[②] "十四五"时期，我们需要深刻理解县城在推动工业化、城镇化及城乡融合发展中的核心地位，并深度挖掘县城在支撑新型城镇化建设中的巨大潜力，将以县城为重要载体的数字城镇建设作为新型城镇化建设的主要抓手。"生产—生活—生态"的空间利用不仅体现了人类在特定的政治、经济、社会、自然环境及科技背景下的行为，也构成了城市社会经济发展的关键基石。随着中国城镇化步伐的加快，人们在城市中的工作和生活需要的空间越来越大，"生产—生活—生态"空间利用的失衡已经导致环境的恶化、自然生态系统的衰败、基础设施不完善及缺乏活力等一连串的问题。在当前的中国行政架构中，县级是一个关键的承接部分，上接地市、省级管辖，下管乡镇、村，发挥着资源配置及

---

① 习近平：《高举中国特色社会主义伟大旗帜　为全面建设社会主义现代化国家而团结奋斗——在中国共产党第二十次全国代表大会上的报告》，人民出版社 2022 年版，第 31—32 页。

② 《优化国土空间发展格局　促进区域协调发展》，中工网，https：//www.workercn.cn/c/2023-02-21/7741030.shtml。

社会治理的功能。以"数字技术"为切入点,加快推进县城补短板强弱项,既有助于优化县城"生产—生活—生态"空间发展,也有助于推动县城高质量城镇化进程。

第二,产业结构转型与数字化协同:以县城为重要载体的数字产业发展。数字产业发展是县城城镇化发展的核心动力之一。党的十九届五中全会报告指出:加快发展现代产业体系,坚持把发展经济着力点放在实体经济上,坚定不移建设制造强国、质量强国、网络强国、数字中国,推进产业基础高级化、产业链现代化,提高经济质量效益和核心竞争力,推动经济体系优化升级。[1] 党的二十大报告提出,"建设现代化产业体系","坚持把发展经济的着力点放在实体经济上","加快发展数字经济,促进数字经济和实体经济深度融合,打造具有国际竞争力的数字产业集群"。[2] 因此,加快建设以实体经济为支撑的现代化产业体系,夯实产业基础,不仅是促进产业供需良性互动、巩固壮大实体经济根基的客观要求,也是重塑中国国际合作和竞争新优势、实现经济高质量发展的关键环节。我们需要在战略层面和整体视野下精准理解并执行中央对于加快发展现代产业体系及推动经济体系优化升级的战略意义与发展规划,以科技创新催生新发展动能,与时俱进提升经济发展水平。尽管如此,中国产业层次仍总体偏低,产业链条不够完整,供应链在全球的价值链上位列较低的位置。同时,产业集聚水平不高,产业集群数字化配套发展滞后,现代服务业遭遇人力资源、资本、技术、数据等多个方面的挑战。面对诸多困难,要想实现城镇化的高质量发展,数字经济需不断"下沉"。县城作为最基本的运行单元,是中国推进城镇化的重要支撑,也是促进城乡融合发展的重要一环、培育竞争新优势的重要载体,对中国国民经济和社会发展质量提升具有不可替代的作用。特别是当下中国县域经济总体进入效益优先、动能释放、开放协同的关键发展阶段,新旧交织、破立并存。在这个过程中,以县城为重要载体的数

---

[1] 《中共中央关于制定国民经济和社会发展第十四个五年规划和二〇三五年远景目标的建议(二〇二〇年十月二十九日中国共产党第十九届中央委员会第五次全体会议通过)》,《人民日报》2020年11月4日第1、3版。

[2] 习近平:《高举中国特色社会主义伟大旗帜 为全面建设社会主义现代化国家而团结奋斗——在中国共产党第二十次全国代表大会上的报告》,人民出版社2022年版,第30页。

字产业发展在发展城镇化方面具有巨大潜力和广阔空间。

第三,治理结构变革与数字化协同:以县城为重要载体的数字公民形塑。党的十九届五中全会指出,"改善人民生活品质,提高社会建设水平。健全基本公共服务体系,完善共建共治共享的社会治理制度,扎实推动共同富裕"。① 2022 年 3 月,国家发展改革委印发的《2022 年新型城镇化和城乡融合发展重点任务》明确提出,"坚持把推进农业转移人口市民化作为新型城镇化首要任务,重点针对存量未落户人口深化户籍制度改革,健全常住地提供基本公共服务制度,提高农业转移人口融入城市水平"。② 在过去的很长一段时期里,中国城市的发展主要侧重大城市的建设,并通过这种方式推动城镇化的进程。与此同时,"大城市病"也随之产生,如人口过密、房价高企、公共服务短缺、环境污染等。同时,随着人口流动和城市格局的变迁,一个区域的中心城市吸收了周边城市的各种资源,导致周边的乡村地区或者中小城市发展受阻。在大城市人满为患、都市病频发的大背景下,县城城镇化建设在降低落户门槛的同时,倒逼城市内涵式发展,使发展成果更好地满足人民生活的多元要求,从而真正实现"人民城市人民建,人民城市为人民"的目标。

(四) 如何整体智治推进县城城镇化数字化协同

本书以党的十九届五中全会提出的"推进以县城为重要载体的城镇化建设"这一新命题为切入口,在承继以人为核心的新型城镇化理论的基础上,拟系统性地嵌入"数字化"维度,探索县城城镇化数字化协同发展路径。因此,必须回应以下难题:一是如何认识"县城城镇化"与"县城数字化"的耦合机制。二是如何通过空间结构调整与数字化协同、产业结构转型与数字化协同、治理结构变革与数字化协同,促进传统农村向"数字城镇"转变、传统农业向"数字产业"转变、传统农民向"数字公民"转变。三是如何通过"三农三变——一核五治"的分类指导、分层推进,强化县城城镇化要素保障,探索出一条县城城镇化

---

① 《中共中央关于制定国民经济和社会发展第十四个五年规划和二〇三五年远景目标的建议(二〇二〇年十月二十九日中国共产党第十九届中央委员会第五次全体会议通过)》,《人民日报》2020 年 11 月 4 日第 1、3 版。

② 国家发展改革委:《2022 年新型城镇化和城乡融合发展重点任务》,中国政府网,https://www.gov.cn/zhengce/zhengceku/2022-03/22/content_5680416.htm。

数字化协同发展的整体智治新路径，助力县城高质量发展。

值得注意的是，县城城镇化建设不仅是一个空间结构调整、产业结构转型或治理结构变革的问题，而且是一个需要从公共管理视野中予以关注的综合性问题，涉及县域政治、法治、德治、自治、智治等重点领域。"政治统领、法治保障、德治教化、自治强基、智治支撑"植根于中国特色社会主义伟大实践，是新发展阶段推动县城城镇化高质量发展的着力点，具有重大的理论创新、实践创新、时代创新意义。同时，推进以人为核心的新型城镇化，对提升城乡要素配置效率、提高人民生活质量具有重要意义。因此，在"整体智治"的思维指导下，探索数字县城"三农三变——一核五治"的县城城镇化数字化协同发展的整体智治新路径，充分激发数字技术在县城城镇化建设过程中的创新活力、要素潜能、发展空间，是引领和驱动传统农村向"数字城镇"转变、传统农业向"数字产业"转变、传统农民向"数字公民"转变的有力保障。

四　研究意义

(一) 有助于深化以县城为重要载体的新型城镇化研究与实践

如前文所述，县城城镇化数字化协同发展，有助于弥补空间结构调整、产业结构转型和治理结构变革等方面的短板弱项，是一项既利当前又利长远的重大决策。从短期看，有利于刺激投资、拉动消费、推进实施扩大内需战略；从中长期看，有利于改善城镇人居环境、推进城乡融合发展、增进民生福祉。

本书贯彻落实党的十九届五中全会精神，借鉴国际经验，科学建构县城城镇化数字化协同发展的三维驱动分析框架。针对县城空间结构调整与数字化协同，研究从生产、生活和生态三个维度出发，突出数字化发展的引领作用，建构高质量发展的国土空间布局和支撑体系；针对县城产业结构转型与数字化协同，研究围绕产业基础高级化和产业基础再造，锻长板增韧性激活力，推动数字经济和实体经济深度融合；针对县城治理结构变革与数字化协同，研究依托大数据手段加快促进农民市民化，提升县级基层公共服务保障水平和保障能力建设，统筹推进公共数据统一共享平台和数据安全与个人信息保护建设，全面推进乡村振兴战略，实现民生福祉新水平。本书坚持问题导向，把握发展现状，依托互联网、大数据、云计算、人工智能等数字化手段解决县城城镇化建设实际问题,提出的分析方法、发展路径、改革方案和政策建议等,具有一定的应用价值和现实意义。

(二) 有助于在县城城镇化中构建新发展格局、增进民生福祉

城镇化是伴随工业化发展的必由之路。世界上大多数国家(地区)的人类发展指数与城镇化率之间呈正向关系。在78个高人类发展指数的国家和地区中,城镇化率都高于70%。2019年,中国人口城市化率已经达到60.6%,要实现到2035年人口城市化率达到70%的奋斗目标,既有较大空间,也面临较大挑战。① 一方面,中国现有1881个县市(不含市辖区),积极发展县城城镇化,可以集聚大量农业转移人口;另一方面,受新冠疫情影响,全球贸易和投资大幅下降,国际市场环境恶化对中国大城市发展产生巨大冲击,大城市拉动经济、吸纳农业转移人口的速度放缓。推进县城城镇化建设,不仅是刺激投资、拉动消费、推进实施扩大内需战略的重要抓手,也是改善城镇人居环境、推进城乡融合发展、增进民生福祉的有力举措,更是"加快形成以国内大循环为主体、国内国际双循环相互促进的新发展格局"的现实选择。

推进县城建设是保障和改善民生的具体行动。2020年12月,习近平总书记强调,赋予县级更多资源整合使用的自主权,强化县城综合服务能力。② 县城是县域政治经济文化中心,也是县域人口聚居中心。目前,1472个县的县城常住人口约为1.6亿人,394个县级市的城区常住人口约为0.9亿人,合计占全国城镇常住人口的约30%。③ 为了满足人民日益增长的美好生活需要,给予城乡居民更高的生活品质空间,必须重视县城的发展,并加强其全面的服务水平。县城的基础设施水平和公共服务能力,直接影响县城乃至整个县域的人民生活品质。例如,由于公共设施的不完善,居民在上学、就医、养老、托育等方面难

---

① 《城镇化率超60% 1亿人落户任务提前完成》,腾讯网,https://new.qq.com/rain/a/20201008A06EPR00。
② 习近平:《习近平在中央农村工作会议上强调 坚持把解决好"三农"问题作为全党工作重中之重 促进农业高质高效乡村宜居宜业农民富裕富足 李克强主持 栗战书汪洋王沪宁赵乐际韩正出席》,新华网,http://www.xinhuanet.com/politics/2020-12/29/c_1126923715.htm。
③ 孔德晨:《到2025年,以县城为重要载体的城镇化建设取得重要进展——25项建设任务推动县城发展》,《人民日报》(海外版) 2022年5月9日第4版。

以得到有效保障。环境基础设施不达标，县城生态环境、居民身体健康都会受到影响。产业配套设施不完善，县城产业发展动力不足，吸纳就业能力难以提升，制约居民收入增加。加快推进县城建设，既有利于保障基本民生需求，也有效增加城乡居民收入，是提升人民群众获得感、幸福感、安全感的重要途径。

（三）有助于促进县城空间城镇化、产业现代化、农民市民化

推进以县城为重要载体的城镇化建设，不应局限在县"城"建设的维度，还要有关联性的"乡"以及"城乡融合"的视野。在中国，县城对促进工业化城镇化的发展起着关键作用，既是城乡融合发展的枢纽平台，也是农业农村现代化的核心载体。自中华人民共和国成立以来，城镇化道路在螺旋式渐进破解"三农"问题方面，既有成就又有弊端。总体来看，城镇化的"中国道路"经历了抑制型的城镇化、补偿型的城镇化及再平衡的新型城镇化，取得举世瞩目的成绩，一个脱胎于"乡土中国"的"城乡中国"正逐步快速演进成形。但是，从国际经验看，城镇化是与人的发展水平密切联系的。非农产业向城镇集聚及农村人口向城镇集中，是城镇化的核心特性。截至2019年底，中国还有5.6亿农村人口，月均收入在1000元以下的低收入群体大部分在农村。中国目前既有"三农"问题，又有"大城市病"等城市发展问题。农村广大低收入群体大规模向超大城市、大城市转移缺乏现实可能性。加强县城城镇化建设研究，对推进乡村全域的整体振兴具有积极影响，还可以重塑新型城乡关系，加速农业农村现代化进程。

本书结合党的十九届五中全会精神，建构出具有适配性、包容性、时代性和充分解释力的县城城镇化数字化协同发展的三维驱动分析框架。这一分析框架将彰显"城乡融合发展"和"国内大循环"的战略指引，凸显"以人为核心"的价值皈依和"数字化"的主要特征，剖析县城城镇化数字化协同发展的三个子系统——县城空间城镇化、县城产业现代化、县城农民市民化，促进传统农村向"数字城镇"转变、传统农业向"数字产业"转变、传统农民向"数字公民"转变，增进人民生活福祉。

第二节 研究的主要内容

县城城镇化数字化协同发展是中国现代化新征程背景下新型城镇化建设的重要切入点,是学习贯彻习近平总书记关于"新型城镇化"、"数字化改革"和"三农"工作重要论述的现实之举,也是落实中共中央、国务院关于"推进以县城为重要载体的城镇化建设""推进数字化改造,发展数字县城"等重大决策部署的紧迫要求,对重塑新型城乡关系、促进农业农村现代化,具有重要价值和意义。这不仅是适应人口流动新态势、缓解"大城市病"、构建以内循环为主的"新发展格局"的必破之题,也是推进数字中国、智慧城市、数字乡村等"数字化战略"的大势所趋,更是推进乡村振兴、新型城镇化与共同富裕"多螺旋驱动"的必由之路。

本书将"县城城镇化数字化协同发展"置于"城乡中国""数字中国""善治中国"的研究视野:首先将其视为大中小城市与小城镇协调发展、城乡融合发展的一个重要突破点,同时也将其视作"新型城镇结构—数字技术结构—协同治理结构"同构共变的一个重要切入点,更是"大国三农"底色与"大国之治"特色相互交融的一个重要观测点。县城城镇化数字化协同发展,有助于促进"三农三变",即传统农村向"数字城镇"转变、传统农业向"数字产业"转变、传统农民向"数字公民"转变。在内容设置上,本书由"绪论""总论""分论""结论"四个部分组成,立足"十四五"时期中国"一高三新""六个融合""双轮驱动""四化同步"的现实背景,遵循新型城镇化"以人为核心"的科学规律,以中国特色城镇化的"三农三变"科学认知为理论基础,从以县城为重要载体的数字城镇建设、以县城为重要载体的数字产业发展、以县城为重要载体的数字公民形塑等视角,对县城城镇化数字化协同发展理论框架、水平测度和组态路径等展开研究。县城城镇化数字化协同发展研究主要内容如图1-1所示。

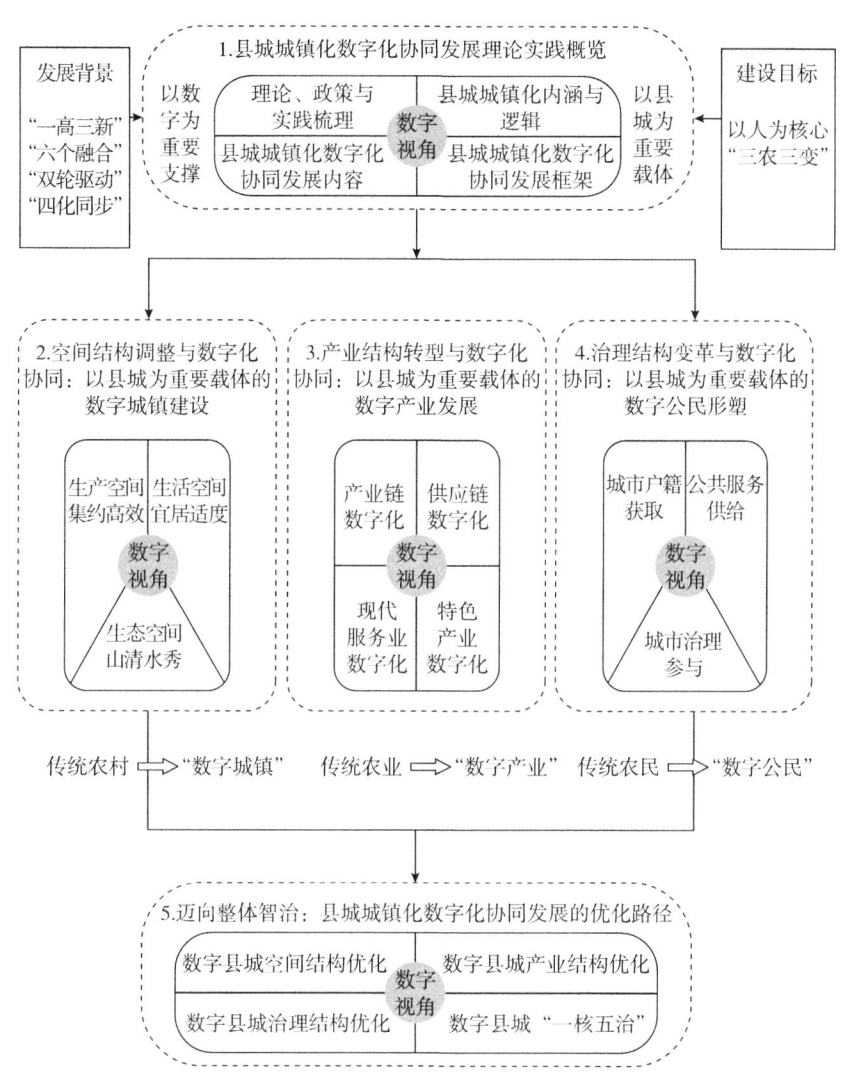

图1-1 县城城镇化数字化协同发展研究主要内容

一 绪论：县城城镇化数字化协同发展主要议题阐释

绪论部分包括三节内容，一是研究背景与意义，二是研究的主要内容，三是研究思路与创新。

二 总论：县城城镇化数字化协同发展理论实践概览

通过对《建议》《意见》等重要政策文本中的"县城""城镇化"

"数字化"论述进行系统性文本分析,对中华人民共和国成立以来城镇化理论发展、政策演进与实践历程梳理,建构以加快促进"城乡融合发展"和"国内大循环"为战略指引、以"县城"为重要载体、以"数字"为重要支撑、以"空间城镇化""产业现代化""农民市民化"为现实目标、以数字化与城镇化"六个融合"为整体道路的县城城镇化理论分析框架。

建构县城城镇化数字化协同发展的三维驱动分析框架。自2001年中国提出"走符合我国国情、大中小城市和小城镇协调发展的多样化城镇化道路"以来,这种"大中小城市和小城镇协调发展"的基本方针延续至今,这一战略思路在党的十九届五中全会中再次予以强调。通过文献综述已知,中国城镇化建设有侧重点不同的分析框架,如以城乡关系为视角的"城乡融合型城镇化分析框架"、以城市群规模结构和空间布局为视角的"多元协调型城镇化分析框架"、以资源利用为视角的"集约型城镇化分析框架"、以社会关系为视角的"和谐型城镇化分析框架"、以人地关系为视角的"可持续城镇化分析框架"等。在中国城镇体系中,县城和镇区常住人口10万人以上的特大镇是连接城市与农村的重要桥梁,是县域经济的重要组成部分,是实现城乡一体化发展的关键平台,也是乡村振兴信息、财力、科技的重要支撑。并且,它们还是许多外出打工者回到家乡后的首选之处。因此,推进县城城镇化建设,有助于使中国城镇体系中"县城"这一重要功能节点按照比较优势发挥最大效能。然而,以往的分析框架对"县城"这一特定的城镇化目标区域关注较少,适配性不够;对城镇化的分析视角侧重某一方面,包容性不强;由于当前中国新发展阶段的时代背景发生了显著变化,上述分析框架无法全面精准地反映"新发展阶段贯彻新发展理念的新要求"特征。因此,总论部分拟结合党的十九届五中全会精神,建构出具有适配性、包容性、时代性和充分解释力的县城城镇化数字化协同发展的三维驱动分析框架。根据对《建议》《意见》相关内容的梳理,这一分析框架将彰显"城乡融合发展"和"国内大循环"的战略指引,凸显"人本化"和"数字化"的主要特征,涵盖"空间城镇化""产业现代化""农民市民化"三大维度,即确立以"三农三变"(城乡二元分割下的农村向城乡融合型城镇转变、传统农业向数字化支撑的现代产业体系转变、农业转移人口向市民转变）为主的分析维度。本书将对分析框架的维度、内涵及其逻辑关系展开进一步分析。

总论的重点研究内容是对中国城镇化理论、政策与实践梳理，解读以县城为重要载体的城镇化内涵与逻辑，厘清县城数字化建设的内容与边界，确立县城城镇化数字化协同发展的三维驱动分析框架，从而为整个研究的开展奠定理论基础。

（一）理论、政策与实践梳理

第一，研究三类城镇化理论的流变。第一类是基于战略视角对城镇化综合模式进行研究而形成的理论，如作为"舶来品"的集聚扩散理论、流动空间理论、城乡关系理论、田园城市理论，具有"中国特色"的费孝通的小城镇理论，体现"道路之争"的大城市论、中等城市论、小城市论、小城镇论、多元模式论，以及自新型城镇化战略提出以来形成的"以人为核心的新型城镇化理论"；第二类是基于推进方式视角对城镇化不同领域模式进行研究而形成的数字赋能理论，如城镇化进程中的产业体系数字赋能论、空间布局数字赋能论、公共治理数字赋能论等；第三类是基于系统视角对城镇化数字化协同发展过程中的系统及系统内部各子系统之间的关系进行总结而形成的协同发展理论，如协同论、系统论、控制论等。

第二，研究中国城镇化政策与实践变迁。根据中华人民共和国成立以来城镇化推进的速度，本书大体把中国城镇化的历程分为国民经济恢复时期（1949—1954年）以"工业城市"为发展重点的异地城镇化模式、传统计划经济时期（1955—1977年）以"农村"为发展重点的就地城镇化模式、经济加速发展时期（1978—2000年）以"小城镇"为发展重点的就近城镇化模式、经济转型升级时期（2001—2019年）以"城市群"为发展重点的多元城镇化模式、高质量发展时期（2020年以来）"以县城为重要载体"的城镇化与数字化协同发展模式五大时期模式，对每个时期的基本特征、驱动因子、主要成就、存在的问题进行梳理。在实践回顾的同时，本书对中国城镇化的阶段性、差异化演变历程受国内外发展环境、国家政策、城镇化路线和方针等的综合影响进行评估，对政策变迁与实践演进的互构关系进行分析。

第三,研究"以人为核心""以县城为重要载体"的新型城镇化内在逻辑。通过对中国城镇化理论、政策与实践梳理,结合党的十九届五中全会精神,在"一高三新"("高质量发展""新发展格局""新型工农城乡关系""以人为核心的新型城镇化")的总体视野下,围绕中国城镇体系中"县城"这一重要节点在"城乡融合发展"和"国内大循环"中的特殊功能定位,深入分析"以人为核心""以县城为重要载体"的新型城镇化战略的内在逻辑、重大意义、目标指向和现实要求。

(二)县城城镇化内涵与逻辑

县城发展在城镇化进程中具有守底线、保民生的重要作用,县城城镇化通过承接、疏解中心城区非核心功能,推进城乡融合发展,有利于破解县域发展资源有限的难题,缩小城乡发展差距。县城通过数字化建设,推动经济、生活和治理转型,能为城镇化建设夯实数字底座,充分释放数字化蕴含的巨大能量,以数字维度全方位赋能县域迭代进化、加速城镇化建设。因此,本部分拟从以下两个方面开展研究。

第一,县城城镇化及相关概念群的内涵。一是与中国城镇体系有关的概念。如"城镇化""数字化""县城城镇化""县城城镇化数字协同"。二是与中国城镇化战略有关的概念。如"一高三新""新型城镇化与乡村振兴""城乡分割与城乡二元结构""城乡融合与新型工农城乡关系""土地城镇化、人口城镇化、以人为核心的新型城镇化""农业转移人口市民化""大中小城市与小城镇协调发展"。三是与中国城镇化重点领域相关的概念。如"空间结构""产业结构""治理结构"等。四是与中国"城镇化"与"数字化"融合的概念。如"四化同步"("新型工业化、信息化、城镇化与农业现代化"),"县城数字化、网络化、智能化","县城智慧化改造","产业数字化与数字化产业","两新一重"("新型基础设施、新型城镇化和交通水利等重大工程建设")等。

第二,县城城镇化逻辑。一是城镇化建设中县城的载体功能研究。基于工具理性视角,系统分析和研究县城在承接和传递省、市数字化资源与服务中的应有功能和实际效能,从而探讨如何强化县城的载体功能。二是城镇化建设中县城的载体价值研究。基于价值理性视角,系统分析和研究县城发展在城镇化建设中的价值定位,明确价值属性,探索价值体系构建及提升路径。三是县城数字化载体建设机制研究。基于中台思维,研究如何汇聚县城数字资源及能力,对接省、市节点,实现通用数字化服务的敏捷组装与特色数字化服务的敏捷开发,从而推动产业与经济高效发展、治理能力显著跃升。

(三) 县城城镇化数字化协同发展内容

第一,县城数字化建设内容研究。县城数字化建设重在为县城城镇化全面提档升级提供技术支撑和实施路径,应基于需求分析与规划设计,锚定县域数字化方向与目标,逐步提高其建设水平,从而提升服务可达性、促进公共服务均等化。《国家发展改革委关于加快开展县城城镇化补短板强弱项工作的通知》(发改规划〔2020〕831号)及推进县城智慧化改造相关政策文件已从总体角度对数字化建设内容进行设计,但仍应结合实际情况进行具体部署,将"好钢用在刀刃上",切实发挥政策效用。

第二,县城数字化城镇化协同机制研究。依据党的十九届五中全会关于数字化与城镇化"六个融合"的战略思路,结合县城的场域特征、县城城镇化的核心目标、数字化融入的重点领域(公共卫生、产业发展、社会治理、基础设施),对数字化有机融入县城城镇化建设的主要内容、作用机制、内在机制及其理论支撑进行深入探讨。

第三,县城数字化建设准备度研究。基于理论分析与实践观察,研究县城数字化建设准备度评估模型与方法,研究如何基于县城数字化建设共性及个性需求分析,针对性开展准备度评估,明确相关建设内容的主次与先后顺序,避免盲目上马。

第四,县城数字化建设关键领域识别研究。SWOT矩阵是基于优势(S)、劣势(W)、机会(O)、威胁(T)并依照矩阵形成排列的分析方法。SWOT矩阵分析视角,建立县城数字化建设关键领域识别机制,多维度比较分析特定县城在数字化建设中应如何确定其关键领域,从而明确重点突破方向,提升资源利用效能。

第五,县城数字化建设监管机制研究。基于社会治理理论及法理分析,研究如何调动多方参与积极性,建立县城数字化建设监管机制,明确各方权责,实现动态优化与平衡。

(四)县城城镇化数字化协同发展框架

本书拟建构的县城城镇化数字化协同发展的三维驱动分析框架,将以"一高三新六融合"("高质量发展""新发展格局""新型工农城乡关系""以人为核心的新型城镇化",以及数字化与城镇化的"六个融合")为战略指引,以"人本化"和"数字化"的显著标志,体现"三大目标指向"(全面实施乡村振兴战略,构建共同繁荣的新型工农城乡关系,实现以国内大循环为主体、国内国际双循环相互促进的新发展格局,建设高质量发展的国土空间布局和支撑体系);涵盖空间城镇化、产业现代化、农民市民化"三大分析维度",也就是"三农三变"(城乡二元分割下的农村向城乡融合型城镇转变、传统农业向数字化支撑的现代产业体系转变、农业转移人口向市民转变)的分析维度;在研究中将其进一步具象化为促进县城基础设施高级化与产业链现代化、发挥县城在大中小城市和小城镇协同发展格局中的比较优势、农业转移人口市民化与县域基本公共服务均等化等研究内容。

三 分论:县城城镇化数字化协同发展的"三维驱动"专题

(一)县城空间结构变革:传统农村向数字城镇转变研究

党的十九届五中全会指出,"优化国土空间布局,推进区域协调发展和新型城镇化。坚持实施区域重大战略、区域协调发展战略、主体功能区战略,健全区域协调发展体制机制,完善新型城镇化战略,构建高质量发展的国土空间布局和支撑体系"。[①] 党的二十大报告提出,"优化国土空间发展格局""构建优势互补、高质量发展的区域经济布局和国土空间体系"。[②] 这是以习近平同志为核心的党中央围绕国土空间布局的重点领域和重要环节作出的重大部署。国土空间作为国民赖以生存和发展的场景,是经济社会活动的重要载体。改革开放以来,随着城镇化进程的持续推进,国土空间开发程度显著提高,国民生活生产领域与自

---

① 《中共中央关于制定国民经济和社会发展第十四个五年规划和二〇三五年远景目标的建议(二〇二〇年十月二十九日中国共产党第十九届中央委员会第五次全体会议通过)》,《人民日报》2020年11月4日第1、3版。

② 习近平:《高举中国特色社会主义伟大旗帜 为全面建设社会主义现代化国家而团结奋斗——在中国共产党第二十次全国代表大会上的报告(2022年10月16日)》,人民出版社2022年版,第32页。

然场景的交互叠加越发深入复杂，对国土空间科学、合理、有效布局提出必然要求、带来巨大挑战。"生产—生活—生态"空间基本涵盖了人们生产和精神生活中的空间活动范围，是人类社会、经济活动的基本载体。县城位于"城尾乡头"，是连接城市、服务乡村的天然载体，同时也是促进城乡要素配置、带动农业农村现代化发展的重要支柱。推进县城空间结构变革，既有利于优化县城"生产—生活—生态"空间结构和功能布局，增强县城综合承载能力；又有利于推动县城高质量城镇化进程，形成以县城为重要载体的城镇国土空间新格局。

本部分的主要内容是在大数据时代背景下，结合空间生产理论、远程耦合理论和空间句法理论，系统分析县城在空间结构调整与数字化协同过程中的功能定位，深入探究数字化驱动县城空间结构调整的发展目标和内在逻辑，形成以县城为重要载体的数字城镇建设新理路。拟解决主要问题包括：在以县城为重要载体的数字城镇建设背景下，回答县城空间结构调整与数字化协同的发展目标与内在逻辑为何的问题；作为城镇数字城镇建设的重要载体，回答县城在空间结构调整与数字化协同过程中存在何种功能定位的问题，进一步探析其现状特征和面临的现实困境；在数字时代背景下，回答如何通过县城空间结构调整与数字化协同，实现传统农村向"数字城镇"转变的问题。因此，本部分将以"生产—生活—生态"空间为切入点，深入探析中国县城空间结构调整与数字化协同的发展目标和内在逻辑，发挥空间优化数字支撑功能，进而为从路径上探析传统农村向"数字城镇"转变提供依据。

（二）县城产业结构变革：传统农业向数字产业转变研究

党的十九届五中全会指出："加快发展现代产业体系，坚持把发展经济着力点放在实体经济上，坚定不移建设制造强国、质量强国、网络强国、数字中国，推进产业基础高级化、产业链现代化，提高经济质量效益和核心竞争力，推动经济体系优化升级。"[①] 党的二十大报告提出："坚持把发展经济的着力点放在实体经济上，推进新型工业化。这是新

---

① 《中共中央关于制定国民经济和社会发展第十四个五年规划和二〇三五年远景目标的建议（二〇二〇年十月二十九日中国共产党第十九届中央委员会第五次全体会议通过）》，《人民日报》2020年11月4日第1、3版。

县城城镇化数字化协同发展研究

时代新征程建设现代化产业体系总的目标要求。"① 因此,发展现代产业体系,推动经济体系优化升级,不仅是促进产业供需良性互动、巩固壮大实体经济根基的客观要求,也是重塑中国国际合作和竞争新优势、实现经济高质量发展的关键环节。我们需要在战略层面和整体视野下,精准理解并执行中央对加快发展现代产业体系及推动经济体系优化升级的战略意义与发展规划,以科技创新催生新发展动能,与时俱进提升经济发展水平。突出数字化技术的导向性,加快产业结构优化升级,促进新旧动能接续转换,打造具有国际竞争力的数字产业集群。同时,发展以县城为重要载体的城镇产业体系,对解决中国社会主要矛盾具有关键作用,它既是重塑中国在全球产业分工中的地位和竞争力的重要能级,也是高质量推进城乡融合发展的重大战略性转变,补齐了全面建成小康社会的乡村短板,有利于促进传统农业向现代产业转变。

本部分拟解决的主要问题是,在大数据背景下,结合产业共生理论和演化经济学理论,系统分析县城在产业结构转型与数字化协同过程中的功能定位,深入探究数字化驱动县城产业结构转型的发展目标和内在逻辑,形成以县城为重要载体的数字产业发展新理路。本部分的重点研究内容包括:一是以党的十九大、十九届历次全会及党的二十大精神中建设现代产业体系的要求为依据,全面科学地了解县城产业结构转型与数字化协同的现状特征、问题瓶颈和演进趋势。二是从技术赋能、数字经济、环境支撑三个维度的信息基础设施、数字技术应用、产业数字化、数字产业化、上级政府压力、县城经济发展水平因素入手,深入剖析影响县城产业结构转型与数字化协同的主要因素。三是分析大数据视角下县城产业结构转型与数字化协同的发展路径,进而促进传统农业向"数字产业"转变。

(三) 县城治理结构变革:传统农民向数字公民转变研究

促进有能力在城镇稳定就业生活的常住人口有序实现市民化,是新

---

① 习近平:《高举中国特色社会主义伟大旗帜　为全面建设社会主义现代化国家而团结奋斗——在中国共产党第二十次全国代表大会上的报告(2022年10月16日)》,人民出版社2022年版,第30页。

型城镇化的首要任务。农民市民化不仅仅是户籍的改变,也不仅仅是人口的有序流动问题,还需要有强有力的体制机制作为重要支撑。对于来城市打拼的人而言,"进城"的内涵发生着变化。过去看重的是"挣钱有门路",如今人们还希望"权益有保障"。2020年,中国城市化率达到63.9%,城镇常住人口超过9亿人,但户籍人口城镇化率仅为45.4%,换言之,2.7亿农村户籍人口长期在城市工作生活,但未获得城市户籍并充分享有公共服务。[①] 处于城市与乡村之间的县城,自然成为农民进城就业安家和城乡要素跨界配置的理想场所。县城治理结构变革与数字化协同发展,有助于强化县城综合服务能力,健全农业转移人口市民化配套政策体系,推进县城稳定就业农民工及其随迁家属平等享有基本公共服务和在城镇无障碍落户,增强县域农民工享有基本公共服务的可及性和便利性,对顺应县域农民工流动变化趋势尤为重要。

本部分拟解决的主要问题是,大数据背景下,结合结构功能理论、推拉理论和公民身份理论,系统分析县城在治理结构变革与数字化协同过程中的功能定位,深入探究数字化驱动县城治理结构变革的发展目标和内在逻辑,形成以县城为重要载体的数字公民形塑新理路。主要包括:在以县城为重要载体的数字公民形塑背景下,回答县城治理结构变革与数字化协同的发展目标与内在逻辑是什么的问题;研究在构建新发展格局过程中促进农民市民化面临的现实挑战与实践路径,进一步探析如何通过县城治理结构变革与数字化协同,促进传统农民向"数字公民"转变。因此,本部分将以"农民市民化"为研究切入点,从城市户籍获取、基本公共服务供给、城市治理参与三大维度出发,探究多要素驱动县城治理结构变革与数字化协同提升的条件组态和路径,拓展传统农民向"数字公民"转变的研究视角。

四 结论:县城城镇化数字化协同发展的"三能理论"总结

对本书的主要研究观点与学术价值进行总结,凝练出县城城镇化

[①] 魏国学、王瑞民:《进城农民工市民化 提振内需潜力巨大》,澎湃网,https://www.thepaper.cn/newsDetail_forward_17689846。

数字化协同发展的"三能理论",即战略功能理论、数字赋能理论、善治效能理论,并对其学术价值和应用前景进行展望。战略功能论主要关注数字县城建设在激活新增长点、构建新发展格局、促进城乡融合及全面推进乡村振兴中的作用,并以此为基础着力破解其在空间结构调整、产业结构转型、治理结构变革过程中面临的瓶颈与障碍,促进县城城镇化高质量发展;数字赋能论深入探究数字县城助力国土空间布局优化的"三生协同"机制、数字县城产业转型提档升级的"三维驱动"机制、数字县城公共治理效能提升的"供需协动"机制;善治效能论则认为数字县城建设不仅要注重"数字赋能",还要激发"善治效能",同时要运用系统思维,尊重发展规律,推进"整体智治",夯实"一核五治"。

第三节 研究思路与创新

一 总体思路

本书将"以县城为重要载体"和"以数字为重要支撑"的交汇点——"数字县城"作为研究的逻辑起点和对象,将其视为"大国三农+中国之治"的一个重要观测点、"城镇化结构变革+数字化技术变革"的一个重要切入点。采用"结构—过程—功能"三维视角,通过文献研究、政策梳理、实地调研、案例分析等方法,重点探讨三个关键问题:一是中国现代化新征程背景下城镇化为何以县城为重要载体、县城为何走数字化智能化道路。二是在县城城镇化数字化协同发展的三个子系统(县城空间城镇化、县城产业现代化、县城农民市民化)中,如何推进传统农村向"数字城镇"转变、如何推进传统农业向"数字产业"转变、如何推进传统农民向"数字公民"转变。三是如何将"中国之治"制度优势更好地转化为"数字县城"和"三农三变"的效能。集成创新县城城镇化数字化协同发展的"三农三变"分析框架,研究思路如图1-2所示。

县城城镇化与数字化协同发展的功能目标

城镇化为何要以县城为重要载体？

县城为何要走数字化智能化道路？

功能

结构　　以县城为重要载体的　　过程
　　　　城镇化与数字化协同发展

县城空间城镇化　　　　　传统农村向"数字城镇"转变

县城产业现代化　　　　　传统农业向"数字产业"转变

县城农民市民化　　　　　传统农民向"数字公民"转变

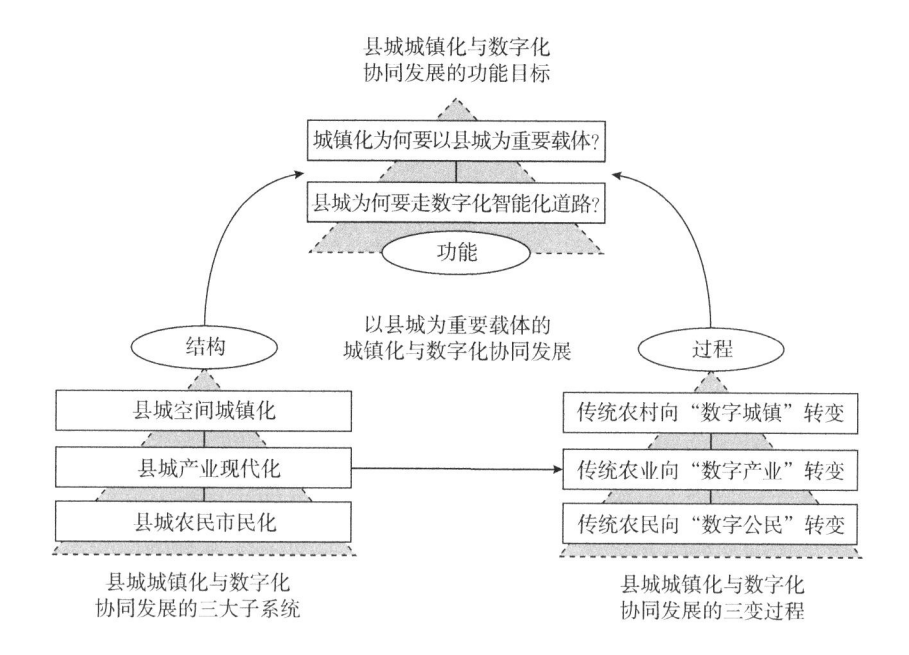

县城城镇化与数字化　　　　县城城镇化与数字化
协同发展的三大子系统　　　协同发展的三变过程

图1-2　县城城镇化数字化协同发展研究思路

二　具体思路

（一）立足新发展阶段的县城城镇化数字化协同发展逻辑梳理思路

在"一高三新""六个融合""四化同步""两轮驱动"的总体背景和"县城城镇化建设""三农三变"分析框架中，提出并解读数字化视角下以县城为重要载体的城镇化建设重大意义、内在逻辑、目标指向和现实要求。本书将重点研究数字县城的内涵与特征、数字化发展对县城城镇化的支撑功能、机制及其运行规律，始终把"县城重要载体"放在城镇化研究的基本平台上，把"数字化"全方位融入县城空间结构调整、产业结构转型、治理结构变革研究中，从公共管理视角入手，建构一个以数据权为纽带的县城城镇化公共管理财权、事权和数据权科学配置、合理交互的运行机制分析框架。

（二）空间结构之维下的县城功能升级与数字化协同发展研究思路

"生产—生活—生态"空间是国土空间开发中一切人地关系的核心。城市作为"生产—生活—生态"空间的综合体，要达到生产空间的集约高效、生活空间的宜居适度，以及生态空间的山清水秀，就必须在每个细节上付出努力,并在规范性方面进行改进。县城的生产、生活及生态空间的功能升级,是协调县城空间发展失衡、优化县城空间资源配置、构筑高质量国土空间开发保护新格局的重要方式,对促进国土空间高质量发展和生态文明建设具有重要意义。本书将在深化认识县城"生产—生活—生态"空间的功能及数字化支撑的国土空间布局规律的基础上,分析中国县城空间结构调整与数字化协同的内在逻辑、水平特征和组态路径,进而提出推进传统农村向"数字城镇"转变的可行建议。

(三)产业结构之维下的县城产业优化与数字化协同发展研究思路

产业在吸纳、溢出、协调等多重因素的推动下,不断推进县城城镇化建设。目前,中国除了极少数沿海地区发达的强县,大多数县城的承载吸纳资源的能力并不高,相比乡村振兴和以人为核心的新型城镇化标准还有较大的差距,特别是县城产业支撑能力弱、"留不住人"的困境突出。数字技术是促进要素和企业配置下沉、提高县城产业的适宜性和带动性的重要力量。因此,本书坚持"产业驱动发展""县城带动县域""产业现代化协同"的道路,调研中国县城现代产业体系发展现状和问题。从技术赋能、数字经济、环境支撑三个维度的信息基础设施、数字技术应用、产业数字化、数字产业化、上级政府压力、县城经济发展水平等因素入手,分析中国县城产业结构转型与数字化协同的主要影响因素和组态路径,进而提出推进传统农业向"数字产业"转变的可行建议。

(四)治理结构之维下的县城效能提升与数字化协同发展研究思路

进入21世纪以来,新一代信息技术不断发展,推动了国家治理观念、模式和手段的深度变革。数字计算、融合和关联分析等预测能力的增强,将有助于治理力量的形成。"十四五"时期提升国家治理效能,需要进一步发挥数字技术在国家治理中的作用,着力发挥信息化在农民市民化、公共服务供给、城市治理参与等各环节中的重要支撑作用,使其成为推动国家治理体系和治理能力现代化的最大增量。以人为核心促进人的全面发展是城镇化的最终目标。数字公民形塑是实现以人为核心目标的最直接体现。本书将在以县城为重要载体的数字公民形塑背景下,从城市户籍获取、基本公共服务供给、城市治理参与三大维度出发,对中国县城治理结构变革与数字化协同的内在逻辑、水平特征与组态路径进行分析,进而提出推进传统农民向"数字公民"转变的可行建议。

(五)着眼整体智治的县城城镇化数字化协同发展保障研究思路

结合整体性治理理论、数字治理理论和整体智治理论,在"整体智治"思维指导下,将"一核五治"融入县城城镇化"三农三变"的具体实践中,充分激发数字技术的发展活力、创新潜能、应用空间,引领和驱动县城空间结构调整、产业结构转型和治理结构变革,促进传统农村向"数字城镇"转变、传统农业向"数字产业"转变、传统农民向"数字公民"转变。本书将围绕县城城镇化数字化协同的重点领域,以建构县城城镇化"五治融合"新机制为基础,将"整体智治"理念有机嵌入县城善治,探索数字县城"三农三变——一核五治"的县城城镇化数字化协同发展的整体智治新路径。

三 研究方法

(一)"结构—过程—功能"的三维系统分析方法

本书将"系统分析方法"作为统领性的思路和方法,在"结构—过程—功能"分析框架下,系统、全面、准确地把握"县城城镇化数字化协同发展"这一命题的科学基础、现实要求、内在逻辑、制度供给、发展路径。本书不仅注重激发数字县城催生增长点、构建新发展格局、促进城乡融合的目标和功能维度,而且聚焦结构和过程维度上的"新型城镇结构—数字技术结构—协同治理结构"同构共变的过程、机制和路径,由此深入解读了"中国特色新型城镇化为何以县城为重要载体?""县城为何走数字化智能化道路?""如何推进县城'数字城镇''数字产业''数字公民'发展?""如何将'中国之治'制度的优势更好地转化为'数字县城'和'三农三变'的效能"等重要问题。

(二)"历史演化+情境适配"的政策分析方法

自中华人民共和国成立以来,党中央一直关注"三农"在各个发展阶段的重大问题,并作出了一系列的决策和部署。在这个过程中,城镇化模式的选择交替演变,为"三农"问题的解决提供重要动力。本书将依据不同阶段城镇化发展的重点举措,将历史上的中国城镇化道路分为五个阶段,进行政策纵向演化研究,总结新中国城镇化取得的成绩、面临的问题,由此把握县城城镇化数字化协同发展的历史逻辑、制度逻辑、实践逻辑。

另外,在县城城镇化数字化协同发展理念的指导下,中央和地方政府已经陆续实施了各类政策,这些政策涵盖了整体需求、目标任务、资源支持等诸多方面,旨在促进县城城镇化。尽管如此,却仍是只有相适配的政策方案,才能真正促进县城城镇化进程。目前,发布的政策文件是否与县城城镇化进程相适配,是一个值得关注和研究的问题。因此,本书通过历史性梳理,对县城城镇化政策进行适配性研究,依据不同阶段的发展特点促进政策优化。

(三) 本土典型案例定性比较分析(QCA)方法

数字县城建设过程中会涉及技术、组织、环境等多种要素,是存在多种因果关系的复杂问题。QCA方法作为一种新兴研究范式,它可以有效地从组态角度解决由多个要素共同引起的因果关系的复杂性。因此,本书运用QCA方法对县城的空间结构调整与数字化协同发展水平、产业结构转型与数字化协同发展水平、治理结构变革与数字化协同发展水平的影响因素和组态路径进行分析,厘清各要素之间的内部逻辑,从而更好地促进传统农村向"数字城镇"转变、传统农业向"数字产业"转变、传统农民向"数字公民"转变。

(四) 耦合协同度模型和数据包络分析(DEA)方法

县城城镇化数字化协同发展是一个要素复杂、关联众多、不断发展的具有综合性、开放性和复杂性特点的系统,需要从实证的角度对其协同水平和投入产出效率进行分析。一方面,本书采用耦合协同度模型对空间结构调整与数字化耦合协同水平、产业结构转型与数字化耦合协同水平、治理结构变革与数字化耦合协同水平进行实证研究;另一方面,本书通过DEA模型对土地资源利用效率进行测算,推进数字县城空间结构调整水平的研究。

四 创新之处

(一) 建构县城城镇化数字化协同发展新框架

本书以"结构—过程—功能"分析框架回应三个关键问题:一是中国现代化新征程背景下为何以县城为重要载体、县城为何走数字化智能化道路。二是在县城城镇化数字化协同发展的三个子系统(县城空间城镇化、县城产业现代化、县城农民市民化)中,如何推进传统农村向"数字城镇"转变、如何推进传统农业向"数字产业"转变、如何推进传统农民向"数字公民"转变。三是如何将"中国之治"制度优势更好地转化为"数字县城"和"三农三变"的效能。这为县城城镇化数字化协同发展研究提供了学理性支撑。

(二)丰富县城城镇化数字化协同发展新内涵

本书以实践科学为导向,以党的十九届五中全会提出的"推进以县城为重要载体的城镇化建设"这一新命题为切入口,在承继以人为核心的新型城镇化理论的基础上,紧扣时代特征,体现中国特色,进一步系统性地嵌入"数字化"维度,通过对政策文本的深入解读、研究进展的系统分析与中国县城城镇化数字化协同发展的水平特征和组态路径的实证研究,力图构建出集"政策牵引""理论支撑""数字化应用场景"于一体的"数字县城五论",即旨在揭示"县城城镇化"与"县城数字化"演进脉络、现实逻辑和耦合机制的"数字视角论",旨在推动国土空间布局与县城主体功能适配互促的"数字驱动论",推动形成新发展格局、激活经济增长新动能和推进县城产业体系发展的"数字融合论",促进城乡融合发展、稳步有序推进农民工市民化的"数字赋能论",强化县城城镇化要素保障、推进县城高质量发展的"数字支撑论"。上述观点将为县城城镇化数字化协同发展提供理论支撑,进一步丰富和深化中国特色新型城镇化理论的内涵。

(三)解析县城城镇化数字化协同发展新机制

本书针对以县城为重要载体的城镇空间结构调整、产业结构转型、治理结构变革等现实问题,加强理论与实践创新研究。空间结构调整方面,从"生产—生活—生态"空间角度分析县城空间结构调整与数字化协同的发展目标与影响因素,加强以县城为重要载体的数字城镇建设的驱动机制研究。产业结构转型方面,从技术赋能、数字经济、环境支撑三个维度的信息基础设施、数字技术应用、产业数字化、数字产业化、上级政府压力、县城经济发展水平等因素入手,分析县城产业结构转型与数字化协同的发展目标与影响因素,加强以县城为重要载体的数字产业发展的动力机制研究。治理结构变革方面,在充分把握县城在户籍人口城镇化、公共服务均等化、农民参与城市社会治理中的关键定位的基础上,深入分析县城治理结构变革与数字化协同的发展目标与影响因素，并以此探索以县城为重要载体的数字公民形塑的长效机制。

（四）探索数字县城整体智治制度保障新路径

数字县城建设是一个综合性问题，涉及空间结构调整、产业结构转型、治理结构变革等重点领域。加快县城城镇化数字化协同，通过数字技术赋能县城城镇化质量变革、效率变革和动力变革，是促进传统农村向"数字城镇"转变、传统农业向"数字产业"转变、传统农民向"数字公民"转变的重要动力。因此，本书重点关注"县城城镇化"与"县城数字化"的耦合机制，从县城善治的角度出发，在"三农三变"的基础上，融合以人为核心，政治、法治、德治、自治、智治"一核五治"的发展理念，为推进县城城镇化高质量发展提供有力保障，这既是对基层协同治理理论的丰富和拓展，也是对县城城镇化理论的补充和完善。

第二章

县城城镇化数字化协同发展的研究进展与分析框架

第一节 相关概念界定

一 新型城镇化

城镇化即由农业人口向城镇居民转移的过程。这种概念发生于"城市化"之后,由中国学者首创。"农村小城镇"由梁漱溟在 20 世纪 30 年代提出。由古清中于 1985 年撰写的《经济体制改革与人口城镇化》可能是"农村人口城镇化"概念最先产生的研究文章。[1] 1991 年,辜胜阻在《非农化与城镇化研究》中较早使用并拓展了"城镇化"概念,他认为这样更能体现出中国城镇化实践的发展特色。[2] 2000 年通过的《中共中央关于制定国民经济和社会发展第十个五年计划的建议》,是第一次采用"城镇化"一词的官方最高文件。[3]

新近的研究中深化了对城镇化的认识。例如,魏后凯等指出,城镇化的特征具体表现为农村人口和非农产业的空间转换与空间集聚。[4] 刘彦随等提出,城镇化的实质在于统筹城乡发展,建立人—业—地要素协

---

[1] 古清中:《经济体制改革与人口城镇化》,《人口学刊》1985 年第 2 期。
[2] 辜胜阻:《非农化与城镇化研究》,浙江人民出版社 1991 年版,第 13—17 页。
[3] 《中共中央关于制定国民经济和社会发展第十个五年计划的建议》,《人民日报》2000 年 10 月 19 日第 1 版。
[4] 魏后凯等:《中国城镇化和谐与繁荣之路》,社会科学文献出版社 2014 年版,第 21—25 页。

同的良性互动关系。① 李季刚和孟玉龙认为，城镇化可以分为"外延"和"内涵"两个方面的城镇化。② 陆铭在研究中国城镇化实践当中，认为城镇化涉及人口、资本和土地等生产要素的价值重构，是农村向人口规模较小的城镇转变的过程。③ 综合各种文献，本书认为，城镇化是指一国或地区城市数量的增加和城市空间的扩张，表现为人口向城市地区集聚的同时城市物质文化和精神文化向周边地区延伸，在这个过程中，农村地区不断被包围，并随着社会生产力发展、科技进步及产业结构的调整，呈现新的空间格局、经济形态和治理模式，人们的生产生活方式发生深刻转变。

2005 年，党的十六届五中全会报告中首次出现"新型城镇化"概念。④ 2012 年，中央经济工作会议正式提出"走集约、智能、绿色、低碳的新型城镇化道路"。2013 年，以习近平同志为核心的党中央把新时代中国特色新型城镇化科学内涵高度概括为以人为本、优化布局、生态文明、传承文化四个原则。⑤

从目标导向入手，魏后凯指出，新型城镇化是中国一个特有概念，核心是人的城镇化，且应因地制宜地探索多元发展模式，坚持四化同步，同时不以牺牲"三农"利益为代价。⑥ 倪鹏飞认为，新型城镇化是返璞归真与螺旋升级的城镇化，有利于促进人的全面发展和社会公平正义。⑦ 蔡文柳和赵艳霞认为，新型城镇化模式能够打破现有的要素依赖，改善发展固化问题。⑧ 一些学者认为，新型城镇化必然体现为经济

---

① 刘彦随等：《新时期中国城乡发展的主要问题与转型对策》，《经济地理》2016 年第 7 期。
② 李季刚、孟玉龙：《推进我国新型城镇化内涵式发展》，《中国党政干部论坛》2017 年第 8 期。
③ 陆铭：《从分散到集聚：农村城镇化的理论、误区与改革》，《农业经济问题》2021 年第 9 期。
④ 新华通讯社：《中国共产党第十六届五中全会公报》，《当代广西》2005 年第 21 期。
⑤ 魏后凯：《深入推进城市理论研究的根本遵循（构建中国特色哲学社会科学）》，《人民日报》2023 年 3 月 20 日第 13 版。
⑥ 魏后凯：《走新型城镇化发展之路》，《前线》2014 年第 12 期。
⑦ 倪鹏飞：《新型城镇化是经典城市化的回归和升级》，《江淮论坛》2016 年第 5 期。
⑧ 蔡文柳、赵艳霞：《要素依赖、新型城镇化与区域流通产业发展关系分析》，《商业经济研究》2022 年第 4 期。

发展方式的优化。①

不少学者认为，新型城镇化中的"新"体现在大中小城市和小城镇协调统筹及集约、智能、绿色、低碳发展。② 马长发等③、陈心颖④认为，"十四五"时期是中国全面深入转变为高质量发展的关键时期。新型城镇化的目的在于通过创新要素的投入，驱动城镇化的规模、速度、形态和质量的高质量发展，其长远目标是由"人"的城镇化服务"人"的现代化，以此解决传统城镇化过程中的无序发展问题。李豫新和赵奕萌根据新发展理念的内涵，采用机器学习方法对新型城镇化高质量发展问题进行探析，认为高质量的新型城镇化应包括空间均衡、因地制宜、创新发展等内容。新型城镇化在建设过程中注重以点向面和统筹兼顾的实施方式，从而更好地深化城乡融合。⑤

结合学者的观点，可以发现，新型城镇化不是一个城镇的数量和规模变化、空间扩张的过程，而是统筹城乡关系，坚持"以人为核心"，由"物的城镇化"向"人的城镇化"转变；也不是简单的产业扩张、城镇面积扩容和城市人口规模扩大，而是以数字化为支撑的城镇化新速度、新质量和新动能升级。因此，"人本化"和"数字化"是新型城镇化的显著标志。

二 县城城镇化

县城，是指县级国家机关所在地的城镇。中国自秦代正式施行郡县制，就有了县城。当今中国的县城有 1000 多个，按人口经济规模不同有所区分。国家新型城镇化规划开展至今，县城在中国区域城镇体系中的枢纽作用进一步强化。⑥ 作为介于城市和农村之间

---

① 谢天成、施祖麟：《中国特色新型城镇化概念、目标与速度研究》，《经济问题探索》2015 年第 6 期。
② 叶兴庆：《中国特色新型城镇化的主要特征与实现路径》，《中国党政干部论坛》2016 年第 4 期。
③ 马长发等：《以人为核心的"城市能力"论——中国新型城镇化研究新思维》，《城市发展研究》2020 年第 12 期。
④ 陈心颖：《新型城镇化中"人"的现代化解读》，《福建论坛》（人文社会科学版）2020 年第 2 期。
⑤ 李豫新、赵奕萌：《新发展理念下新型城镇化高质量发展水平测度及空间非均衡性分析》，《工业技术经济》2021 年第 12 期。
⑥ 张蔚文、麻玉琦：《我国县城分类建设发展思路》，《宏观经济管理》2022 年第 4 期。

的次级区域，县城对上与城市基础设施连通，对下与广大乡镇农村网络密切联系，是以产业分工为基础的区域城镇体系的关键一环。以分工为起点，刘守英和龙婷玉指出，城市是集聚经济和分工的自然结果。① 人力、资本、资源、信息、技术等大量生产要素在大城市集聚；农村地区作为"外围区"，通常自给自足，并接受邻近的高层级城市提供的专业化服务。介于两者之间的县城，或培育地方化特色产业从而增强区域发展竞争力，或承接大城市产业转移并为其提供相关产业配套服务。

县城城镇化主要植根于县域城镇化建设这一范畴。就一个县市来说，它是全县的政治学、经济社会、文化发展中枢。许经勇认为，小城镇是推进城乡融合的关键力量，长期以来，中国没有提到城市化，而是提到了城镇化，主要是因为考虑到小城镇在中国城乡融合进程中的重要作用。② 2020年6月3日，国家发展改革委印发了《关于加快开展县城城镇化补短板强弱项工作的通知》，要求各地区统筹配置城镇化补短板强弱项工作的公共资源，重点投向县城新型城镇化建设，以官方文件正式将县域城镇化更加明确地聚焦于以县城为重要载体的县城城镇化之上。③ 2020年，党的十九届五中全会报告，是第一次提出"推进以县城为重要载体的城镇化建设"的中国最高官方文件。④

县城新型城镇化不是另起炉灶，而应在国家总体城镇化战略中与其他城镇化形态相互融合、共生共长地发展。进入新发展阶段，县城城镇化应当与国家中心城市和城市圈、城市群战略紧密衔接。在区域整合日趋完善的态势下，县城作为衔接城乡关系的重要桥梁，应当充分认准自身在城市体系中的功能定位，充分发挥自身在国土空间布局中的独特优势。一方面，县城应积极突破行政区域的地理界线，以自身资源禀赋为

---

① 刘守英、龙婷玉：《城乡融合理论：阶段、特征与启示》，《经济学动态》2022年第3期。
② 许经勇：《新时代城乡融合发展的若干思考》，《学习论坛》2020年第1期。
③ 国家发展和改革委员会：《关于加快开展县城城镇化补短板强弱项工作的通知》，国家发展和改革委员会，https://www.ndrc.gov.cn/xxgk/zcfb/tz/202006/t20200603_1229778.html。
④ 《中国共产党第十九届中央委员会第五次全体会议公报》，新华网，http://www.xinhuanet.com//politics/2020-10/29/c_1126674147.htm?ivk_sa=1024320u。

基础，积极融入更大区域的重要城市群和都市圈范围，进行市场资源配置，并建立跨地域的经济合作机制；另一方面，县城应当抓住中国推进全国重要城市群、首都圈和区域经济一体化发展的重大战略机遇，在区域城镇化体系中承接源于经济社会发展中的科技、资金、人力、信息技术、企业管理等要素的溢出效应，尤其要以现代城市数字化发展为基础，通过城市数字产业化和产业数字化技术的提升，有效促进城乡之间开发、制造、服务、营销等方面的互动融合。另外，县城也应该利用自身空间节点优势，进一步明晰自己在全国现代城市体系中的战略位置和功能角色分工，完善综合公共服务功能，并积极辐射卫星都市和次级发展中心，联动城乡融合发展。

三 数字县城

对于"数字县城"，首先要理解"数字赋能"这一概念。数字赋能概念起源于20世纪60年代末至70年代初的"自助"及"政治察觉"运动。[1] 数字赋能较成熟的研究出现于1990年，Thomas和Velthouse对数字赋能的认知要素展开探讨，认为数字赋能的认知模型包含影响力、能力、意义与选择性四大基本要素。[2] 在此基础上，有学者对数字赋能进行了多学科、多领域的研究。从社会学角度来看，数字赋能通过识别、促进和培养人应对需要及解决自身问题的能力，并且发掘其所需要的数字资源，从而使人自觉地控制生活[3]；从管理学视角来看，被管理者通过增能，可极大地充分调动个人的主观能动性和创造力，从而最大限度地激发个人天赋与潜力。[4] 但也有研究者从人的心理发展视角考虑，认为数字赋能是指利用大数据分析、移动互联网技术和人工智能等数字化工具对特定的群体实施增能，从而让他们掌握一定的生存技术与

---

[1] 陈海贝、卓翔芝：《数字赋能研究综述》，《图书馆论坛》2019年第6期。
[2] Thomas K. W. and Velthouse B. A., "Cognitive Elements of Empowerment: An 'Interpretive' Model of Intrinsic Task Motivation", *Academy of Management Review*, Vol. 15, No. 4, 1990, pp. 666-681.
[3] 杨嵘均、操远芃：《论乡村数字赋能与数字鸿沟间的张力及其消解》，《南京农业大学学报》（社会科学版）2021年第5期。
[4] 彭亮、柯平：《赋能对于图书情报事业是否是个新概念？——基于组织管理和技术发展双视角》，《现代情报》2022年第4期。

生存能力。① 综合学者的观点，可以发现数字赋能研究至少达成了三点共识：一是数字赋能的作用和意义已经在多个领域内得到承认，数字赋能可以强化个人能力、提高组织效率、提升研究的可信度。二是在技术层面上，要想达成数字赋能，人们至少要掌握一种数字技术，技术的不同类型和应用范围决定了信息获取的数量和赋能途径。三是数字赋能在某种程度上扩大了人与人之间、区域与区域之间的差距，同样地，数字赋能也正在逐步缩小这类数字鸿沟，在价值上，追求城乡之间的统筹协调关系及人与人之间的信任和尊重。

学界关于数字赋能（digital empowerment）的研究大致可以归纳为两种，一种是以组织为出发点，另一种是以个体为出发点。从组织的角度出发，Li 等认为，数字技术可以赋予组织效率和灵活性。② 孙新波等认为，数字赋能是特定系统基于整体观视角创新数据的运用场景及技能和方法的运用，以获得或提升整体的能力，最终实现数据赋能价值的过程，这意味着数据赋能的主体和对象将作为一个整体被考察，而数据赋能的过程是赋能主体和对象以价值创造为导向而协同的过程，其价值产出会被双方共享。③ 郁建兴和吴结兵认为，数字赋能是以社区为单元的公共服务价值追求所体现的更加趋同的存在。数字赋能未来社区治理将进一步推动未来社区管理现代化、服务精准化、参与常态化，实现社区治理流程再造、规则重构、功能塑造、生态构建，为新时代社区治理激发活力、增添动力。④ 从个体的角度出发，数字化赋能是指通过加速推广应用以云计算、大数据、物联网和人工智能等为代表的新兴数字技术，赋予技术使用者某些特定能力，改善使用者工作环境，提高他们的

---

① Mäkinen M.，"Digital Empowerment as a Process for Enhancing Citizens' Participation"，*E-Learning and Digital*，Vol. 3，No. 3，2006，pp. 381-395.
② Li C. Q. et al.，"Digital Enablement and Its Role in Internal Branding: A Case Study of HUANYI Travel Agency"，*Industrial Marketing Management*，Vol. 72，2018，pp. 152-160.
③ 孙新波等：《数据赋能研究现状及未来展望》，《研究与发展管理》2020 年第 2 期。
④ 郁建兴、吴结兵：《数字化改革赋能未来社区治理》，《浙江经济》2021 年第 6 期。

第二章 县城城镇化数字化协同发展的研究进展与分析框架

工作效率，相关研究在应急协作①、医疗服务②、儿童教学③、艺术创作④等不同领域已经得到验证。

由数字赋能衍生出技术赋能、数字政府、数字治理、数字化转型等一系列相关概念，丰富了数字赋能研究的内涵和外延。例如，赵金旭和孟天广从技术赋能视角，展开了区块链重塑治理结构与模式的研究。⑤ 关婷等提出了大数据"技术赋能的治理创新模式"，并认为大数据技术赋能创新正在形成一套以应用为基础的社会问题解决机制，通过降低信息不对称提升治理水平。⑥ 王益民认为，数字政府包括数字政府的核心、数字政府的基础、数字政府的价值、数字政府的关键和数字政府的实现，其赋能评估体系分为数字基础准备度、数字环境支撑度、数字服务成熟度、数字协同治理度、数字公众参与度和数字技术使用度。⑦ 徐梦周和吕铁提出，数字政府赋能的核心在于增进市场机能，赋能的关键在于要素释放与主体培育、市场秩序有效维护及公共政策的动态调整与创新。⑧ 黄璜提出，数字政府的概念可以被重新界定为在技术层面政府基于数字技术以更有效率的方式分配信息，在组织层面政府基于数字基础设施的赋能、协同与重构。⑨ 黄建伟和陈玲玲认为，数字治

---

① Leong C. M. L. et al., "ICT-Enabled Community Empowerment in Crisis Response: Social Media in Thailand Flooding 2011", *Journal of the Association for Information Systems*, Vol. 16, No. 3, 2015, pp. 174-212.

② Affinito L. et al., "How Physicians Can Empower Patients with Digital Tools: A Joint Study of the Italian Scientific Society of Internal Medicine (FADOI) and the European Federation of Internal Medicine (EFIM)", *Journal of Public Health*, Vol. 30, 2022, pp. 897-909.

③ Liubinienė V. and Kasperavičienė R., "Children's Empowerment Through Digital Technologies in the Context of Smart Pedagogy: Case Study", *Didactics of Smart Pedagogy: Smart Pedagogy for Technology Enhanced Learning*, Cham: Springer Nature, 2019, pp. 253-265.

④ Partesotti E. et al., "Digital Instruments and Their Uses in Music Therapy", *Nordic Journal of Music Therapy*, Vol. 27, No. 5, 2018, pp. 399-418.

⑤ 赵金旭、孟天广：《技术赋能：区块链如何重塑治理结构与模式》，《当代世界与社会主义》2019年第3期。

⑥ 关婷等：《技术赋能的治理创新：基于中国环境领域的实践案例》，《中国行政管理》2019年第4期。

⑦ 王益民：《数字政府整体架构与评估体系》，《中国领导科学》2020年第1期。

⑧ 徐梦周、吕铁：《赋能数字经济发展的数字政府建设：内在逻辑与创新路径》，《学习与探索》2020年第3期。

⑨ 黄璜：《数字政府：政策、特征与概念》，《治理研究》2020年第3期。

理是数字化技术与治理理论的融合,具有提供智能化公共服务、推动公民互动参与、实现政府治理创新的作用。[1] Benfeldt 等以集体行动理论为基础,研究了地方政府管理数据困难的原因。研究结论显示,数据治理是一个集体行动问题,虽然将数据作为组织资产进行治理有明显的好处,但要达成政府部门内部管理人员的集体行动共识,进而动员组织实施数据治理仍然困难重重。[2] 翟云等对国内外数字化转型动态的文献进行了甄别研判,从高效性、增值性、全局性和开放性四个维度探析了数字化转型引领国家治理现代化的作用机制,研究认为,数据是数字化转型的动力源。[3] 杨巧云等研究提出,数字政府是"数字中国"体系的重要组成部分,是推动经济高质量发展、公共服务质量提升的重要引擎。国外政府数字化转型,聚焦数字素养、服务创新、政务流程、政府决策、数据共享、隐私保护等方面,形成了"利用技术赋能、以用户为中心、数据驱动政府治理"的发展路径。[4]

综观上述学者的研究文献,本书基于工具理性—价值理性的综合视角理解数字赋能。从工具理性的角度出发,数字赋能是指通过各种数字化技术或方法赋予个体、组织和社会更大的能力和潜力,用于应对使用主体过去所不能解决或难以解决的问题。从价值理性的角度出发,数字赋能可以被视为一种创造价值的手段,它既包括经济价值的提升,也包括社会文化的变革,更涉及个体和组织的发展与创新,在整体上推动社会的进步。从实现的过程来说,数字赋能是一个系统工程,它正在深刻地改变我们的生活方式、工作方式和社会结构,它的内涵包括多个方面,如数据驱动决策、智能化服务、数字化创新、信息共享和数字化治理等。

当前,县级智慧城市建设正在政策推动和地方实践的结合中积极开展。智慧城市是指把先进的信息技术和通信技术充分运用在城市中的各行各业,实现基于知识社会的城市数字化高级形态,以实现信息化、工

---

[1] 黄建伟、陈玲玲:《国内数字治理研究进展与未来展望》,《理论与改革》2019 年第 1 期。
[2] Benfeldt O. et al., "Data Governance as a Collective Action Problem", *Information Systems Frontiers*, Vol. 22, 2020, pp. 299-313.
[3] 翟云等:《中国数字化转型的理论阐释与运行机制》,《电子政务》2021 年第 6 期。
[4] 杨巧云等:《国外政府数字化转型政策比较研究》,《情报杂志》2021 年第 10 期。

业化与城镇化的深度融合，这有助于缓解"大城市病"，提高城镇化质量和效率，并提供解决方案来应对城市化带来的挑战，包括社会安全、资源稀缺和气候变化，以及其他不同背景条件下的城市化发展问题。从工具理性的视角来说，大数据的可用性正以不同的方式影响城市的规划和治理，智慧城市建设要求通过人工智能、物联网、机器学习和深度学习、区块链技术等大量数字技术应用实现现实感知、泛在联结与场景应用。从价值理性的视角来说，智慧城市并非单纯地追求技术的应用层面，而是在数据使用方面具有高水平创新的城市，就是以用户创新、开放创新、大众创新、协同创新为特征的知识社会环境下的可持续创新，旨在通过价值创造，以人为本实现经济、社会、环境的全面可持续发展。

2022年5月6日，中共中央办公厅、国务院办公厅发布的《关于推进以县城为重要载体的城镇化建设的意见》指出，要推进数字化改造，加大新型基础设施建设力度，发展数字县城。推进县城城镇化，要完善市政设施体系，夯实县城运行基础支撑，推进数字化改造。[①] 在数字经济持续驱动国民经济高质量发展的大趋势下，县城作为衔接城市与乡村的重要一环，是实现县域城市高质量发展的关键点。打造县域经济社会改革创新的系统工程，就是以自我革新的精神进行业务、场景、管理、服务等方面的再造。智能城市设计强调把以大数据分析、人工智能技术为代表的新型数据通信科技，深度融入城市应用环境中，探索更高效更便捷的"城市病"解决方案。如果把建设数字县城视为智慧城市在县城内的具体实现，那么我们可以借鉴建设智慧城市的理念，对数字县城概念作出如下诠释：运用各类技术或新概念，把县城的信息系统与业务打通、整合，进行信息化、工业发展和城镇化的深入结合，以提升县城建设质量。

第二节 县城城镇化数字化协同发展的研究进展

高速的城市化和人口增长是全世界范围内的普遍现象，指美国非营

---

① 《中办国办印发〈关于推进以县城为重要载体的城镇化建设的意见〉》，《人民日报》2022年5月7日第1版。

利机构 Population Reference Bureau（PRB），该机构成立于1929年，常年发布世界人口数据表。其中文译名在不同文献中并不统一，在部分媒体报道中译为人口资料局（如澎湃新闻 https：//www.thepaper.cn/newsDetail_forward_1521514），但在一些早期译著中译为人口咨询局（如1981年版兰州大学人口研究室翻译的《人口手册》，以及1982年版中国社会科学出版社出版的《简明国际人口手册》），另外，商务部的一则新闻中也译为人口咨询局（https：//ke.mofcom.gov.cn/jmxw/art/2017/art_93c37767a4b44be7bbe0d2647223f707.html）。考虑到学术性和权威性，本书中采用人口咨询局的译称。（PRB）在世界人口数据表中预测，到2050年，城市地区的人口数量将增加到约68%，[1] 2024年中期全球人口为82亿人，预计到21世纪80年代中期达到约103亿的峰值，[2] 推动城市化率提高的因素不仅限于人口的增长和基础设施发展，随着人口的增长和时间的推移，小城镇转变为更大更密集的城镇，多个城镇连接起来形成特大城市，形成容纳超过1000万人的城市区域。根据联合国经济和社会事务部的数据记录，这一趋势一直在增强，预计到2030年，拥有100万—1000万人的大城市数量将从2016年的512个增加到662个。[3]

人口增长和城市化对农村地区产生了重大影响，城市边界的扩大导致对土地需求的上涨，推动了一些地区的农村城镇化转变，人们向城市地区迁移，以寻求更高的收入和更好的生活。一方面，人口的增加被视作经济和社会优势，这会促进政府改善城市服务，提高宜居性，[4] 联合国人居署认为，可持续的城市管理是应对人口增长和气候变化问题的关键；[5] 另一方面，包括中国在内的许多亚洲国家不但面临城市增长的挑

---

[1] Population Reference Bureau，"2018 World Population Data Sheet"，2018-08-18，https：//prb.org/wp-content/uploads/2018/08/2018_WPDS.pdf，2023-11-17.

[2] UN DESA，*World Population Prospects 2024：Key Findings and Advance Tables*，New York：UN DESA，2024.

[3] UN. Population Division，*The World's Cities in 2016：Data Booklet*，2016-10-18，https：//www.un.org/en/development/desa/population/publications/pdf/urbanization/the_worlds_cities_in_2016_data_booklet.pdf，2023-11-17.

[4] Menike H. R. A.，"A Literature Review on Population Growth and Economic Development"，*International Journal of Humanities Social Sciences and Education*，Vol.5，No.5，2018，pp.67-74.

[5] UN Habitat，*Urbanization and Climate Change in Small Island Developing States*，Nairobi：UN Habitat，2015.

战，而且面临城市转型的挑战，传统模式难以应对这些新挑战。[1]

近年来，技术进步和创新在城市不同领域的扩散推动了城市转型的新模式产生。随着互联网的出现，数字信息时代带来了无数的可能性，越来越多的数据被应用于城市规划和治理的不同领域或行业，为城市的管理者和其他利益相关者提供了新的解决方法，以提高效率、生产力、宜居性和环境可持续性。[2] 信息通信技术（ICT）推动形成了更智能的城市解决方案。第一个将 ICT 融入城市的是 20 世纪 70 年代的洛杉矶市政府，当时他们正在使用计算机生成的数据分析犯罪、住房、交通和贫困问题。[3] 技术的迭代、大数据的累积与深度应用进一步推动了传统城市规划理论的变革。[4] 随着数字技术的广泛传播，城市数字化的概念逐渐形成。

一 县城空间结构调整与数字化协同发展的相关研究

（一）城市空间结构的研究视角

空间结构作为资源、要素和经济活动在空间上的组织和分布状态，是衡量县城城镇化效率的重要因素，[5] 在地理学、规划学、社会学、经济学中已经有大量研究成果，总的来说，有物质空间和社会空间两种研究视角。早期对于城市空间结构的研究多关注物质空间，以区位理论为代表，比较关注空间外在表现的规模和形态，如农业生产方式的空间配置[6]、区位工业布局[7]、城市的空间形态与规模等级[8]。国内对县城物质

---

[1] Zhu Y., "The Urban Transition and Beyond: Facing New Challenges of the Mobility and Settlement Transitions in Asia", United Nations Expert Group Meeting on Sustainable Cities, Human Mobility and International Migration, New York: UN DESA, 2017.

[2] Allam Z. and Dhunny Z. A., "On Big Data, Artificial Intelligence and Smart Cities", Cities, Vol. 89, 2019, pp. 80-91.

[3] Vallianatos M., "Uncovering the Early History of 'Big Data' and the 'Smart City' in Los Angeles", 2015-06-16, https://boomcalifornia.com/2015/06/16/uncovering-the-early-history-of-big-data-and-the-smart-city-in-la/, 2023-11-17.

[4] Batty M., "Big Data, Smart Cities and City Planning", Dialogues in Human Geography, Vol. 3, No. 3, 2013, pp. 274-279.

[5] 于斌斌、申晨：《产业结构、空间结构与城镇化效率》，《统计研究》2020年第2期。

[6] ［德］约翰·冯·杜能：《孤立国同农业和国民经济的关系》，吴衡康译，谢钟准校，商务印书馆1986年版，第19—212页。

[7] ［德］阿尔弗雷德·韦伯：《工业区位论》，李刚剑等译，朱立新校，商务印书馆1997年版，第47—144页。

[8] ［德］沃尔特·克里斯塔勒：《德国南部中心地原理》，常正文等译，商务印书馆2010年版，第224—356页。

空间结构的早期研究与工业化密切相关，城镇发展以工业生产活力带动生产空间，生产空间带动生活消费空间，① 在经济发展的目标导向下，小城镇的工业用地不断向外扩张，造成"以地兴镇"，② 尤其是农村集体土地的产权问题引发了一系列矛盾。③

对城市社会空间结构的研究多体现出对社会、文化及心理的关注及对资本主义城市实践问题的反思。随着经济发展和城镇化水平的进一步推进，人口过度集中、城市无序扩张及各类负外部性问题引发了学者对城市功能空间的关注，如城市社会分区的"同心圆模式"、"扇形模式"和"多核心模式"等，④ 以派克为代表的生态学派把自然科学中的生态学原理用于城市研究，提出了"社区"的概念。⑤ 人们开始关注微观视角下的居民行为，强调"以人为本"，如行为学派对空间与行为互动关系的研究，⑥ 以及面向个体生活质量和社会可持续发展的行为地理研究，⑦ 从新制度主义视角出发研究影响城市空间结构演变的制度因素。⑧ 除此之外，国外的马克思主义研究者还从哲学和认识论的层面讨论了社会与空间的辩证关系，代表性著作是法国学者亨利·列斐伏尔（Lefebvre）的《空间的生产》，这本书的英译本在西方英语世界引起了社会理论的后现代地理学转向，也称空间化转向，即"亨利·列斐伏尔转向"，自《空间的生产》发表以来，西方英语学术语境中出现了三次研读亨利·列斐伏尔的星群（constellations）：第一次是自 20 世纪 70 年代起由哈维发起的城市政治经济学批判；第二次是 20 世纪 80 年代以来由索亚发起的后现代地理学研究，将亨利·列斐伏尔的思想引入空间

---

① 何鹤鸣：《增长的局限与城市化转型——空间生产视角下社会转型、资本与城市化的交织逻辑》，《城市规划》2012 年第 11 期。
② 卢晓玲、杨钢桥：《小城镇工业用地空间扩张的方式与特征》，《国土资源科技管理》2005 年第 3 期。
③ 周其仁：《城乡中国》（修订版），中信出版社 2017 年版，第 203—261 页。
④ 顾朝林等：《北京城市社会区分析》，《地理学报》2003 年第 6 期。
⑤ 张品：《社区、空间与城市社会学——再议城市社会学的研究对象》，《理论月刊》2016 年第 11 期。
⑥ 柴彦威等：《空间——行为互动理论构建的基本思路》，《地理研究》2017 年第 10 期。
⑦ 塔娜、柴彦威：《行为地理学的学科定位与前沿方向》，《地理科学进展》2022 年第 1 期。
⑧ 张磊：《都市圈空间结构演变的制度逻辑与启示：以东京都市圈为例》，《城市规划学刊》2019 年第 1 期。

文化及社会科学与人文科学的语言学转向领域；第三次是 21 世纪以来对亨利·列斐伏尔的阅读，更加经验化且涉及各个领域，包括全球化、城市化、国家空间、差异与节奏理论、建筑学，乃至女性主义问题等。① 国内将空间生产理论应用于城镇化研究已有 20 余年的历史，其重点在城镇化模式的概括及对城镇化效应的批判研究方面。②

（二）城市空间结构的研究主题

在国土空间方面，就城镇化和城乡关系而言，对空间结构的研究主要聚焦国土空间优化。随着工业化和城市化的快速发展，城市的用地需求不断增加，甚至土地的城市化与人口的城市化"失衡"，③ 在县城城镇化的进程中，县域农业用地和生态用地的空间不断受到挤压，县城与农业、生态的空间结构性矛盾突出。④ 空间、人、资源与环境的协调性一直都是国土空间规划的重点，党的十八大报告明确提出"促进生产空间集约高效、生活空间宜居适度、生态空间山清水秀"的总体要求。⑤ 党的二十大报告强调，要"深入实施区域协调发展战略、区域重大战略、主体功能区战略、新型城镇化战略，优化重大生产力布局，构建优势互补、高质量发展的区域经济布局和国土空间体系"。⑥ 在政策的推动下，国内学者多从生产、生活、生态"三生"空间方面识别空间功能以推进国土空间优化，⑦ 其关键技术在于"双评价"和"三区三线"，⑧ 相关研究包括两个方面：一是"三生"空间的识别，主要有土

---

① ［法］亨利·列斐伏尔：《空间的生产》，刘怀玉译，孟错校，商务印书馆 2021 年版，第 3 页。
② 刘天宝、马嘉铭：《空间生产理论在中国城镇化研究中的应用进展与展望》，《地理科学进展》2023 年第 5 期。
③ 张松林等：《中国土地城市化与人口城市化失衡之谜——基于城市便利性视角的分析》，《财贸研究》2021 年第 11 期。
④ 陈文胜、李珊珊：《城乡融合中的县城：战略定位、结构张力与提升路径》，《江淮论坛》2023 年第 5 期。
⑤ 《胡锦涛在中国共产党第十八次全国代表大会上的报告》，中国政府网，https：//www.gov.cn/ldhd/2012-11/17/content_2268826.htm。
⑥ 习近平：《高举中国特色社会主义伟大旗帜　为全面建设社会主义现代化国家而团结奋斗——在中国共产党第二十次全国代表大会上的报告（2022 年 10 月 16 日）》，人民出版社 2022 年版。
⑦ 黄金川等：《面向国土空间优化的三生空间研究进展》，《地理科学进展》2017 年第 3 期。
⑧ 顾朝林、曹根榕：《论新时代国土空间规划技术创新》，《北京规划建设》2019 年第 4 期。

地利用类型归并法和指标体系构建法,土地利用类型归并法是基于土地利用类型来划分三类空间,常用于中宏观尺度和图斑尺度的"三生"空间识别研究,能够较好地显示其数量特征,指标体系构建法根据影响"三生"空间的社会、经济、自然等因素,构建指标体系,采用德尔菲法等综合评价方法识别"三生"空间,[1] 如国土空间适宜性评价指标体系和资源环境承载力评价体系,[2] 以及"多规合一"指标体系,[3] 前者是目前政府部门指定的评价方法,后者则是将土地利用规划与城乡规划、国民经济与社会发展规划及其他用地相关专项规划综合起来,由各部门多方协调,综合评价,其重点在于推进形成一个总分有序、层级清晰、职能精准的区域规划体系。[4] 二是"三生"空间的优化,强调经济—社会—生态复合系统的协调和可持续发展,尤其是生态的重要性,[5] 这方面有大量的实证研究,针对流域[6]、产业[7][8]、区域[9][10]等,多采用定量分析方法,包括各类智能应用算法和耦合模型。[11]

在经济空间方面,以"规模经济"和"收益递增"为核心概念的

---

[1] 黄安等:《"生产—生活—生态"空间识别与优化研究进展》,《地理科学进展》2020年第3期。
[2] 樊杰主编:《资源环境承载能力和国土空间开发适宜性评价方法指南》,科学出版社2019年版,第47—102页。
[3] 方创琳:《城市多规合一的科学认知与技术路径探析》,《中国土地科学》2017年第1期。
[4] 刘彦随、王介勇:《转型发展期"多规合一"理论认知与技术方法》,《地理科学进展》2016年第5期。
[5] 丁明磊等:《碳中和目标下的国土空间格局优化:理论框架与实践策略》,《自然资源学报》2022年第5期。
[6] 王高远、陈天:《流域国土空间优化研究进展》,《城市规划》2023年第8期。
[7] 朱鹤等:《国土空间优化背景下文旅产业高质量发展:特征、认识与关键问题》,《经济地理》2021年第3期。
[8] 付晶莹等:《黑土保护与粮食安全背景下齐齐哈尔市国土空间优化调控路径》,《地理学报》2022年第7期。
[9] 徐影等:《碳中和视角下福建省国土空间分区特征与优化策略》,《应用生态学报》2022年第2期。
[10] 赵筱青等:《云南喀斯特山区国土空间优化分区与管控》,《自然资源学报》2020年第10期。
[11] 林伊琳等:《基于MCR-FLUS-Markov模型的区域国土空间格局优化》,《农业机械学报》2021年第4期。

第二章 县城城镇化数字化协同发展的研究进展与分析框架

地理因素对经济增长起决定性作用,① 在中国历史上,乡镇的发展得益于附近村民的经济交易活动,这类经济活动以农业和手工业为主,并呈现一定的空间结构特征。② 随着工业化的发展,现代化企业崛起,早期研究经济空间的区位理论常用来解释各个产业部门的经济空间集聚,此类机制被城市经济空间研究者用于解释城市内部空间积聚的过程,由此产生了一些经典理论模型,如基于价格相互作用的垄断竞争模型③、探究经济增长与地理集聚之间关系的局部溢出模型④、关注要素区域流动的资本创造模型等。⑤ 城市集聚的经济效益一直是新经济地理学的研究重点,近年来随着经济全球化、信息化的发展和对生态经济的重视,产生了几种理论创新,如2008年诺贝尔经济学奖得主保罗·克鲁格曼(Paul R. Krugman)的国际贸易—城市化理论,该理论超越了传统国际贸易理论,解释了自由贸易与全球化的影响及全世界范围内城市化的驱动力,拓展了集聚理论和规模经济学。⑥ 阿兰·斯科特(Alan Scott)在其著作《城市土地关系与国家》(*The Urban Land Nexus and the State*)中论述了城市生产空间、社会空间、流通空间与城市土地的关系。⑦ 生态学家综合可持续发展理论和人地关系理论提出了远程耦合理论,为研究人地系统耦合关系提供了新的视角。⑧

在社会空间方面,早期国外研究者经历了从芝加哥学派到新马克思主义学派的转变,前者延续了涂尔干的功能主义视角;后者则认为

---

① 陆铭:《空间的力量:地理、政治与城市发展》(第二版),格致出版社2017年版,第7—12页。
② [美]施坚雅:《中国农村的市场和社会结构》,史建云、徐秀丽译,虞和平校,中国社会科学出版社1998年版,第21—40页。
③ Fujita M., "A Monopolistic Competition Model of Spatial Agglomeration: Differentiated Product Approach", *Regional Science and Urban Economics*, Vol. 18, No. 1, 1988, pp. 87-124.
④ Baldwin R. E. et al., "Global Income Divergence, Trade, and Industrialization: The Geography of Growth Take-Offs", *Journal of Economic Growth*, Vol. 6, No. 1, 2001, pp. 5-37.
⑤ Baldwin R. E., "Agglomeration and Endogenous Capital", *European Economic Review*, Vol. 43, No. 2, 1999, pp. 253-280.
⑥ [日]藤田昌久等:《空间经济学——城市、区域与国际贸易》,梁琦主译,中国人民大学出版社2005年版。
⑦ Scott A. J., *The Urban Land Nexus and the State*, London: Routledge, 2007.
⑧ 任宇飞等:《城镇化与生态环境近远程耦合关系研究进展》,《地理学报》2020年第3期。

城市社会空间研究不能片面注重经济因素,而要综合考虑政治、社会、文化。洛杉矶学派受到新马克思主义学派的影响,强调将时代周期与城市发展紧密联系,对后工业、后现代及后福特模式下城市空间结构作了具体描述。[1] 芝加哥社会学派把城市视作不同社区竞争和演化的结果,启发人们从微观角度理解城市化的宏大进程,而洛杉矶学派更加关注差异化,不仅研究社会空间分异的内在政治经济机制,还关注社会空间的反作用。[2] 国内学者越来越关注城市社会空间分异现象,深入研究了居住空间分异、社会阶层分化、居住迁移等重大城市社会空间问题,包括社会空间结构[3]、分异[4]及其演变机制问题,行政、市场和社会三大力量是中国社会空间结构演变的主要动力,[5] 同时,对城市中特殊社区和人群的关注不断增强,如棚户区[6]、流动人口[7]、城中村[8]等。

（三）城市空间结构研究的数字转向

近年来,随着全球网络化和信息化趋势的不断增强,以物联网、大数据、人工智能（AI）、5G、VR/AR 为代表的现代信息技术的应用范围不断扩大,在地理学中迎来了"数字转向",[9] 这进一步促进了城市的数字化转型。国外对城市空间结构研究的数字转向集中在数字参与的

---

[1] Liu C. Y., "From Los Angeles to Shanghai: Testing the Applicability of Five Urban Paradigms", *International Journal of Urban and Regional Research*, Vol. 36, No. 6, 2012, pp. 1127-1145.

[2] Nicholls W. J., "The Los Angeles School: Difference, Politics, City", *International Journal of Urban and Regional Research*, Vol. 35, No. 1, 2011, pp. 189-206.

[3] 古纭欢、孙斌栋:《城市社会空间结构及其演变——从芝加哥、洛杉矶到上海》,《地理科学》2023 年第 2 期。

[4] 冯健、张琦楠:《城市社会空间结构及分异——基于武汉的实证研究》,《城市发展研究》2021 年第 9 期。

[5] 李志刚、顾朝林:《中国城市社会空间结构转型》,东南大学出版社 2011 年版,第 59—64 页。

[6] 宋伟轩等:《南京棚户区改造的城市社会空间重构效应》,《地理研究》2021 年第 4 期。

[7] 吴志刚等:《移民型城市社会空间演变及形成机制研究——以珠海市为例》,《华南师范大学学报》（自然科学版）2020 年第 2 期。

[8] 张京祥等:《空间生产视角下的城中村物质空间与社会变迁——南京市江东村的实证研究》,《人文地理》2014 年第 2 期。

[9] Ash J. et al., "Digital Turn, Digital Geographies?", *Progress in Human Geography*, Vol. 42, No. 1, 2018, pp. 25-43.

第二章 县城城镇化数字化协同发展的研究进展与分析框架

空间不均衡[1]、城际间的数字网络联系[2]、数字鸿沟[3]、虚拟社区[4]等。

信息和通信技术的发展打破了传统地理空间的障碍，大数据广泛应用于相关研究中，如行为学派利用手机信令数据、移动互联网定位数据、智能卡数据、浮动车定位数据等时空大数据探究空间与活动的作用机理[5]、城市创新的机制和空间规律[6]、空间句法的城市规划应用等。[7] 大数据的广泛应用和显著的研究成果突出了技术的决定性作用，卡斯特尔（Castells）进而提出了流空间的概念，表示"不必地理邻接即可实现共享时间的社会实践的物质组织"，并认为流空间将会取代地方空间，[8] 国内学者引进了流空间的概念并对信息空间（尤其是互联网空间）功能与结构、信息空间与地域空间相互作用进行了理论探讨。[9] 从这一角度来看，信息技术大幅增强了城市空间结构各要素及要素之间的流动性，进而深化了研究主题，促使国土功能空间的数字化转型、[10] 数字农业经济导向下网络空间和地理空间的融合、[11] 城市网络联

---

[1] Graham M. et al., "Digital Divisions of Labor and Informational Magnetism: Mapping Participation in Wikipedia", *Annals of the Association of American Geographers*, Vol. 105, No. 6, 2015, pp. 1158–1178.

[2] Zook M. et al., "Cyberspatial Proximity Metrics: Reconceptualizing Distance in the Global Urban System", *Journal of Urban Technology*, Vol. 18, No. 1, 2011, pp. 93–114.

[3] Connolly M. et al., "The Digital Divide and Other Economic Considerations for Network Neutrality", *Review of Industrial Organization*, Vol. 50, 2017, pp. 537–554.

[4] Elwood S., "Beyond Cooptation or Resistance: Urban Spatial Politics, Community Organizations, and GIS-Based Spatial Narratives", *Annals of the Association of American Geographers*, Vol. 96, No. 2, 2006, pp. 323–341.

[5] 钮心毅、林诗佳：《城市规划研究中的时空大数据：技术演进、研究议题与前沿趋势》，《城市规划学刊》2022年第6期。

[6] 吕拉昌、赵彩云：《中国城市创新地理研究述评与展望》，《经济地理》2021年第3期。

[7] 杨滔：《数字城市与空间句法：一种数字化规划设计途径》，《规划师》2012年第4期。

[8] Castells M., *The Rise of the Network Society—The Information Age: Economy, Society and Culture*, Oxford: Blackwell Publishers, Inc, 1996, p. 412.

[9] 高鑫等：《城市地理学的"流空间"视角及其中国化研究》，《人文地理》2012年第4期。

[10] 席广亮等：《2022年城市数字化转型发展热点回眸》，《科技导报》2023年第1期。

[11] 陈国军、王国恩：《"盒马村"的"流空间"透视：数字农业经济驱动下的农业农村现代化发展重构》，《农业经济问题》2023年第1期。

系下时空尺度的扩大,① 加强了数字化与物质、经济、社会和文化等多重空间叠合转型的耦合关系。② 在将虚拟网络空间叠加在城市物质空间基础上,城市空间结构已被重塑为"物质空间—社会空间—网络空间"耦合结构。③ 总的来说,技术变革推动工业化"物理空间"的政府形态向大数据时代的"数字空间"的政府形态转型,④ 数字化背景下的城市空间结构体现为地理空间与网络空间的互相融合与演进,进一步推动数字城市、智慧城市的形成。

二 县城产业结构转型与数字化协同发展的相关研究

数字化可以被描述为"将模拟信息转换为数字形式的技术转换",⑤ 这些技术对社会环境和制度环境有影响。农业和农村地区的数字化转型是全球层面的政策重点,⑥ 在欧洲,欧盟委员会"将农民和农村与数字经济完全连接起来"作为其发展目标之一,以实现更智能、更现代化和更可持续的粮食和农业的未来目标。2020 年,"从农场到餐桌"战略表明,共同农业政策(CAP)必须投入越来越多的资金,以"提高弹性并加速农场的绿色和数字化转型"。⑦

(一)现代经济增长本质的理论视点

经济发展推动城镇化进程,改变城市形态,促进技术进步和居民生活方式、价值观念的转变,城镇化反过来又强化经济和人口的集聚,城市自然而然地成为经济生产、交换和分配活动过程的核心区域,因此,研究城镇化的进程,就离不开产业和产业结构,要理解产业和产业结构的作用,就要明白经济增长的本质。是什么导致了经济的增长?这是经

---

① 王士君等:《从中心地到城市网络——中国城镇体系研究的理论转变》,《地理研究》2019 年第 1 期。
② 杨忍、林元城:《论乡村数字化与乡村空间转型》,《地理学报》2023 年第 2 期。
③ 肖骁:《新时代城市空间结构变革与转型》,《中国科学院院刊》2023 年第 8 期。
④ 米加宁等:《"数字空间"政府及其研究纲领——第四次工业革命引致的政府形态变革》,《公共管理学报》2020 年第 1 期。
⑤ Autio E., "Digitalisation, Ecosystems, Entrepreneurship and Policy", 2017-12-14, https://www.researchgate.net/publication/321944724_Digitalisation_ecosystems_entrepreneurship_and_policy, 2023-11-20.
⑥ Trendov N. M. et al., *Digital Technologies in Agriculture and Rural Areas: Status Report*, Rome: Food and Agriculture Organization of the United Nations, 2019.
⑦ Beddington S. J., "The Future of Food and Farming", *International Journal of Agricultural Management*, Vol. 1, No. 2, 2011, pp. 2-6.

济学的经典问题，从现代化的角度来说，所谓现代经济增长，就是指由传统经济转变为现代经济，由传统产业转变为现代产业的过程。新古典主义经济学认为供给创造需求，强调市场和价格机制的作用，主张扩大经济规模，凯恩斯主义则强调有效需求和政府干预。以往的经典理论比较注重规模和数量的增加，但也有经济学家认为结构才是关键，发展经济学通过研究发展中国家和农业国家实现工业化的路径，指出部门间的再配置是经济的主要增长引擎，① 林毅夫也认为产业结构转型是经济结构优化升级的核心内容。② 发展中国家实现经济增长的关键点在于产业结构转型，简单来说，产业结构通常是指国民经济各产业部门之间和产业部门内部的构成，中国在过去70多年的发展中，存在产业结构不合理和全要素生产率较低的问题，③ 党的二十大报告提出了要"加快国有经济布局优化和结构调整"④，制造业是重点，但必要条件在于服务业比重的提高，这会导致产业政策逻辑的变化，并与社会治理相结合。⑤ 新型城镇化能够显著推进产业结构转型升级，⑥ 同时产生"选择效应"并对原有产业发展模式提出更高要求。⑦

可以这样认为，经济总量的增长与经济结构的变动是现代经济增长的两大表征，两者存在内在联系，但问题在于谁才是经济增长的本质。1971的诺贝尔经济学奖得主库兹涅茨（Kuznets）和美国发展经济学先驱罗斯托（Rostow）的争论反映了两种不同的观点。库兹涅茨认为，经济增长是一个总量的过程，部门的变化都同总量的变化相互联系，而且

---

① Banerjee A. V. and Duflo E., "Growth Theory through the Lens of Development Economics", *Handbook of Economics Growth*, Vol.1, 2005, pp.473-552.

② 林毅夫：《新结构经济学——重构发展经济学的框架》，《经济学》（季刊）2011年第1期。

③ 张亚新、宿雪莲：《产业结构、全要素生产率与中国经济增长——新中国70年的历史考察》，《东北财经大学学报》2020年第4期。

④ 习近平：《高举中国特色社会主义伟大旗帜 为全面建设社会主义现代化国家而团结奋斗——在中国共产党第二十次全国代表大会上的报告（2022年10月16日）》，人民出版社2022年版。

⑤ 陆铭：《中国经济结构转型与消费发展趋势》，《新金融》2023年第11期。

⑥ 王小鲁：《中国城市化路径与城市规模的经济学分析》，《经济研究》2010年第10期。

⑦ 孙叶飞等：《新型城镇化发展与产业结构变迁的经济增长效应》，《数量经济技术经济研究》2016年第11期。

只有把部门的变化结合到总量的框架中时,才可能对它们加以适当的权衡比较,缺乏所需要的总量变化严重限制了内含的战略性的部门变化的可能性。① 按照库兹涅茨的观点,经济增长的本质是经济总量的增长,只有总量变化才会产生结构变化,库兹涅茨主要从消费者需求结构的变动、技术革新中心的转移以及开放经济条件下各国进出口结构的变动等三个方面论述了经济总量增长对结构变动的决定性作用。②

  罗斯托虽然没有否认总量的作用,但他认为现代经济的增长本质上是部门的过程,它根植于现代技术所提供的生产函数的累积扩散,这些发生在技术和组织中的变化只能从部门的角度加以研究。③ 罗斯托主要是从创新以及主导部门的角度论证其观点的:一是新技术的吸收本身是部门吸收的过程,新技术不是抽象的指数,而是具体的,它能否出现、是否有效,取决于特定部门中广泛的关系及其特点。二是引进新的重要技术或创新于某个部门中,是一个与其他部门及整个经济的运转相联系的纵横交错的复杂过程,这是无法用总量变化解释的。三是经济增长是主导部门依次更替的结果。④ 罗斯托认为,具有新的生产函数的主导部门会发出各种扩散效应,在此过程中,当旧的主导部门衰退时,新的主导部门便会诞生。因此,"增长的完整序列就不再仅仅是总量的运动了,它成了在一连串的部门中高潮的继起并依次关联于主导部门的序列,而这也标志着现代经济史的历程"。⑤

(二)产业结构转型的水平测度研究

  现代经济增长的本质是产业结构的转型。周振华最早对产业结构进行系统性的研究,并将对产业结构的论述分为产业结构高级化和产业结构合理化两个方面,⑥ 其研究成果被大量引用,学术界也多从这两个方

---

① [美] W. W. 罗斯托:《从起飞进入持续增长的经济学》,贺力平等译,四川人民出版社1988年版,第48页。
② [美] 西蒙·库兹涅茨:《各国的经济增长》,常勋等译,商务印书馆1999年版,第344—346页。
③ [美] W. W. 罗斯托:《从起飞进入持续增长的经济学》,贺力平等译,四川人民出版社1988年版,第5页。
④ 周振华:《论现代经济增长与产业结构优化》,《财经研究》1990年第6期。
⑤ [美] W. W. 罗斯托:《从起飞进入持续增长的经济学》,贺力平等译,四川人民出版社1988年版,第7页。
⑥ 周振华:《产业结构优化论》,上海人民出版社2014年版,第49—98页。

面对产业结构转型升级水平进行测度,已经形成比较普遍的看法。[1]

产业结构高级化表示产业结构通过转型优化升级达到了一定高度,是需求结构、相对成本的变化与国际贸易三者之间相互作用的结果,代表产业结构从低层级分布向高层级分布的转变过程,这个过程可以用第二、第三产业的比重,资金与技术知识密集型产业的比重,以及中间产品与最终产品产业的比重来测度。[2] 产业结构高级化受到多种因素的影响,科技进步和创新能力[3]、市场需求和消费结构的变化[4]、政府政策和产业政策的引导[5]是推动产业结构高级化的重要因素,其中创新是主要推动力。目前对产业结构高级化的定量判别方法主要有两种:一是衡量各产业的比例关系,根据配第—克拉克定律计算第二、第三产业增加值的比重来判断产业高级化程度。[6] 二是计算各产业部门产出占比与劳动生产率的乘积。[7][8] 第二种方法认为产业结构高级化的关键在于劳动生产率的变化,而不是单纯的产业比例关系,实际上拓展了产业结构高级化的内涵。

产业结构合理化衡量了产业间要素配置的效率水平,着重关注资源在三类产业间的配置,同时度量了投入和产出之间的协调程度,而产业结构高级化是衡量产业结构的优化升级。[9] 产业结构合理化水平的高低

---

[1] 夏杰长、袁航:《数字经济、要素市场化与中国产业结构转型升级》,《广东社会科学》2023年第4期。

[2] 张秀生、樊君晗:《经济发展新常态下产业结构优化研究》,《科技进步与对策》2015年第21期。

[3] 胡海洋、姚晨:《数字经济、技术创新与产业结构高级化——基于省级面板数据的实证分析》,《技术经济与管理研究》2023年第2期。

[4] 徐瑾等:《人口老龄化、居民消费与产业结构升级》,《经济问题探索》2023年第3期。

[5] 张婷等:《绿色金融、环境规制与产业结构优化》,《山西财经大学学报》2022年第6期。

[6] 吴万宗等:《产业结构变迁与收入不平等——来自中国的微观证据》,《管理世界》2018年第2期。

[7] 刘伟、蔡志洲:《我国工业化进程中产业结构升级与新常态下的经济增长》,《北京大学学报》(哲学社会科学版)2015年第3期。

[8] 韩永辉等:《产业政策推动地方产业结构升级了吗?——基于发展型地方政府的理论解释与实证检验》,《经济研究》2017年第8期。

[9] 孙凌宇、罗杨帆:《产业结构合理化对碳排放影响的空间效应》,《重庆社会科学》2022年第10期。

本质上反映了产业结构聚合的质量,包括不同类型的产业间相互协调的程度及资源开发利用的效率等问题。改革开放以来,中国经济发展经历了计划经济的非均衡发展战略、区域均衡发展战略、统筹协调发展战略、高质量发展战略几个阶段,产业结构经历了从"二一三"到"二三一"再到"三二一"的演变过程,产业结构由不合理到逐渐合理,但由于存在结构不平衡、经济发展不协调不充分等问题,还需进一步调整。[1] 从定义和演进历程来说,产业结构合理化在不同的阶段具有不同的体现,具有相对性和动态变化性,其本质是实现资源配置的动态平衡。其评价标准主要有三类:一是以国际标准为参照系进行对比,这类标准是基于大量历史数据的定量分析得出的,从人均收入水平的角度衡量产业合理化水平,以钱纳里(Chenery)的"标准结构"为代表。[2] 二是与供需结构的平衡问题挂钩,考虑供需结构是否对应及对应的程度。[3] 三是比较行业产值比重与相应就业人数比重的差异,多采用产业结构偏离度特别是泰尔指数来衡量。[4][5] 相比前两类标准,第三类标准在相关研究中的应用比较广泛。

(三)产业结构转型与数字化协同研究

在产业体系中,数字化是指数字技术在经济中的扩散和应用,数字技术用于数字数据的创建、处理、传输和分析,包括宽带、云计算和移动电话等技术,[6] 虽然没有公认的定义,但 Yoo 等提出了将数字技术与早期技术区分开来的三个特征:一是数字技术具备可重编程性(the reprogrammability)。二是数据可以通过同质化方法传输,任何数字内容

---

[1] 向秋兰等:《产业结构演进与中国经济高质量转型发展》,《贵州财经大学学报》2023 年第 1 期。
[2] [美] H. 钱纳里:《结构转换:经济发展的实证研究程序》,转引自中国社会科学院经济研究所发展经济研究室译《发展经济学的新格局——进步与展望(耶鲁大学经济增长中心第 25 届发展经济学年会论文精选)》,经济科学出版社 1987 年版,第 12—29 页。
[3] 罗茜等:《数字经济发展对实体经济的影响研究》,《当代经济管理》2022 年第 7 期。
[4] 干春晖等:《中国产业结构变迁对经济增长和波动的影响》,《经济研究》2011 年第 5 期。
[5] 傅元海等:《制造业结构优化的技术进步路径选择——基于动态面板的经验分析》,《中国工业经济》2014 年第 9 期。
[6] World Bank Group, *World Development Report 2016: Digital Dividends*, Washington D.C.: World Bank Publications, 2016.

第二章 县城城镇化数字化协同发展的研究进展与分析框架

都可以使用相同的数字设备和网络进行存储、传输、处理和显示。三是拥有强大的网络外部性，有利于创新的产生与扩散。[1] 一个国家或行业的数字化程度可以根据各种指标进行评估，国际电信联盟提出了 ICT 发展指数（IDI）用于评价一个国家的数字化发展水平，包含三大类别 11 个指标，包括 ICT 接入指标（固定电话普及率、移动电话普及率、人均国际出口带宽、计算机家庭普及率、互联网家庭普及率）、ICT 使用指标（网民普及率、固定宽带人口普及率、移动宽带人口普及率）、ICT 技能指标（成人识字率、中等教育毛入学率、高等教育毛入学率），IDI 可以评估各国 ICT 发展随时间的变化。[2] 数字化的发展是不均衡的，其异质性不仅存在于经济体之间，而且存在于行业之间和行业内部。亚太经合组织的一份技术性报告文件使用 5 个指标计算了 36 个行业的数字发展指数，并根据这个指数对行业进行分类，以帮助分析人员和政策制定者更好地理解数字化转型的部门异质性，它揭示了产业经济的哪些部分正在更大程度上接受数字转型，以及沿着哪个维度进行数字转型，其结果基于经合组织国家 2001—2015 年的数据，包括经合组织年度国民账户和欧盟 KLEMS 等多个数据库。[3] 在行业内，数字技术的使用因公司特点而异，在很大程度上受地理位置影响，除此之外，内部沟通成本、组织规模和外部压力都会影响到行业内数字发展的异质性。[4]

数字技术的经济特征是协同性，即数字技术资本及数据要素的渗透能够增加经济活动中其他要素之间的协同性，进而提高经济运行的效率。[5] 协同性出现的内在机制在于，数字技术资本在使用过程中，除了直接贡献于产品生产或服务提供，还会有一种特殊而重要的副产品，那

---

[1] Yoo Y. et al., "Research Commentary—The New Organizing Logic of Digital Innovation: An Agenda for Information Systems Research", *Information Systems Research*, Vol. 21, No. 4, 2010, pp. 724-735.

[2] International Telecommunication Union, *Measuring the Information Society: The ICT Development Index*, Geneva: International Telecommunication Union, 2009.

[3] Calvino F. et al., "A Taxonomy of Digital Intensive Sectors", 2018-06-15, https://www.oecd-ilibrary.org/content/paper/f404736a-en, 2023-11-20.

[4] Forman C., "The Corporate Digital Divide: Determinants of Internet Adoption", *Management Science*, Vol. 51, No. 4, 2005, pp. 641-654.

[5] Ketteni E., "Information Technology and Economic Performance in US Industries", *Canadian Journal of Economics*, Vol. 42, No. 3, 2009, pp. 844-865.

就是以"0""1"比特形式存在的"数据要素",数据要素通过企业内部平台乃至跨企业工业互联网平台的统一收集、分析和处理,可以快速提炼出有效信息并及时传递分享到生产过程的不同环节、不同主体,以及产业链上下游关联企业,从而降低不同环节、不同主体间的信息不对称,缩短资本、劳动等其他要素相互衔接所花费的时间,减少生产投入的冗余,提高企业生产效率及产业链整体运行效率。企业层面和产业链整体的效率提升最终将表现为更多的价值创造,这部分增加值可看作数字技术"协同效应"的贡献。[①]

协同效应研究对促进产业体系优化和转型升级具有重要意义,通过协同效应,同领域和行业、不同的子系统之间可以实现资源共享和优势互补,促进产业结构的优化和调整。一是对数字经济本身及其相关的协同效应进行研究,如对各地区数字产业化与产业数字化水平的协同性进行可视化分析[②]、对数字经济与高质量发展的耦合协调进行研究[③]、数字经济与实体经济融合发展[④]等。二是经济系统与社会或生态系统之间的协同,如数字经济与城乡融合发展[⑤]、产业扶贫与产业振兴[⑥]等。国外学者较早开启了数字技术和经济增长协同的相关研究,他们比较关注ICT即数字产业化方面。在早期互联网技术并不发达的情况下,自索洛(Solow)质疑美国大规模的IT投资和相关的资本回报率间并没有显著关联以后,[⑦]美国和欧洲的部分学者论证并支持了"索洛悖论"的存

[①] 蔡跃洲、牛新星:《中国数字经济增加值规模测算及结构分析》,《中国社会科学》2021年第11期。
[②] 刘和东、纪然:《数字经济促进产业结构升级的机制与效应研究》,《科技进步与对策》2023年第1期。
[③] 王裕瑾、李梦玉:《中国数字经济与高质量发展的耦合协调研究》,《经济与管理评论》2023年第1期。
[④] 郭晗、全勤慧:《数字经济与实体经济融合发展:测度评价与实现路径》,《经济纵横》2022年第11期。
[⑤] 姚毓春、张嘉实:《数字经济与城乡融合发展耦合协调的测度与评价研究》,《兰州大学学报》(社会科学版)2023年第1期。
[⑥] 唐红涛、谢婷:《数字经济视角下产业扶贫与产业振兴有效衔接的机理与效应研究》,《广东财经大学学报》2022年第4期。
[⑦] Solow R., "We'd Better Watch Out", New York Times Book Review, No. 7, 1987, pp. 12-36.

第二章 县城城镇化数字化协同发展的研究进展与分析框架

在，即信息通信技术并未显著提升劳动生产率。[1] 但是，随着信息通信技术的蓬勃发展，互联网技术和产业发展的融合度逐渐提升，数字技术测量的完善和现代方法的适用性更加先进，2000年以后，主流文献肯定了以互联网为核心的数字经济新模式，如电信技术投资、互联网渗透率和宽带投资等，都能够推动企业技术创新，[2] 提升全要素生产率，[3] 鼓励市场主体创新和创业精神，[4] 释放经济效率潜力。[5] 电信基础设施的渗透率越高，对经济增长的带动作用就越大。[6] 国内对信息通信技术的研究大多立足宏观层面，如在全国层面从数字化需求拉动和数字化供给推动两个角度分析中国产业网络中的数字化特征。[7] 冯素玲和许德慧构建中国2010—2019年30个省份的数字产业化指数和产业结构升级指数，通过定量分析发现数字产业化能够推动传统产业数字化转型，推进产业结构优化升级，而且有利于区域间经济格局的协调发展，缓解中国区域发展不平衡的现状，赋能经济高质量发展。[8] 郭家堂和骆品亮基于中国省级层面数据，实证得出互联网对技术进步的显著推动作用，对技术效率起到了抑制作用，且互联网对全要素生产率的作用存在网络

---

[1] Acemoglu D. and Guerrieri V., "Capital Deepening and Non-Balanced Economic Growth", *Journal of Political Economy*, Vol. 116, No. 3, 2008, pp. 467–498.

[2] Paunov C. and Rollo V., "Has the Internet Fostered Inclusive Innovation in the Developing World?", *World Development*, Vol. 78, 2016, pp. 587–609.

[3] Jorgenson D. W. et al., "Industry Origins of the American Productivity Resurgence", *Economic Systems Research*, Vol. 19, No. 3, 2007, pp. 229–252.

[4] Dutot V. and Horne C., "Digital Entrepreneurship Intention in a Developed vs Emerging Country: An Exploratory Study in France and the UAE", *Transnational Corporation Review*, Vol. 7, No. 1, 2015, pp. 79–96.

[5] Goldfarb A. and Tucker C., "Digital Economics", *Journal of Economic Literature*, Vol. 57, No. 1, 2019, pp. 3–43.

[6] Röller L. H. and Waverman L., "Telecommunications Infrastructure and Economic Development: A Simultaneous Approach", *American Economic Review*, Vol. 91, No. 4, 2001, pp. 909–923.

[7] 李腾等：《数字产业化与产业数字化：双向联动关系、产业网络特征与数字经济发展》，《产业经济研究》2021年第5期。

[8] 冯素玲、许德慧：《数字产业化对产业结构升级的影响机制分析——基于2010—2019年中国省际面板数据的实证分析》，《东岳论丛》2022年第1期。

效应的临界规模。[①] 但数字经济在不同省域之间的带动作用有所区别。[②] 学者基本认同信息通信技术对经济增长的推动作用，数字化是通过机制变革完善现代化产业体系的关键途径。

在产业数字化方面，学者明确了产业数字化的内涵和重要性，产业数字化对产业链全要素的数字化再改造，[③] 是传统产业采用数字技术对相关业务进行升级，进而提升生产的数量和效率的全过程，[④] 数字技术促进传统生产要素的创新组合，可以赋能传统产业的数字化转型。[⑤] 大量研究展示了产业数字化转型的路径，以智能制造、平台发展和生态重构为重点推进企业、行业和园区的数字化转型，[⑥] 强化数字领域共性技术研发，打造数字经济全产业链条，建设新型数字化基础设施，[⑦] 发挥政府的引导和调节、营造良好外部环境、[⑧] 协调区域共同发展的作用等。[⑨] 当然，在数字经济产业化过程中也有一些不同的声音，主要集中于全球"数字鸿沟"发展有可能引发的经济分化，[⑩] 以及数字平台垄断引发的信息安全问题。[⑪]

[①] 郭家堂、骆品亮：《互联网对中国全要素生产率有促进作用吗？》，《管理世界》2016年第10期。

[②] 韩君、高瀛璐：《中国省域数字经济发展的产业关联效应测算》，《数量经济技术经济研究》2022年第4期。

[③] 沈建光等：《产业数字化：驱动中国经济打造新模式、新赛道和新生态》，中信出版集团、中信出版社2020年版，第18页。

[④] 肖旭、戚聿东：《产业数字化转型的价值维度与理论逻辑》，《改革》2019年第8期。

[⑤] 刘航等：《基于中国实践的互联网与数字经济研究——首届互联网与数字经济论坛综述》，《经济研究》2019年第3期。

[⑥] 吕铁：《传统产业数字化转型的趋向与路径》，《人民论坛·学术前沿》2019年第18期。

[⑦] 郭晗：《数字经济与实体经济融合促进高质量发展的路径》，《西安财经大学学报》2020年第2期。

[⑧] 史宇鹏等：《我国企业数字化转型：现状、问题与展望》，《经济学家》2021年第12期。

[⑨] 彭炳忠、易俊宇：《数字经济对长江经济带产业结构升级的影响研究》，《湖南社会科学》2021年第6期。

[⑩] Antonelli C., "The Digital Divide: Understanding the Economics of New Information and Communication Technology in the Global Economy", *Information Economics and Policy*, Vol. 15, No. 2, 2003, pp. 173-199.

[⑪] Chen Y. M., "Improving Market Performance in the Digital Economy", *China Economic Review*, Vol. 62, No. 8, 2020, p. 101482.

第二章 县城城镇化数字化协同发展的研究进展与分析框架

总体来看，数字产业化和产业数字化的发展并不是完全独立、平行发展的过程，而需要相互融合和促进，以数字产业化的信息增值模式和产业数字化的融合驱动模式，协同助推新发展格局的实现。[1][2]

就县城而言，新型城镇化为数字经济发展提供空间载体和应用场景支撑，数字经济为新型城镇化建设带来了投资驱动和创新驱动，创造了有别于传统城镇化的突破路径。[3] 纵观国内外城镇化历史，传统城镇化路径与工业化进程互相交织，库兹涅茨在他的著作《现代经济增长：速度、结构与扩展》中指出，"产品的来源和资源的去处从农业活动转向非农业生产活动，即工业化进程；城市与乡村之间的人口分布发生了变化，即城市化进程"。[4] 发达国家的城市化与工业化基本是同步的，城市化建立在工业化和经济发展的基础之上，同时城市化又有力地推动了工业化进程。[5] 与发达国家相比，中国城镇化发展要滞后于工业化发展，优化产业结构能有效缓解城镇化滞后现象。[6] 从历史上看，农业一直是中国城镇化产业结构的基础，工业化是城镇化的核心动力，自改革开放以来的"第四次工业化进程"不断地扩大对外开放，加入了经济全球化的大循环，同步推进工业化和城镇化，创造了中国经济发展的奇迹。[7] 在信息化和知识经济的当下，传统的城镇化路径也在发生相应的改变：一方面，数字化对县城产业结构产生了显著影响，从产业本身来看，国内外农业发展的实践已经充分证明数字经济与农业农村经济融合发展的典型作用，包括优化要素合理配置、降低交易成本、创新金融服

---

[1] 杜庆昊：《数字产业化和产业数字化的生成逻辑及主要路径》，《经济体制改革》2021年第5期。

[2] 李永红、黄瑞：《我国数字产业化与产业数字化模式的研究》，《科技管理研究》2019年第16期。

[3] 王常军：《数字经济与新型城镇化融合发展的内在机理与实现要点》，《北京联合大学学报》（人文社会科学版）2021年第3期。

[4] [美]西蒙·库兹涅茨：《现代经济增长：速度、结构与扩展》，戴睿、易诚译，北京经济学院出版社1989年版，第1页。

[5] 新玉言主编：《国外城镇化——比较研究与经验启示》，国家行政学院出版社2013年版，第61—90页。

[6] 乔海波、蒲国良：《我国城镇化滞后于工业化的影响因素探究》，《改革》2018年第9期。

[7] 顾朝林：《中国城镇化》，科学出版社2021年版，第296—311页。

务模式、实现规模经济效应、有效缓解信息不对称等;[1] 从城乡融合的视角来看,数字经济是促进城乡融合发展的关键路径,通过构建耦合协调模型可以观察两者之间耦合发展的不同路径及其影响因素。[2] 另一方面,城镇化对数字经济产生反作用,一定水平的城镇化水平才能确保数字经济发挥显著的促进效应,互联网与城镇化融合发展可以更好地推动中国产业结构高级化和合理化。[3]

三 县城治理结构变革与数字化协同发展的相关研究

数字化对全球几乎所有社会产生了深远的影响,但不同地区之间存在差距。国际电信联盟(ITU)持续多年跟踪全球各地互联网联通情况并发布年度报告,最新数据显示,高收入国家89%的人口被5G所覆盖,而在低收入国家,只有1%的人口得到覆盖。第三代移动通信技术(3G)仍然是最不发达国家最普遍的移动宽带技术,在这些国家中,超过20%的人口仍然远离互联网。2023年,全球81%的城市居民使用互联网,而农村地区的这一比例只有50%,城市和农村地区之间的差距在不同的收入群体之间存在显著差异,这进一步放大了数字鸿沟。[4]

研究"发展"的学者对"发展作为一种内在的、无意识的过程"和"发展作为一种有意识的活动"进行了有益的区分,[5] 国际发展学的跨学科研究领域一直比较关注后者。关于发展定义的标准一直存在激烈的争议,其侧重点各不相同,如经济增长、基本需求、公平、权利、能力和选择的能力等,[6] 但大部分定义将"数字发展"与信息和通信技术促进发展(ICT4D)视作跨学科行动和学术领域的标签,在这一领域,

---

[1] 温涛、陈一明:《数字经济与农业农村经济融合发展:实践模式、现实障碍与突破路径》,《农业经济问题》2020年第7期。

[2] 姚毓春、张嘉实:《数字经济与城乡融合发展耦合协调的测度与评价研究》,《兰州大学学报》(社会科学版)2023年第1期。

[3] 左鹏飞等:《互联网发展、城镇化与我国产业结构转型升级》,《数量经济技术经济研究》2020年第7期。

[4] International Telecommunication Union (ITU), "Measuring Digital Development: Facts and Figures 2023", 2023-11-27, https://www.itu.int/pub/D-IND-ICT_MDD-2023-1, 2023-11-30.

[5] Cowen M. P. and Shenton R. W., "Agrarian Doctrines of Development: Part Ⅰ", *The Journal of Peasant Studies*, Vol. 25, No. 2, 1998, pp. 49–76.

[6] Willis K., *Theories and Practices of Development*, 2nd ed., London: Routledge, 2011, pp. 1–36.

数字化与"作为一种有意识的发展"相互交叉、紧密联系。从国际发展的角度来看,数字化是改善治理措施、缩小地区和不同群体之间发展差距、促进全球层面可持续发展的重要途径。

(一) 数字治理研究

自20世纪40年代计算机诞生以来,各地政府都在使用计算机管理人口,并用计算机处理因此而产生的大量数据,以提高行政管理和服务的效率。从20世纪60年代末开始,由美国数学家诺伯特·维纳(Norbert Wiener)创立的控制论在政府行政领域盛极一时,这种观点认为,通过计算可以更有效地管理治理和政策问题,但事实证明,城市的运作方式比计算模型更加复杂,实际情况更具偶然性和社会政治性。[①] 在很长一段时间,数字技术被视作帮助政府治理的技术性工具,改变了政府治理的方式和人们参与治理的方式。2000年后,伦敦政治经济学院的帕特里克·邓利维(Patrick Dunleavy)及其同事认为数字化或"电子政务"不仅是新公共管理的技术工具,还是一种更加深刻的治理理念,进而提出了"数字时代治理"(DEG)的概念。2006年,邓利维发表了"New Public Management is Dead-Long Live Digital-Era Governance"一文,不久之后,邓利维在其著作Digital Era Governance中进一步阐述了其数字治理的思想,并比较了世界各地电子政务的发展情况。在当时,邓利维认为,数字化即将取代新公共管理(NPM)成为公共管理学的主导学说或范式,因为数字技术带来了政府组织结构、文化、信息传递方式及服务需求的变化,使自新公共管理时代以来建立的政府架构被彻底改变。[②] 邓利维的观点引发了学术界对公共管理改革和数字政府的广泛讨论,美国学者迈克尔·米拉科维奇(Michael E. Milakovich)从广义和狭义两个层面总结了数字治理的含义:广义上,数字治理指的是电子技术支持下的整个社会运行和组织的形式,包括对经济社会资源的综合治理;狭义上,数字治理指的是政府与经济社会的互动,以及政府内

[①] Flood J., *The Fires: How a Computer Formula Burned Down New York City And Determined the Future of American Cities*, New York: Riverhead Books, 2010, pp. 175-185.

[②] Dunleavy P. et al., "New Public Management is Dead-Long Live Digital-Era Governance", *Journal of Public Administration Research and Theory*, Vol. 16, No. 3, 2006, pp. 467-494.

部运行中运用电子技术，易化政府行政，提高民主程度。[1] 数字治理的研究主要集中在四个方面：一是对数字政府的研究，包括政府采用ICT技术、技术对官僚主义的影响，数字政府发展的阶段模型，[2] 这一部分比较侧重研究电子政务的理论和实践。二是数字政府如何产生公共价值，学者批评了数字政府的研究只关注工具理性，他们认为，数字政府的最终目标是建立一个开放和民主的治理体系，在这个体系中，数字政府可以与公民建立起网络协同治理，[3][4] 并通过双向互动提高公共服务质量。[5] 三是数字政府对决策的影响，这部分学者不仅仅局限于公共服务的领域，而是研究基于机器学习和大数据的技术发展如何影响决策者和决策过程。[6][7][8] 四是对数字政府的质疑，这类研究通过实证质疑了数字政府的实际效果。[9] 在城市化进程中，人工智能、大数据的大规模应用可能会造成严重的道德和伦理问题。[10]

2008年，复旦大学的竺乾威教授在其著作《公共行政理论》中翻译并系统介绍了邓利维及其数字治理理论，自此有关数字治理的研究开

---

[1] 张晓：《数字化转型与数字治理》，中国工信出版集团、电子工业出版社2021年版，第27页。

[2] Rooks G. et al., "An Empirical Test of Stage Models of E-government Development: Evidence from Dutch Municipalities", *The Information Society*, Vol. 33, No. 4, 2017, pp. 215-225.

[3] Cordella A. and Paletti A., "ICTs and Value Creation in Public Sector: Manufacturing Logic vs Service Logic", *Information Polity*, Vol. 23, No. 2, 2018, pp. 125-141.

[4] Navarra D. D. and Cornford T., "The State and Democracy after New Public Management: Exploring Alternative Models of E-Governance", *The Information Society*, Vol. 28, No. 1, 2012, pp. 37-45.

[5] Deverell E. et al., "Understanding Public Agency Communication: The Case of the Swedish Armed Forces", *Journal of Public Affairs*, Vol. 15, No. 4, 2015, pp. 387-396.

[6] Andrews L., "Public Administration, Public Leadership and the Construction of Public Value in the Age of the Algorithm and 'Big Data'", *Public Administration*, Vol. 97, No. 2, 2019, pp. 296-310.

[7] Höchtl J. et al., "Big Data in the Policy Cycle: Policy Decision Making in the Digital Era", *Journal of Organizational Computing and Electronic Commerce*, Vol. 26, No. 1-2, 2016, pp. 147-169.

[8] Fishenden J. and Thompson M., "Digital Government, Open Architecture, and Innovation: Why Public Sector IT will Never Be the Same Again", *Journal of Public Administration Research and Theory*, Vol. 23, No. 4, 2013, pp. 977-1004.

[9] Brown M. M., "Revisiting the IT Productivity Paradox", *The American Review of Public Administration*, Vol. 45, No. 5, 2015, pp. 565-583.

[10] Allam Z., *Cities and the Digital Revolution: Aligning Technology and Humanity*, Cham: Springer Nature, 2019, pp. 31-107.

始进入国内学者的视野。十几年来,关于数字治理或数字赋能政府治理的研究汗牛充栋,技术决定论比较关注技术本身给政府治理模式带来的体制机制变革,政府要以超越技术思维及传统管理思维的胸怀和高度看待数字治理问题,将治理的数字化进程和数字政府本身看作一种革命性变革,[①] 并与整体性治理的概念相整合。[②] 而在制度主义的视角下,学者更加关注既有的科层制度惯性给数字赋能政府治理带来的阻碍,科层制内的技术治理更多地取决于政治逻辑而非单纯的技术逻辑,数字治理受到科层规制,[③] 出现了"智能官僚主义"[④] 或基层治理实践的"伪创新"。[⑤] 在国家治理体系与能力现代化的背景下,一些学者从多方互动或者协同的视角提出了数字治理的新理念。郁建兴和周幸钰提出的数字技术与科层组织双向互构的关系模式,为理解数字时代技术与组织的关系提供了新的理论解释。[⑥] 孟天广从生态论视角提出了数字政府建设进入数字经济、数字社会和数字政府协同发展的理论范式。[⑦] 张蔚文认为,要明确公共价值导向的发展定位,以网络化治理为核心推动多方主体共同参与。[⑧] 苏竣等探索技术与政策相融合的"智慧治理"方案,提出要开展人工智能社会实验,构建有人文温度的智能社会,[⑨][⑩] 人工智

[①] 戴长征、鲍静:《数字政府治理——基于社会形态演变进程的考察》,《中国行政管理》2017年第9期。

[②] 鲍静、贾开:《数字治理体系和治理能力现代化研究:原则、框架与要素》,《政治学研究》2019年第3期。

[③] 吴晓林:《技术赋能与科层规制——技术治理中的政治逻辑》,《广西师范大学学报》(哲学社会科学版)2020年第2期。

[④] 胡卫卫等:《技术赋能何以变成技术负能?——"智能官僚主义"的生成及消解》,《电子政务》2021年第4期。

[⑤] 姜晓萍、吴宝家:《警惕伪创新:基层治理能力现代化进程中的偏差行为研究》,《中国行政管理》2021年第10期。

[⑥] 郁建兴、周幸钰:《数字技术应用与政府创新的双向互构——基于浙江省"三张清单"数字化改革的分析》,《经济社会体制比较》2023年第1期。

[⑦] 孟天广:《数字治理生态:数字政府的理论迭代与模型演化》,《政治学研究》2022年第5期。

[⑧] 张蔚文:《网络化治理视角下的城市大脑——从效率导向到公共价值导向》,《人民论坛·学术前沿》2021年第9期。

[⑨] 苏竣:《开展人工智能社会实验 探索智能社会治理中国道路》,《中国行政管理》2021年第12期。

[⑩] 苏竣等:《社会实验:人工智能社会影响研究的新路径》,《中国软科学》2020年第9期。

能社会治理较多地关注技术在应用过程中出现的社会问题，以及如何从社会治理的角度来解决问题。[1] 总体上，数字治理是现代数字化技术与治理理论的融合，以政府、市民和企业为治理主体是一种新型的治理模式，[2] 本质上是对政府能力和组织形态的重构，使政府集多种角色于一体，而基层政府侧重利用数字技术向"回应型政府"靠拢。[3]

（二）数字化协同治理研究

协同治理作为一种治理制度安排，被国内外公共行政学界普遍定义为"一个或多个公共机构与非政府的利益相关者为了制定或执行政策、管理公共项目或资产而参与的以共识为导向的、正式协商性集体决议过程"。[4] 另一个被广泛采用的定义为"使人们跨越公共机构、政府层级和公私领域界限，建设性地参与公共决策和管理，从而实现公共目标的过程和结构"。[5] 诸多国内学者也对协同治理的概念进行了本土化建构，强调执政党的领导和统筹协调。[6] 协同治理是公共管理中的重要概念，对它的界定体现了政府、公民、企业和其他利益相关者在决策过程中的关系和参与程度，在信息社会和知识经济时代，决策环境变得比以往更加复杂和多变，如权力下沉、技术更新、资源稀缺、组织依存度的提高等，公共部门的组织形式也在发生相应的变化，以应对外部挑战、促进组织创新。数字技术推动了经济和社会结构的变革，也对公共部门和公共治理产生了深刻影响，加速了过去的协同治理过程，并在一定程度上推动了制度创新。

已有的研究已经确定数字技术在协同治理中的两种角色，第一种角

---

[1] 黄萃等：《学科交叉视角下人工智能治理领域知识流动与研究主题的国际比较研究》，《信息资源管理学报》2022年第6期。

[2] 黄建伟、陈玲玲：《国内数字治理研究进展与未来展望》，《理论与改革》2019年第1期。

[3] 赵娟、孟天广：《数字政府的纵向治理逻辑：分层体系与协同治理》，《学海》2021年第2期。

[4] Emerson K. et al., "An Integrative Framework for Collaborative Governance", *Journal of Public Administration Research and Theory*, Vol. 22, No. 1, 2012, pp. 1-29.

[5] Ansell C. and Gash A., "Collaborative Governance in Theory and Practice", *Journal of Public Administration Research and Theory*, Vol. 18, No. 4, 2008, pp. 543-571.

[6] 单学鹏：《中国语境下的"协同治理"概念有什么不同？——基于概念史的考察》，《公共管理评论》2021年第1期。

第二章 县城城镇化数字化协同发展的研究进展与分析框架

色是协同治理的推动者,这类研究将数字技术视作辅助治理的工具或设备,在有关数字政府的研究中已经有了深入探讨,数字政府并不完全是公共管理的研究领域,两者存在差异,这种差异也可以促进产生协同效应。[1] 第二种角色是将数字技术视为"非人类行动者"[2](nonhuman actor),数字技术能够提供解决方案并呈现对复杂交互作用的系统理解,这种复杂交互作用超越了个体参与者的感知,[3] 将技术视为行动者的观点来自行动者网络理论(actor network-theory),这是一种研究社会现象和科技发展的理论框架,由法国社会学家布鲁诺·拉图尔(Bruno Latour)在他的著作 *Reassembling the Social: An Introduction to Actor-network-theory* 中提出,该理论区分了人类和非人类行动者,并主张在广义对称原则下平等对待他们,[4] 这类角色在协同治理研究中还未得到广泛应用。

大多数人将数字技术视为提高生活质量的工具,因此政府有必要在提供公共服务和制定政策时充分考虑数字技术的作用,尤其是在国家治理体系和治理能力现代化的要求下,形成党委领导、政府负责、民主协商、社会协同、公众参与、法治保障、科技支撑的社会治理体系。[5] 治理理念强调去中心化,治理主体的范围已从个别组织扩大至每个利益相关方,公民越来越希望成为治理体系的参与者,而不是被动的接受者,这要求设计一个数字政府的生态系统,包括政府、非政府组织、企业、公民及其他治理主体,通过与政府的互动促进数据、服务和内容的生产与访问,[6] 通过部门协作与组织变革,推动一个结构封闭的政府转型成

---

[1] Gil-Garcia J. R. et al., "Digital Government and Public Management Research: Finding the Crossroads", *Public Management Review*, Vol. 20, No. 5, 2018, pp. 633-646.

[2] Gasco-Hernandez M. et al., "Unpacking the Role of Technology, Leadership, Governance and Collaborative Capacities in Inter-Agency Collaborations", *Government Information Quarterly*, Vol. 39, No. 3, 2022, p. 101710.

[3] Bryson J. M. et al., "Designing and Implementing Cross-Sector Collaborations: Needed and Challenging", *Public Administration Review*, Vol. 75, No. 5, 2015, pp. 647-663.

[4] Latour B., *Reassembling the Social: An Introduction to Actor-Network-Theory*, New York: Oxford University Press, 2007, p. 114.

[5]《"十三五"期间,我国加快构建共建共治共享的社会治理格局》,中国政府网,https://www.gov.cn/xinwen/2020-11/30/content_5565780.htm。

[6] OECD, "Recommendation of the Council on Digital Government Strategies", 2014-07-15, https://legalinstruments.oecd.org/en/instruments/OECD-LEGAL-0406, 2023-11-27.

为一个整合协同的整体型数字政府。① 不过,尽管数字化赋能普遍提升了政府处理信息的能力,改善了治理模式,但仍然存在一些障碍,各个政府部门的数据利用不充分、共享不全面,存在信息壁垒和信息堵塞的"孤岛"现象,②③ 有学者基于协同表现的不同形式将当前数字政府的协同治理困境总结为"纵向协同"双向互动难畅通、"横向协同"重重阻碍难突破、"内外协同"优势互补不明显、"虚实协同"业务覆盖不均衡四个方面。④ 公共服务的"最后一公里"还存在不少堵点、难点问题,仅通过对单个治理主体赋能不足以突破数字政府效率瓶颈,还需要重视政府内外的协同治理机制及组织权力关系的重构。⑤

（三）治理结构变革与数字化协同研究

治理结构,最初是一个经济学概念,表示"交易的完整性在其中得以保证的制度安排"⑥ 或者"协调和控制经济交易的治理机制的具体配置"。⑦ 可行的经济改革需要政治制度基础,有效制度供给的不足可以归因为机会主义和不确定性等,从降低交易成本的角度考虑,不同的交易需要特定的治理结构来实现治理的效率,因为"如果要节约交易成本,就必须以配对方式,把治理结构与交易的属性匹配,可以实现交易成本的最小化"。⑧ 制度经济学将治理结构分为市场制、层级制及混合制,⑨ 完善的治理结构应由四个要素组成:治理（合作者的数量和等

---

① 陶勇:《协同治理推进数字政府建设——〈2018年联合国电子政务调查报告〉解读之六》,《行政管理改革》2019年第6期。

② 陈文:《政务服务"信息孤岛"现象的成因与消解》,《中国行政管理》2016年第7期。

③ 徐晓林等:《数字政府环境下政务服务数据共享研究》,《行政论坛》2018年第1期。

④ 黄璜等:《数字化赋能治理协同:数字政府建设的"下一步行动"》,《电子政务》2022年第4期。

⑤ 曾渝、黄璜:《数字化协同治理模式探究》,《中国行政管理》2021年第12期。

⑥ Williamson O. E., "Transaction-Cost Economics: The Governance of Contractual Relations", *The Journal of Law and Economics*, Vol. 22, No. 2, 1979, pp. 233-261.

⑦ Ebers M. and Oerlemans L., "The Variety of Governance Structures Beyond Market and Hierarchy", *Journal of Management*, Vol. 42, No. 6, 2016, pp. 1491-1529.

⑧ [美] 奥利弗·E. 威廉姆森:《资本主义经济制度》,段毅才、王伟译,商务印书馆2020年版,第355页。

⑨ Ebers M. and Oerlemans L., "The Variety of Governance Structures Beyond Market and Hierarchy", *Journal of Management*, Vol. 42, No. 6, 2016, pp. 1491-1529.

第二章 县城城镇化数字化协同发展的研究进展与分析框架

级关系)、紧密性(正式的合作关系)、可靠性(合作关系的质量)和制度化。① 治理的概念在经济与政治的相互作用中不断扩大和完善,大部分的经济活动是在包含了市场制和层级制在内的混合制结构下进行的。按照安东尼·吉登斯(Anthony Giddens)的结构主义观点,结构作为规则和资源是社会行动生产及再生产的根基,也是系统再生产的媒介;结构不是外在于个体,而是内在于行动者,作为一种知识,通过行动者的具体实践体现出来。② 在混合制结构中,不同的社会行为主体之间存在广泛的合作行为,并通过有目的的行动形成社会秩序,这样一种结构化的过程客观上推动了治理结构的变革。对于中国这样的发展中国家,不同行动者的行动对结构更具决定性作用,在制度变迁过程中,结构与行为的互动关系可以为中国的制度变革提供一个理论解释的视角。③

在中国的国家治理体系中,县域是一个承上启下的"接点"部位,④ 它处在国家这台巨大机器的关键位置,是事关整个国家治理"或通或断"的"开合点"。理解县域治理结构,不仅能够从宏观层面把握国家与社会的互动关系,也能在微观层面体会城市与乡村之间、传统与现代之间的冲突与融合。县域治理是多学科综合的研究领域,既有研究主要有四类:一是研究国家政权建设的历史脉络,如瞿同祖的《清代地方政府》、费孝通的《皇权与绅权》、黄宗智的《集权的简约治理:中国以准官员和纠纷解决为主的半正式基层行政》、杜赞奇的《文化、权力与国家》、魏光奇的《官治与自治——20世纪上半期的中国县制》、张仲礼的《中国绅士——关于其在19世纪中国社会中作用的研究》等都是这类研究的集大成者。二是基于制度经济学的理论,研究政府在经济发展当中的作用,这类研究将政府视为市场取向的代理人或

---

① Vivona R. et al., "The Costs of Collaborative Innovation", *The Journal of Technology Transfer*, Vol. 48, No. 3, 2023, pp. 873-899.
② [英]安东尼·吉登斯:《社会的构成——结构化理论大纲》,李康、李猛译,生活·读书·新知三联书店1998年版,第91页。
③ 陈世香、邹胜男:《制度变迁视角下中国制度改革研究:一个整合性分析框架》,《求实》2022年第6期。
④ 王敬尧、黄祥祥:《县域治理:中国之治的"接点"存在》,《行政论坛》2022年第4期。

行动者，提出了"地方政府法团主义"（Local State Corporatism）和"地方政府即厂商"（Local Government as Industrial Firms）的概念。[①] 三是从行政管理的角度研究基层政府的行政体制，如行政发包制[②]、策略主义[③]、目标管理责任制[④]、序贯博弈模型[⑤]等。四是从社会学角度研究组织现象，如政权经营者[⑥]、共谋行为[⑦]，代表性的著作有应星的《大河移民上访的故事》、吴毅的《小镇喧嚣》及赵树凯的《乡镇治理与政府制度化》。

对县域治理结构的理解可以从纵向间不同层级的组织结构和横向间不同主体的权力结构两个角度来进行，前者表示合作者的数量和关系，后者表示合作者的角色和作用。杨华将县域治理结构分为集中治理结构和分散治理结构两种，指出县域治理应该在分散治理结构下给予乡镇更大的自主空间和自主权。[⑧] 欧阳静提出了能动者视角，认为县域治理结构关系的优化实质是对基层政府形象和公信力的重塑。[⑨] 在没有导入数字技术要素的县域治理结构研究中，对县域治理结构的变革指明了多中心化、网络化的治理形式和民主参与的价值取向，而数字治理和数字化协同治理的研究已经证实数字技术在这两个方面的作用，数字化被认为是实现新型城镇化的重要手段，是评估县级政府治理体系和治理能力现

[①] 苑丰：《近30年中国县政研究综述》，《东南学术》2008年第1期。

[②] 周黎安：《行政发包制》，《社会》2014年第6期。

[③] 欧阳静、王骏：《形式主义地"讲政治"：基层策略主义的新表现》，《广西师范大学学报》（哲学社会科学版）2022年第1期。

[④] 王汉生、王一鸽：《目标管理责任制：农村基层政权的实践逻辑》，《社会学研究》2009年第2期。

[⑤] 周雪光、练宏：《政府内部上下级部门间谈判的一个分析模型——以环境政策实施为例》，《中国社会科学》2011年第5期。

[⑥] 李祖佩、钟涨宝：《"经营村庄"：项目进村背景下的乡镇政府行为研究》，《政治学研究》2020年第3期。

[⑦] 唐京华：《村干部选举"共谋"行为及其对村庄治理的影响——基于山东省S村换届选举的调查》，《中国农村观察》2019年第3期。

[⑧] 杨华：《多中心工作与过程管理：县域治理结构变革的内在逻辑》，《政治学研究》2022年第6期。

[⑨] 欧阳静：《治理体系中的能动者结构：县域的视角》，《文化纵横》2019年第2期。

第二章 县城城镇化数字化协同发展的研究进展与分析框架

代化的理念和方法[1]，有利于推进数字城乡融合发展[2]，加快基本公共服务的精准有效[3]，促进权力重心的下移[4]，以及基层的自主治理。[5] 数字化对乡村治理结构的影响，既不是国家治理结构的简单延续，也不是传统双轨治理或混合结构的复生；无论是从乡村治理权力结构来看，还是从参与结构来看，数字化实践都带来了乡村治理结构的数治。[6] 反过来说，县域也是数据生成的微观场域，对数字化的研究也要考虑到治理结构的反作用，否则仅仅从数字化对治理结构单方面的影响出发，很容易泛化数字技术的作用，在道德和伦理上陷入困境。从功能上说，新的需求推动旧的结构变革，[7] 数字化推动了治理效能的形成，协同性是衡量治理效能的价值维度，基于参与形成的多元治理结构和智慧数字平台协同得好不好、协同是否均衡，构成了治理效能的重要指向。[8]

衡量治理效能的高低，最终要以人民是否满意为标准。在国家治理中，运用数字技术的根本目标，是让数字化发展红利广泛惠及人民群众。[9] 在以人为核心的新型城镇化进程中，无论是从城镇化的定义来看，还是从空间结构的调整或者经济结构的转型方面来看，其关键都在于人口的城镇化而非土地的城镇化，农业转移人口是县城治理结构的参

---

[1] 王鑫等：《数字治理视角下县级政府治理现代化的评估体系研究》，《中国行政管理》2019年第12期。

[2] 苏红键：《数字城乡建设：通往城乡融合与共同富裕之路》，《电子政务》2022年第10期。

[3] 姜晓萍、吴宝家：《人民至上：党的十八大以来我国完善基本公共服务的历程、成就与经验》，《管理世界》2022年第10期。

[4] 胡卫卫、卢玥宁：《数字乡村治理共同体的生成机理与运作逻辑研究——基于"中国大棚第一村"数字乡村建设的实证考察》，《公共管理学报》2023年第1期。

[5] 李燕凌、陈梦雅：《数字赋能如何促进乡村自主治理？——基于"映山红"计划的案例分析》，《南京农业大学学报》（社会科学版）2022年第3期。

[6] 邱泽奇等：《数字化与乡村治理结构变迁》，《西安交通大学学报》（社会科学版）2022年第2期。

[7] 李燕凌、高猛：《新中国农村基层治理变革的三重逻辑》，《中国农村观察》2022年第6期。

[8] 陈宇轩、章顺：《数字乡村治理的系统集成改革及其风险规避》，《浙江社会科学》2023年第5期。

[9] 薛澜、张楠：《以数字化提升国家治理效能（人民观察）》，《人民日报》2023年11月3日第9版。

与主体之一，农民人格市民化和高质量城镇化是新型城镇化的根本标志，[①] 农业转移人口市民化进程的严重滞后阻碍了城镇化高质量发展，[②] 唯有创新社会治理体制，自上而下推进体制改革和政策调整，自下而上吸纳多元社会主体参与，才能为新型城镇化提供新的动力。[③] 除了政策上的主观行动，客观上，数字技术为公民提供了相互交流和组织的新方式，并随之出现了"数字公民"的概念，数字化正在重新定义公民的身份与权利，具体表现为"数字公民"的空间化、"数字公民"的企业化及对"数字公民"的批判性主张。[④] 积极行动的"数字公民"，是智慧治理的重要体现，有助于打造数字技术与治理生态正向循环的圈层结构。[⑤] 研究表明，数字技术在促进公民参与城市治理和政治议程方面发挥着越来越重要的作用，新市民在融入城市的过程中不可能避免也不应该避免数字化的影响。[⑥]

四 县城城镇化数字化协同发展的文献述评

（一）县城空间结构调整与数字化协同发展研究述评

在县城空间结构调整与数字化协同发展的研究方面，城市地理学、城市经济学和城市社会学三大学派通过城市空间结构的物质空间与社会空间两大研究视角，围绕国土空间、经济空间、社会空间三大主题，积累了大量研究成果，从空间结构调整的角度来看，县城作为城市体系中的次级中心，其空间结构一直存在不合理和不平衡的问题。在县城城镇化的进程中，农业、生态和城镇用地三者之间的矛盾非常突出，因此，如何进行县城空间结构的调整、缓解用地冲突、提高土地利用效率，成为当前城市规划和建设中的重要任务之一。在这一方面，不同研究领域的学者从哲学、社会经济分析和技术规划层面提出了各种观点和建议。

[①] 李燕凌、温馨：《推进以县城为重要载体的城镇化建设：新发展格局中的战略选择》，《中国行政管理》2022年第5期。

[②] 魏后凯等：《"十四五"时期中国城镇化战略与政策》，《中共中央党校（国家行政学院）学报》2020年第4期。

[③] 陈光金等：《新型城镇化与社会治理》，《学术研究》2014年第12期。

[④] Ash J. et al., *Digital Geographies*, London: Sage Publications, 2019, pp.253-257.

[⑤] 顾爱华、孙莹：《赋能智慧治理：数字公民的身份建构与价值实现》，《理论与改革》2021年第4期。

[⑥] 韦吉飞等：《"数字政府"何以影响新市民市融入性——基于163个地级以上城市千份数据的检验》，《公共管理与政策评论》2023年第3期。

这些观点为县城空间结构调整提供了有益的启示和借鉴。

从数字化协同的角度来看，随着信息技术的不断发展和普及，数字化已经成为城市发展的重要手段和途径，如数字孪生技术，可以在虚拟空间中完成对现实空间的映射，有突出的实时监测与预警作用。现有的研究已经认识到数字技术是如何在空间上重塑自然景观和优化资源配置，并从侧面影响到人们的经济和社会活动的。不同类型的空间重叠并在功能上不断融合，数字技术的作用削弱了空间的地理属性，强化了物质空间与虚拟空间的耦合协同关系。结合空间结构调整的内容方式与数字化协同的作用机制两个方面，可以发现两者存在着密切的联系和互动。空间结构的调整需要数字化协同的支持，而数字化协同也需要空间结构的合理布局。

当前，相关研究已经取得一定的进展，但对数字化与多重空间相互作用、相互影响的研究还有待深入开展，数字化如何突破地理位置的限制重塑空间结构形态的机制尚不够明确，因为数字技术本身存在地理位置。整体上，目前关于数字化协同发展的科学内涵和分析框架等尚未进行系统的梳理和剖析，新时期数字化与县城空间结构转型的内在逻辑和作用机制亟待深度挖掘。未来的研究应当进一步深化对县城空间结构调整和数字化协同的理论和实践探讨，为县城的可持续发展提供更科学的支持和指导。

（二）县城产业结构转型与数字化协同发展研究述评

县城产业结构转型是当前经济发展中的重要议题，因为结构转型是现代经济增长的本质和源泉，对城镇化具有显著的推动作用，并与数字化存在耦合协同关系。传统上，县城的产业结构主要以农业为基础、以工业化为核心推动力，服务业则是新兴产业，随着城市化进程的加快、技术的进步和科研成果转化体系的完善，县城的产业结构面临转型升级的客观挑战与必然要求。在这一背景下，如何实现产业结构的转型升级、提升产业的竞争力和创新能力成为亟待解决的问题。

产业结构转型和经济增长互为表里，是新型城镇化发展的核心。关于数字经济与新型城镇化的研究，学界对产业结构转型、数字产业化、产业数字化及数字产业中协同的内涵与作用已经有了明确理解，可以通过指标体系进行衡量，对产业结构转型、数字化与新型城镇化的两两组合关系也有了比较成熟的研究，数字化技术在县城产业转型中的应用和作用机制是研究的重点，数字化及其协同效应越来越受到重视。在研究方法上，大多数研究关注两个子系统之间的耦合协同关系，在研究范围上，多针对单个产业或者地域。关键结论如下：一是数字经济的发展存在异质性，不同行业和地域之间的数字化程度不尽相同，同样的数字化发展程度也有可能基于不同的原因。二是数字化的协同效应来自数据本身的特殊性，能够高效率地传递信息。三是在县城产业结构与数字化的双向影响中，都存在门槛效应，在一方没有发展到一定水平之前，对另一方的影响并不显著。异质性、协同效应及门槛效应的存在使小范围的研究缺乏普遍意义，但目前还很少有基于大样本的定量研究比较不同行业、地域的产业结构转型与数字化协同的程度，以提炼具有普遍意义的影响因素与路径。

（三）县城治理结构变革与数字化协同发展研究述评

县城是中国基层政府的重要组成部分，其治理结构的变革对提高基层治理效能、促进县域经济社会发展具有重要意义。对于中国县城而言，治理的重点在于村级治理；对于城镇化而言，治理的难点在于推进农业转移人口市民化，从乡村生产与生活空间的本质来看，治理的困境体现在情感、信息、思想、财富等交互渠道的匮乏，由此破坏了乡村传统的治理结构，增加了实现乡村治理有效的难度。数字化为基层治理提供了新的路径，数字化技术的应用可以提高政府决策效率、优化公共服务、提升治理能力等，为县城治理结构转型提供了新的发展路径。数字化协同治理也可以促进政府各部门之间的信息共享和协同工作，提高治理效能，推动县城治理结构的完善与高效。

从既有研究来看，治理结构的两个不同但相互依赖的维度发挥着关键作用：一是与有效治理承诺相关的政治，二是与能力建设相关的技术。从这两个维度来说，对于数字技术如何在治理结构当中应用的观点是批判性的，因为数字技术的积极与消极作用有时会互相抵消，一个基本的价值判断在于，如果确立了数字技术的主要作用，再考虑到知识经济对数字技术的依赖，那么治理的效能是"由数字产生"还是"通过数字产生"？数字本身是普遍的、身份化的、去人性化的，如果脱离了治理的价值，那么数字和数字治理就是符号性的，并不存在深层的含义，因此在认识论层面，数字技术不能被单纯地视作某种工具或器械。在非工具性的思维中，才有了研究治理结构与数字化协同问题的前提和意义。

综合以上三类研究，数字化对城镇化发展的不同维度产生了不同的显著影响，在更大的程度、更快的速度和更新的形式上推动了新型城镇化的进程。现有的研究集中在数字化对城镇化的单方影响，且多为实证研究，也有少量的研究讨论了城镇化对数字化的反作用，两者之间双向的促进作用是研究协同问题的前提。不过，城镇化和数字化的发展都各自具有地域特点和时代特点，不同地区和不同时期的城镇化与数字化协同发展存在差异，如何根据实际情况进行研究和实践是一个重要问题，因此有必要进行大范围的比较研究，以区分不同的数字化路径及数字化发展所受到的城镇化不同维度的影响。

第三节　县城城镇化数字化协同发展的三维驱动分析框架

务农重本，国之大纲。随着新时代的到来，城镇化进入以提升质量为主的新发展阶段。在国家乡村振兴战略的实施过程中，城镇化的外延更加广阔、任务更加艰巨。县城是城市与农村连接的桥梁，发展县城对促进新型城镇化建设、构建新型工农城乡关系具有重要意义。从时代背景来看，基于"数字中国"的战略靶向，智慧城市建设从早期的以中心城市、地级城市为主，逐渐向县城一级下沉。在数字技术驱动下，加快数字县城建设，可以加速农村与中心城市的接轨，从而推进全国城镇化的建设。2022年5月，《意见》提出，要"建设新型基础设施，发展数字县城"。由此可见，实施县城城镇化建设是新时代党中央围绕城镇化、工业化、信息化与乡村振兴四大战略目标的一种统筹安排，是把落脚点放在以数字化为支撑的县城城镇化这个切口上打破城市与乡村二元结构壁垒的一次重大创新，重点关注工农互补、城乡整体发展。基于此，本书结合党的十九届五中全会精神，建构出具有适配性、包容性、时代性和充分解释力的"县城城镇化数字化协同发展"的三维驱动理论分析框架，如图2-1所示。根据对本书相关国家党政重要文件内容和精神的梳理，这一分析框架将彰显"新型城镇化"和"数字中国"的战略指引，凸显"城镇化"与"数字化"协同发展的意蕴，建构涵盖"空间结构之维"上的传统农村向数字城镇转变、"产业结构之维"上的传统农业向数字产业转变、"治理结构之维"上的传统农民向数字公民转变的"三维驱动"框架。

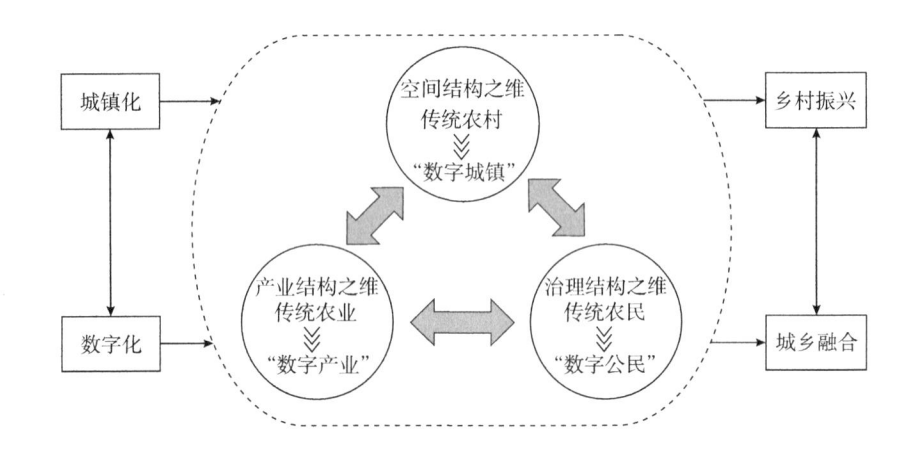

图 2-1　"县城城镇化数字化协同发展"的三维驱动理论分析框架

一　空间结构与数字化协同：传统农村向数字城镇转变

当前，随着新型信息技术产业的发展，社会各方面都出现了不同程度的数字化转型。通过数字化建设推进城乡建设和创新社会治理模式，推进智慧城市建设，已成为推进实施新型城镇化战略、持续提升城市竞争力和人民群众生活品质的重要建设方向。数字城镇是城镇化发展的高级阶段。城镇的数字信息化会调整和优化人民群众的生产生活方式及思维方式，同时也会改变城镇管理部门在信息处理、系统控制等方面的管理方式，减少损耗，提高城镇运行效率，事半功倍地提高对城镇的管理效果。数字城镇的建设涉及社会的方方面面，诸如教育、医疗、交通、产业等领域都与其相关。将建设数字城镇和转变城镇发展方式共同推进，有助于城镇化的发展与信息化、四个现代化紧密结合，同步发展、同步推进。

中国智慧城市建设的范围，随着其深入推进而不断扩展，从大城市逐步向县域下沉。作为国家基层的行政管理单位，中国有超过300个县级市、1万多个建制县。中国智慧城市建设的重点聚焦到县域，将会统筹推动大、中、小城市和城乡之间的发展，县域城市逐步成为新型城镇化战略下智慧城市建设的广阔天地。2022年5月，《意见》指出，要推进数字化改造。建设新型基础设施，发展数字县城。推动第五代移动通信网络规模化部署，建设高速光纤宽带网络。要在县域推行县城运行、政务服务、公共服务等方面的"一网通"；推动市政设施等公共空间、公共物品的物联互通、智能化改造；提供税务、工商、行政许可等线上办事便利服务；推动医院、学校、档案馆、图书馆等的资源数字化。

实际上，"一网统管"是以城市运行、管理、服务为主要内容，以数字前沿技术为支撑的信息化平台，是运用数字技术推动城市管理手段、管理模式、管理理念创新的重要载体。因此，建设数字县城，一方面，要升级现有的硬件设施。通过基于感知技术的物联网络，实现县城基础设施的智能化升级改造，推动物联技术与县城水、电、气等民生战略物资的供应和管理紧密结合，加快人、车、路三方面协同的智能交通建设。另一方面，要形成县域发展的新基础设施建设，即推动"新基建"。加快建设覆盖包括城市、乡村在内的综合性、信息化基础设施及相应体系，以信息通信技术的普及赋能城乡各行各业的发展，巩固和提高县域经济发展的基础。例如，江西宁都县开展网络基础设施建设工程，除建设了普及性的宽带网络外，还建设了电商配套服务站、物流服务网点等，打通城乡融合发展的"网络"，为"中国客家民俗文化之乡"适应新时代的发展强基固本，产生了良好的经济社会效应。

二 产业结构与数字化协同：传统农业向数字产业转变

如今科技发展日新月异、产业革命快速演进，一大批新型与先进技术如互联网、物联网、大数据、云计算、人工智能竞相创立并向各领域各方面广泛渗透。建立现代化产业体系，优化升级经济发展结构，不仅是推动经济高质量发展的必由之路，还是中国建立产业竞争力的新优势、夯实生产力发展的基础、构建"两个循环"格局的重要抓手。县城作为最基本的运行单元，既是城镇体系的一环，也是城镇化建设向纵深推进的重要空间，在国民经济社会发展中具有独特的位置和作用。当前，中国县域经济进入质量提升、动能转换的新旧交替的阶段，在此过程中，县城城镇产业体系建设在发展城镇化方面具有巨大潜力和广阔空间。

通过对本书相关党政文件内容的梳理，可以发现，党的十九届五中全会主要用"六个融合"指明了"数字化"整体性嵌入"城镇化"的战略思路，为中国城镇化与数字化协同发展指明了方向，也为实现城镇化高质量发展和提高城乡融合水平提供了重要的理论与实践指导。这意味着县城的命运将迎来新的方向。产业发展是国家经济发展的根基，县城将在国家发展产业升级的道路上发挥作用。县城城镇化与数字化融合发展有助于巩固县城产业基础，有效促进产业结构的优化升级，传统的农业产值比重下降，技术赋能的现代农业、服务业和制造业对城镇化的驱动力不断增强，催生出数字农业、旅游康养、"智造"工业等新业态；同时，农业的生态功能作用被放大，地域文化特色不断凸显，加快融入区域经济结构体系，为县城经济高质量发展提供新的经济增长极，进一步强化对周边城镇地区的辐射带动作用。另外，数字化融合发展也为县城的产业升级提供了新的机遇。通过数字化技术的应用，可以提高产业的智能化水平，优化生产流程，进一步延长县城产业链、价值链和供应链，在提高产业竞争力的同时也满足了本地居民对数字化、智能化产品和服务的有效需求，通过城镇化的发展，县城的基础设施得到改善、生活质量得到提升，从而吸引更多的人才与资金流入，进一步扩大了经济地理的集聚效应，加速新型城镇化建设。

三　治理结构与数字化协同：传统农民向数字公民转变

从传统农民向"数字公民"转变的角度来看，数字县城建设至少包括以下几个方面的内容：一是治理的参与。数字治理为农民提供了更多的信息和知识渠道，提升了他们参与治理的能力和意愿，这种信息的对称性也有助于打破传统的信息壁垒，促使农民更加开放和包容，接纳新的思维和观念。二是公共服务的供给。数字技术提高了政府公共服务供给的质量和效率。例如，在医疗方面，推行电子健康档案，管理医疗用户的健康信息，并将这些信息与医院的信息端口连接，从而实现医疗患者与医疗机构之间的双向互动，通过升级改造传统的医疗模式来提升医疗效率，达到信息智能的便捷诊疗效果，使数字县城中的每个市民都能够享受到诊疗更加准确、便捷高效的日常医疗服务；在教育方面，将原有的教育内容、教育空间、施教主体和对象与包括软硬件在内的新型信息技术相结合，加快数字校园及网络教育平台建设，通过数字赋能提升县域教育的水平；在文化方面，随着感知成像技术的进一步发展，加强其在县城公共文化场所的推广应用，包括图书馆、科技馆、艺术馆等，推动县城文化载体设施的新升级，以更生动形象的形式将文化内容呈现给市民游客。另外，可以运用虚拟现实技术等智慧化的手段，将城市故事的影、视、音结合，打造县城文化网格地图，建设县城文化展示的新窗口。三是区域的平衡。数字鸿沟的存在，致使一些偏远地区依然无法享受到数字化技术带来的便利，数字设备和培训费用是一种负担，同时数字化应用也带来了一些安全和隐私问题，因此，政府和相关部门需要加大对农村地区数字化基础设施的建设力度和资金投入，推动数字化技术的普及和数字素养的培育。

第三章

县城城镇化数字化协同发展的理论基础、实践探索与研究设计

第一节 县城城镇化数字化协同发展的理论基础

一 城镇化理论

中西方城镇化理论各具特色,是城镇化建设的重要依据。西方城镇化理论发展比较成熟,已经形成完整的理论体系,包括集聚扩散理论、流空间理论、城乡关系理论、田园城市理论;中国在长期的建设实践中形成了具有中国特色的城镇化理论,包括以分与散的关系为视角的"小城镇发展论"、以质与量的关系为视角的"大城市发展论"、以人和地的关系为视角的"中等城市发展论"、以城与城的关系为视角的"多元城镇化发展论"、以人为核心的"新型城镇化理论"。梳理中西方城镇化理论,对推进以县城为重要载体的新型城镇化建设具有重要的现实意义。

(一)西方城镇化理论

1. 集聚扩散理论

集聚扩散理论深刻解释了城乡关系的动态演变,为我们理解小城镇的发展过程提供了有力的理论支持。其中,集聚效应和扩散效应是该理论的两大要素,分别描述了人口、资源与产业在城市和农村之间的集中

及分散现象。① 集聚效应包括两个子概念：集聚经济和非集聚经济。集聚经济是指由若干生产者的相对集聚所引起的经济效益的增加或成本的降低。② 非集聚经济是指社会经济活动及其相关因素在空间上的集中导致成本的增加或收入和效用的减少。③ 社会经济活动在空间上的集聚表现为集聚效应，这是由集聚经济和非集聚经济共同作用形成的。④ 空间集聚的动力来源于集聚经济的推动作用，非集聚经济则构成了空间集聚的约束力。在扩散效应方面，扩散效应是指当经济发展到一定程度时速度会变得缓慢，资本和技术将寻找更高平台的发展机会，向周边地区扩散，从而促进周边地区经济发展水平的提升。在资本和技术向外扩散的过程中，由于劳动力、市场、资源等因素的带动，有可能会出现新的增长极。⑤ 空间结构的演进受到"集聚—扩散效应"的影响，驱动农村向城镇转变。这种转变不仅是区域发展的内在需求，也反映了城乡关系的不断调整。在这一过程中，构建坚实而全面的城乡发展支持体系显得尤为紧要。缺乏顺畅的流通渠道，资金、科技、信息等要素就无法流入城市，人口和工业也无法聚集到乡村。集聚扩散理论指导我们认识经济发展要素在城市和乡村之间的运动规律，为我们思考如何以县城为重要载体推进新型城镇化建设提供了思想工具。

2. 流空间理论

"流空间"（the space of flows）是卡斯特尔斯（Manuel Castells）提出的一个颇具理论想象力的概念，"流空间"不是指某一种具体的空间类型，而是强调空间的多重流动，或是网络技术支撑下全球化、都市化、去地域化及再地方化带来的多重流动性的空间，是在变化了的时间

---

① 毛艳华、信超辉：《新时代中心城市的引领作用与城市群高质量发展》，《中山大学学报》（社会科学版）2022年第1期。

② Anderson R. et al., "Urbanization, Productivity, and Innovation: Evidence from Investment in Higher Education", *Journal of Urban Economics*, No. 1, 2009, pp. 1-15.

③ Bartoloni E. et al., "Urban Non-Urban Agglomeration Divide: Is There a Gap in Productivity and Wages?", *Italian Economic Journal*, Vol. 9, No. 2, 2023, pp. 789-827.

④ 彭长生：《从城市空间结构理论看我国小城镇建设》，《求实》2002年第S1期。

⑤ 吴朝宁等：《基于圈层结构的游客活动空间边界提取新方法》，《地理学报》2021年第6期。

感中考虑主体认知与接受情形的空间样态。[1] 他在 1989 年发表的《信息化城市》中将其总结为流空间理论。[2] 该理论承继了亨利·列斐伏尔及福柯有关空间转向的理论传统，又具有 20 世纪 70 年代以来不断加强的经济全球化、全球社会及其网络社会兴起的时代背景。[3] 流空间塑造出了一种全新的现代主义空间逻辑，以网络为特征的中心流概念正逐渐代替以等级与距离为特征的中心地概念。卡斯特尔斯所讲的空间的多重流动性已经在中国出现，并以前所未有的态势交融复合，形成巨大的流空间。中国 21 世纪以来的数字基础设施与高快速交通设施的建设显著地扩大了流空间的规模、增加了流空间的强度丰富了流空间的呈现形式。国内学者将"The Space of Flows"这一概念翻译为"流空间"或"流动空间"，用于分析中国数字化建设过程中的空间变化，但在实际应用中存在"流空间"与"流动空间"混用的问题。本书参考相关文献，[4][5][6][7] 统一采用"流空间"的说法。流空间的不断扩大，也加速了生产要素的流转，城市和乡村之间建立了快速的网络通道，出现了流城镇、流乡村等概念。单个空间的增长潜力更取决于其与其他空间的连接能力，即流空间的强度。在流空间的驱动下，出现的新兴产业空间不但集中在物理空间，而且集中在虚拟空间。而特殊区域内流空间的数量不断增加产生了虚拟聚集，在这一过程中也提高了生产规模报酬，从而推动了就业机会的增加和国民经济的发展。同时，虚拟聚集也带动了专业要素在实物空间中的聚集，两者产生互动，从而推动了信息产业的蓬勃

---

[1] Castells M., *Networks of Outrage and Hope: Social Movements in the Internet Age*, Cambridge: Polity Press, 2012, p.226.
[2] Castells M., *The Informational City*, Oxford: Blackwell Press, 1989, pp.22-25.
[3] 邹诗鹏：《马克思主义与激进主义的界分》，《马克思主义与现实》2020 年第 3 期。
[4] 罗震东：《新兴田园城市：移动互联网时代的城镇化理论重构》，《城市规划》2020 年第 3 期。
[5] 陈明星等：《城市化地区实体与流空间演变及高质量发展路径分析》，《中国科学院院刊》2023 年第 12 期。
[6] 张永奇、单德朋：《"流空间"透视：数字经济赋能县域城乡融合的时空效应——基于 2703 个县域的经验证据》，《云南民族大学学报》（哲学社会科学版）2023 年第 4 期。
[7] 郭倩倩等：《"流空间"视角下西北地区城市关联特征与网络格局分析》，《经济地理》2023 年第 3 期。

发展。在双重聚集过程中，虚拟集聚更加富有影响力。[1] 因为随着设施与服务的完善，虚拟空间也将加速扩展，逐渐形成相对独立于实物空间的平行空间。流空间理论为我们描绘出社会发展模式和社会空间形式的新可能。以县城为重要载体的新型城镇化建设，要考虑县城在传统的人流、物流、资金流与新兴的信息流、技术流的综合链条中的定位，以及如何将不同流态转化为县城自身的发展要素。

3. 城乡关系理论

马克思和恩格斯从生产模式的角度着手，分析了前资本主义时期的城乡关系，肯定和批判资本主义时期的城乡关系，并进一步对未来的共产主义城乡关系作出了科学的前景预判。在城乡关系理论中，城乡之间存在相互依赖和斗争的关系。[2] 相对意义上，城乡对立只能存在于一定的条件下。随着未来发展条件的变化，城乡的对立统一性将促进两者的持续发展，使城乡发展成为结合城乡生活方式的优势且能避免两者的片面性和缺点的社会综合体。马克思和恩格斯明确论述了如何促进城乡统一的历史与社会发展理论的基础及其实践途径，并且时至今日仍然有一定的思想意义与实际价值。改革开放 40 多年以来，中国社会环境出现了重大的改变，但由于城乡二元经济结构没有发生根本性变化，城乡生产力和工农发展仍然存在不平衡不充分的特点。[3] 县城作为中国城乡发展的关键节点，扮演着推动工业化城镇化进程的重要角色。它承担着县域经济繁荣的重大使命，为乡村振兴提供信息、资金和技术的支持，是城乡融合发展的主要平台。推进县城城镇化，补齐国土空间、产业发展、公共治理等领域的短板，短期内可带动投资、刺激消费，为扩大内需战略、激发经济活力提供有力支持。从中长期来看，有望促进城乡空间结构的优化，全面推动乡村振兴，加快实现城乡融合，进而提升群众生活的幸福感。

---

[1] Castells M., *Space of Flows, Space of Places: Materials for a Theory of Urbanism in the Information Age*, London: Routledge Press, 2020, pp.240-251.

[2] 中共中央马克思恩格斯列宁斯大林著作编译局编:《马克思恩格斯选集》（第四卷），人民出版社 1995 年版，第 3—6 页。

[3] 周清香、何爱平:《中国城乡融合发展的历史演进及其实现路径——马克思主义城乡关系理论的视角》，《西安财经大学学报》2022 年第 2 期。

4. 田园城市理论

尼尔·博仁纳（Neil Brenner）认为，城镇并不是有界线的地域单元，而是植根于广泛而又动态演进过程中的社区空间关系，这不仅是划分某个领域边界后所构建出来的，而且是在一种更大的区域范围、多尺度社会关系架构下的社区空间关系构成的结晶。① 在信息技术社会中，人、物质、信息等要素的流通速度会加快，要素空间的扩散与聚合规则也将会因为信息技术的进步而产生新的改变。一旦克服流空间的加密问题，在过去的三次产业革命中都处在劣势地位的地方空间，就会得到全新的发展机遇。流乡村的存在挑战了传统的城镇化概念，但空间形式与景观上的城乡表象并不能遮蔽密集的经济交易活动与对外关联的城乡本质。在此意义上，新型田园城市的实现过程正是传统城镇化规划概念逐渐改变的过程。而移动互联网显著拓展了流空间范围，使更多的区域性空间连接到了世界各地。人口集聚的大规模效应不但存在于实物空间中，还存在于虚拟空间中。随着网络时代加速来临，流城镇、流乡村构成未来经济社会发展的载体细胞，不同规模的城镇之间优势更加突出和互补。人们可以更自由地选择多样化的生活空间，大城市密集的发展趋势将得到缓解。我们可以在新田园城市理论根据实体的集合和分散、虚拟的集合、分散的标准构建出来的二维象限空间中，找到新型城镇化建设的重要载体——县城的位置，从而在实体空间和虚拟空间的交互中发展面向未来的、数字化的县城城镇化。

（二）中国城镇化理论

1. 以分与散的关系为视角的"小城镇发展论"

小城镇是城乡要素整合的主要平台，肩负着都市空间扩展与城乡要素集聚的双重任务，"大分散、小聚居"的发展特点更能适应城乡发展格局的转变。②③ 费孝通主张中国在城镇化发展方向上应以小城镇为主

---

① ［美］尼尔·博任纳：《城市 地域 星球：批判城市理论》，李志刚等译，商务印书馆 2019 年版，第 161—226 页。
② 陆学艺：《农村发展新阶段的新形势和新任务——关于开展以发展小城镇为中心的建设社会主义新农村运动的建议》，《中国农村经济》2000 年第 6 期。
③ 张鸿雁：《特色小镇建设与城市化模式创新论——重构中国文化的根柢》，《南京社会科学》2017 年第 12 期。

体，辅以大中城市的支持。① 通过强调小城镇的发展，实现经济和人口的更均衡分布。同时，他还主张打破中国城乡之间的二元分割结构，重新审视农民这一历史概念，以促进城乡之间更加紧密和谐地发展。费孝通指出，"离土不离乡"和"离乡不背井"是农业剩余劳动力第一步迁移的主要方式，"离土又离乡"和"离乡又背井"则是农业剩余劳动力第二步迁移的主要方式。因此，他倡导从人口方面入手盘活城镇化，具体包括两个方面：一是开发内地小城镇的人口蓄水池，二是将人口疏散到人烟稀少的广大边境地区开发资源。②

陆学艺和杨桂宏认为推进小城镇的开发建设，首先，在国土空间规划方面，小城镇的发展要合理布局、科学规划；应制定与小城镇相关的土地政策；要做好小城镇基础设施的改造和建设，实事求是、因地制宜，切勿"一刀切""一阵风"。③ 其次，在产业发展方面，要根据乡镇企业的情况，逐步将乡镇企业转移到城镇或工业区，使乡镇企业相对集中，发挥集聚效益；支持和加快发展第三产业，创造更多的就业机会，促进大量农村剩余劳动力进城务工。最后，在公共治理方面，要进一步改革小城镇户籍管理制度，建立健全小城镇社区管理的组织机构和相应的规范制度；办好小城镇教育文化事业，注重社会保障、道德风气、纪律作风建设。④

2. 以质与量的关系为视角的"大城市发展论"

支持"大城市发展论"观点的学者认为，发展大城市更符合中国特殊的人口地理分布情况。⑤ 在大城市中，人口、产业和功能的集聚能够发挥出显著的规模效益，有助于提高生产效率和创新能力。相对而言，小城镇发展可能受其规模的局限，往往面临资源有限、市场较小的

---

① 费孝通：《论中国小城镇的发展》，《中国农村经济》1996年第3期。
② 费孝通：《中国城乡发展的道路——我一生的研究课题》，《中国社会科学》1993年第1期。
③ 陆学艺、杨桂宏：《破除城乡二元结构体制是解决"三农"问题的根本途径》，《中国农业大学学报》（社会科学版）2013年第3期。
④ 陆学艺：《遵循社会建设原则 积极稳妥推进城镇化》，《北京工业大学学报》（社会科学版）2013年第5期。
⑤ 张学良、林永然：《都市圈建设：新时代区域协调发展的战略选择》，《改革》2019年第2期。

困境,不如大城市具备更广泛的吸引力和影响力。因此,支持大城市发展的观点强调,过度分散的小城镇发展可能受到经济规模效应的制约,其发展潜力较有限。此外,有关城镇化的计量经济模型研究表明,人口规模在100万—400万人的大城市具有较高的城镇化净集聚效应。① 在这个规模范围内,城镇化过程更为高效。这一结论进一步支持了大城市发展的可行性。同时,还有学者认为,城市群、都市圈和经济带的功能集聚和辐射力更为强大,这种多中心的空间布局有助于形成更协调和有机的城市网络,从而更好地满足不同地区的发展需求。② 作为新兴产业形态,数字经济增强了城市群吸引农业转移人口的能力。数字经济的发展不仅带动产业结构的升级,也为城市提供了更多的就业机会和更大的创新空间,从而吸引更多的农村人口向城市迁移。

3. 以人和地的关系为视角的"中等城市发展论"

"中等城市发展论"者认为,小城镇的过度分散存在环境污染、产业发展低位循环等一系列问题,大城市的过度膨胀导致城市资源环境承载力的不均衡。③ 在这种情况下,中等城市被认为是一种更合理和可行的发展选择。相对于大城市和小城镇,中等城市的发展具有更为灵活的空间划分。这种灵活性使中等城市能够更好地适应地区的发展需求,既能实现城市功能的集聚,又能避免过度膨胀所带来的问题;不仅能够有效疏解大城市核心区的人口聚集,还能够更好地保障乡村区域的生态环境。④ 同时,中等城市的发展对沿线地区,特别是革命老区、贫困山区、内陆地区的经济开放发展具有重要的意义。由于中等城市相对较小,更容易实现对周边地区的带动效应,这有助于降低区域发展的不平衡性,促进区域协调发展。

---

① 王小鲁:《中国城市化路径与城市规模的经济学分析》,《经济研究》2010年第10期。

② 孟天广等:《政务热线驱动的超大城市社会治理创新——以北京市"接诉即办"改革为例》,《公共管理学报》2021年第2期。

③ Gómez C. D. et al., "Spatial and Temporal Disaggregation of the On-Road Vehicle Emission Inventory in a Medium-Sized Andean City? Comparison of GIS-Based Top-Down Methodologies", *Atmospheric Environment*, Vol. 179, 2018, pp. 142-155.

④ 刘修岩等:《城市空间结构与地区经济效率——兼论中国城镇化发展道路的模式选择》,《管理世界》2017年第1期。

4. 以城与城的关系为视角的"多元城镇化发展论"

面对中国城乡分割加剧和区域发展失衡的挑战，一些学者认为应充分发挥不同等级、规模的城市的优势，让数以亿计的中国农民自由选择进入何种规模的城市。① 这一观点强调了城市多样性的重要性，认为城市的各种规模和层级都具备独特的发展优势，应当得到合理充分的发挥；城市规划和建设应以满足居民的实际需求为出发点，追求人与城市的有机融合。这反映了社会发展的新趋势，即从单纯追求规模扩张转向注重居民生活品质和城市的人文关怀。

该理论指出，城市不再只是冰冷的建筑，而是服务于人民群众生活、创业和发展的载体。② 这种以人为本的理念更注重城市规模和结构的人性化设计，力求创造更宜居、更宜业的城市环境。对人口超载的超大、特大城市进行"去功能化"，提升了中小城市和小城镇的产业承载能力，进一步发挥了产业集聚区域的经济带动功能，城镇化新格局的形成将使未来的城镇化发展获得更巨大的经济动能、更强大的社会生命力，也将更加可持续。这一理念的提出不仅是对城市发展模式的一种创新，更是对当前城市规划和建设中现存问题的一种反思。它提醒我们，在城市化进程中，不仅要追求数量上的增长，更要注重质量和人的需求。统筹大中小城市与小城镇的发展，更加符合当下"以人为核心"的发展理念，能够纠正传统城镇化模式中的一些问题，如"见竹不见人"的倾向。③

5. 以人为核心的"新型城镇化理论"

与传统的城镇化发展有所不同，中国以人为本的新型城镇化紧随中国经济高质量发展和转型趋势，越来越强调地域内各种小规模城镇的统筹发展，逐步突破了单纯的城镇化规模目标，也越来越强调人的内在精神的变化、思维方式与价值观。④ 新型城镇化并非废除传统农业户籍的新农村生产方式，而是在推动农业经济发展的进程中，进一步提升农村

---

① 杨贵庆：《城乡共构视角下的乡村振兴多元路径探索》，《规划师》2019 年第 11 期。
② 魏后凯：《高质量完成基本实现城镇化的目标任务》，中国社会科学网，http://rdi.cass.cn/rdi_cssn_yjcg/202103/t20210318_5319847.shtml。
③ 陈明星等：《中国新型城镇化在"十九大"后发展的新态势》，《地理研究》2019 年第 1 期。
④ 魏后凯：《新型城镇化与新农村建设需统筹推进》，《新西部》2017 年第 8 期。

居民的社会福利质量、满足人民群众的先进文化要求,从物质、文化和意识形态全方位推动新型城镇化,是城镇居民的福祉。[①] 新型城镇化是身份(认同)、安全和激励的统一。[②] 以人为核心的新型城镇化体系,通过营造不同规模的都市功能空间布局,可以强化新型市民价值观的形成,同时也是适应国内外变化的必要途径。[③] 走中国特色新型城镇化道路,破除"重物轻人"的传统思想,坚持以人为本,将改变民生、增加福利、实现共享作为新城镇化的基本目标,大力推进人的城镇化,持续提升城镇化品质。

二 数字赋能理论

数字赋能是指运用数字技术、专业技能、工具和方法,使个体或组织具备一定的能力,以便更迅速、高效地解决以往难以应对的问题。[④] 数字赋能涉及广阔的技术领域,包括数据分析、人工智能、云计算等,为个体和组织提供了强大的工具,使其能够更灵活、智能地应对日益复杂和多变的环境。数字赋能的概念可以追溯到20世纪60年代末70年代初的"自助"和"政治察觉"运动。[⑤] 该概念的深入研究始于1990年,托马斯(Thomas)等学者对数字赋能的认知要素进行了深入探讨,提出数字赋能的认知模型包括影响力、能力、意义与选择性四个基本要素。20世纪90年代,受"新城市主义""精明增长"等思想的影响,数字赋能理论开始应用于城镇化研究中。2008年11月,国际商业机器公司(IBM)首次提出"智慧地球"的概念,随后在2010年提出了"智慧城市"的概念,引发了全球对创建智慧城市的广泛关注和积极参与。[⑥] 智慧城市的建设主要依靠大数据、物联网、移动互联网、云计算、人工智能等新技术,催生出一种新的城市建设和发展形势,能

[①] 王明华:《人本观念下新型城镇化高质量发展转型研究》,《农业经济》2021年第12期。

[②] 陈明星等:《中国特色新型城镇化理论内涵的认知与建构》,《地理学报》2019年第4期。

[③] 马长发等:《以人为核心的"城市能力"论——中国新型城镇化研究新思维》,《城市发展研究》2020年第12期。

[④] 汪传雷等:《供应链控制塔赋能企业数字化转型》,《情报理论与实践》2019年第9期。

[⑤] 陈海贝、卓翔芝:《数字赋能研究综述》,《图书馆论坛》2019年第6期。

[⑥] Paroutis S. et al., "A Strategic View on Smart City Technology: The Case of IBM Smarter Cities during a Recession", *Technological Forecasting and Social Change*, Vol. 89, 2014, pp. 262-272.

够助力数字县城、数字产业、数字公民发展，为新型城镇化建设提供核心技术推动。在此基础上，相关学者又发展出城镇化进程中的空间布局数字赋能论、城镇化进程中的产业结构数字赋能论、城镇化进程中的公共服务数字赋能论。

（一）城镇化进程中的空间布局数字赋能论

随着国家智能城市规划建设的持续发展与演变，数字增能、信息技术已然成为中国国土空间规划领域的研发热点与现实突破口。近年来开展的城市规划体制改革和国土空间规划管理体系建设，都注重在政策与机制层面上促进信息技术和国土空间规划管理体系的融合。[①]《中共中央 国务院关于建立国土空间规划体系并监督实施的若干意见》指出，县级以上国土空间基础信息平台的建设应与国土空间规划同步推进。[②] 中国也越来越强调"智慧规划"和"生态规划"，以不断推进相关方面的建设发展。

数字化国土空间规划所需要的数字化、互联网、智能化转型的底层逻辑，以整个区域和所有要素的高质量发展为规划的核心目标，改变城乡二元经济结构的现状，创新规划思维模式和规划方法，为实施切实可行的规划任务和战略创造条件。[③] 新时代的土地空间规划被赋予了越来越多的含义与功能，它不但涵盖了都市经济主体功能区发展规划、综合城乡建设发展规划、土地开发利用发展规划等中国传统城市规划建设的核心内容，也同样承载着实现生态文明、经济社会高质量发展的重大任务。[④] 以县城规模为政府管辖的基本单元，拥有相对完整固定的地域空间结构，在土地资源、社会经济发展与公共政策等方面都拥有区域一致性。以县城为基本监测单元，建设以县城为单位的土地空间监测网络系统，是对现行土地资源利用宏观角度监测系统的有力补充。所以，有必

[①] 甄峰等：《从信息化赋能到综合赋能：智慧国土空间规划思路探索》，《自然资源学报》2019年第10期。
[②] 国务院：《中共中央 国务院关于建立国土空间规划体系并监督实施的若干意见》，中国政府网，https://www.gov.cn/zhengce/2019-05/23/content_5394187.htm。
[③] 戈大专、陆玉麒：《面向国土空间规划的乡村空间治理机制与路径》，《地理学报》2021年第6期。
[④] 孔宇等：《基于多源数据的国土空间高质量利用评价思路》，《中国土地科学》2020年第5期。

要在已有监测体系的基础上,形成多个县级尺度的国土空间检测网络,从而构建宏观、中观、微观相结合的三维国土空间检测系统。在中国的县级行政区内,哪些县级市在国土空间方面最具代表性,且能够以最低的成本全面、准确地获取土地空间信息,是土地空间监测网络布局优化需要解决的问题。①

(二) 城镇化进程中的产业结构数字赋能论

随着经济全球化的发展,许多如金融、信息和计算机服务业等强调研发和服务在内的新兴企业,需要在城市的发展中拓展自己的商业空间。城市产业的高度发展吸引了资本、技术和知识等要素的集聚。② 这种集聚会进一步引导新的技术创新,并且形成若干与之相关的新兴产业。③ 党的十九届五中全会提出了将"数字化"融入"城市产业体系建设"的战略构想,即推动数字新兴产业深度融合,培育新的技术、产品、业态;推动现代制造业、服务业和农业的深度融合,加快服务业数字化;融合线上线下两端消费联动协同发展,开拓城乡消费市场。

在当前以供给侧结构性改革为国民经济发展主轴的历史背景下,建设中国现代工业体系就是不断巩固现代农业基础,优先发展匹配国家重大发展战略的新兴产业和高科技工业,逐步建立高效发达的现代服务业。④ 推动互联网与农村经济社会实现融合发展,在农村的广阔天地释放数字红利。⑤ 数字经济主要通过产业数字化、数字工业化来引导产业转型。现代农业、先进制造业以及现代服务业建设发展的内容属于产业数字化,战略性新兴产业和高新技术产业与数字工业化相对应。现代工业体系的建设离不开良好的基础设施。新的数字基础设施为不同行业的生产流通提供了数字生产力。在数字经济中,构建现代产业体系是中国

---

① 张衍毓等:《国土空间监测网络布局优化方法研究》,《中国土地科学》2018年第1期。

② Fu W. et al., "Does Urban Agglomeration Promote the Development of Cities? Evidence from the Urban Network Externalities", *Sustainability*, Vol. 15, No. 12, 2023, pp. 50-58.

③ 李兰冰等:《"十四五"时期中国新型城镇化发展重大问题展望》,《管理世界》2020年第11期。

④ 任保平、张倩:《新时代我国现代化产业体系构建的工业化逻辑及其实现路径》,《江苏行政学院学报》2020年第1期。

⑤ 李燕凌、高猛:《新中国农村基层治理变革的三重逻辑》,《中国农村观察》2022年第6期。

式现代化的必然趋势和选择。

（三）城镇化进程中的公共服务数字赋能论

党的二十大报告指出，人民日益增长的美好生活需要和不平衡不充分的发展之间的矛盾成为中国的主要社会矛盾。[1] 与此同时，人民群众对公共服务的需要发生了改变，对政府提供服务方面的要求也在日益提高。[2] 大家希望政府能够提高服务的供给质量，其中一个要求就是公共服务的供给要更便捷、更高效。从社会学的角度来看，数字赋能更好地识别、激发人们的内在需求，提高人们解决问题能力，从而使个体能够主动地适应生活；[3] 从管理学的角度来看，数字赋能的个体通过增强能力，能够更充分调动个人的主观能动性和创造力，从而最大化激发个体的天赋和潜力。同时，数字赋能还利用大数据分析、移动互联网技术和人工智能等数字工具，对特定群体进行赋能，使他们掌握特定的生存技术和生存能力。[4] 例如，许多偏远地区的居民生活条件较差，经济水平较低，可以通过数字赋能改善他们的生存境况。

新一轮科技革命和数字社会蓬勃发展，使数字技术与社会上各行各业快速融合，同时也在创新公共服务供给方式、提高供给效率等方面具有促进作用。当前，数字赋能已经广泛应用于政务、商务、医疗、旅游等领域，以及提高弱势群体生活保障水平等方面。数字化应用平台通过简化程序极大地提升了效率，显著提高了人民的生活质量。不过，与数字赋能相关的理论研究和实践探索还有较大发展潜力。例如，在档案开发中应用新技术，能够进一步挖掘档案资源的潜在价值，并增加和创造数字档案价值；以数字赋能情报学研究，可以增强利用信息工具的能力。[5]

---

[1] 习近平：《高举中国特色社会主义伟大旗帜　为全面建设社会主义现代化国家而团结奋斗——在中国共产党第二十次全国代表大会上的报告（2022年10月16日）》，人民出版社2022年版。

[2] 李燕凌、高猛：《农村公共服务高质量发展：结构视域、内在逻辑与现实进路》，《行政论坛》2021年第1期。

[3] 杨嵘均、操远芃：《论乡村数字赋能与数字鸿沟间的张力及其消解》，《南京农业大学学报》（社会科学版）2021年第5期。

[4] 孙新波等：《数据赋能研究现状及未来展望》，《研究与发展管理》2020年第2期。

[5] 彭亮、柯平：《赋能对于图书情报事业是否是个新概念？——基于组织管理和技术发展双视角》，《现代情报》2022年第4期。

三 协同发展理论

协同发展是系统内部各子系统和各要素之间通过合作与协调,最大限度地发挥各组成部分的潜力,从而实现系统整体效能最优的发展。它强调系统之间和系统内各子系统之间的协作,整合成为有序变化的状态,保持着合作与差异的辩证统一关系。协同发展目的是形成发展主体的双赢局面,需要协同主体在发展中协同优化。协同发展理论依赖自组织过程与他组织过程。系统整体演进过程基于共同利益的考虑,就会产生自我协同,由此形成自组织过程。他组织过程则是在符合自组织规律的前提下,通过控制手段积极引导复杂系统内的自组织过程,实现系统整体的协同发展。协同发展理论是在协同思想的基础上,吸收系统论、协同论和控制论的基本方法,对协同论、系统论、控制论进行方法论研究层面上的总结与提升。对于县城系统及其各层次的子系统来说,需要通过"自组织作用"和"他组织作用",以及正反馈及负反馈作用,实现系统的动态平衡和有序运行。在以县城为重要载体的复杂系统中,城镇化与数字化发展过程会相互影响,通过梳理强调整理性和关联性的系统论、以自组织作用为基础的协同论,以及以他组织作用为基础的控制论中的核心观点,为推动县城系统中城镇化数字化协同发展提供理论依据。

（一）系统论

系统是不同要素组合而成的有机整体。系统论最初是由冯·贝塔朗菲（L. Von Bertalanffy）创立的。[1] 贝塔朗菲认为,系统是关于整体的科学,是各组成成分的总体。[2] 中国系统科学奠基人钱学森指出,系统整体的功能是通过复杂而精密的相互作用和依赖关系整合而成的新能力。[3] 系统内各要素相互作用,构筑一个协同互补的整体,这种整体性质使系统表现出新的、独特的功能和特性,其功能远超各要素单独存在的简单总和。协同发展的过程体现了系统内部协作、同步、和谐的特

---

[1] ［美］冯·贝塔朗菲:《一般系统论——基础、发展和应用》,林康义等译,清华大学出版社1987年版,第135页。

[2] Von Bertalanffy L., "An Outline of General System Theory", *The British Journal for the Philosophy of Science*, Vol. 1, No. 2, 1950, pp. 134–165.

[3] 姜璐编:《钱学森论系统科学（讲话篇）》,科学出版社2011年版,第1—30页。

质，强调了整个系统的有机统一。因此，系统论的核心在于强调整体性，将系统视为有机整体，而非简单堆叠各个模块。同时，系统中的各要素并非独立存在，而是在复杂系统中发挥着特定作用，且这些作用是其他要素无法替代的。[1] 系统论追求深入理解系统的相互关系，主张综合考虑各要素对整体的影响，而非简单地将其分割或看作孤立的部分。通过审视系统内部结构与功能，深入研究系统要素、环境间的相互联系及变化规律，才能更好地解决复杂问题。复杂问题一般而言是由大量简单要素相互作用而产生的，如果只是抽解简单要素，就难以解决整体问题，故从系统论的整体思维出发，才能更好地发现问题的症结所在。理论上，系统论适合分析所有与系统相关的问题。系统论的基本方法是把所要研究的对象看作一个系统，这个系统是内部各种要素与外部环境的有机整体，分析有机整体的结构与功能，研究系统内部各要素与环境之间的相互关系及发展规律。[2] 本书应用系统论思想研究城镇化数字化协同发展。在以县城为重要载体的发展系统中，城镇化与数字化作为不同的层次要素存在，二者紧密联系。同时，城镇化和数字化也是多个要素构成的复杂体，包括系统内各要素相互作用、要素与系统相互作用、系统与环境相互作用。随着城镇化的发展，城镇化与数字化主体之间的信息、资源、知识等物质的交换逐渐增多，使城镇化与数字化之间的联系不断增强、相互作用不断增大；也使整体系统的功能日趋完善，发挥越来越大的作用。因此，研究城镇化数字化协同发展，一方面需要基于整体的思想看待城镇化与数字化；另一方面需要对城镇化与数字化各要素的相互作用，以及要素和外部环境的相互作用进行研究，从而通过调整城镇化与数字化各要素之间、要素与外部环境的相互作用，帮助两者实现协同作用，从而实现整体效用的最大化。

（二）协同论

协同论就是各系统之间及系统的各子系统之间相互作用和相互协作，促成整个系统的联合与统一，整个系统将形成一种整体效应或新结

---

[1] Von Bertalanffy L., "An Outline of General System Theory", *The British Journal for the Philosophy of Science*, Vol. 1, No. 2, 1950, pp. 134-165.

[2] 范冬萍、陈林昊：《系统论是系统科学与马克思主义哲学之桥梁——评〈系统论——系统科学哲学〉》，《系统科学学报》2022年第1期。

构，这种整体效应或新结构具有微观个体层级所不存在的新质结构和特征，最终实现"整体高于各部分之和"及"达到功能最优"等效应，即实现"1+1>2"的功效。① 20 世纪 70 年代，德国物理学家哈肯（Haken）首次提出协同论，该理论已广泛应用于物理学、生物学、化学等自然科学领域，以及社会学、经济学、管理学等人文社科领域。② 在他的著作《协同学引论》中，哈肯对协同效应进行了详细阐述，将其定义为复杂开放系统中各个子系统相互作用后形成的整体效应。③ 这种整体效应远超过各个子系统独立运作时的效果。④ 而要实现这种整体效应，需要系统内部各要素之间的有机协同。因此，协同论不仅强调系统内部各要素之间的相互作用，更关注这些相互作用所带来的整体性变化。远离平衡状态的开放系统，其运行受到外部空间环境和内部各子系统及要素相互耦合的非线性作用的影响。⑤ 在与外界进行物质或能量交换时，系统通过内部要素的协同配合实现结构化和层次化。这个过程通过统一的约束机制来控制各要素的自由度，从而促使系统产生自组织的协同效应。这种自组织的协同效应使系统能够更灵活地应对外部环境的变化，并在复杂的非线性相互作用中保持相对的稳定性。协同论强调系统及内部子系统保持差异与协同的辩证统一关系。在这一理念中，系统的平等和自主性被认为是确保协同效应和有序演变的关键要素，不仅要保持各部分之间的合作，也要注重各部分的个体特征和自主发展，以实现整体的稳定与创新。这既有利于内部子系统的发展，又有利于内外部系统的对接和互动。本书应用协同理论，将城镇化与数字化置于县城发展的复杂系统中，通过协调城镇化和数字化两大子系统及其内部结构要素的关系，引导系统双向互动反应，进而充分激发城镇化和数字化的效能，实现整体效能"1+1>2"的协

---

① Haken H., "Synergetics: An Approach to Self-Organization", *Self-Organizing Systems: The Emergence of Order*, 1987, pp. 417–434.
② ［德］赫尔曼·哈肯：《协同学——大自然构成的奥秘》，凌复华译，上世纪出版集团、上海译文出版社 2005 年版，第 1 页。
③ ［西德］H. 哈肯：《协同学引论》，徐锡申等译，章杨忠、徐锡申校，原子能出版社，1984 年版，第 420 页。
④ 郭治安等编著：《协同学入门》，四川人民出版社 1988 年版，第 21 页。
⑤ Haken H., "Synergetics: Basic Concepts", *Synergetics*, No. 6, 2020, pp. 5–30.

同效应。

（三）控制论

控制论是研究各类系统调节和控制规律的学科，其核心理念是他组织作用。控制论将经济和社会系统视为具有自主调节能力的整体，通过引入控制机制进行信息传递和反馈，使系统能够按照设定的程序操作，以达成最优化的目标。控制论的关键在于通过设定和调整系统参数，使其能够自主实现预期目标，从而更好地适应多变的外部条件。系统为维持其稳定性和目标功能的运行，采用特定的调节装置调整系统内部的各要素和子系统之间的相互关系，以保持整个系统的平衡和协调。这种调控机制有助于防止系统出现偏离预期的情况，确保系统按照既定的程序和规律运转。控制论的四要素包括设定目标、反馈机制、校正器和控制机制。[1] 其中，设定目标指导系统运行的方向；反馈机制通过不断监测系统状态，随时反馈信息用于调整和改进；校正器负责纠正系统中的误差和偏差，确保系统朝着正确的方向发展；控制机制是系统的执行者，根据反馈和校正的信息，采取相应的行动，使系统保持在设定的目标轨迹上。这些要素相互作用，共同推动系统朝着既定的方向发展。控制过程随着时间的推移不断演变和调整，以适应不断变化的环境和要求。信息在系统控制中扮演着至关重要的角色。[2] 通过信息的传递，系统能够感知环境变化和内部状态，通过变换和处理这些信息，系统能够做出相应的调整和决策。这个过程不仅是一种技术性的实现，更是系统整体协同运作的结果，确保系统在动态变化的环境中保持稳定，并以最优方式朝着既定目标发展。在以县城为重要载体的发展系统中，城镇化与数字化在国家战略规划和政策文件的引导下，会按照既定的规划目标方向发展。在战略规划实施中，随着内在要素和外部条件的变化，既有目标将与新的发展条件不再适应，新的条件会产生新的反馈效应，推动新发展目标的制定。只有在不断地修正和控制指引下，城镇化与数字化才会健康发展，实现最优目标。

---

[1] Morasso P., "The Quest for Cognition in Purposive Action: From Cybernetics to Quantum Computing", *Journal of Integrative Neuroscience*, Vol. 22, No. 2, 2023, p. 39.

[2] Khaki-Sedigh A., *An Introduction to Data-Driven Control Systems*, New York: John Wiley & Sons, 2023, p. 2.

第二节 县城城镇化数字化协同发展的实践探索

一 历史脉络

自中华人民共和国成立以来，党中央针对城乡发展不同时期的关键矛盾作出了一系列决策部署，城镇化模式选择在这一过程中交替演变。同时，随着科技的飞速发展，数字技术逐渐嵌入城镇化建设中，为中国城乡发展带来了历史性的变革。本书根据城镇化在不同发展阶段的主要措施，将自中华人民共和国成立以来的城镇化历程划分为五个阶段的模式。通过深入研究这些模式，可以更好地理解城乡发展的动态和规律，为推进以县城为重要载体的城镇化数字化协同发展提供有力支持。

（一）国民经济恢复时期以"工业城市"为发展重点的异地城镇化模式（1949—1954年）

中华人民共和国成立初期，中国资源极度短缺，经济遭受重创。全国仅有132座城市和5765万城镇户籍人口，户籍人口城镇化率只有10.64%。[1] 这意味着农业生产中可用于恢复和发展国民经济的部分较少。[2] 为实现从落后农业国向现代工业强国转变的目标，中国借鉴苏联模式，把工业建设作为经济建设的重点，从消费型城市转向生产型城市。[3] 1949年，党的七届二中全会提出，党的工作重心由乡村转移到城市。[4] 1953年，中国共产党启动了第一个五年计划，将重工业摆在优先重点的地位进行发展，即以156个重大项目为中心点，并对兰州、成都和武汉等城市进行了大规模开发，发展以哈尔滨为代表的新兴城

---

[1] 黄茂兴、张建威：《中国推动城镇化发展：历程、成就与启示》，《数量经济技术经济研究》2021年第6期。

[2] 王钊、曾令果：《新中国70年农业农村改革进程回顾、核心问题与未来展望》，《改革》2019年第9期。

[3] 王晓东、李繁荣：《农村劳动力流动正向驱动乡村绿色发展研究——基于新中国成立70年历史的分析》，《经济问题》2019年第12期。

[4] 中共中央党史和文献研究院：《〈党史上的重要会议〉：中共七届二中全会》，中工网，https://www.workercn.cn/c/2022-11-17/7231801.shtml。

市。① 1949—1954 年，中国城镇化率由 10.64% 提高到 13.69%。② 然而，这种以工业城市为发展重点的异地城镇化模式也带来了发展失调问题。一方面，国家通过征收重税、工农业剪刀差等方式为重工业发展提供支持，农民的生产生活受到限制，导致工人农民差别加大、城乡差距愈加明显，国民经济运行日益陷入恶性循环。另一方面，国家照搬苏联模式，对非生产性建设和配套设施供应的重视不足，大城市有限的功能和空间无法吸收迅速增长的农村人口，使大量农业剩余人口集聚于农村，农村人口贫困化现象未能缓解。

（二）传统计划经济时期以"农村"为发展重点的就地城镇化模式（1955—1977 年）

大城市有限的功能和空间无法吸收迅速增长的农村人口，因此以毛泽东同志为主要代表的中国共产党人主张通过就地城镇化、耕作合作化、公社工业化等方式把分散的农村剩余劳动力集中起来，以此改变农村生产生活条件。③ 1955 年 11 月，毛泽东同志经过与 14 位省委书记和内蒙古自治区党委书记的现实考量，共同商讨提出了农业十七条，以规范农村建设和发展。农业十七条的内容包括：在七年内将各级别地区所有必要的道路按相应规格建设，在七年内完成有线广播网的建设，在七年内为乡和大型合作社安装电话网络，等等。④ 1956 年，毛泽东在《论十大关系》中进一步提出，国家和工厂、国家和农民、工厂和工人等各种关系的协调都应当兼顾，不能顾此失彼。⑤ 在中国共产党的领导下，全国人民奋发努力，在极其艰苦的条件下促进了农业农村发展。然而，从 1958 年起，"大跃进"运动导致在许多地方盲目兴建大城市和大型项目，加重了城市负担，也损害了农业生产。

---

① 姜琳：《从"一五"计划看"一张蓝图绘到底"》，中国政府网，https://www.gov.cn/xinwen/2021-04/28/content_5603521.htm。
② 黄茂兴、张建威：《中国推动城镇化发展：历程、成就与启示》，《数量经济技术经济研究》2021 年第 6 期。
③ 李燕凌、温馨：《推进以县城为重要载体的城镇化建设：新发展格局中的战略选择》，《中国行政管理》2022 年第 5 期。
④ 卢静静：《毛泽东农村文化建设思想的当代价值》，《中共南昌市委党校学报》2019 年第 2 期。
⑤ 中共中央文献研究室编：《毛泽东文集》（第七卷），人民出版社 1999 年版，第 23 页。

为引导科学研究服务国家建设，中国政府于1956年开始讨论并制定中华人民共和国首个中长期科技发展规划，即《1956—1967年科学技术发展远景规划》。[①] 该规划明确将电子计算机的发展列为重点研究方向之一，开启了中国数字化建设的征程。同年，中国科学院与相关部门合作成立了中科院计算技术研究所筹备委员会，与此同时，清华大学、北京大学等多所高校也相继设立了计算机专业。1958年和1959年，中国先后成功制造出小型数字电子计算机（103机）和大型通用电子计算机（104机），开创了中国以计算机为代表的数字化时代。[②] 随后，晶体管计算机也成功试制并投入小批量生产。中国逐渐认识到计算机运用的重要性和巨大潜力，通过不断挖掘计算机的功能，中国进行了第一颗人造地球卫星运行轨道的计算、原子能反应堆设计的计算、核试验数据处理等一系列科研工作。1972年，周恩来总理发出了"要积极推广电子计算应用"的指示。[③] 20世纪70年代末，电子计算机已广泛应用于中国航空、化工、交通、气象、水利、电力等30多个领域。电子计算机的科学计算功能逐渐应用到数据处理和过程控制，使用对象也由高等院校和科研单位向企业和政府拓展。

（三）经济加速发展时期以"小城镇"为发展重点的就近城镇化模式（1978—2000年）

受上一个阶段严格计划经济和户籍制度的影响，农村蓄积了大量剩余劳动力人口，相当一部分农民仍处于生活极度贫困的境况，衣食住行需求未能得到满足。为此，党的十一届四中全会明确提出了发展小城镇的意义。[④] 1980年12月，中央发布《全国城市规划工作会议纪要》，对大、中、小城市以及小城镇的健康发展进行了一定规划。[⑤] 这一时期，

[①] 新华社：《新中国档案：我国制定〈1956—1967年科学技术发展远景规划〉》，中国政府网，https://www.gov.cn/test/2009-09/02/content_1406938.htm。

[②] 操云甫：《从零开始的中国计算机事业发展史》，腾讯网，https://new.qq.com/rain/a/20230828A00TS700。

[③] 徐祖哲：《"紧急措施"：周恩来与中国计算机事业的奠基》，人民网，http://zhouenlai.people.cn/n1/2017/0524/c409117-29297604-2.html。

[④] 吴康、方创琳：《新中国60年来小城镇的发展历程与新态势》，《经济地理》2009年第10期。

[⑤] 中华人民共和国国史网：《全国城市规划工作会议纪要》，国史网，http://www.hprc.org.cn/gsgl/dsnb/dsj/dsj1980/200908/t20090819_3955688.html。

小城市发展的最重要因素是基于就近的城镇化模式的发展。特别是由于土地改革和市场经济的逐步引入，乡镇企业蓬勃发展，更多的农民不被土地所束缚，农村生产力进一步提高。同年，国务院降低了建镇标准，推行了以乡建镇的新模式，这种新模式迅速推动了小城镇的发展。① "小城镇、大战略"的问题第一次在《中共中央关于农业和农村工作若干重大问题的决定》文件中被明确提出，同时该文件明确了小城镇在中国城镇化进程中的推动作用，② 而后又提出要有重点地发展小城镇。③

1978年3月，邓小平同志在全国科学大会提出"科学技术是第一生产力"的重要论断，为数字化发展提供了良好的外部环境，标志着中国数字化发展由此进入了新的阶段。④ 在这一阶段，数字化发展的主要特征表现为通过信息化带动经济增长、促进社会进步。1984年以后，中国结合自身情况学习发达国家信息化发展政策的制定、推进信息化建设，相继提出有关信息产业、信息技术服务行业的政策，也开始部署网络基础设施建设。中国数字技术的应用逐渐由原来分散、局部的状态向集中、系统化转变。20世纪90年代，互联网的兴起更是极大推进了数字化发展。1995年，"加快国民经济信息化进程"被提升到战略性和政策性的高度，信息化发展逐渐与世界接轨。1996年，《国民经济和社会发展"九五"计划和2010年远景目标纲要》确定了一个重要的发展目标，即显著提高国民经济的信息化程度。这一战略性目标的制定标志着中国对信息化发展方向的明确规划，为未来几年的科技和经济政策提供了有力的指导。⑤ 1997年，国家信息化体系被确定，互联网也被列入国家信息基础设施建设内容。1998年，中国组建了信息产业部，为数字

---

① 郭桢：《中国的行政区划概述》，中国政府网，https://www.gov.cn/test/2009-04/17/content_1288030.htm。
② 中国共产党中央委员会：《中共中央关于农业和农村工作若干重大问题的决定》，中国新闻网，https://www.chinanews.com/2002-05-16/26/186034.html。
③ 中国城市中心：《新中国城镇化七十年演变路径》，中国城市中心，https://m.thepaper.cn/newsDetail_4727177。
④ 郭桢：《新中国档案：邓小平提出科学技术是第一生产力》，中国政府网，https://www.gov.cn/govweb/test/2009-10/10/content_1435113.htm。
⑤ 李鹏：《关于国民经济和社会发展"九五"计划和2010年远景目标纲要的报告》，中国政府网，https://www.gov.cn/govweb/test/2008-04/21/content_950407.htm。

化实施提供了有力的组织保障。①

(四) 经济转型升级时期以"城市群"为发展重点的多元城镇化模式 (2001—2019 年)

进入 21 世纪,以互联网为核心的信息技术与人类生产生活深度融合,东部沿海城市快速发展壮大,"城市群"成为区域经济社会繁荣发展的坚强堡垒。2001 年,中国在制定《中华人民共和国国民经济和社会发展第十个五年计划纲要》时指出,信息技术将带动新型第二、第三产业发展,这会为城市创造巨大的就业潜力。② 对此,国家采取了一些有力的措施,在国内各大城市群当中实行综合配套改革。"珠三角"和"长三角"城市群、"京津冀"都市圈都相继纳入了推行改革的重点地区。在城市群的带动下,中国城镇化、工业化进一步快速发展,城市的整体实力不断加强。但由于受到全球化、一体化、网络化等开放环境的影响,城市外部扩张与内部重组并行且面临多重压力,城市资源整合能力亟待提升。

2012 年,党的十八大提出中国将探索具有鲜明中国特色的"四化"新路径,"四化"新路子的设想为城镇化发展注入了新的时代内涵,标志着中国开启了"以人为本"和"以质取胜"的新型城镇化建设。③ 新型城镇化不仅是指一个城市规模和空间扩大的过程,还是必须建立在城乡统筹的基础上,坚持"以人为本"的核心。从"物的城镇化"过渡到"人的城镇化"的新型城镇化不仅是指工业扩张、城市蔓延和城市人口增长,更是在数字化的支持下,体现出城镇化的新速度、质量和活力。④ 以互联网应用、数字技术为典型特征的数字化逐渐成为助推城镇化发展的新动力,数字化助力下的城市资源配置可突破实体空

---

① 中华人民共和国工业和信息化部:《中国信息化与工业化融合大事记》,中华人民共和国工业和信息化部,https://wap.miit.gov.cn/ztzl/lszt/gyzxsjxdjh/xwdt/lhrhsdxhd/art/2020/art_f1e17126d1d64aa8bf8de3a5fe420b6b.html。
② 《中华人民共和国国民经济和社会发展第十个五年计划纲要》,中国政府网,https://www.gov.cn/gongbao/content/2001/content_60699.htm。
③ 胡锦涛:《胡锦涛在中国共产党第十八次全国代表大会上的报告》,中国政府网,https://www.gov.cn/ldhd/2012-11/17/content_2268826.htm。
④ 《国家新型城镇化规划 (2014—2020 年)》,中国政府网,https://www.gov.cn/zhengce/2014-03/16/content_2640075.htm。

间障碍。随着城市资源集聚程度的提高，城镇化建设展现新的活力。

随着互联网的广泛普及和数字技术的革新升级，数字经济应运而生，带来了生产组织形式的巨大变革，推动了生产关系的深刻演变。政府在数字时代面临更为复杂和迅速变化的管理环境。这些变化对传统治理模式造成巨大挑战，迫使政府积极运用数据资源和数字技术，增强其治理能力。2015年，国务院印发《国务院关于印发促进大数据发展行动纲要的通知》，提出建设一种以数据为基础的全新治理模式，逐步实现治理现代化，以更加高效和科学的方式应对不断变化的社会需求。① 2016年，《中华人民共和国国民经济和社会发展第十三个五年规划纲要》明确了城镇化发展的目标，强调了促进新型工业化、信息化、城镇化、农业现代化协同发展的重要性。② 对此，中国加强了城镇规划和数字技术，利用计算机、互联网和卫星遥感等信息技术，管理城镇的土地使用、能源消耗和污染，创造集约高效的城镇生产空间和宜居的美丽环境。

（五）高质量发展时期"以县城为重要载体"的城镇化数字化协同发展模式（2020年至今）

随着中国经济建设进入高质量发展阶段，城镇化的速度逐渐放缓。一部分农村富余劳动力选择在当地定居，一些外出的农民工则返回家乡创业。同时，随着县城基础设施和公共服务的日益完善，县城吸纳人口能力显著提升，许多地方的农民选择在县城购房安家。在新时期新阶段，县城在空间布局上"联城带乡"的纽带作用对中国城市综合规划具有深远意义。

党中央高度重视县城城镇化数字化建设，以发布"十四五"规划为标志，开启了高质量发展时期"以县城为重要载体"的城镇化数字化协同发展模式。③ 国家"十四五"规划纲要中明确指出，要发挥县城

---

① 国务院：《国务院关于印发促进大数据发展行动纲要的通知》，中国政府网，https：//www.gov.cn/zhengce/content/2015-09/05/content_10137.htm。
② 《中华人民共和国国民经济和社会发展第十三个五年规划纲要》，中国政府网，https：//www.gov.cn/xinwen/2016-03/17/content_5054992.htm。
③ 张琦：《新型城镇化的新着力点——以县城为重要载体的城镇化建设路径思考》，《人民论坛》2022年第18期。

在新型城镇化转型建设当中的作用。① 2020 年,国家发展改革委出台《国家发展改革委关于加快开展县城城镇化补短板强弱项工作的通知》,该通知中提到的"补短板强弱项工作"是指县城城镇化中存在的各类问题和差距,需要通过项目数字化和智慧化改造,实现县城建设的科学规划和更高效的资源利用;同时,在全国分布的 120 个县及县级市试点打造推进县域新型城镇化的示范地,为后续的政策推广积累经验、提供建议。② 2021 年,《国家新型城镇化规划(2021—2035 年)》明确以县域为基本单元,遵循"以工补农、以城带乡"的原则,助力城乡深度融合发展。③ 2022 年 5 月 6 日,《关于推进以县城为重要载体的城镇化建设的意见》突出了县城在城镇化进程中的关键地位,提出"到 2025 年实现以县城为重要载体的城镇化建设取得重要进展"的目标。④ 之后国家又明确提出县域城镇化在不同领域的实施方案,从多领域出发考虑其实践性。

国家从县城环境条件和资源角度出发,推进产城融合的数字化,促进人口城镇化、工业城镇化、空间城镇化和数字城镇化的协调发展。通过数字技术、数字社会和数字治理的建设,推动数字化与空间规划、传统产业、公共治理的深度融合。在空间规划方面,在现有设区的市和一些基础条件好、发展潜力大的建制市的基础上,充分利用数字技术的推广和连接,构建合理的城镇空间布局,增强城镇的承载能力和服务能力。在产业发展方面,完善城镇的基础设施,发展服务业,充分发挥产业要素和城乡之间资源配置的连接功能,优化城镇功能,提高城镇生活质量。在公共治理方面,完善各项政策保障体系,持续深化户籍体制改革、社会保障制度改革、农村产权制度改革,充分利用基于数据交换的

---

① 《中华人民共和国国民经济和社会发展第十四个五年规划和 2035 年远景目标纲要》,中国政府网,https://www.gov.cn/xinwen/2021-03/13/content_5592681.htm。
② 国家发展改革委:《国家发展改革委关于加快开展县城城镇化补短板强弱项工作的通知》,国家发展和改革委员会,https://www.ndrc.gov.cn/xxgk/zcfb/tz/202006/t20200603_1229778.html。
③ 国家发展改革委规划司:《国家发展改革委规划司组织召开〈国家新型城镇化规划(2021—2035 年)〉专家咨询委员会会议》,国家发展和改革委员会,https://www.ndrc.gov.cn/fzggw/jgsj/ghs/sjdt/202106/t20210622_1283772.html。
④ 《中办国办印发〈关于推进以县城为重要载体的城镇化建设的意见〉》,《人民日报》2022 年 5 月 7 日第 1 版。

数字互助平台。北京市的"接诉即办"和浙江省的"最多跑一次"改革是数字政府实践的成功典范。①

二 基本经验

70多年来，中国城镇化建设取得举世瞩目的成就，主要体现在四个方面。

第一，城镇化发展逐步超过世界平均水平。1949年，中国城镇化率仅为10.64%，远低于世界城镇化平均水平。② 中华人民共和国成立后，中国城镇化进程在党的领导下逐渐增长。截至1957年底，中国的城市总数已达176个，较1949年增长了33.3%，年均增速为10%，市区人口也相应增加至7077.27万人，较1949年增长了79.2%。③ 改革开放以来，中国逐步建立了社会主义市场经济制度，城镇空间迅速扩大，城镇化进程步入正轨。1978—2022年，中国城镇常住人口从1.72亿人增加到9.2071亿人，城镇化率从17.92%提高到65.22%。④⑤

第二，城乡居民生活水平全面提高。2019年，《中共中央 国务院关于建立健全城乡融合发展体制机制和政策体系的意见》的实施为推动城乡融合发展创造了条件，全国11个不同地区相继启动城乡融合发展试验区，这是转变新型城乡关系的重要举措。⑥ 政府加大了城市和农村地区基本公共服务的供给力度，特别是在农村地区，制定和实施了义务教育经费保障机制。在基础设施建设方面，整合城市和农村地区公共资源，城市和乡村之间的道路连接取得重要进展。城镇化建设极大提高了人民生活水平，为中国减少世界贫困人口作出了重要贡献。1978—

---

① 中国信通院：《数字时代治理现代化研究报告——数字政府的实践与创新（2021年）》，中国信通院，http://www.caict.ac.cn/kxyj/qwfb/ztbg/202103/t20210302_370363.htm。
② 国家统计局城市司：《城镇化水平不断提升 城市发展阔步前进——新中国成立70周年经济社会发展成就系列报告之十七》，中国政府网，https://www.gov.cn/xinwen/2019-08/15/content_5421382.htm。
③ 国家信息中心：《我国城镇化发展的历史与未来趋势》，国家信息中心，http://www.sic.gov.cn/sic/81/455/0408/6163_pc.html。
④ 王飞翔：《"十四五"期间城镇化率提升至65%，增速放缓需提升发展质量》，界面新闻，https://www.jiemian.com/article/5765737.html。
⑤ 国家统计局：《王萍萍：人口总量略有下降 城镇化水平继续提高》，国家统计局，http://www.stats.gov.cn/xxgk/jd/sjjd2020/202301/t20230118_1892285.html。
⑥ 《11个国家城乡融合发展试验区公布》，中国政府网，https://www.gov.cn/guowuyuan/2019-12/28/content_5464649.htm。

2018年，中国城镇居民每年人均可支配收入从343元增长到39251元，增长了约114倍；农村居民人均可支配收入从134元增长到14617元，增长了约109倍。[①] 中国城乡居民的生活水平显著提升，实现了从基本温饱到全面小康的历史性飞跃。

第三，农业转移人口市民化取得重大进展。随着户籍制度改革的深化，国家放开放宽大城市的落户限制，全面消除人口不足300万人的城市落户门槛。[②] 为解决未落户的常住人口的困难，中国实施了居住证制度。并且在城镇地区完善基本公共服务，以惠及更多进城的农村人口。2020年，85.8%的随迁子女在公办学校就读或者享受政府购买学位的服务。[③] 城市卫生服务能够覆盖全部常住人口。在社会保障方面，城乡居民基本养老保险和医疗保险相统一的制度目前已经基本建立。在职业培训方面，目前农民职业教育培训市场规模超千亿人。[④] 与此同时，国家继续推进与用地指标、财政拨款和农民市民化成果挂钩的政策。

第四，城镇发展质量显著提高。城市工业的转型和现代化进程加快，吸纳就业的人数不断增加，城镇平均每年新增就业人数超过1300万人。[⑤] 公共服务质量持续改善：供水和污水处理率超过97%，垃圾处理率超过99%，城市光纤网络全面发展，5G基站初步覆盖省级以上城市，城市轨道交通扩大到7000多千米，公共卫生中心（站）基本覆盖每个街道。[⑥] 累计实施城镇棚户区项目2300多万个，5000多万城市居

[①] 国家统计局：《居民"钱包"七十年鼓起来近六十倍》，国家统计局，https://www.gov.cn/xinwen/2019-08/15/content_5421318.htm。
[②] 国家发展改革委：《国家发展改革委关于印发"十四五"新型城镇化实施方案的通知》，中国政府网，https://www.gov.cn/zhengce/zhengceku/2022-07/12/content_5700632.htm。
[③] 曹建：《教育部：将重点推进特大城市完善进城人员随迁子女入学政策》，中华人民共和国教育部，http://www.moe.gov.cn/jyb_xwfb/moe_2082/2021/2021_zl25/bd/202104/t20210401_523928.html。
[④] 徐虹：《"新型职业农民"数量递增 农民职业教育培训市场规模超千亿》，中国网，http://edu.china.com.cn/2021-05/21/content_77515533.htm。
[⑤] 李婕：《我国十年累计实现城镇新增就业1.3亿人》，人民日报海外版，https://www.gov.cn/xinwen/2022-08/26/content_5706888.htm。
[⑥] 陈亚军：《〈国家新型城镇化规划（2014—2020年）〉确定的目标任务顺利完成》，《宏观经济管理》2021年第11期。

民从城镇棚户区搬迁到公寓,全面推进城镇老旧小区的改造。[①] 城市规划和建设管理水平稳步提高,将城市建设打造成绿色城市、人文城市、智慧城市等目标取得重要进展。

从这些成效的背后,我们可以发现自中华人民共和国成立以来城镇化与数字化建设的五个方面的基本经验。

(一)坚持中国共产党的领导是中国推进城镇化发展的重要保障

回首中华人民共和国成立以来城镇化的发展历程,中国共产党的领导在城镇化建设方面发挥了关键作用。作为中国的执政党,中国共产党是一个勇于自我革新、充满朝气、积极进取的政党,始终从时代的需要和中国当前的国情出发,团结和动员全国各族人民向中国特色社会主义城镇化方向迈进。中华人民共和国成立后,在中国共产党的领导下,中国的工作重心从农村转移到城市,推动了工业化和现代化的进程,成功开启了中国现代城镇化的发展。改革开放以来,在党的坚强领导下,中国在城镇化道路上取得显著成果。国家注重经济结构调整,引入社会主义市场经济体制,城镇化逐渐成为中国现代化的重要推动力。总之,中国崛起后城镇化快速发展,最重要的一点是对党的领导和其基本方向坚定不移的忠诚。

(二)坚持人民群众的主体地位是中国推进城镇化发展的重要条件

人民是历史的塑造者,推动了经济和社会发展。中国的城镇发展应该坚持以人为本的原则,坚持人民的主体地位。中国之所以能够在短短几十年内获得西方发达国家需要耗时上百年的成绩,主要原因之一是中国始终以人民利益为先,能够聚合人民群众力量。中国共产党能够正确地认识到,实现中华民族伟大复兴的伟大目标的参与者、支撑者及受益者皆是人民。以中华人民共和国成立初期的土地改革为例,其首次赋予农民耕种经营及拥有土地的权利,从而调动了人们的生产积极性。同时,农村人口作为城镇化过程中的重要主体,通过向城镇地区提供丰富的劳动力资源,为城镇的工业发展提供了强有力的支持。他们在城镇化进程中不仅是劳务输出者,更是城市经济的参与者。实行承包责任制之

[①] 赵展慧等:《"十三五"期间我国棚改累计开工2300多万套》,人民日报,https://www.gov.cn/xinwen/2021-02/17/content_5587360.htm。

后,更多的人从传统农业中解放出来,促进了生产力的进一步增长。工人搬迁到他们工作的邻近城市。而这些剩余劳动力被吸纳到周边城镇去工作、经商等,直接促进了城镇企业数量的快速扩大。可以发现,中国的城镇发展始终坚持以人为本。随着城镇管理的不断改善,中国城镇更具竞争力、可持续发展、充满活力和特色。中国城镇化的核心是政府和市场都发挥了作用,它将继续满足城镇居民的需求,改善人民的生存条件和生活质量。

(三)发挥好政府与市场的作用是中国推进城镇化发展的核心问题

改革开放之前,在计划经济体制下,政府在城镇化建设中起主导作用,城镇化是按照自上而下的治理模式来推动的。在当时背景下,政府的做法有助于激发人们的政治热情,快速整合社会资源,在关键领域集中力量,从而使新中国的现代城镇化顺利启动。党的十一届三中全会以来,国家强化了市场在资源配置中的地位,积极探索并形成了创新性的社会主义市场经济体制。党的十八届三中全会表明,市场是资源配置的决定性因素。[1] 在对外开放的背景下,外资已成为中国现代化的重要推动力,并在一定程度上影响了中国城镇化率的空间格局。在这种情况下,城镇化率较高的东部地区更加重视外资的质量,以实现溢出效应,并通过外资获取所需的技术和管理经验,促进当地相关产业的发展。城镇化率较低的中西部地区通过整合优质资源,将提高公共服务的质量,促进基础设施建设,创造良好的投资和营商环境,与本土企业合作,将投资引向发展更加绿色、更多产业链条、高附加值的第二、第三产业。

(四)坚持深化改革是中国推进城镇化发展的不竭动力

中国持续推进深刻的改革,为城镇化的进程提供了源源不断的动力。首先,在土地改革方面,1950年进行的土地改革开放了部分农村劳动力,启动了中国的城镇化进程。[2] 1978年实行的家庭联产承包责任制解放了大量的农村剩余劳动力,此制度是中国快速城镇化的动

---

[1] 《中共中央关于全面深化改革若干重大问题的决定》,中国政府网,https://www.gov.cn/jrzg/2013-11/15/content_2528179.htm。

[2] 郭桢:《新中国档案:新中国的土地改革运动》,中国政府网,https://www.gov.cn/test/2009-08/20/content_1397342.htm。

力。[1] 为适应区域间人口流动、行政区划和城镇快速发展的各方需要，国务院制定《国务院关于加强国有土地资产管理的通知》等多个文件，重视市场在土地资源配置方面的作用。[2] 其次，在户籍制度改革方面，1958年开始实施的条例限制人们在城市和农村之间的迁移。[3] 改革开放之后，随着市场经济的蓬勃发展，城镇对劳动力的需求不断增加，而传统户籍制度对个体自由流动存在一定限制，只有通过深化户籍制度的改革，才能更好地促进人口资源的合理流动。为此，国家出台一系列举措深化户籍制度改革。自1984年《国务院关于农民进入集镇落户问题的通知》[4] 和1997年国务院选择小城镇作为户籍制度改革试点[5]以来，各地按照国务院提出的加大户籍制度改革力度，完善了户籍制度，规范了家庭迁移，并在2014年全面实施了居住证制度。[6] 2016年通过的《居住证暂行条例》推动了户籍制度的简化，逐步促进了城镇化的发展，进一步推动了新型城镇化的健康发展。[7] 党的十九大以来，中国深化供给侧结构性改革，实施以城市群为空间组织形式的区域协调发展战略，促进各地资源的合理配置。在不断深化的改革中进一步解放和发展生产力，促进社会生产系统更加合理、高效运行。

（五）坚持理念创新是中国推进城镇化发展的理论先导

党的十八大之后，中国在城镇化发展中更加强调生态文明的重要性，特别强调以生态文明的理念来引导新型城镇化的建设。将生态文明视为中国千年发展计划的不可或缺的组成部分，并逐渐将其作为评估新

---

[1] 曹森、万鹏：《农村改革的伟大创造》，学习时报，http://dangshi.people.com.cn/n1/2018/1210/c85037-30453159.html。

[2] 国务院：《国务院关于加强国有土地资产管理的通知》，中国政府网，https://www.gov.cn/gongbao/content/2001/content_60846.htm。

[3] 刘啸宣：《中国户籍制度改革历史回眸》，中国政府网，https://www.gov.cn/xinwen/2014-07/30/content_2727331.htm。

[4] 国务院：《国务院关于农民进入集镇落户问题的通知》，中国政府网，https://www.gov.cn/zhengce/content/2016-10/20/content_5122291.htm。

[5] 国务院办公厅：《积极稳妥地推进户籍管理制度改革》，中国政府网，https://www.gov.cn/govweb/ztzl/nmg/content_404990.htm。

[6] 国务院：《国务院关于进一步推进户籍制度改革的意见》，中国政府网，https://www.gov.cn/zhengce/content/2014-07/30/content_8944.htm。

[7] 国务院：《居住证暂行条例》，中国政府网，https://www.gov.cn/zhengce/content/2015-12/12/content_10398.htm。

型城镇化高质量的重要标准。在应对新型城镇化可能导致的大规模农田流失问题时，对新的发展理念进行了创造性的设计，为中国新型城镇化的高质量发展提供了指导。按照"占补平衡"的原则，中国推动了耕地保护补偿等机制，严格遵守永久基本农田的底线，以促进城镇化与耕地保护的协调发展。[①] 与此同时，中国加强了城镇规划和数字技术的应用，运用计算机、互联网和卫星遥感等信息技术，有效管理城镇的土地利用，控制能源消耗和污染，创造了集约高效的城镇生产空间和宜居的环境。此外，党中央还根据时代特征创造性地提出了绿色发展理念，为引领中国新型城镇化的高质量发展提供了指引。

三 主要挑战

中国城镇化在取得卓越成就的同时，也面临一系列复杂的挑战，特别是在"十三五"时期，中国城镇化进程已经进入速度持续放缓期、问题集中爆发期、人口双向流动期、格局加速分化期和发展模式转换期的"五期叠加"阶段，表现出空间形态多元化、动力升级化、约束刚性化和结构协同化的"四化交互"的复杂趋势。在中国城镇化的"五期叠加"和"四化交互"背景下，都市圈、城市群等战略有力地推动了中国城镇化的发展，同时也面临城乡之间日益不平等、城市承载力不足和"城市病"等问题。受新冠疫情影响，全球有效需求的严重不足及国际市场环境的恶化，极大地影响了中国特大城市的发展。目前，县城城镇化数字化面临的主要挑战包括以下三个方面。

（一）城镇化发展不平衡、不充分，数字化发展基础薄弱

城镇化发展不平衡、不充分的问题在以下几个方面有所体现。从区域空间的角度来看，现阶段中国的区域城镇化率差异较大，整体呈现东部高、西部低的空间分布特点，但中、西部地区后发优势明显。2021 年，全国已有 8 个省份（主要分布在东部沿海地区）城镇化率超过 70%。[②] 但西藏自治区、甘肃省和云南省处于全国较低水平。并且在同一时期，中西部地区的大城镇数量也远低于东部地区，反映了人口分

---

① 魏后凯、关兴良：《中国特色新型城镇化的科学内涵与战略重点》，《河南社会科学》2014 年第 3 期。
② 《31 省份城镇化率：8 省份超 70%，重庆居中西部第一》，第一财经，https://www.yicai.com/news/101434160.html。

布，以及资源和环境的承载能力的差距。从城镇建设风貌的角度来看，当下中国的城镇发展地域特色不足，有些地区甚至出现了城镇发展模式混杂、文化底蕴不足的情况，导致城镇化以发展趋同为主导，出现"千城一面"的情况。城镇发展不充分体现为"半城镇化"现象严重。在中国快速的城镇化进程中，很大一部分来自农业的人口并没有完全融入现代城镇。从制度上看，中国传统的城乡二元结构使居民的社会保障和政治权利等都与户口挂钩，这意味着没有城市户口就无法享受与城市居民一样的社会保障权利，这不仅破坏了社会公平，也影响了国民经济的可持续发展。据统计，截至 2020 年 11 月，人户分离人口将近 4.93 亿人，这意味着城镇地区有超过 4 亿人离乡，却没有完全进城。[1] 同时，土地城镇化与人口城镇化发展极不协调。在过去 10 年中，一些地方政府盲目追求国内生产总值的快速提升，盲目扩大城市面积，造成土地浪费和土地的低效利用，导致人、地城镇化之间的不平衡。相关研究显示，2006—2020 年，超过 80% 的县级及以上城市的土地扩张速度快于人口增长速度，而东北地区的大多数城市在城市人口负增长的情况下仍在继续扩张城市土地。[2]

县域承载了全国近一半的人口，其中近 5 亿农民还留在县域范围内的乡村，县域群众对基础设施和公共服务的需求巨大。[3] 完善县城的数字化升级和基础设施建设，不仅能优化资源配置，提升县城的整体运行效能，还能为县城居民提供更加便捷和高效的服务体验。但目前我国数字县城建设正处于初级阶段，存在数据要素发展积累和沉淀不足、数字人才供需矛盾、新型基础设施建设短板突出等问题。大部分县城新型基础设施很不完善，整体设施和技术条件还不满足建设数字县城的需要。由于信息基础设施的不完善，各类基础信息数据库和信息平台尚未完备，因此数字化建设会遇到一定障碍。从城镇化建设和发展的内部风险来看，主要有组织风险、资金风险、技术风险和人才风险，这些风

---

[1] 国务院第七次全国人口普查领导小组办公室：《第七次全国人口普查公报（第七号）》，国家统计局，https：//www.gov.cn/xinwen/2021-05/11/content_5605791.htm。

[2] 许刚等：《中国人口与土地城镇化：演化趋势、区域和规模差异及测度方法比较》，《中国土地科学》2022 年第 5 期。

[3] 侯荣娜：《推进县域经济高质量发展》，中国社会科学网，https：//www.cssn.cn/skgz/bwyc/202310/t20231018_5691009.shtml。

险在一定程度上与数字化建设密切相关。数字化建设的物质基础和技术基础无法跟上城镇建设的步伐，成为城镇化高质量发展受阻的深层次原因。

（二）"城市病"问题日益突出，缺乏数字发展整体规划

中国快速城镇化进程超出了城镇和环境的承受能力，城镇资源与城镇化速度和规模的不平衡将造成一系列严重的社会、经济和环境问题，称为"城市病"。"城市病"的主要表现形式：一是人口过剩。在中国城镇化的推进过程中，城市之间发展的差距较大，一些大城市人口急剧增长，给城市基础设施、住房、交通等方面带来了压力。例如，北京市政府一直非常重视人口增长问题，《北京城市总体规划（2004—2020年）》提出到2020年将人口规模控制在1800万人以内的目标，但实际情况高于预期。① 二是失业问题。大多数农民工从事相对低技能的体力劳动，这类人是城市失业人群中的主要群体。受新冠疫情影响，中国的失业率有所上升。这也是"城市病"的重要表现。三是城市污染。从资源和能源消耗的压力来看，中国的城市面积正在快速增长，这增加了新型城镇化的土地供应压力。同时，能源发展要遵从可持续发展原则，但由于中国人均能源消费量快速增长，中国能源结构仍处于可持续发展的低水平阶段。2021年清洁能源仅占能源消费总量的25.5%，而煤炭能源占能源消费总量的56%，相差较大。② 在污染治理方面，2020年，中国337个城市中将近1/3的城市的$PM_{2.5}$浓度不达标，臭氧浓度波动上升，区域性重污染问题依旧存在。③ 必须清醒认识到，中国生态环境质量还不稳定，需要持续深入推进生态环境保护工作。

当前，中国数字县城的研究主要集中在技术方面，对数字县城的定义、目标及建设方法，缺乏统一的认识，基础理论研究有所欠缺。人们对数字县城存在模糊、片面的认知，未能深刻理解何为数字县城建设，

---

① 北京市规划和自然资源委员会：《北京城市总体规划（2004—2020年）》，北京市规划和自然资源委员会，https://ghzrzyw.beijing.gov.cn/zhengwuxinxi/zxzt/bjcsztgh2004/202201/t20220110_2587452.html。
② 中商产业研究院：《2021年中国能源消费情况：清洁能源消费量占比提升至25.5%》，中商情报网，https://www.askci.com/news/chanye/20220301/1615401745602.shtml。
③ 张魏桔：《2020年中国202个城市环境空气质量达标占比59.9%》，中国新闻网，https://m.gmw.cn/2021-05/26/content_1302321506.htm。

对数字县城建设的目标缺乏清晰的认识，这种认知的不足影响了数字县城建设的方向和效果。在中国信通院公布的《新型智慧城市产业图谱研究报告（2021年）》中，全国目前只有52.3%的县级市进行了新型智慧城市的顶层设计，部分县域在智慧城市的顶层设计方面尚未有所作为。[①] 由于缺少科学而合理的数字县城发展规划，各地的实践往往依赖当地技术人员和研究人员的个体理解，而个体的理解千差万别，导致数字县城建设难以形成统一的发展方向和目标。一部分县城的信息系统为了应付上级检查而虚有其表，不能解决实际业务中的问题；有些县城缺乏整体、长远的规划，一味地相互模仿和重复建设，忽视自身的实际需求，造成资源的浪费。不同部门之间信息孤岛的存在，缺乏共享机制，这也会造成重复投入。此外，构建数字县城必须推动信息交换和网络建设的标准化，使不同领域和实体之间的数字化交流更加流畅高效。在中国各地的实践中，尽管县城基础地理信息方面存在相对成熟的标准，然而这些标准忽略了对地理信息数字化的适应性和变化性，在现实应用中难以适应数字化处理的需要，无法充分发挥数字技术的优势。在电子政务方面，各地普遍有地方网站，但这些网站主要用于政策法规的宣传，对更高层次的电子政务服务和信息交互有所欠缺。在这一背景下，需要制订明确的长远计划和普遍适用的标准，以引导数字县城建设朝着有序、高效的方向发展。

（三）市民化的质量不高，数字治理实践存在不足

近年来，中国城镇化进展显著，但户籍人口城镇化率明显滞后于常住人口城镇化率。2021年，中国户籍人口城镇化率达到46.7%，较上年提高了1.3%，其增速超过人口城镇化率，二者差距有缩小的趋势，表明农业转移人口市民化取得一定成效。[②] 与此同时，我们也应注意到当前中国市民化的质量不高，其主要表现为农民工及其家庭成员不能像城市居民那样获得教育、就业、医疗保健、养老金和支持性住房等基本公共服务，城市和乡村处于高度矛盾的结构性冲突中，这不仅限制了城

[①] 中国信通院：《新型智慧城市产业图谱研究报告（2021年）》，中国信通院，http://www.caict.ac.cn/kxyj/qwfb/ztbg/202112/t20211229_394777.htm。

[②] 邱海峰：《中国常住人口城镇化率突破65% 城镇化进入"下半场"》，人民日报海外版，https://news.cctv.com/2023/03/29/ARTI0oMQJO0p8MNxpyBMCn3O230329.shtml。

镇化在刺激国内需求和结构升级方面的作用，而且可能导致严重的社会风险。此外，国家虽然在积极试行居住证制度，使农业转移人口市民化的制度性成本不断降低，但住房、教育、医疗等实际成本的不断上升，也成为制约农业人口市民化的现实因素。

"十四五"时期，中国城镇化建设仍然面临着巨大的压力：4亿—5亿农业人口待安置，3.76亿流动人口要落户到城市，1亿—1.5亿农民工亟须市民化。①② 虽然这些群体在统计上可能有重叠，但他们都面临安置准备不足的问题，使户籍改革更加复杂。一方面，《"十四五"新型城镇化实施方案》主张完善500万人口以上的大城市积分落户政策，但东部沿海的一些大城市已经率先出现了收紧该政策的迹象。③ 上述城镇化过程中安置的供需不匹配，意味着很大一部分流动人口仍然无法实现完全的城镇化。另一方面，在门槛相对较低，有相对过剩的人口的小城市，其产业结构和就业潜力无法满足城市人口的增长需求，存在人口城镇化降低的风险。例如，中国中部和西部的一些城市，其中武汉市2021年的常住人口为1364.89万人，比2020年底多120.12万人，而同期户籍人口仅为934.1万人。④ 西安和天津的情况类似。显然，按照当前的发展趋势，户籍人口与常住人口的巨大差距不利于整体提升人口城镇化的质量。

地方各级政府也开始认识到县城是城乡发展的关键枢纽，借助现代信息技术和数字化网络平台，从户籍管理、公共服务、治理参与等多方面广泛开展数字治理，积极推进农业转移人口市民化。数字治理的关键在于公民积极参与，然而当前实践表明，公民的互动参与仍存在一些不足。一些地方在数字治理平台的设计上存在缺陷，没有提供足够便捷的工具，使居民在参与过程中遇到障碍。缺乏直观的界面设计、操作

---

① 冯奎：《如何加快农业转移人口市民化？》，腾讯网，https://new.qq.com/rain/a/20201111A00FL400。
② 国务院第七次全国人口普查领导小组办公室：《第七次全国人口普查公报（第七号）》，国家统计局，https://www.gov.cn/xinwen/2021-05/11/content_5605791.htm。
③ 国家发展改革委：《"十四五"新型城镇化实施方案》，国家发展和改革委员会，https://www.ndrc.gov.cn/fggz/fzzlgh/gjjzxgh/202207/t20220728_1332050.html。
④ 朱惠：《最新发布统计公报显示——武汉常住人口和市场主体迎来"双增长"》，湖北日报，https://www.hubei.gov.cn/hbfb/szsm/202204/t20220408_4073750.shtml。

第三章　县城城镇化数字化协同发展的理论基础、实践探索与研究设计

不便利或者信息发布不及时等问题都可能妨碍公众的有效参与。同时，公民参与数字治理的机会可能存在不平等现象，一些特定群体可能因为信息获取、技能水平等差异而在数字治理中处于相对较弱的地位。

第三节　县城城镇化数字化协同发展的研究设计

一　县城城镇化数字化协同发展的目标设定

基于理论基础和实践探索，将县城城镇化数字化协同发展的主要目标设定为以下几个方面，为构建县城城镇化数字化协同发展的评价指标体系提供目标导向。

（一）空间结构调整与数字化协同发展

县城空间结构调整与数字化协同发展的目标是推进"以县城为重要载体的数字城镇建设"。具体就是通过对县城进行数字化建设和智慧化改造，不断优化国土空间布局，促进以县城为重要载体的空间结构调整与城镇数字化的协同推进，最终实现从传统农村向"数字城镇"的转变。鉴于这一目标，本书将在数字城镇建设的框架下，对中国县城空间结构调整与数字化的内在逻辑、水平特征及实现路径进行深入分析，提出推动传统农村向"数字城镇"转型的切实可行的建议，为更好地理解和应对县城发展面临的挑战，以及数字化城镇建设提供有益的理论和实践支持。

（二）产业结构转型与数字化协同发展

产业结构转型与数字化协同发展的目标是推进"以县城为重要载体的数字产业建设"。数字产业建设的核心是通过数字化和智能化手段对县城产业进行全面升级。这一过程不仅是数字技术的应用，更是对产业结构的深刻变革。具体就是通过对县城进行数字化建设和智慧化改造，持续推动产业结构的转型，进而促进城镇数字化与产业结构协同发展，最终实现传统农业转变为"数字产业"。鉴于这一目标，本书将在以县城为重要载体的数字产业建设框架下，对中国县城产业结构转型与数字化协同发展的内在逻辑、水平特征及实现路径进行深入分析，进而提出推动传统农业向"数字产

业"转型的可行建议。

(三) 治理结构变革与数字化协同发展

县城治理结构变革与数字化协同发展的目标是"以县城为重要载体的数字公民形塑"。具体就是通过对县城的数字化建设与智慧化改造，推动治理结构变革，促进以县城为重要载体的治理结构变革与城镇数字化的协同并进，进而实现传统农民向"数字公民"转变。鉴于这一目标，本书将在以县城为重要载体的数字公民形塑框架下，深入分析县城治理结构变革与数字化协同发展的内在逻辑和水平特征，通过组态路径分析提出推进传统农民向"数字公民"转变的可行建议，使公民更好地融入数字社会，享受数字化带来的便利和机遇。

(四) 数字县城建设整体智治

县城城镇化数字化协同发展的目标是实现"数字县城建设整体智治"。具体就是通过对县城的数字化建设与智慧化改造，实现空间结构调整与数字化协同、产业结构转型与数字化协同、治理结构变革与数字化协同，推动传统农村向"数字城镇"转变、传统农业向"数字产业"转变、传统农民向"数字公民"转变的三维驱动变革，并通过融合以人为核心的发展理念，形成政治、法治、德治、自治、智治五治合力，探索数字县城"三农三变——一核五治"的县城城镇化数字化协同发展的整体智治新路径，从而实现县城城镇化过程中县域社会治理从局部治理的"量变"阶段到全域治理的"质变"阶段的跨越，为县城全面数字化智慧治理提供新的理论和实践支持，促进县域社会治理的升级和创新。

二 县城城镇化数字化协同发展的指标体系

(一) 指标体系的建构逻辑

本书基于城镇化、数字赋能、协同发展等理论提取出县城城镇化数字化协同发展的核心变量，从县城城镇化数字化协同发展的历史脉络、基本经验、主要挑战等实践探索中细化变量的主要维度，按照指标设计的目标、原则与方法筛选出具体的操作性指标，由此构建县城城镇化数字化协同发展评价指标体系的框架与内容（见图3-1）。

第三章 | 县城城镇化数字化协同发展的理论基础、实践探索与研究设计

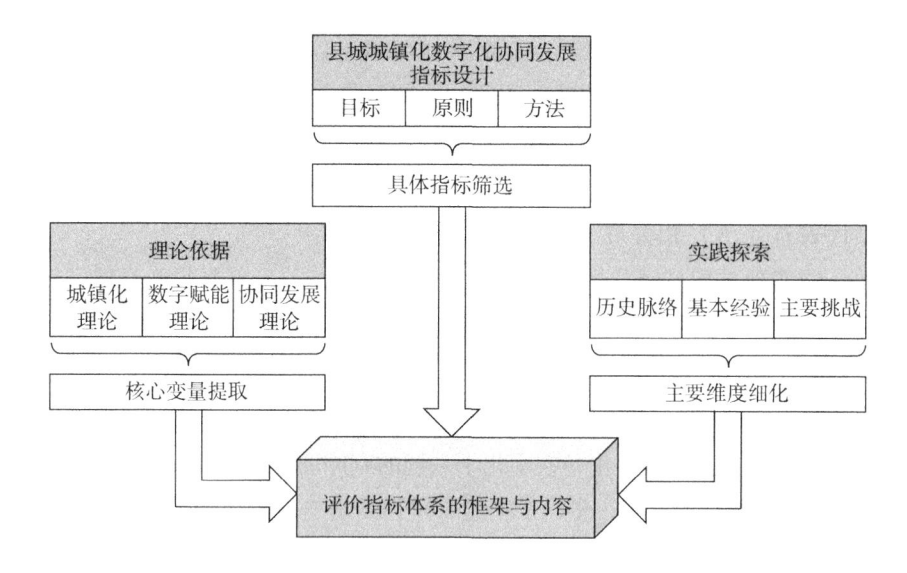

图 3-1 评价指标体系的框架与内容

根据城镇化、数字赋能和协同发展等基础理论，城镇化数字化协同发展的目的是实现两个子系统由无序向有序、整体效能大于部分效能叠加的转变。而在以县城为重要载体的系统中，有序发展的关键在于县城城镇化与数字化的协同作用，它决定了县城发展的宏观表现并反映了县城系统的有序化程度，既可以度量县城整体协同状态，又可以表征城镇化与数字化子系统自身的有序程度。而提取县城城镇化与数字化的核心变量是有效测算协同度的重要环节。本书以城镇化理论、数字赋能理论为基础，从"城镇化与数字化"发展的概念内涵出发，构建了"城镇化与数字化"指标体系；同时根据协同发展理论，选择耦合协同度衡量城镇化与数字化的协同发展水平，确定了"城镇化数字化协同发展"的结果变量和条件变量。

纵观中国县城城镇化数字化协同发展的历史脉络，国家越来越关注两者的相互影响关系，全国各地县城城镇化和数字化建设不断推进。城镇化显著推动数字化建设，数字化作为中国经济发展的核心动力，对城镇化进程也产生了深远的影响。实践表明，县城城镇化数字化协同发展，即通过"空间结构调整"、"产业结构转型"和"治理结构变革"与数字化之间相互协调，促使县城系统中的城镇化与数字化的组织结构

117

和整体功能优化升级。然而，当前县城城镇化数字化协同发展依旧面临严峻挑战。为了使县城城镇化数字化协同发展的基础理论更好地应用到中国场景中，在划分核心变量的主要维度时参考了国家颁布的县城城镇化与数字化的政策文件、原则要求，部分指标设定依据来自各部委、典型代表省（市）相关规划和发展报告。

要实现县城城镇化数字化更好地协同发展，首先需要明确县城城镇化建设和数字化协同发展的程度，因此本书选择耦合协同度模型对县城城镇化和数字化的相互影响、相互协同作用进行定量评价。通过耦合协同度模型可算出县城城镇化与数字化耦合协同度这一定量数值来反映其协同水平，而测算城镇化和数字化子系统的有序度是建立城镇化和数字化耦合协同度模型的重要一步，系统的有序程度由支配系统行为的关键变量决定，因而需要选择县城城镇化与数字化的关键变量，构建两大子系统的指标体系。本书基于县城城镇化数字化协同发展的深刻内涵，从不同维度选取表征县城城镇化与数字化发展水平的指标，基于科学性、代表性、系统性、可操作性等原则对反映城镇化和数字化发展的指标进行筛选整合，最终选定的每个指标对子系统的有序程度都起决定性作用，它们可以分别作为城镇化子系统和数字化子系统自组织演化的关键变量。

（二）评价指标的选取原则

在评价县城城镇化数字化协同发展水平时，选取合适的指标至关重要，每个指标的选择必须有科学、合理的选择依据。学者对城镇化数字化协同的指标选取上没有形成一个统一的标准。为了构建科学、合理的指标体系，综合分析以往指标的特点，并参考国家及相关部门标准的指导原则，总结出科学性、代表性、系统性、可操作性等基本原则，作为筛选指标的主要依据，以确保评价结果的有效性和合理性，使其更好地反映城镇化数字化协同发展的实际水平。

1. 科学性原则

在构建城镇化数字化发展水平评价指标体系时，必须遵循科学性原则，确保基于理论分析的指标体系能够全面描述城镇化与数字化发展规律，并具有较强的逻辑关联关系，以保证其客观性、真实性。一是选取的指标应当准确反映城镇化与数字化的内在特征和发展要求，评价指标体系必须能够准确反映城镇化与数字化发展各方面的特征，并且无论是维度的划分还是三级指标的筛选，都要符合国家战略发展导向和地区发展规划，避免出现舍本逐末的情况。二是基于科学逻辑和理论，抓住协同发展的阶段特点，确保选取的指标更贴近县城结构的发展状况。三是具体指标的选择应该具备科学的态度和理论基础，其含义、统计口径、计算方法都应明确、科学，最大限度减少人为因素的干扰，确保评价结果的真实可靠。四是指标的数据来源应当客观公正，以权威机构发布的数据为准，尽量摒弃蕴含信息过少或经过人工加工处理的数据。

2. 代表性原则

县城城镇化与数字化建设水平受多种因素影响，评价时应综合考虑不同方面的因素。但是过分追求全面性，选择指标过多可能导致评价指标体系过于烦琐，失去核心重点，同时增加统计与评价的成本和难度；相反，选择指标数量过少则无法充分反映真实情况。根据《智慧城市评价模型及基础评价指标体系 第1部分：总体框架及分项评价指标制定的要求》，每个一级指标下原则上不超过5项二级核心指标。[①] 因此，本书在选择评价指标时将遵循代表性原则，即在全面协调的基础上，体现本领域的特点，选取的指标应是县城城镇化与数字化发展的关键、代表性指标，充分反映县城城镇化数字化发展情况的统计数据。尽量选择信息含量高的指标，做到评价指标全面而不冗杂、精确而不遗漏。同时，评价指标体系需要充分考虑协同发展中的基础和本质特征。换言之，城镇化数字化协同发展的评价指标应该具备实质性的基础。

3. 系统性原则

在构建指标体系时，评价功能的整体性至关重要，它必须超越各单一指标的简单综合。整体评价功能的设计要具备层次清晰、结构合理的特点，确保不同级别的指标之间存在相互关联和协调一致的关系。这样的设计不仅有助于全面表现被评价对象的多方面特征，而且能够突出不同指标之间的逻辑关联。作为一个复杂系统，县城系统内部蕴含多方面、多层次的组成结构，其中包括城镇化和数字化两大子系统，而城镇

[①] 国家市场监督管理总局、中国国家标准化管理委员会：《智慧城市评价模型及基础评价指标体系 第1部分：总体框架及分项评价指标制定的要求》，国家标准委，https://openstd.samr.gov.cn/bzgk/gb/newGbInfo?hcno=94A3D226FB1D802A5F2E348B0C4BEDBC。

化子系统又涵盖了空间结构、产业结构、治理结构等多方面内容，数字化建设也是一个复杂的社会系统工程，需要考虑众多不同要素的相互协作关系。以县城为重要载体的城镇化数字化协同发展是一个复杂的系统工程，对城镇化数字化协同发展的功能指标选取一定要遵循系统性原则，对空间、产业、治理的指标选择既要考虑整体协同要求，又要突出各结构的独特性。

4. 可操作性原则

评价指标的可操作性是保障县城城镇化数字化评价顺利进行的关键。可操作性具有可获取、可比对、可量化的特征。一是确保数据来源的可靠性和便捷获取是评价工作的基础。信息的来源应该简单、客观准确，分析方法应该直观易懂，而且容易量化和计算，以保证评价的真实有效。二是每个指标在评价中应该是相互独立的，避免出现相互重复或交叉的情况，确保每个指标都有其独特的意义。同时，需要综合考虑实际数量、数据获取难度和统计口径的一致性，以确保数据精确可靠，便于后期进行横向比较和纵向比较。三是在评估过程中，关键在于将概念转化为可量化的指标，以便进行有效的数据分析。当某项数据难以获取，但其在表征方面具有重要意义时，可以考虑将其转化为质性指标，以应对数据获取的难题。此外，在构建指标体系时，还需要综合考虑指标的时效性，以确保评估体系在不同时间点的适用性，更好地反映县城城镇化数字化协同发展的最新状态。

（三）县城城镇化数字化协同发展的评价指标体系

本书在理论分析基础上，从县城城镇化数字化协同发展的内涵和特征中明确关键指标，按照指标体系构建的基本原则，结合县城城镇化数字化的实际情况，从以县城为重要载体的城镇化数字化协同发展的"三农三变"维度和"整体智治"优化路径两个方面构建县城城镇化数字化协同发展的评价指标体系（见图3-2）。其中，传统农村向"数字城镇"转变、传统农业向"数字产业"转变、传统农民向"数字公民"转变，分别对应空间结构调整与数字化协同发展、产业结构转型与数字化协同发展、治理结构变革与数字化协同发展。通过梳理条件变量和结果变量构建指标体系，力图呈现数字化与城镇化在不同维度上的发展状态，并通过组态分析探索以县城为重要载体的城镇化

第三章 县城城镇化数字化协同发展的理论基础、实践探索与研究设计

一级	二级	三级	四级	指标
县城城镇化数字化协同发展	三农三变	传统农村向"数字城镇"转变	空间结构调整与数字化协同发展	结果变量：空间结构调整与数字化协同发展水平 → 空间结构调整与数字化耦合协同度
				条件变量：空间结构条件 → 路网密度、区域通达度、人口集聚
				条件变量：数字技术条件 → 数字基础设施、数字政务、政府信息公开
		传统农业向"数字产业"转变	产业结构转型与数字化协同发展	结果变量：产业结构转型与数字化协同发展水平 → 产业结构转型与数字化耦合协同度
				条件变量：技术赋能 → 信息基础设施、数字技术应用
				条件变量：数字经济 → 产业数字化、数字产业化
				条件变量：环境支撑 → 上级政府压力、县城经济发展水平
		传统农民向"数字公民"转变	治理结构变革与数字化协同发展	结果变量：治理结构变革与数字化协同发展水平 → 治理结构变革与数字化耦合协同度
				条件变量：城市户籍获取 → 户籍城镇化水平
				条件变量：公共服务供给 → 教育文化、社会保障、就业培训
				条件变量：城市社会治理参与 → 组织参与、网络议事
	整体智治		结果变量：数字县城建设整体智治水平 → 智慧城市建设与发展综合影响力、Tahaoo SMILE指数得分
			条件变量：空间结构优化 → 生产空间、生活空间、生态空间
			条件变量：产业结构优化 → 产业结构合理化、产业结构高级化
			条件变量：治理结构优化 → 城市户籍、公共服务、农民参与
			条件变量：五治融合 → 政治引领、法治保障、德治教化、自治强基、智治支撑

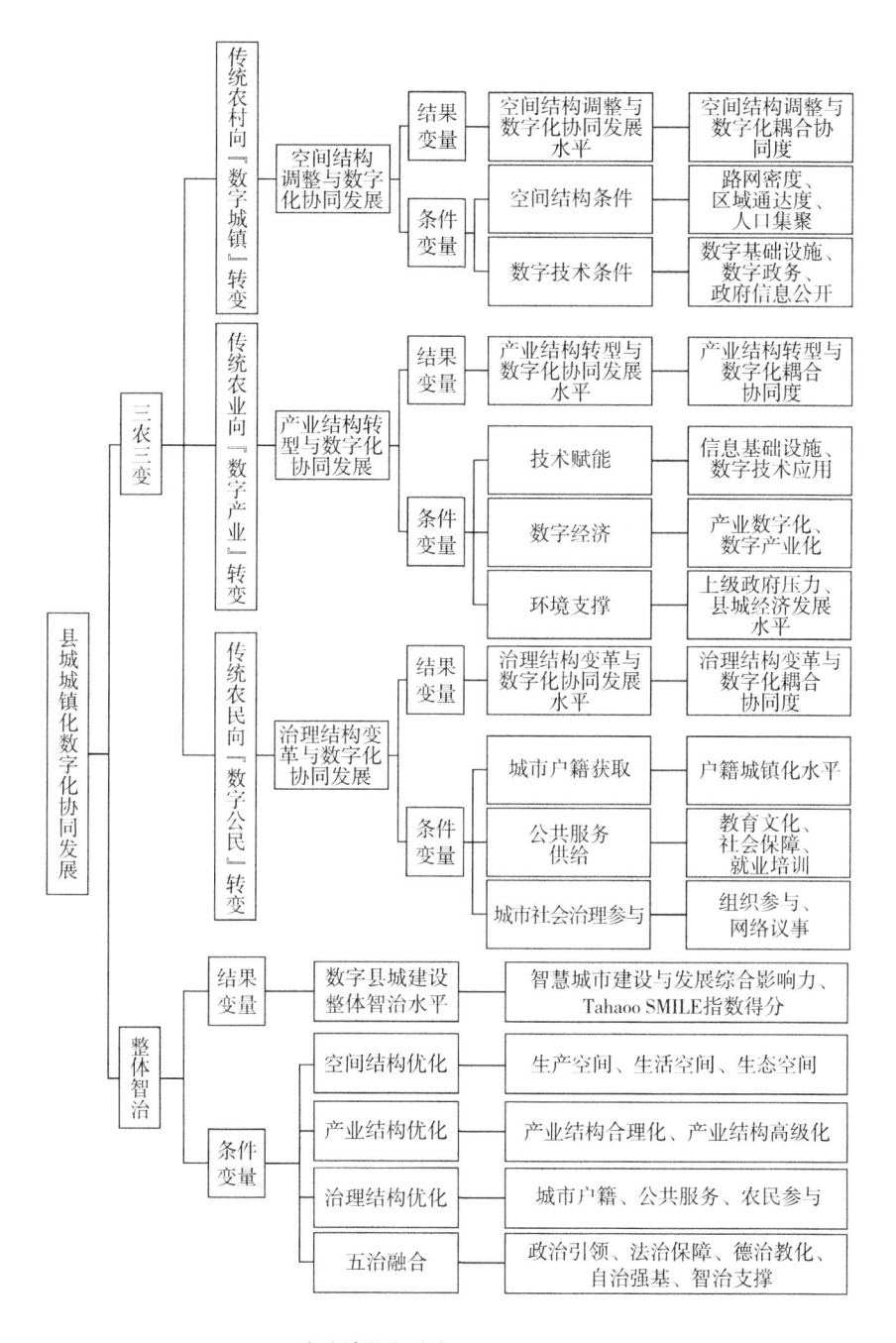

图 3-2 县城城镇化数字化协同发展的评价指标体系

121

数字化协同发展的优化路径。

1."三农三变"对应的指标体系

(1)空间结构调整与数字化协同发展指标体系。县城空间结构调整与数字化协同发展是为了推动传统农村向"数字城镇"转变,其结果变量主要选用县城空间结构变革与数字化耦合协同度指标,该指标的获取需要经过以下运算过程。一是从县城空间结构调整和数字化两个子系统中选取指标,其中,县城空间结构调整的评价指标为土地资源利用效率值,该指标可通过数据包络模型算得;数字化从"生产—生活—生态"空间维度展开计算,对应经济数字化、生活数字化与生态数字化三项变量,前两项变量直接采用《县域数字乡村指数(2020)研究报告》中的经济数字化指数与生活数字化指数进行表征;[1] 在生态数字化的变量选取上,由于缺乏县城层面的生态数字化数据,本书以《2019年度城市智慧环保指数研究报告》公布的120座城市智慧环保指数为基础,[2] 考察县城所在城市的智慧环保指数或所在省份的各城市智慧环保指数均值作为替代。采用熵权法对经济数字化、生活数字化与生态数字化对应的指标数据进行处理之后,算得数字化综合指数衡量数字化发展水平。二是将县城空间结构调整和数字化对应的指标数据代入,通过耦合协同度模型,可算出县城空间结构调整与数字化耦合协同度指标。

县城空间结构调整与数字化协同发展的条件变量从空间结构条件与数字技术条件两大层面展开叙述:空间结构条件具体包括路网密度、区域通达度与人口集聚三项变量,路网密度由建成区路网密度表征,区域通达度由人均公路里程表征,人口集聚由人口密度表征,三项变量均从《中国县城建设统计年鉴(2021)》[3] 获取;数字技术条件包括数字基础设施、数字政务与政府信息公开三项变量,前两者直接以《县域数

---

[1] 北京大学新农村发展研究院:《县域数字乡村指数报告(2020)研究报告》,北京大学新农村发展研究院,https://www.ccap.pku.edu.cn/nrdi/xmycg/yjxm/363361.htm。
[2] 公众环境研究中心:《2019年度城市智慧环保指数研究报告》,公众环境研究中心,https://www.ipe.org.cn/reports/report_21144.html。
[3] 中华人民共和国住房和城乡建设部编:《中国县城建设统计年鉴(2021)》,中国统计出版社2021年版,第6—89页。

字乡村指数（2020）研究报告》①公布的数字基础设施指数与治理数字化指数予以表征，后者用从本书考察县城发布的政府信息公开工作年度报告中获取的主动公开的规范性文件总数进行表征。

（2）产业结构转型与数字化协同发展指标体系。县城产业结构转型与数字化协同发展是为了推动传统农业向"数字产业"转变，其结果变量主要选用县城产业结构转型与数字化耦合协同度指标，该指标的获取需要经过以下运算过程。一是从县城产业结构转型和数字化两个子系统选取关键指标，其中县城产业结构转型从产业结构合理化与产业结构高级化两个层面展开，前者的评价指标为产业结构合理化指数，后者的评价指标为地区第三产业产值与第二产业产值之比；数字化主要从数字技术配备与数字技术创新两个方面展开，其中数字技术配备的评价指标为每万人拥有 5G 基站的数量，数字技术创新的评价指标为每万人有效发明专利的拥有量。二是通过变异系数—TOPSIS 分析法对县城产业结构转型和数字化两个子系统的评价指标进行处理，分别算出县城产业结构转型与数字化发展水平，再通过耦合协调度模型即可算出县城产业结构转型与数字化耦合协同度。相关数据来源于《国民经济和社会发展统计公报》《县域数字乡村指数（2020）研究报告》和各县所在城市的统计年鉴，部分缺失数据采用插补法补齐。

县城产业结构转型与数字化协同发展的条件变量主要从技术赋能、数字经济、环境支撑三个方面展开叙述。其中，技术赋能包括信息基础设施和数字技术应用，对应的评价指标分别对应县城互联网宽带接入用户数量、县域每万人中的电商数。数字经济包括产业数字化和数字产业化，产业数字化包括农业数字化、制造业数字化、服务业数字化，对应的评价指标分别是农业农村信息化发展水平、工业互联网平台应用普及度、电商服务站行政村覆盖率；数字产业化指标分类参照《中国数字经济发展与就业白皮书（2019 年）》②《全国数字经济发展指数

---

① 北京大学新农村发展研究院：《县域数字乡村指数（2020）研究报告》，北京大学新农村发展研究院，https://www.digitalelite.cn/h-nd-4239.html。

② 中华人民共和国国家互联网信息办公室：《〈中国数字经济发展与就业白皮书（2019 年）〉：各地数字经济发展成效显著》，新华网，http://www.cac.gov.cn/2019-04/19/c_1124389256.htm。

（2021）》报告，并参考部分省份的分类标准，从电信业、电子信息制造业、软件和信息技术服务业三方面展开，对应的评价指标分别是电信业务总量、电子信息制造业产值、软件业务收入。环境支撑包括上级政府压力和县城经济发展水平，对应的评价指标分别是上级政府出台的关于产业数字化建设的政策文件、县城人均国内生产总值（GDP）。

（3）治理结构变革与数字化协同发展指标体系。县城治理结构变革与数字化协同发展是为了推动传统农民向"数字公民"转变，其结果变量主要选用县城治理结构变革与数字化耦合协同度指标，该指标的获取需要经过以下运算过程。一是从县城治理结构变革和数字化两个子系统选取指标。其中，县城治理结构变革子系统从政治、经济、文化三个层面展开，用每万人支付宝实名用户中政务业务使用用户数表征政治层面，用每亿元社会消费品零售总额中线上消费金额表征经济层面，用排名前100的教育培训类App平均使用时长表征文化层面；数字化程度从数字基础设施、网上政务服务两方面衡量，用每千人拥有互联网宽带接入端口数表征数字基础设施，用涉农政务服务事项在线办事率表征网上政务服务。二是通过熵权法对县城治理结构变革和数字化两个子系统的评价指标进行处理，分别算出县城治理结构变革与数字化发展水平后，再通过耦合协同度模型即可算出县城治理结构变革与数字化耦合协同度指标。相关数据主要来自各地区2020年统计年鉴、《国民经济和社会发展统计公报》和《县域数字乡村指数（2020）研究报告》，缺失数据用2019年数据补充。

县城治理结构变革与数字化协同发展的条件变量从城市户籍获取、公共服务供给和城市社会治理参与三方面展开叙述，其中，在城市户籍获取方面，主要以户籍人口城镇化率衡量户籍城镇化水平；在公共服务供给方面，以农民工随迁子女接受义务教育比例衡量教育文化情况，以农民工医疗保险参保率衡量社会保障情况，以农民工职业技能培训参与人次衡量就业培训情况；在城市社会治理参与方面，以基层工会组织新增会员数衡量组织参与情况，以在线议事行政村覆盖率衡量网络议事情况。相关数据主要来自各地区2020年统计年鉴、《国民经济和社会发展统计公报》及农业农村部信息中心牵头编制的《中国数字乡村发展报告（2022年）》。

2. "整体智治"对应的指标体系

县城城镇化数字化协同的发展目标是实现"数字县城建设整体智治"。本书将《2019—2020年中国新型智慧城市建设与发展综合影响力评估结果通报》中百强区县指数得分排名（百强区县榜单）中"智慧城市建设与发展综合影响力 Tahaoo SMILE 指数得分"的结果作为定性比较分析的结果变量基础数据。该评估通报具体从"智慧社会战略推进、智慧政府综合治理、智慧生活技术服务、智慧经济产业运营以及智慧未来创新发展"五个层面展开叙述，涵盖了可体现智慧城市建设过程中智慧化水平的不同维度。从指标选取以及评估过程来看，该评估通报的结果具有较强的科学性。

结合本书构建的数字县城建设的"三农三变—一核五治"分析框架，选取空间结构优化、产业结构优化、治理结构优化、五治融合作为县城城镇化数字化协同发展QCA分析的条件变量。一是对空间结构优化这一条件变量，主要从生产空间、生活空间、生态空间三个层面叙述，其中生产空间通过地均GDP指标进行量化；生活空间主要是观察路网密度是否在国家标准2.5—4平方千米范围内，如果是赋值为1，否则为0；生态空间主要看人均公园绿地面积是否达到园林城市达标值9平方米/人，如果是赋值为1，否则为0。将生产空间、生活空间和生态空间对应的指标数据进行标准化处理之后，取其均值作为对空间结构优化这一条件变量的综合评价数据。二是对产业结构优化这一条件变量，主要从产业结构合理化和产业结构高级化两个层面叙述，其中产业结构合理化的量化指标为产业结构合理化指数，产业结构高级化的量化指标为第三产业产值与第二产业产值之比。将产业结构合理化和产业结构高级化对应的指标数据进行标准化处理之后，取其均值作为对产业结构优化这一条件变量的综合评价数据。三是对治理结构优化这一条件变量，主要从城市户籍、公共服务和农民参与三个层面叙述，其中，城市户籍的评价指标为非农业人口占常住人口的比重，公共服务的评价指标为乡村生活数字化指数，农民参与的评价指标为乡村治理数字化指数。将城市户籍、公共服务和农民参与对应的指标数据进行标准化处理之后，取其均值作为对治理结构优化这一条件变量的综合评价数据。四是对五治融合这一条件变量，主要从政治、法治、德治、自治、智治五个层面叙述，其中政治层面主要观察是否建立数字党建系统，如果是赋值为 1，否则为 0；法治方面的评价指标为出台的数字化建设相关政策文件数；德治方面的评价指标为一年内在基层开展数字化宣教的次数；自治方面的评价指标为现有群众和社会组织数；智治方面的评价指标为"雪亮工程"行政村覆盖率，将政治、法治、德治、自治、智治对应的指标数据进行标准化处理之后，取其均值作为对五治融合这一条件变量的综合评价数据。

三 县城城镇化数字化协同发展的样本范围

2012 年 12 月，住房城乡建设部发布了《住房城乡建设部办公厅关于开展国家智慧城市试点工作的通知》，正式启动了国家智慧城市试点工作。[①] 自 2012 年以来，住房城乡建设部先后公布了三批国家智慧城市试点名单，首批试点包括 90 个城市，其中包括 50 个县（市、区）；第二批试点有 103 个，其中包括 20 个县镇；第三批试点有 84 个，并对原有 13 个城市扩大范围试点。截至 2023 年 11 月，中国国家智慧试点城市共计 290 个，其中 77 个为县级行政单位。这些试点主要集中在东部地区，特别是华东地区，其他地区如华北、华中、西南等地试点建设也在稳步推进。从智慧城市的实力来看，根据《中国新型智慧城市（SMILE 指数）百强区县榜单》，百强区主要分布在东部沿海地区，中西部地区进入百强区县榜单的县较少且排名靠后，东北地区百强区县数量最少。

东部沿海地区县城率先启动数字化建设，形成了成熟的产业网络和雄厚的技术基础，政府执行力强，数字化建设水平遥遥领先。中部城市正处于数字化建设的迅速发展阶段，形成了核心支柱产业和独特的发展路径，地方政府积极推动数字经济与实体经济深度融合，数字化发展势头强劲。然而，一些人口集聚区域虽然重视智慧县城建设，但由于起步较晚或经济、技术基础薄弱等问题，建设成果不够显著，战略布局不够完善，数字化建设较为滞后。这些城市分别对应数字化建设的不同阶段，对这些城市进行评价研究具有一定的代表性，既可以借鉴其他城市

---

① 中华人民共和国住房和城乡建设部办公厅：《住房城乡建设部办公厅关于开展国家智慧城市试点工作的通知》，中华人民共和国住房和城乡建设部办公厅，https://www.mohurd.gov.cn/gongkai/zhengce/zhengcefilelib/201212/20121204_212182.html。

的卓越建设经验，又可以发现当下的发展问题。

为全面掌握中国县城城镇化数字化协同发展的具体做法和典型经验，需遵循信息收集的基本原则，本书以中华人民共和国住房和城乡建设部发布的三批国家智慧城市试点名单和中国信息化研究与促进网、国衡智慧城市科技研究院、太昊国际互联网大数据区块链评级、国新智库等权威机构联合发布的《中国新型智慧城市（SMILE指数）百强区县榜单》为数据来源，采用随机抽样的方法，从数据库中按照全面领先的沿海发达县城、规划明确的内陆腹地经济县市，以及数字化水平有待提升的人口集聚区域，分别从全国东部、中部、西部、东北等不同地区选取了83个县（市、区），建立了涵盖国内23个省级行政区的《县城城镇化数字化协同发展案例数据资料库》，具体样本来源的范围如表3-1所示。

表3-1　　县城城镇化数字化协同发展的样本来源的范围　　单位：个

所属地区	省份	选取数量	具体名称
东部	河北	3	滦南县、博野县、正定县
东部	江苏	8	丰县、东海县、新沂市、东台市、昆山市、江都区、丹阳市、太仓市
东部	浙江	7	苍南县、诸暨市、桐乡市、椒江区、乐清市、南浔区、德清县
东部	山东	6	昌乐县、莒县、临朐县、嘉祥县、寿光市、诸城市
东部	福建	3	晋江市、福清市、惠安县
东部	广东	3	南海区、四会市、惠城区
中部	山西	2	怀仁市、孝义市
中部	安徽	5	霍山县、金寨县、定远县、太和县、肥西县
中部	江西	3	婺源县、南丰县、樟树市
中部	河南	6	济源市、舞钢市、灵宝市、新郑市、禹州市、长葛市
中部	湖北	2	洪湖市、麻城市
中部	湖南	8	长沙县、永兴县、嘉禾县、汉寿县、安仁县、宜章县、宁乡市、望城区

续表

所属地区	省份	选取数量	具体名称
西部	内蒙古	2	准格尔旗、新城区
	广西	1	鹿寨县
	四川	4	汶川县、兴文县、峨眉山市、江油市
	贵州	2	凯里市、仁怀市
	云南	3	蒙自市、弥勒市、官渡区
	青海	3	贵德县、共和县、格尔木市
	宁夏	1	永宁县
	新疆	4	富蕴县、昌吉市、伊宁市、库尔勒市
东北	辽宁	2	新民市、庄河市
	吉林	2	抚松县、东丰县
	黑龙江	3	肇源县、桦南县、安达市

第四章

空间结构调整与数字化协同：以县城为重要载体的数字城镇建设

第一节 空间结构调整与数字化协同的理论框架

一 空间结构调整与数字化协同的发展目标和内在逻辑

（一）空间结构调整与数字化协同的发展目标

"以县城为重要载体的数字城镇建设"是县城空间结构调整与数字化协同的发展目标。具体而言，是通过对县城的数字化建设与智慧化改造，不断优化国土空间布局，促进以县城为重要载体的空间结构优化及其与城镇数字化的协同并进，进而实现传统农村向"数字城镇"转变。鉴于此，本章将在以县城为重要载体的数字城镇建设背景下，对中国县城空间结构调整与数字化协同的内在逻辑、水平特征与组态路径进行分析，提出推进传统农村向"数字城镇"转变的可行建议。

（二）空间结构调整与数字化协同的内在逻辑

空间结构调整在经济地理学、城市地理学和区域规划学中是指在一定要素条件的约束下，通过有目的、有计划的活动，不断调整、改善社会与经济赖以存在和发展的空间结构，旨在解决空间冲突问题，达到资源配置最优的状态。①②③ 在《中华人民共和国国民经济和社会发展第十四个五年规划和2035年远景目标纲要》中，国家级空间规划是指以空间治理和空间结构优化为主要内容，聚焦空间开发强度管控和主要控制线落地，全面摸清并分析国土空间本底条件，划定城镇、农业、生态空间，以及生态保护红线、永久基本农田、城镇开发边界，并以此为载体统筹协调各类空间管控手段，整合形成"多规合一"的空间规划。④ 由此可见，空间结构的调整和规划是相辅相成的，综合考虑人口分布、经济布局、国土利用、生态环境保护等因素，科学布局生产空间、生活空间、生态空间。在推动数字化转型的背景下，依托数字技术的智慧治理成为优化国土空间结构的重要途径。⑤ 根据对空间结构调整的概念解读，本章中的空间结构调整与数字化协同指的是，以问题为导向，以改善人居环境、提高经济发展和空间结构合理为目标，充分利用物联网、工业互联网、遥感、视频识别、第五代移动通信（5G）等技术，提高县城国土空间监测感知能力、问题诊断能力和功能匹配能力，促使各种资源和要素得到合理的配置，以实现传统农村向"数字城镇"的转变。

党的二十大报告指出："深入实施区域协调发展战略、区域重大战略、主体功能区战略、新型城镇化战略，优化重大生产力布局，构建优势互补、高质量发展的区域经济布局和国土空间体系。"⑥ 这是以习近平同志为核心的党中央在全面推进社会主义现代化建设的新阶段，针对区域的协调发展与空间布局作出的重要决定，从而为区域的可持续

---

① 史育龙、潘昭宇：《成渝地区双城经济圈空间结构特征与空间格局优化》，《宏观经济管理》2021年第7期。
② 孙久文、邢晓旭：《国土空间体系和区域经济布局的协同路径和优化方向》，《经济学家》2023年第8期。
③ 王亚飞等：《国土空间结构演变解析与主体功能区格局优化思路》，《中国科学院院刊》2020年第7期。
④ 《"十四五"规划〈纲要〉名词解释之270｜国家级空间规划》，国家发展和改革委员会，https://www.ndrc.gov.cn/fggz/fzzlgh/gjfzgh/202112/t20211224_1309537.html。
⑤ 杨俊宴等：《数字国土空间治理的"空间码"理论与技术研究》，《规划师》2023年第3期。
⑥ 习近平：《高举中国特色社会主义伟大旗帜　为全面建设社会主义现代化国家而团结奋斗——在中国共产党第二十次全国代表大会上的报告（2022年10月16日）》，人民出版社2022年版。

第四章 空间结构调整与数字化协同：以县城为重要载体的数字城镇建设

发展提供了相关的指引和支持。2022年5月，《中办国办印发〈关于推进以县城为重要载体的城镇化建设的意见〉》，明确提出打造蓝绿生态空间，推进生产生活低碳化，完善垃圾收集处理体系，增强污水收集处理能力，稳步提升县城人居环境质量等重点任务。这是县级地区补齐生态环境保护短板、加快提升生态环境保护能力、推进高质量发展、深入开展美丽中国建设实践的重要需求。[①] 2023年3月，《自然资源部关于加强国土空间详细规划工作的通知》进一步提出，要加快推进规划编制和实施管理的数字化转型，依托国土空间基础信息平台和国土空间规划"一张图"系统，按照统一的规划技术标准和数据标准，有序实施详细规划编制、审批、实施、监督全程在线数字化管理，提高工作质量和效能。[②] 在开启全面建设社会主义现代化国家新征程的背景下，要充分把握县城在推进工业化、城镇化、城镇体系、城乡融合发展中的关键定位，深入认识县城在支撑新型城镇化建设中的巨大潜能，将空间结构调整与数字化协同作为以县城为重要载体的数字城镇建设的主要抓手。空间结构调整与数字技术是空间结构调整与数字化协同的重要支撑，分别发挥着适配和赋能作用，在交互耦合作用下共同促进以县城为重要载体的数字城镇建设，其内在逻辑如图4-1所示。

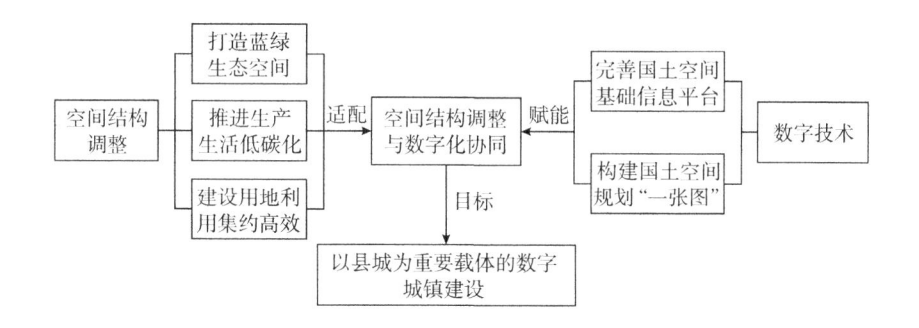

图4-1 空间结构调整与数字化协同的内在逻辑

[①]《中办国办印发〈关于推进以县城为重要载体的城镇化建设的意见〉》，《人民日报》2022年5月7日第1版。

[②] 自然资源部：《自然资源部关于加强国土空间详细规划工作的通知》，中国政府网，https://www.gov.cn/zhengce/zhengceku/2023-03/25/content_5748273.htm。

1. 逻辑起点：空间结构调整与数字技术

纵观人类文明的漫长演进历程，无论是从原始社会发展至农业社会，还是从工业社会发展至生态社会，都伴随着与人类生存发展形态、模式和规律紧密适应的空间格局演变。相比将土地、矿产、森林、草原、海洋等单一自然资源作为"平面要素"，空间结构调整则是将自然资源要素、经济进步要素及无法准确衡量的文化和历史价值要素进行综合，目标是提高生产、生活、生态空间的功能，呈现出多元的"立体开发"的特点，从而有助于提高空间的利用效率，优化资源的空间配置。[1] 党的十八大以来，伴随国家治理体系和治理能力现代化建设备受重视与持续推进，空间结构调整被提上议程。2019年5月，中共中央、国务院发布了《中共中央 国务院关于建立国土空间规划体系并监督实施的若干意见》，确立了中国的新时代空间规划体系框架，标志着中国空间规划体系建设的正式启动。[2] 中国共产党第十九届中央委员会第五次全体会议通过了《中共中央关于制定国民经济和社会发展第十四个五年规划和二〇三五年远景目标的建议》，提出"优化国土空间布局，促进区域协调发展和新型城镇化"的建议，将国土空间布局优化进一步聚焦至区域协调发展与新型城镇化建设。[3] 县域单元是中国经济发展和空间治理的基础单元，也是城乡发展的共融空间，承接乡村向城市过渡的功能。在乡村振兴的时代需求下，以县城为重要载体的城镇国土空间布局得到重点关注，对改善县域生产、生活、生态条件，推进城乡空间公平发展具有重要意义。

人类社会的进步与技术的发展紧密相连。随着科技的不断发展，社会结构、经济形态、文化习俗、价值观念等都将产生重大的转变。随着全球互联和即时通信等技术的进步，传统的空间隔阂不断地被打破，新的网络空间开始兴起。这使地理障碍不再是社会交往和联系的阻碍，社会活动不再局限于与特定地点或场所相关的地域空间，而是随着信息的

---

[1] 罗亚等：《数字化转型下的国土空间数字化治理逻辑研究》，《规划师》2022年第8期。
[2] 《中共中央国务院关于建立国土空间规划体系并监督实施的若干意见》，《人民日报》2019年5月24日第1版。
[3] 《中共中央关于制定国民经济和社会发展第十四个五年规划和二〇三五年远景目标的建议》，《人民日报》2020年11月4日第1版。

流动逐步向线上转移，实现了空间意义的"跨域"，形成了卡斯特（Manuel Castells）提出的"流动空间"。[1] 在数字化的环境里，传统的单一空间会被转化为多维的数字化属性空间。这种空间更注重世界发生的现象与事物客体之间的联系，并赋予其更多维度的信息，使我们能透过相关研究了解事物的特性及其属性，从而更好地理解自然现象和社会现象。除最基本的时空维度（如年度、月份、日期和县、乡镇、村庄等）外，空间还包括许多其他的元素特性（如地理形态、地质构造、土壤类型、气候状况、植物覆盖、动植物种类、人口数量、产值等）。这些特性自身有可能是空间自相关的，而且彼此间很可能也有关联。[2] 所以，当我们试图理解某个城市时，必须对多源、多维的要素特性进行相关分析。大数据为这种综合性分析提供了技术手段和能力。被分裂成孤立图层进行描述的事物特征，能够重新以数据属性的形式反映到国土空间中，并且那些复杂多样性的属性项可以在相同的时间和地点维度进行相关分析，从而更好地探索城市政治、经济、社会、生态和文化的内在链接与规律。对国土空间的认识，已不仅仅局限于土地面积或者交通设施，而是基于多种维度和关系展示出的深刻含义，这有利于理解城市的发展过程、运行状态、成长趋势及各种人居模式。

2. 逻辑主线：空间结构调整与数字化协同

空间结构调整和数字技术是动态演进的复杂巨系统，在适配和赋能功能的影响下，二者的非线性关系愈加明显，有利于推动空间结构调整与数字化协同。一方面，空间结构调整的适配性是推动空间结构调整与数字化协同的前提条件。自21世纪初起，中国的城镇化发展已经从追求大规模建设的阶段逐步转变为重视环境、文化及"乡愁"的高品质发展阶段。依托山水林田湖草沙等自然基底建设生态绿色廊道、利用周边荒山坡地和污染土地开展国土绿化、推进生产生活低碳化有助于守住以县城为重要载体的自然生态安全边界，促进自然生态系统质量整体改善。此外，土地是推进新型城镇化的关键要素，在城镇化逐步进入存量

---

[1] 陈伟雄等：《数字技术赋能生态文明建设：理论基础、作用机理与实现路径》，《当代经济研究》2023年第9期。

[2] 胡晓艳等：《数字国土空间规划背景下的新空间认知与分析》，《规划师》2020年第24期。

发展阶段的趋势下，县城可结合自身城市定位及发展规划，严格控制新增建设用地计划指标，加强存量低效建设用地再开发。在进行空间结构调整后，县城从宏观到微观对城市和农村的环境进行了全方位的协调和匹配，充分利用了各个地方的优势，达到了共享繁荣的总体效果。这种改变推动形成承载多种功能、优势互补、区域协同的主体功能综合布局，并且为空间结构调整与数字化协同打下了稳固的基础。①

另一方面，数字技术的赋能性是推动空间结构调整与数字化协同的重要动力。在数字化转型的背景下，依托数字技术赋能，推动空间结构调整与数字化协同，成为新形势下国土空间精细化管理的必然选择。数字国土空间是数字技术赋能空间结构调整与数字化协同的具体表现，即借助数字技术，将不同时期的国土空间自然要素、社会经济要素在一定的空间尺度下进行数字化，并使各要素相互连接，构成一个互联互通的网络。② 在资源的开发、使用、管理及维护阶段，利用大数据、智慧化等技术手段，建立全国统一的国土空间基础信息平台，结合各级各类国土空间规划编制，逐步形成国土空间规划"一张图"，推进政府部门之间的数据共享，以及政府与社会之间的信息交互。部分县就如何构建数字国土空间开展了探索和尝试。③ 比如，浙江省德清县初步建成"上下全面连接，左右紧密协作"的空间管理数字化的县级平台，实现了区域内国土空间规划的可追溯。④ 湖南省长沙县基于多尺度、基础地理空间数据体系，建立了时空信息云平台，开发了三维招商地理信息系统、美丽乡村一张图系统、移动办公辅助系统、天地图·湖南长沙县节点四个系统。⑤ 四川省兴文县通过实施"大数据、大系统、大平台、大应用"，成功开创了以县域数字乡村建设为核心的"数字转型改革+数据

---

① 《中办国办印发〈关于推进以县城为重要载体的城镇化建设的意见〉》，《人民日报》2022年5月7日第1版。
② 杨俊宴等：《数字国土空间治理的"空间码"理论与技术研究》，《规划师》2023年第3期。
③ 国家发展改革委：《2022年新型城镇化和城乡融合发展重点任务》，中国政府网，https://www.gov.cn/zhengce/zhengceku/2023-03/25/content_5748273.htm。
④ 《德清：浙江试点，县域空间治理核心场景数字国土空间综合应用》，搜狐网，https://www.sohu.com/a/465222623_120179158。
⑤ 长沙县自然资源局：《长沙县启动时空信息云平台二期升级项目》，中国政府网，http://www.csx.gov.cn/zwgk/bmxxgkml/xgtzyj/gzdt66/202209/t20220927_10822091.html。

分享+科技整合+数网安全运营+智能应用"的新路径。①

3. 逻辑终点：以县城为重要载体的数字城镇建设

空间结构调整与数字化的有效协同是促进以县城为重要载体的数字城镇建设的关键环节。当前，中国的城镇化建设已经在以中心城市为主导的模式下取得了显著成效，并且逐渐形成了"京津冀"、"长三角"和"珠三角"等一系列的城市群。随着中国的人口不断向中心城市汇集，一些中小城市人口持续外流，增长动力减弱，这就形成了"大城市病"和"中小城市发展能力不足"的双重问题。为了避免中心城市的无序扩张，要把县城作为关键的节点，提升其生产、生活和生态环境的品质，并鼓励外来人口返回县城。这样做能够帮助缓解中心城市的负担，并优化城乡的人口资源和空间分配。技术下沉县域是当下智慧城市建设的基本规程，它为以县城为重要载体的数字城镇建设打开了技术驱动的数字空间。以县城为重要载体的数字城镇建设与新型智慧城市没有本质区别，主要是将城市范围限定在县城内，更注重县城的中国特色，其本质是以县城为重要载体，通过系统性规划和配套，将数字化转型发展理念贯穿生态保护修复、土地资源利用效率、建设用地整治等各领域和全过程，在空间结构调整与数字化的有效协同下，对县城的生产、生活、生态空间进行综合管理。构建一个与资源环境承受力相适应，并且能够有效防范重大风险的空间布局，以促进传统农村向"数字城镇"转变。

二　空间结构调整与数字化协同的理论基础

（一）空间生产理论

空间生产理论的诞生源自国外马克思主义的"空间转向"。如果说资本主义工业化进程推动了世界范围内都市社会的一系列现代性重大变迁，那么资本主义城市空间引发的各种危机与困境是当代资本主义基本矛盾冲突不断爆发的外在化表征，资本逻辑支配着现代性空间被不断拓展和重构。21世纪以来，国外马克思主义研究者从空间维度分析全球化问题、世界历史问题，以及针对当代城市化进程中不断涌现的"创

---

① 曹惠君：《宜宾兴文县：大数据赋能，城乡更"智慧"》，中国新闻网·四川新闻，http://www.sc.chinanews.com.cn/bwbd/2021-12-20/160091.html。

造性破坏"与"破坏性创造"的复杂问题进行理论创新,这些理论创新推动着社会批判理论从"历史—时间"向"社会—空间"的转变,开启了当代"空间理论"的大发展。① 在解读地理空间对于资本积累、阶级形成及城市进步的重要性时,马克思明确指出,资本的本质就是试图打破所有的空间限制,试图用时间来消灭空间。相较于行为空间理论、时间地理学等人文主义的社会化空间理论,马克思主义的理论方法更注重社会形态和经济社会结构对城市空间的组织影响。它主张空间与社会之间存在一种辩证统一的关系,二者相互影响和反作用,城市空间生产中存在许多系统性的矛盾。城市规划是国家对这些矛盾进行干预或法规化的一种方式,因此城市规划并非一个封闭的技术过程,而是一个利益、形态与专业交织的战场。马克思的空间思想成为当代国外马克思主义研究者空间理论的重要思想资源。

亨利·列斐伏尔（Henri Lefebvre）是当代新马克思主义空间理论研究的代表,他提出的空间生产理论是新马克思主义城市学派和马克思主义地理学的关键概念,其核心观点是"（社会的）空间是（社会的）产物"。② 亨利·列斐伏尔构建了空间生产的三元一体理论框架:①空间实践（spatial practice）:包括生产和再生产,以及各种社会形态的特殊位置和空间特征集合。②空间的表征（representations of space）:与生产关系以及这些关系强加的"秩序"捆绑在一起,从而也与知识、符号、代码及各种"台前的"关系捆绑在一起。③表征的空间（representational space）:表现为形形色色的象征体系,有时被编码,有时不被编码,与社会生活的隐藏方面或秘密方面相关联,也与艺术相关联（艺术也许最终更多地作为表征性空间的符码而不是空间的符码而被规定）。③ 亨利·列斐伏尔认为空间不仅是传统社会政治理论下的"社会

---

① 付文忠、马莲主编:《晚期资本主义的空间理论与城市化》,中国人民大学出版社2022年版,第1页。
② Lefebvre H., *The Production of Space*, Translated by Nicholson-Smith D., Oxford, UK: Blackwell, 1991, pp.26-31.
③ [法]亨利·列斐伏尔:《空间的生产》,刘怀玉等译,商务印书馆2022年版,第51—52页。

关系演变的静止的容器或平台",[①] 而且是社会性的,牵涉再生产的社会关系和生产关系,以空间矛盾辩证法为核心思想的空间生产理论,从全球化、城镇化和日常生活三个维度对资本主义空间生产进行批判,为分析特定历史地理背景下的空间生产方式与社会矛盾提供了新的视角与工具。城镇化问题是空间生产理论关注的核心问题之一,中国的城镇化进程飞速发展,这对政治、经济、文化、社会生活及城乡和地区关系等多方面都产生了深远影响,并重新塑造了中国的空间格局。在取得显著的经济收益的同时,引发了资本主义和人性主义的冲突、地域不均、个体的空间权益被剥夺等问题。这些问题的根源在于资本、权力、社会和空间的复杂关系,因此社会空间的问题逐渐变成研究的焦点。在这样的环境中,空间生产理论在中国的学术影响力日益提升。特别是在21世纪,许多专家都投身空间生产理论的系统解读,而城镇化是空间生产理论的主要应用领域。在探索空间生产理论的应用价值的同时,学界对城镇化的实际情况进行了一系列的实证研究。

(二) 远程耦合理论

远程耦合 (telecoupling) 是地理学研究中关于"人—地"关系的概念,由美国人文与科学院院士、密歇根大学讲席教授刘建国等于2007年首次提出。2011年,他在美国科学进步协会的"人与自然系统耦合"专题讨论会上,对"远距离人类与自然耦合系统之间的社会经济和环境相互作用"进行了深入的解释。该理论体系由人类与自然耦合系统、流、代理、原因和影响五个相互联系的部分组成,主要探讨多个地点之间的远距离交互对可持续性的影响。远程耦合系统具有嵌套的分层结构,从宏观角度来看,这个系统由一系列的人类与自然耦合系统构成,它们之间的交互是通过流动来实现的。而且,这些人类与自然耦合系统还涵盖了代理、原因和影响三个重要组成部分。依照流动的方向,这些人类与自然耦合系统又可定义为发送、接收和/或外溢

[①] 包亚明主编:《现代性与空间的生产》,上海世纪出版集团、上海教育出版社2003年版,第8、10页。

系统。①②

自工业革命起，科技的进步与应用，如能源利用、信息传递、交通服务，导致区域连接性和人口流动性不断增强，同时推动了全球化与信息化的进程。随着经济的开放式发展，全球范围内的城市化已成为一种常态，1950—2015年，从乡村转移至城市的总人数已突破32.24亿。随着区域联系持续增强，基于当地生态系统服务的乡村社会逐渐转变为以非生态系统服务和远距离资源调度为基础的城市社会，同时对人类与自然的互动方式进行了深刻的重塑。特别是从20世纪中期开始，人类对生态系统的影响程度比历史上任何时期都要大。③其中，最重要的变化是远距离人类与自然耦合系统（coupled human and natural systems，CHANS）的相互作用在不断增加。

在地理学领域，人地系统耦合的研究被视作促进可持续发展和破解生态环境问题的关键途径之一。④人地耦合系统是由水、土、气、生、人多要素相互作用形成的复杂系统，传统的局地、单向、单一尺度"人—地"关系研究适用于理论原型分析和相对简单的系统演化。⑤为应对一系列跨国、跨省、多时空尺度的社会、经济、环境效应等新情势和新变化，远程耦合理论自提出以来在国际上就得到了广泛认可和应用，尤其是在全球可持续性的研究领域成果丰硕，就城市化研究领域而言，其本身就是不同空间距离上人类与自然耦合系统之间的社会经济和环境相互作用，这种区域间相互作用跨越了不同的空间距离，其作用方式、具体内涵与主要依赖交通运输和信息技术的全球化存在很大区别，开展近远程耦合视角下的城市化研究对理解城市化中的跨区域资源环境问题具有重要意义，既有的研究包括城市化与农村土地利用变化的关

---

① Liu J. G. et al., "Framing Sustainability in a Telecoupled World", *Ecology and Society*, Vol. 18, No. 2, 2013, pp. 7870-7785.
② 刘建国等：《远程耦合世界的可持续性框架》，《生态学报》2016年第23期。
③ Reid W. V., *Millennium Ecosystem Assessment Panel: Ecosystem and Human Well-being: Synthesis*, Washington D. C., USA: Island Press, 2005.
④ Liu J. et al., "Complexity of Coupled Human and Natural Systems", *Science*, Vol. 317, Issue 5844, 2007, pp. 1513-1516.
⑤ 郑度：《21世纪人地关系研究前瞻》，《地理研究》2002年第1期。

系，城市扩张、城中村涌现、村庄空心化和农地边际化,[①] 城镇化与生态环境耦合问题等。[②]

(三) 空间句法理论

隶属英国伦敦大学学院的巴特莱特建筑学院的比尔·希列尔(Bill Hillier) 和他的同事在20世纪70年代首次引入了空间句法理论,这是一种用来研究空间组织与人类社会之间关系的理论和方法。[③] 该理论借鉴语言形态(morphic languages) 理论,探讨了不同社会如何通过以及为什么通过建筑形式和聚落模式产生不同的空间秩序的问题,并用"句法"一词来代指某种法则,以解释不同的空间秩序是如何产生的。

在技术层面,该理论将空间描述为以拓扑关系为代表的一种关系,最初在小型居住区和建筑物规模的分析中进行测试和应用,但计算能力的发展使分析大城市和大都市区甚至整个地区的复杂关系成为可能。根据Hillier 等的说法,空间句法理论在城市研究中的应用包括以下四个方面。一是明确讨论的空间单元的概念。二是空间句法是一系列分析城市的技术,这些城市是由建筑物的位置、组合和方向形成的空间网络,通过这些技术可以理解街道与建筑环境中的所有其他街道在空间上的相互关联性。三是空间句法提供了一套方法来观察空间网络与功能模式的关系,如车辆和行人在城市中的流动、土地利用模式、区域分化、犯罪扩散、房地产价格、移民模式,甚至社会福祉。四是空间句法应用的研究成果有助于提出新的理论和理解,即城市如何在社会、经济和认知因素的影响下在空间上构成,以及城市空间如何作为社会和经济活动及认知因素的生成力发挥作用。[④] 空间句法方法已在全世界范围内广泛应用,并且存在使用空间句法方法研究城市的大量数据库。

空间句法可以应用于多种尺度,包括从工作场所中家具的布置到增

[①] 马恩朴等:《远程耦合视角下的土地利用/覆被变化解释》,《地理学报》2019 年第3 期。

[②] 方创琳等:《特大城市群地区城镇化与生态环境交互耦合效应解析的理论框架及技术路径》,《地理学报》2016 年第4 期。

[③] Hillier B. et al., "Space Syntax", *Environment and Planning B: Planning and Design*, Vol. 3, No. 2, 1976, pp. 147–185.

[④] Van Nes A. and Yamu C., *Introduction to Space Syntax in Urban Studies*, Cham: Springer Nature, 2021.

强协作互动，一直到理解城市地区的不同中心。该方法也是比较前后条件（如城市重建导致的空间变化）的有用工具。由于该工具是一种分析建筑物和城市的物理和空间设置的方法，因此必须结合对社会进程和人类行为的理解来解释分析结果。除此之外，该方法适用的另一个领域是挖掘城镇的空间布局。在建筑物墙壁和街道格局保持完整的情况下，对空间组织的空间句法进行分析有助于更全面地了解过去的城市生活和社会组织。① 在人类学研究领域，空间句法可以提供对不同文化聚落中社会组织的空间理解，展示建筑物和聚落如何在社会关系中发挥作用。②③ 总的来说，空间句法理论是城市形态学中相对比较成熟的定量分析理论。自20世纪70年代诞生以来，该理论的研究者就关注"房屋和城市"空间的结构性，以及这种结构性如何与社会、文化、经济等相关联，空间句法的引入为城市特定类型的空间特征、空间功能及地方文化的逻辑分析提供了新的视角。④

三 空间结构调整与数字化协同的分析框架

随着社会进步，人与自然和谐共生的习近平生态文明思想越发深入人心。在城市空间布局中处理好生产、生活、生态三者的关系，不仅是建设生态文明的需要，也是人与自然和谐共生的必然要求。⑤ 县城空间结构调整与数字化协同的驱动力分为内部驱动力和外部驱动力两个部分。其中，内部驱动力由"生产—生活—生态"空间功能构成，三者既相互独立，又相互关联，具有共生融合和制约效应。外部驱动力由空间结构条件和数字技术条件构成，不断实现社会经济要素在系统内部及外部的输入和输出。处理好空间结构调整与数字化协同中内部驱动力和外部驱动力的内在联系，对促进县城空间布局优化、结构功能调整升

---

① Laurence R. and Newsome D. J., *Rome, Ostia, Pompeii: Movement and Space*, London: Oxford University Press, 2011, pp. 100-118.
② Hillier B. and Hanson J., *The Social Logic of Space*, Cambridge: Cambridge University Press, 1989.
③ Aleksandrowicz O. et al., "Spatio-Syntactical Analysis and Historical Spatial Potentials: The Case of Jaffa-Tel Aviv", *Journal of Interdisciplinary History*, Vol. 49, No. 3, 2018, pp. 445-472.
④ 程明洋等：《空间句法理论与建筑空间的研究》，《地域研究与开发》2015年第3期。
⑤ 林佳等：《国土空间系统"三生"功能协同演化机制研究——以阜新市为例》，《中国土地科学》2019年第4期。

第四章 | 空间结构调整与数字化协同：以县城为重要载体的数字城镇建设

级，推进传统农村向数字城镇转变至关重要。基于"内外驱动力"的空间结构调整与数字化协同分析框架如图4-2所示。

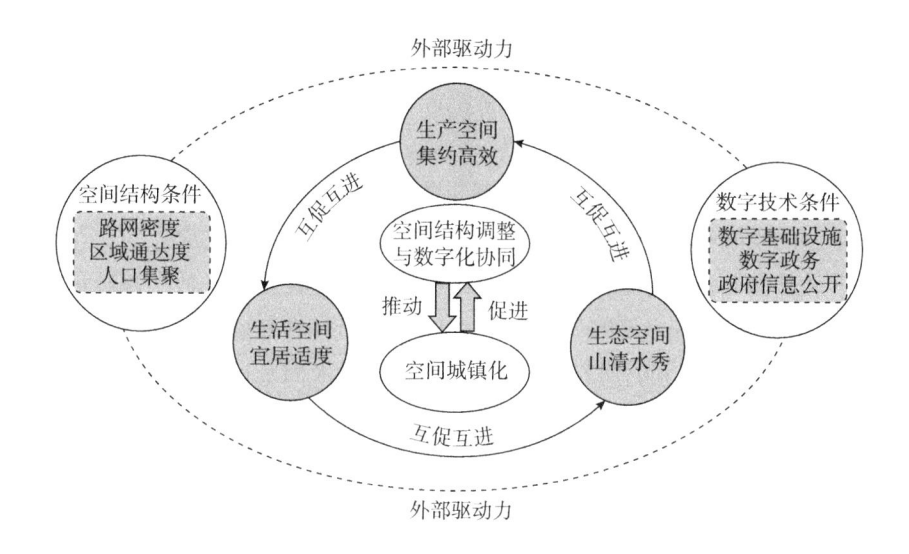

图 4-2 基于"内外驱动力"的空间结构调整与数字化协同分析框架

从内部驱动力来看，"生产—生活—生态"空间的利用状况既是人类在特定政治、经济、社会、自然及技术条件下进行活动的空间反映，也是城市经济社会活动在空间上的体现。[①] 生产空间集约高效是"生产—生活—生态"空间协调发展的根本力量。生产空间是具有产品的获取和供给功能的生产经营性场所，主要提供工业品、农产品及无形的服务业产品。[②] 以县城为重要载体，集约产业用地，优化生产空间的组合关系及其空间布局是提高城乡居民收入、改善城乡发展环境的有效途径之一。生活空间宜居适度是"生产—生活—生态"空间协调发展的重要纽带。生活空间主要通过其安全性、便捷舒适性、环境亲切友好性

---

① 戴文远等：《基于"三生空间"的土地利用功能转型及生态服务价值研究——以福州新区为例》，《自然资源学报》2018年第12期。
② 江曼琦、刘勇：《"三生"空间内涵与空间范围的辨析》，《城市发展研究》2020年第4期。

等来体现。① 生态空间山清水秀是"生产—生活—生态"空间协调发展的先决条件。生态空间主要通过光合作用、涵养水源、污染物净化等生态过程为人类的生产、生活空间提供物质基础和环境支持，对生产、生活空间的稳定发展具有显著的正向作用。② 因此，在进行县城国土空间布局时，要优先对县域生态服务系统进行全面评价，进而掌握县域生态系统的完整性，以及现有生态资源的数量和质量。同时，依据不同空间发展规划的需求，确定农业和城市开发的区域，合理地规划生产、生活和生态的空间布局，以实现县城发展与自然环境的和谐共生。

从外部驱动力来看，作为数字中国建设的重要内容，数字基础设施在推动县城空间结构调整与数字化协同过程中具有基础性、先导性的作用。数字基础设施的建设，有助于深化数字技术向县城各领域的有机结合，提高数字县城建设水平，最大限度地补齐县城先天短板，弥补其在人力、资本等传统要素方面的不足，提高空间利用效率和资源承载能力，从而大大拓展县城的发展空间、提高外部辐射能力。此外，数字政务、政府信息公开有助于提升政务服务效能，为进行科学有效的空间结构调整创造条件。以往的县城数字技术相对落后，难以克服空间结构调整的技术问题，以至于相关政府组织缺乏优化空间结构调整的意识与能力，而随着数字县城建设的不断深入，特别是数字技术在政务方面的深度融合，政府组织在优化国土空间配置效率的能力得到极大提高。例如，在国家发展规划主导的规划体系下，县城可以形成"智慧的县城规划+数字县城规划"双轨制的智慧城市规划体系，并基于合理的空间规划，即使数字县城本身的空间布局得到优化，最终实现了人与土地的和谐关系，提高了城市土地的利用效率，改善了城市的空间质量。同时，从国家战略需求的角度来看，数字技术在县城建设中的应用，不仅可以显著提高县城的整体发展能力，而且可以使传统县城具备摆脱依赖的能力。换句话说，通过数字县城建设，县城有了更强的发展自主能动性，对自然和位置等空间预设影响的依赖性降低，空间布局的规划不一

---

① 刘希朝等：《人地耦合协调度与"三生"空间配置研究——以江苏省为例》，《现代城市研究》2022年第10期。
② 段亚明等：《"生产—生活—生态"空间的概念与理论研究》，《中国农业大学学报》2023年第4期。

定基于空间禀赋,而是根据国家的价值需求,使发展更符合国家战略需求。此外,空间结构条件对县城空间结构调整与数字化协同的影响不容忽视,例如,路网密度、区域通达度、人口集聚等因素在很大程度上决定着数字县城建设的倾向与模式,也影响着县城所处国土空间布局中的战略定位,更决定着数字县城建设优化国土空间布局的效率与效果。因此,县城空间结构调整与数字化协同,需要充分尊重县城发展规律,准确把握演变态势,依据路网密度、区域通达度、人口集聚等因素,推动不同类型县城走各具特色的数字城镇建设道路。

第二节 空间结构调整与数字化协同水平测度与组态分析

一 研究方法与样本选择

(一)研究方法

本章综合运用数据包络分析模型、耦合协同度模型和模糊定性比较模型,从县城层面实证考察空间结构调整和数字化的协同水平及其组态路径。具体而言,首先运用数据包络分析模型对县城土地资源利用效率进行测算,由此反映县城空间结构调整状况;其次运用耦合协同度模型对县城空间结构调整与数字化的协同水平进行测度分析;最后运用模糊定性比较模型分析县城空间结构调整与数字化协同的组态路径。

1. 数据包络模型

数据包络分析(Data Envelopment Analysis,DEA)模型是 Charnes 和 Cooper 于 20 世纪 70 年代提出的用于测度多项投入与产出相对有效性的效率评价方法。[①] 一般而言,DEA 模型可以分为投入导向(BCC)模型(在产出水平一定的条件下,投入最小化)和产出导向(CCR)模型(在投入水平一定的条件下,产出最大化)。[②] BBC 模型与 CCR 模型相比可控制土地资源要素的投入,目前已被广泛应用于土地资源利用效率

[①] 陈瑾:《基于数据包络分析的西部地区高速公路网规模与经济社会发展适应性的分析研究》,《公路》2023 年第 10 期。

[②] 徐晓亮等:《中国省域旅游效率时空演变特征及影响因素研究》,《干旱区地理》2023 年第 12 期。

的研究。① 本章同样基于这一模型,从"生产—生活—生态"空间维度构建衡量县城土地资源利用效率的指标,以此反映县城空间结构调整水平。其中,投入变量包括县城在生产用地、生活用地与生态用地三方面的面积投入变量,产出变量包括县城在生产、生活与生态功能上的三类产出变量。

CCR 模型基本思想为:假设有 k 个决策单元(DMU),每个 DMU 都有 n 种"输入"和 m 种"输出",则输入、输出向量分别为:$Q = [q_{1j}, q_{2j}, \cdots, q_{nj}]^T > 0$,$j = 1, 2, \cdots, k$;$M = [m_{1j}, m_{2j}, \cdots, m_{nj}]^T > 0$,$j = 1, 2, \cdots, k$。通过对 CCR 模型进行对偶变化,并引入阿基米德无穷小,得到具有阿基米德无穷小的模型:

$$\text{s. t.} \begin{cases} \min \theta \\ \sum_{j}^{n} \lambda_j q_j + s^+ = \theta q_0 \\ \sum_{j}^{n} \lambda_j m_j + s^+ = m_0 \\ \lambda_i \geq 0, j = 1, 2, \cdots, k \\ \theta \text{ 无约束}, s^+ \geq 0, s^- \geq 0 \end{cases} \quad (4-1)$$

式中:θ 为第 n 个决策单元的总效率值,$\theta \geq 1$ 表示决策单元有效,$\theta < 1$ 表示决策单元无效,根据 θ 值大小对决策单元进行排序,如果结果显示评价目标 DEA 有效,表明输入与产出效益的比值较高,其适应性相对较好;s^+ 和 s^- 为对 DMU 进行结构调整项输入和输出的松弛变量。

BCC 模型是在上述模型的约束条件中增加 $\sum_{j}^{n} \lambda_j = 1(\lambda \geq 0)$,目的是使投影点的生产规模与被评价决策单元的生产规模处于同一水平。

2. 耦合协同度模型

耦合是考察空间结构调整与数字化协同的重要概念。这一概念始于物理学,是指多系统或运动通过各种相互作用而彼此影响的现象。在社会科学领域,耦合被称为多系统或要素间彼此影响、相互作用的动态关

---

① 李立清等:《提升县城土地资源利用效率的数字化驱动路径研究》,《农业经济与管理》2023 年第 5 期。

联，它表征某一时点下多系统间的演化趋势或特征。[①] 不过，耦合度模型尽管能描述多系统或要素之间的彼此作用程度，但不能反映其相互间的协调发展水平。而耦合协同度能对系统间耦合协同情况进行考察。因此，本章将构建县城空间结构调整与数字化协同度测算指标，并使用耦合协同度模型对二者协同度水平进行测度。其中，县城空间结构调整水平主要使用基于上述数据包络模型所得的土地资源利用效率予以考察，数字化水平同样延续"生活—生产—生态"空间维度，选取经济数字化、生活数字化与生态数字化三项变量。耦合协同度为

$$X=\begin{cases}C=\sqrt{U_1 \times U_2}/(U_1+U_2)\\D=\sqrt{C \times T},\quad T=\alpha U_1+\beta U_2\end{cases} \quad (4-2)$$

式中：X 为空间结构调整与数字化耦合协同度；U_1 为空间结构调整水平指数；U_2 为数字化水平指数；C 为空间结构调整与数字化耦合度，取值区间为 [0，1]，数值越大表明子系统耦合程度越好；T 为两个子系统综合发展度，反映不同子系统对协调度的贡献；α、β 分别为待估计系数，且 $\alpha+\beta=1$，考虑空间结构调整子系统与数字化子系统所处地位相当，将参数设定为 $\alpha=0.5$、$\beta=0.5$；D 为空间结构调整与数字化协同度，D 越大，表明二者协同程度越好。

3. 模糊定性比较模型

20世纪80年代，社会学家查尔斯·拉金（Charles C. Ragin）于1987年提出模糊定性比较模型方法，该方法从整体论的认知出发，将实践视为由条件和结果构成的整体，提出定性比较分析（qualitative comparative analysis，QCA）方法分析其间的复杂因果关系。[②] 这种因果关系是非线性的、等效性的、多样性的复杂组合。QCA方法的核心思想是"一致性"和"差异性"，前者是排除所有相似性后确定因果关系，后者则是关注案例系统匹配后的对比是否缺少某些因素使这些现象

[①] 廖文梅等：《城镇化与乡村振兴的耦合协同研究——基于江西省脱贫县（市）的数据》，《生态经济》2022年第11期。

[②] 任勇、白子玉：《网格化管理政策转移要素组合与政府注意力配置：基于S市实践的QCA分析》，《政治学研究》2023年第3期。

表现出差异。① 本章选择 QCA 方法作为主要研究方法基于以下考虑。一是因为研究对象存在的条件复杂多变，与运用传统的线性回归等因果分析方法相比，QCA 方法能更清晰地解释某个结果发生的充分条件或必要条件，能够更明确地阐释复杂的因果关系。二是由于已有研究对影响空间结构调整中土地经营权强度和耕地利用的一般因素讨论得比较充分，②③ 但对影响县城空间结构调整与数字化协同的多因素组合路径关注得比较少。三是县城空间结构调整与数字化协同可能会存在多个"等效"的因果关系链，即低投入可能会产生高产出的结果，高投入也可能会产生低产出的结果。在 QCA 模型中，不同的前因条件组态对结果变量具有互不冲突的等效性，这也是 QCA 方法相较于传统研究方法在分析此类问题时具有的独特优势。此外，结合现有的研究看，目前较为成功的 QCA 模型包括清晰集 QCA 与模糊集 QCA 等模型，后者在变量划分上具有定距、定比两种尺度变量的诸多优势，能将变量视为连续变量进行分析。④⑤ 因此，本章将对县城空间结构调整与数字化协同的影响因素进行模糊集定性比较分析，以便在复杂性视角下探讨其多元组态路径。

（二）样本选择

鉴于数据可得性，本章以《县城城镇化数字化协同发展案例数据资料库》为基础，在删除数据缺失较多的县（县级市）后，最终保留其中的 31 个县作为研究样本。此外，样本县选取也考虑了总体充分同质性和内部最大异质性。⑥ 从样本同质性来看，选取的样本县均来源于

---

① 金晓玲、田一伟：《共享经济下消费者信任和不信任的形成机制——基于结构方程模型和模糊集定性比较方法》，《技术经济》2019 年第 8 期。

② 米运生等：《土地经营权强度增进新型农业经营主体信贷可得性的路径研究——基于中国三个省份的清晰集定性比较分析》，《华南师范大学学报》（社会科学版）2023 年第 1 期。

③ 吕晓、张启岚：《耕地利用中农户"药肥双减"意愿的前因条件与组态路径——基于 QCA 方法的探索》，《中国土地科学》2023 年第 9 期。

④ 山少男、段霞：《复杂性视角下公共危机多元主体协同治理行为的影响因素与行动路径——基于元分析与模糊集 QCA 的双重分析》，《公共管理与政策评论》2022 年第 1 期。

⑤ 杜运周等：《复杂动态视角下的组态理论与 QCA 方法：研究进展与未来方向》，《管理世界》2021 年第 3 期。

⑥ 郝政：《国家创新系统对经济赶超绩效影响的定性比较分析——基于 QCA 方法的联动效应研究》，《经济问题探索》2022 年第 10 期。

中华人民共和国住房和城乡建设部发布的三批国家智慧城市试点名单，具有较好的地区代表性，且样本县启动智慧城市建设的时间都相对较早，涉及城乡发展、农业发展、生态建设、生物多样性保护及绿带规划等经验做法，有充足的特征和实践可供观察选择。从样本内部异质性来看，本章选取的样本县在中国东部、中部、西部和东北地区均有分布，在区位条件、资源禀赋和经济社会发展水平方面存在较大差异，呈现多样化特征。样本县的区域分布如表4-1所示。

表 4-1　　　　　　　　　　样本县的区域分布

东部	中部	西部	东北
河北省唐山市滦南县、河北省保定市博野县、山东省潍坊市昌乐县、山东省日照市莒县、山东省潍坊市临朐县、江苏省徐州市丰县、江苏省连云港市东海县、浙江省温州市苍南县	安徽省六安市霍山县、安徽省六安市金寨县、安徽省滁州市定远县、安徽省阜阳市太和县、江西省上饶市婺源县、江西省抚州市南丰县、湖南省长沙市长沙县、湖南省郴州市永兴县、湖南省郴州市嘉禾县、湖南省常德市汉寿县、湖南省郴州市安仁县、湖南省郴州市宜章县	四川省阿坝藏族羌族自治州汶川县、四川省宜宾市兴文县、宁夏回族自治区银川市永宁县、新疆维吾尔自治区阿勒泰地区富蕴县、青海省海南藏族自治州贵德县、青海省海南藏族自治州共和县、广西壮族自治区柳州市鹿寨县	黑龙江省大庆市肇源县、黑龙江省佳木斯市桦南县、吉林省白山市抚松县、吉林省辽源市东丰县

资料来源：笔者根据相关资料整理。

二　变量选取与数据来源

根据研究设计，本章变量选取与应用具有循序渐进的逻辑关系。一是本章将根据数据包络模型，构建县城土地资源利用效率测算指标，用于评价县城空间结构调整水平。二是将根据耦合协同度模型，构建县城空间结构调整与数字化协同度测算指标，用于考察县城空间结构调整与数字化二者的协同水平。三是将根据模糊定性比较模型，构建县城空间结构调整与数字化协同发展分析指标，用于考察影响县城空间结构调整与数字化协同发展的组态路径。据此，本章将着重从上述模型出发，对相关变量选取与数据来源进行说明。

（一）数据包络模型的变量选取与数据来源

生产空间、生活空间、生态空间作为人类实践存在的基本形式，构成了人类生活世界的总体面貌。其中，生产空间是指为人类提供农业、林业、牧业、渔业、工业产品及以各类生产性服务为主导功能的空间；生活空间是指为人类提供居住、教育、医疗、购物、娱乐、休闲等以各类生活性服务为主导功能的空间；生态空间是指对维持人类等生物的生存环境稳定与生态系统平衡具有重要作用的空间。① 中国式现代化是人与自然和谐共生的现代化，统筹好城市建设和生产、生活、生态空间布局的关系不仅是生态文明建设的要求，也是新阶段城市高质量发展的应有之义。自生态文明建设战略提出以来，国家出台了一系列政策对国土空间规划的要求逐步规范与深化，从以提高生产效率与社会经济水平为主转向生态环境、自然资源、人口需求与社会经济发展统筹优化。在党的十八大报告中，对改善国土空间布局进行了详细阐述，同时以"生产、生活、生态"为视角，设定了国土空间布局的发展目标，即生产空间集约高效、生活空间宜居适度、生态空间山清水秀。② 随后，"生产—生活—生态"空间的概念多次被提出并逐步深化，为灵活应对国土开发保护不确定性、更可持续地提升国土空间开发效率、更大范围内促进空间公平提供了重要理论基础。

为此，本章从"生产—生活—生态"空间维度选取相应的投入变量和产出变量，运用数据包络模型对县城土地资源利用效率展开测度，具体指标如表4-2所示。投入变量包括生产用地、生活用地与生态用地三类。其中，生产用地具体涉及农业用地面积、工业用地面积与商业服务业设施用地面积三项，生活用地具体涉及居住用地面积及公共管理与公共服务用地面积两项，生态用地使用绿地广场用地面积进行表征。产出变量包括生产功能、生活功能与生态功能三类。其中，生产功能采用地均GDP予以衡量，即每平方千米所产生的国内生产总额；生活功能包括人均居住用地面积与人均医疗卫生机构床位数两项指标，前者由县城居住用地面积除以人口数计算得出，后者由县城医疗机构床位数与人口数之比计算所得；生态功能由建成区绿地率体现。所需相关

---

① 孔芳霞等：《中国城市治理绩效时空演变特征——基于"三生"空间功能视角》，《经济体制改革》2023年第1期。
② 胡锦涛：《坚定不移沿着中国特色社会主义道路前进　为全面建成小康社会而奋斗》，《人民日报》2012年11月18日第1版。

指标均来源于《2020年中国县城建设统计年鉴》和《2020年中国县城统计年鉴》。

表4-2　　　　　　　　县城土地资源利用效率测算指标

指标名称	一级指标	二级指标	指标定义	数据来源
土地资源利用效率	投入变量	生产用地	农业用地面积（平方千米）	《2020年中国县城建设统计年鉴》
			工业用地面积（平方千米）	
			商业服务业设施用地面积（平方千米）	
		生活用地	居住用地面积（平方千米）	
			公共管理与公共服务用地面积（平方千米）	
		生态用地	绿地广场用地面积（平方千米）	
	产出变量	生产功能	地均GDP（亿元/平方千米）	《2020年中国县域统计年鉴》
		生活功能	人均居住用地面积（平方米/人）	《2020年中国县城建设统计年鉴》
			人均医疗卫生机构床位数（张/万人）	《2020年中国县域统计年鉴》
		生态功能	建成区绿地率（%）	《2020年中国县城建设统计年鉴》

（二）耦合协同度模型的变量选取与数据来源

耦合协同度模型用于测度空间结构调整与数字化协同的耦合协同度，其所选指标如表4-3所示。该表由空间结构调整水平与数字化水平两部分构成，前者直接通过土地资源利用效率值进行考察，后者根据"生产—生活—生态"空间维度展开为经济数字化、生活数字化与生态数字化三项变量，前两项直接采用《县域数字乡村指数2020年研究报告》中的经济数字化指数与生活数字化指数进行表征；在生态数字化的变量选取上，由于缺乏县城层面的生态数字化数据，本章以《2019年城市智慧环保指数研究报告》公布的120座城市智慧环保指数为基础，将考察县城所在城市或省份的各城市智慧环保指数均值进行替代。

表 4-3　　县城空间结构调整与数字化耦合协同度测算指标

指标名称	指标测度	指标定义	数据来源
空间结构调整与数字化耦合协同度	空间结构调整水平	土地资源利用效率	土地资源利用效率值	由数据包络模型测算所得
	数字化水平	经济数字化	经济数字化指数	《县域数字乡村指数2020年研究报告》
		生活数字化	生活数字化指数	《县域数字乡村指数2020年研究报告》
		生态数字化	县城所在城市或省份的各城市智慧环保指数均值进行替代	《2019年城市智慧环保指数研究报告》

（三）模糊定性比较模型的变量选取与数据来源

模糊定性比较模型用于考察条件变量影响结果变量的多元组态路径，其所选变量如表 4-4 所示。结果变量为空间结构调整与数字化协同，通过耦合协同度模型测算所得。条件变量主要涉及空间结构条件与数字技术条件两大维度。空间结构条件由路网密度、区域通达度与人口集聚三项变量构成。其中，路网密度可在一定程度上反映区域交通、经济和商业等要素活跃程度。从 2015 年的中央城市工作会议，"树立'窄马路、密路网'的城市道路布局理念"被提倡后，建成区路网密度指标逐渐受到了城市规划建设的关注。这个指标已被列入国土空间规划和城市体检的核心指标体系，成为反映交通与城市发展水平的综合性指标。[1] 区域通达度可在一定程度上反映区域对内联系和对外联系的便捷程度，在其他条件一定时，区域通达度越高，区域对内和对外的联系水平越高。[2] 人口集聚是经济、社会、环境等因素共同作用的结果，可通过人力资本、城市化和劳动力共同促进县城空间结构调整与数字化协

---

[1] 邓毛颖、邓策方：《基于结构、效率、公平与韧性的路网密度适宜性评价研究》，《交通运输系统工程与信息》2023年第6期。
[2] 朱桃杏等：《京沪高铁与沿线区域旅游经济协调发展研究》，《铁道工程学报》2019年第11期。

第四章 空间结构调整与数字化协同：以县城为重要载体的数字城镇建设

同。[①] 参考已有的研究成果，路网密度、区域通达度和人口集聚分别由建成区路网密度、人均公路里程和人口密度表征，三项变量均从《2020年中国县城建设统计年鉴》获取。[②][③][④] 数字技术条件由数字基础设施、数字政务与政府信息公开三项变量构成。其中，数字基础设施是以数据创新为推动力、通信网络为支撑、数据算力设施为核心的基础设施体系，有利于加快区域信息交流整合，建立区域间信息关联的"信息大通道"，缓解资本、劳动力等要素的错配，使城市功能结构更全面并更趋协调，主要通过《县域数字乡村指数2020年研究报告》中公布的数字基础设施指数予以表征。[⑤] 数字政务将变革的主客体都集中于政府自身，即更关注政府内部事务线上集成化办理和一体化协同办公，有利于进一步推动信息系统与服务平台建设及数据的双向共享，使城市管理更严谨、精细且更接地气、更通人心，主要通过《县域数字乡村指数2020年研究报告》中公布的治理数字化指数予以表征。[⑥] 政府信息公开有助于解决政府与公众之间信息不对称的问题，主要通过各地县城发布的《2020年政府信息公开工作年度报告》中的主动公开的规范性文件总数予以表征。[⑦]

表4-4　县城空间结构调整与数字化协同发展分析指标

变量类型	变量名称	变量定义	数据来源
结果变量	空间结构调整与数字化协同	空间结构调整与数字化耦合协同度	通过耦合协同度模型测算所得

---

① 张思思等：《人口集聚对城市韧性的影响探究》，《西北人口》2023年第1期。
② 曹飞：《省域城市建设用地驱动因素的空间面板分析》，《华东经济管理》2016年第7期。
③ 刘士琪等：《基于PCA-STIRPAT模型的绿洲区耕地变化社会经济驱动力研究——以酒泉市为例》，《中国农业资源与区划》2019年第12期。
④ 董有德、宋国豪：《人口集聚、中国制造业企业出口与技术复杂度》，《上海经济研究》2023年第10期。
⑤ 李治国等：《数字基础设施建设赋能包容性绿色增长：内在机制与经验证据》，《浙江社会科学》2023年第8期。
⑥ 高乐、李晓方：《发展高效协同的数字政务：数字中国整体布局视域下的政府数字化转型》，《电子政务》2023年第9期。
⑦ 李晓倩等：《公众友好型政府信息公开：理论构建与实证检验》，《公共管理评论》2023年第3期。

续表

变量类型	变量名称		变量定义	数据来源
条件变量	空间结构条件	路网密度	建成区路网密度（千米/平方千米）	《2020年中国县城建设统计年鉴》
		区域通达度	人均公路里程（千米）	
		人口集聚	人口密度（人/平方千米）	
	数字技术条件	数字基础设施	数字基础设施指数	《县域数字乡村指数2020年研究报告》
		数字政务	治理数字化指数	
		政府信息公开	主动公开的规范性文件总数（个）	《2020年政府信息公开工作年度报告》

三　数据分析与实证结果

（一）数据分析

变量的描述性统计结果如表4-5所示，包括观测数、均值、标准差、最小值和最大值，为本章的研究奠定了重要基础。

表4-5　　　　　　变量的描述性统计结果

变量	观测数（个）	均值	标准差	最小值	最大值
建成区路网密度（千米/100平方千米）	31	6.401	2.252	1.050	10.310
人均公路里程（千米）	31	21.756	10.638	5.710	47.190
人口密度（人/平方千米）	31	3339.516	2156.576	238.000	7543.000
数字基础设施指数	31	76.340	14.266	41.290	104.653
治理数字化指数	31	54.036	19.807	10.403	96.812
主动公开的规范性文件总数	31	70.484	86.073	6.000	292.000
经济数字化指数	31	49.049	20.909	23.686	108.513
生活数字化指数	31	56.806	18.945	32.094	115.308
智慧环保指数	31	50.703	7.666	35.600	66.400
农业用地面积（平方千米）	31	0.335	0.669	0	2.950
工业用地面积（平方千米）	31	3.399	4.769	0.060	26.640

续表

变量	观测数（个）	均值	标准差	最小值	最大值
商业服务业设施用地面积（平方千米）	31	1.493	1.379	0.060	6.100
居住用地面积（平方千米）	31	6.905	4.495	0.830	20.600
公共管理与公共服务用地面积（平方千米）	31	1.836	1.946	0.300	9.980
绿地广场用地面积（平方千米）	31	2.641	1.773	0.190	7.090
地均GDP（亿元/平方千米）	31	1474.913	1818.089	20.370	9737.840
人均居住用地面积（平方米/人）	31	11.928	4.238	5.950	23.360
人均医疗卫生机构床位数（张/万人）	31	4.901	1.602	2.580	9.840
建城区绿地率（%）	31	34.809	5.148	23.610	49.700

（二）实证结果

1. 数据包络模型测算结果

本章运用STATA软件，采用投入导向的BCC模型对中国31个县城土地资源利用效率进行测算分析，测算结果如表4-6所示。从结果来看，县城土地资源利用效率整体均值为0.922，河北博野县、山东昌乐县、山东莒县、江苏东海县、浙江苍南县、安徽金寨县、安徽太和县、江西婺源县、江西南丰县、湖南长沙县、湖南永兴县、湖南嘉禾县、湖南汉寿县、湖南安仁县、湖南宜章县、四川汶川县、四川兴文县、新疆富蕴县、青海贵德县、广西鹿寨县、黑龙江肇源县、黑龙江桦南县、吉林抚松县、吉林东丰县的土地资源利用效率为1，处于相对良好的水平，占比为77.420%。值得注意的是，少部分县的土地资源利用效率远低于其他县，如河北滦南县、山东临朐县、安徽霍山县、安徽定远县、宁夏永宁县、青海共和县，说明县与县之间发展不均衡不充分问题较突出。因此有必要探究不同县城实现土地资源利用高效率的路径。

表 4-6　　　　　　　　县城土地资源利用效率结果

地区		土地资源利用效率	地区		土地资源利用效率
东部	河北滦南县	0.616	中部	湖南嘉禾县	1.000
	河北博野县	1.000		湖南汉寿县	1.000
	山东昌乐县	1.000		湖南安仁县	1.000
	山东莒县	1.000		湖南宜章县	1.000
	山东临朐县	0.364	西部	四川汶川县	1.000
	江苏丰县	0.993		四川兴文县	1.000
	江苏东海县	1.000		宁夏永宁县	0.879
	浙江苍南县	1.000		新疆富蕴县	1.000
中部	安徽霍山县	0.473		青海贵德县	1.000
	安徽金寨县	1.000		青海共和县	0.747
	安徽定远县	0.500		广西鹿寨县	1.000
	安徽太和县	1.000	东北	黑龙江肇源县	1.000
	江西婺源县	1.000		黑龙江桦南县	1.000
	江西南丰县	1.000		吉林抚松县	1.000
	湖南长沙县	1.000		吉林东丰县	1.000
	湖南永兴县	1.000			
整体均值					0.922

2. 耦合协同度模型测算结果

由于数字化水平的测算维度由经济数字化、生活数字化和生态数字化三部分组成，为减少权重赋权的主观干扰，本章采用熵权法根据指标数据本身包含的信息量确定指标权重，通过线性加权求和法计算求得数字化水平，在此基础上，运用耦合协同度模型对中国 31 个县空间结构调整与数字化耦合协同水平进行测算分析，测算结果如表 4-7 所示。由结果可知，浙江苍南县、江西婺源县和湖南长沙县的空间结构调整与数字化耦合协同水平较高，耦合协同度分别为 0.989、0.943 和 0.920；青海共和县、黑龙江桦南县和新疆富蕴县的空间结构调整与数字化耦合协同水平较低，耦合协同度分别为 0.680、0.656 和 0.543。为此，今后应注重提高各县在空间结构调整与数字化水平之间的协同发展能力，共同服务传统农村向数字城镇转变的发展大局。

第四章 空间结构调整与数字化协同：以县城为重要载体的数字城镇建设

表 4-7　县城空间结构调整和数字化耦合协同度结果

地区		空间结构调整子系统	数字化子系统	耦合协同度
东部	河北滦南县	0.616	0.479	0.737
	河北博野县	1.000	0.615	0.886
	山东昌乐县	1.000	0.604	0.882
	山东莒县	1.000	0.580	0.873
	山东临朐县	0.364	0.591	0.681
	江苏丰县	0.993	0.690	0.910
	江苏东海县	1.000	0.678	0.907
	浙江苍南县	1.000	0.956	0.989
中部	安徽霍山县	0.473	0.628	0.738
	安徽金寨县	1.000	0.609	0.884
	安徽定远县	0.500	0.567	0.730
	安徽太和县	1.000	0.532	0.854
	江西婺源县	1.000	0.791	0.943
	江西南丰县	1.000	0.649	0.898
	湖南长沙县	1.000	0.718	0.920
	湖南永兴县	1.000	0.256	0.711
	湖南嘉禾县	1.000	0.342	0.765
	湖南汉寿县	1.000	0.385	0.788
	湖南安仁县	1.000	0.397	0.794
	湖南宜章县	1.000	0.306	0.744
西部	四川汶川县	1.000	0.407	0.799
	四川兴文县	1.000	0.297	0.738
	宁夏永宁县	0.879	0.504	0.816
	新疆富蕴县	1.000	0.087	0.543
	青海贵德县	1.000	0.439	0.814
	青海共和县	0.747	0.286	0.680
	广西鹿寨县	1.000	0.401	0.796
东北	黑龙江肇源县	1.000	0.356	0.772
	黑龙江桦南县	1.000	0.186	0.656
	吉林抚松县	1.000	0.398	0.794
	吉林东丰县	1.000	0.290	0.734

3. 模糊定性比较模型测算结果

（1）变量校准。在开始模糊集的定性比较分析（fsQCA）之前，需要挑选3个定性锚点来校准原始数据。也就是说，需要选择3个锚点将原始数据的值转化为集合的隶属度，这样，经过校准后的集合隶属度为0—1。结合案例数据分布特点，采用直接法进行校准。在排除奇异点的前提下，参考 Fiss（2007）的研究，本节研究将样本数据的75%、50%、25%分位数值设置为完全隶属、交叉点、完全不隶属共3个锚定点（见表4-8），而后进行变量校准计算（见表4-9）。[①]

表4-8　　　　　　　　变量校准锚定点

总样本	结果变量	条件变量					
		数字技术条件			空间结构条件		
	空间结构调整与数字化耦合协同度	数字基础设施	数字政务	政府信息公开	路网密度	区域通达度	人口集聚度
		数字基础设施指数	治理数字化指数	主动公开的规范性文件总数（个）	建成区路网密度（千米/平方千米）	人均公路里程（平方千米）	人口密度（人/平方千米）
完全隶属	0.880	85.250	60.450	90	8.750	27.450	5135
交叉点	0.790	76.530	43.950	30	6.190	21.440	2921
完全不隶属	0.740	69.870	34.620	15	5.070	11.420	1539

表4-9　　　　　　　　变量校准结果

地区	结果变量	条件变量					
		数字技术条件			空间结构条件		
	空间结构调整与数字化耦合协同度	数字基础设施	数字政务	政府信息公开	路网密度	区域通达度	人口集聚度
		数字基础设施指数	治理数字化指数	主动公开的规范性文件总数（个）	建成区路网密度（千米/平方千米）	人均公路里程（平方千米）	人口密度（人/平方千米）
河北滦南县	0.060	0.060	0.100	0.880	0.960	0.540	0.040

---

① 邓慧慧等：《中国数字技术城市网络的空间结构研究——兼论网络型城市群建设》，《中国工业经济》2022年第9期。

第四章 | 空间结构调整与数字化协同：以县城为重要载体的数字城镇建设

续表

地区	结果变量	条件变量						
	空间结构调整与数字化耦合协同度	数字技术条件			空间结构条件		
		数字基础设施	数字政务	政府信息公开	路网密度	区域通达度	人口集聚度
		数字基础设施指数	治理数字化指数	主动公开的规范性文件总数（个）	建成区路网密度（千米/平方千米）	人均公路里程（平方千米）	人口密度（人/平方千米）
河北博野县	0.960	0.450	0.370	0.010	0.850	0.950	0.650
山东昌乐县	0.950	0.970	0.950	0.120	0.050	0.600	0.010
山东莒县	0.930	0.190	0.800	0.020	0.250	0.570	0.501
山东临朐县	0	1.000	0.920	0.010	0.450	0.720	0.020
江苏丰县	0.980	0.950	0.920	0.501	0.060	0.410	0.501
江苏东海县	0.980	0.050	1.000	0.120	0.510	0.970	0.050
浙江苍南县	1.000	0.950	1.000	1.000	0.950	0.280	0.130
安徽霍山县	0.060	0.990	0.100	1.000	0.960	0.910	0.070
安徽金寨县	0.950	0.900	0.050	0.950	0.960	1.000	0.090
安徽定远县	0.030	0	0.650	0.980	0.900	1.000	0.430
安徽太和县	0.870	0.580	0.960	0.840	0.040	1.000	0.120
江西婺源县	0.990	1.000	0.970	1.000	0.660	0.410	1.000
江西南丰县	0.970	0.140	0.730	0.750	0.501	0.690	0.950
湖南长沙县	0.990	1.000	1.000	1.000	0.760	0.750	0.960
湖南永兴县	0.010	0.280	0.060	0.310	0.180	0.030	0.680
湖南嘉禾县	0.140	0.610	0.040	1.000	0.070	0.240	1.000
湖南汉寿县	0.450	0.110	0.140	0.020	0.070	0.050	0.990
湖南安仁县	0.450	0.760	0.020	0.350	0.020	0.010	1.000
湖南宜章县	0.060	0.640	0.501	0.510	0	0.010	0.950
四川汶川县	0.550	0.270	0	0.030	0.010	0.010	0
四川兴文县	0.060	0.010	0.730	0.680	0.070	0.020	0.040
宁夏永宁县	0.700	0.990	0	0.050	0.990	1.000	0.550
新疆富蕴县	0	0	1.000	0.540	0.580	0.340	0.720
青海贵德县	0.630	0.501	0	0.010	0.990	1.000	0.010
青海共和县	0	0	0.010	1.000	0.990	1.000	0.010

续表

地区	结果变量	条件变量						
	空间结构调整与数字化耦合协同度	数字技术条件			空间结构条件		
		数字基础设施	数字政务	政府信息公开	路网密度	区域通达度	人口集聚度
		数字基础设施指数	治理数字化指数	主动公开的规范性文件总数（个）	建成区路网密度（千米/平方千米）	人均公路里程（平方千米）	人口密度（人/平方千米）
广西鹿寨县	0.550	0.540	0.260	0.310	0.680	0.501	0.550
黑龙江肇源县	0.220	0	0	0.170	0.030	0.040	0.990
黑龙江桦南县	0	0	0.300	0.070	0.030	0.020	0.990
吉林抚松县	0.450	1.000	0.760	0.510	0.980	0.400	0.120
吉林东丰县	0.030	0	1.000	0.010	0	0.290	0.720

（2）必要条件分析。在进行模糊集定性比较分析时，首先需要进行单个条件必要性分析，以此判定某个条件是不是结果出现的必要条件。在进行必要性分析时，可以得到一致性与覆盖度两项指标。一般而言，当单个条件的一致性大于 0.900 时，便认为这个条件为结果出现的必要条件。本节通过必要条件分析发现，单个条件的一致性均低于 0.900，因此在所有前因条件变量中不存在产生高水平空间结构调整与数字化协同的必要条件，如表 4-10 所示。

表 4-10　　　　　　　　　必要条件分析

条件变量	高水平空间结构调整与数字化协同		非高水平空间结构调整与数字化协同	
	一致性	覆盖度	一致性	覆盖度
高路网密度	0.553	0.572	0.454	0.500
非高路网密度	0.517	0.471	0.611	0.592
高区域通达度	0.676	0.644	0.448	0.454
非高区域通达度	0.427	0.421	0.649	0.681
高人口集聚	0.513	0.520	0.542	0.583
非高人口集聚	0.588	0.547	0.554	0.548
高数字基础设施	0.699	0.703	0.411	0.440

第四章 | 空间结构调整与数字化协同：以县城为重要载体的数字城镇建设

续表

条件变量	高水平空间结构调整与数字化协同		非高水平空间结构调整与数字化协同	
	一致性	覆盖度	一致性	覆盖度
非高数字基础设施	0.443	0.414	0.722	0.719
高数字政务	0.656	0.642	0.424	0.442
非高数字政务	0.430	0.413	0.656	0.670
高政府信息公开	0.540	0.550	0.537	0.582
非高政府信息公开	0.589	0.545	0.584	0.575

（3）条件组态分析。与前面对必要条件的探讨不同，组态分析试图揭示由多个条件组成的各种组态所导致的结果的完整性。从集合论视角出发，探讨由多个条件构成的组态所表示的集合是否为结果集合的子集。尽管一致性被用作评估组态的完整性，但其可接受的最低标准和计算方法与必要条件的分析有区别。Schneider 和 Wagemann 指出，确定充分性的一致性水平不应低于 0.75。[1] 依据特定的研究背景，已有的研究使用了各种不同的一致性阈值，如 0.76、0.80 等。需要依照样本的规模设置频率阈值，一般情况下，对于较小的样本，频率阈值设置为 1；而在较大的样本上，频率阈值需要超过 1。[2] 表 4-11 呈现的 5 种组态，无论是单个解（组态）还是总体解的一致性水平均要高于可接受的最低标准 0.75。因此，表 4-11 中的 5 种组态可以视为高水平空间结构调整与数字化协同的充分条件组合。

表 4-11　高水平空间结构调整与数字化协同组态分析

项目	空间结构型	空间结构主导型	数字技术主导型		
条件组态	组态 1	组态 2	组态 3	组态 4	组态 5

---

[1] 戴正、包国宪：《QCA 在中国公共管理研究中的应用：问题与改进》，《公共管理评论》2023 年第 2 期。

[2] Schneider C. Q., Wagemann C., "Set-Theoretic Methods for the Social Sciences: A Guide to Qualitative Comparative Analysis", *International Journal of Social Reserch Methodology*, Vol. 16, No. 2, 2013, pp. 165-169.

续表

项目	空间结构型	空间结构主导型	数字技术主导型		
路网密度	•	•	•	•	●
区域通达度	•	•	●		•
人口聚集	●			●	★
数字基础设施		•	•	•	
数字政务	★	★	•	•	•
政府信息公开	★	★		•	•
一致性	0.977	0.897	0.949	0.973	0.983
原始覆盖度	0.173	0.203	0.185	0.166	0.118
唯一覆盖度	0.024	0.043	0.053	0.039	0.065
总体覆盖度	0.458				
总体一致性	0.934				
代表性案例	河北博野县、宁夏永宁县、广西鹿寨县	宁夏永宁县、青海贵德县、广西鹿寨县	浙江苍南县、江西婺源县、吉林抚松县	湖南长沙县、江西婺源县	安徽太和县

注：●或者•表示该条件存在；★表示该条件不存在；●表示核心条件，•或★表示边缘条件；空白代表条件可存在也可不存在。

通过分析5个组态各自核心条件的共性，归纳出空间结构调整与数字化协同的三种高水平实现路径：空间结构型、空间结构主导型和数字技术主导型。

第一，空间结构型。对应组态1，路网密度、区域通达度两个条件变量都可以作为解释县城高水平空间结构调整与数字化协同的边缘条件，人口聚集是核心条件，空间结构条件独立发挥了核心作用，覆盖了17.3%的案例。可以看出，当路网密度、区域通达度、人口聚集三个条件变量均存在时，其他条件对于高水平空间结构调整与数字化协同无关紧要。这表明，相较于其他条件，空间结构对县城高水平空间结构调整与数字化协同的实现尤为重要。另外，唯一覆盖率为0.024，表明约2.4%的高水平空间结构调整与数字化协同案例仅能被空间结构型条件组态解释。可见，对于县城而言，通过从空间结构层面提高路网密度、区域通达度，能显著提高县城的空间结构调整与数字化耦合协同度，进而有助于增强县城在"生产—生活—生态"空间中的综合承载能力。组态1的代表性案例有河北博野县、宁夏永宁县、广西鹿寨县。其中，博野县紧紧抓住京津冀协同发展和雄安新区建设的重大机遇，以打造大交通格局为主导，积极推动县、乡、村路网的改革，全面考虑全县城乡的产业、人口、资源和用地空间，适时启动城市设计、交通、生态修复、历史文化保护等专项规划的编制工作；永宁县紧密围绕"综合交通"的发展理念，在建立综合交通运输体系和完善交通运输服务方面取得了显著的成果。基本构建了以京藏高速、乌玛高速和乌银高速为主干，109国道、110国道、307国道、103省道、305省道为辅助的"六纵三横"的主干公路网络，路网等级结构得到显著的优化，连接各乡镇板块的县道、乡村道路等级标准和通行能力明显提升；鹿寨县以构建城乡交通运输整合的示范县为目标，积极推进基础设施的完善、提高客运服务的品质及构建城乡货物运输的整体架构等工作。截至2023年8月，鹿寨县公路总里程为1929千米，实现乡乡通二级公路，主要产业资源聚集区、AAA级以上景区通三级以上公路，20户以上自然村屯通硬化路。已建成1个县级综合运输服务中心、9个乡镇级服务站和物流站、120个村级（社区）服务站点和物流站点，实现"快递坐公交"进村、"农产品坐公交"到乡、"农产品坐公交"进城的寄递融合目标。[①]

第二，空间结构主导型。对应组态2，空间结构条件中的路网密度、区域通达度，与数字技术条件中的数字基础设施一起，作为解释县城高水平空间结构调整与数字化协同的边缘条件，共同发挥了核心作用，覆盖了20.3%的案例。也就是说，当路网密度、区域通达度、数字基础设施三者在同一个县城当中同时具有较高水平的发展时，其他条件对于高水平空间结构调整与数字化协同无关紧要。约有4.3%的高水平空间结构调整与数字化协同案例，仅能被空间结构型条件组态解释。可见，在县城，从空间结构层面提高路网密度、区域通达度，同时在数字技术层面提高数字基础设施水平，同样能够显著提高县城的空间结构

---

① 《柳州鹿寨加速推动城乡交通运输一体化》，广西文明网，http://gx.wenming.cn/sx-dt/202308/t20230824_6656148.html。

调整与数字化耦合协同度，进而有助于增强县城在"生产—生活—生态"空间中的综合承载能力。组态2的代表性案例有宁夏永宁县、青海贵德县、广西鹿寨县。其中，永宁县致力于"智能出行、物流、管理和决策"的构筑，通过数字技术在建、管、养、运等各环节的应用，更好地赋能空间结构调整。贵德县是全国首个采用藏汉双语系统的智慧城市的示范区，坚持城镇化和智能化相结合、政府的投资和市场的运营相互补充、优化功能和改善福祉相互促进，不断改善城市的总体形象和居住环境，为民族地区的智慧城市建设提供了经验启示。与此同时，为建立完善县、乡、村三级物流服务体系，贵德县交通运输局积极推动"交邮合作"公交线路建设。贵德县农牧区的"交邮合作"公交线路开始使用后，其邮寄物流的效率有了显著的提高，这也为促进城市与农村的"客货邮"整合发展打下了稳固的基础；鹿寨县按照"创新驱动、转型升级、项目支持、全方位发展"的整体策略，着重加大对数字基础设施建设，并且积极推行数字基础设施在交通、能源、水务等各管理领域的使用，从而全方位地提高了该县国土空间管理的能力与质量。

第三，数字技术主导型。这包括组态3、组态4和组态5，三种组态的共同特征为：所有数字技术条件都是边缘条件，同时有一种空间结构条件是核心条件。也就是说，当一个县城的数字基础设施水平、数字政务水平、政府信息公开水平都比较高时，只要在路网密度、区域通达度二者当中有一种比较突出，就能够取得高水平的空间结构调整与数字化协同。数字技术主导型一共覆盖了46.9%的案例，足以表明，数字技术条件对县城高水平的空间结构调整与数字化的协同有重要作用。同样，数字技术主导型也启示我们，在县城当中，仅靠高水平的数字技术发展建设并不能取得高水平的空间结构调整与数字化协同，还要在空间结构调整工作中以一定的突出点为抓手，从而助力增强县城在"生产—生活—生态"空间中的综合承载能力。组态3、组态4、组态5的代表性案例有浙江苍南县、江西婺源县、吉林抚松县、湖南长沙县、安徽太和县。其中，苍南县将数字化改革的攻坚作为全县"十大攻坚看落实"行动的一部分，并建立了专门的攻坚团队，以加强数字政府、数字交通、数字国土等公共数据平台的建设。根据"成熟一片、签约一片、拆除一片、建设一片、复垦一片、修复一片"的方法，逐步推进2.19万亩的整治区的有序更新。[①] 婺源县充分应用现代通信与互联网科技，构建了一个融合了交通管控、指挥决策、土地使用等多种城市管理与服务职能的智慧婺源城市运行管理中心。同时，顺应数字化发展趋势，建设分类分级、集中统一、共享共用、动态更新的政策文件库，提升政务公开服务能力。抚松县紧紧围绕服务全县国土空间规划编制目标任务，实施"交旅融合"项目和"数字抚松"工程，大力加强国土规划、促进项目落地、强化民生事业。依据"一网通办、服务更透明"的理念，政府门户网站的政府信息公开专栏进行了升级改造，法定主动公开的内容总计20项，包括职责依据、机构简介、权责事项、收费项目等多个版块。[②] 长沙县坚持"一张图"的思维方式和平台思维，不断提升平台服务质量，推动各种空间管理要素精确实施，实现对全县自然资源和全业务要素的精细化管理，为加快乡村振兴提供信息化管理新的动力。"一张图"根据镇街的发展需求，利用手机、平板等移动设备在项目开始前进行了合规性审查，这极大地缩短了项目选址的时间，并能最大限度地为镇街项目的引入提供便利。太和县已经成功运行了"智慧国土高点监控预警平台"，这为耕地提供了"火眼金睛"的保护，使非法占用和破坏耕地等行为无处可藏。与此同时，太和县入选全国首批数据直达基层试点，加快推进数据直达系统（地方端）建设，支撑"数字阜阳"建设和"城市大脑"各类应用场景数据需求，促进阜阳市数据互通、应用互联、业务赋能。

第三节　空间结构调整与数字化协同的结论与启示

一　研究结论

县城国土空间调整与数字化协同实际上是侧重在传统农村的起点上，通过县城的数字化建设与智慧化改造，不断优化县城国土空间配置效率，提高县城国土空间利用效果，进而充分发挥县城在优化生产空

[①] 苍南县人民政府：《苍南启动跨乡镇土地综合整治 "治"出大县大城新空间》，中国政府网，http://www.cncn.gov.cn/art/2023/10/12/art_1255449_59061495.html。

[②] 吉林省人民政府：《吉林：抚松县提升政务公开水平》，中国政府网，https://www.gov.cn/xinwen/2021-01/22/content_5581824.htm。

间、生活空间、生态空间中的支持作用,最终助力以县城为重要载体的数字城镇建设,这是数字县城建设优化国土空间布局的基本逻辑。前文研究表明,中国县城空间结构调整与数字化协同程度不高,有较大的提升空间。未来应注重提高县城空间结构调整与数字化的深度融合,共同服务于传统农村向数字城镇转变的发展大局。此外,组态分析结果表明,三种条件组态可以促进县城空间结构调整与数字化协同,即空间结构型、空间结构主导型和数字技术主导型。因此,本章充分借鉴实证分析所确立的空间结构型、空间结构主导型和数字技术主导型三条成功条件组态路径,在建设路径上提出"加快互联互通数字建设,消弭国土空间数字鸿沟""调整国土空间多元结构,优化国土空间发展关系""健全区域主体多元协同,增进国土空间民生福祉",在保障措施上提出"启动国土空间规划立法""编制国土空间布局框架""确立国土空间布局优化技术标准""建立统一的空间规划信息平台""强化空间规划理论储备",从而更好地推进以县城为重要载体的数字城镇建设,实现传统农村向数字城镇转变。

二 经验启示

(一)建设路径

1. 加快互联互通数字建设,消弭国土空间数字鸿沟

当前,以5G技术、大数据与人工智能等为核心的数字技术正深刻影响着中国县城空间结构高质量调整的路径选择,推进县城空间结构调整与数字化协同发展已成为县城新型城镇化建设的重要内容。然而,中国县城数字建设尚处于初级发展阶段,数字技术要素在城乡间、地区间与群体间的分配不均衡问题仍然十分严峻,已成为阻滞中国县城空间结构调整与数字化协同发展的巨大障碍,甚至可能从根本上导致县城空间结构调整与数字化协同发展的方向性偏离、过程性扭曲与结果性失灵。因此,县城空间结构调整与数字化协同发展,不仅要高度注重县城数字化建设过程中的效率价值导向,对于县城数字化建设过程中的公平价值导向同样不能忽视,必须妥善处理效率与公平的关系,并将二者作为引领县城空间结构调整与数字化协同发展的两项基本价值准则。具体而言,一是各级政府应加快推进县域乡村地区的数字化建设,通过搭建城乡之间互联互通的数字桥梁,弥合县城空间结构调整与数字化协同发展过程中的城乡鸿沟；二是各级政府要充分认识到数字技术在弥合空间距离、缩小空间成本与加强空间数据互通方面的巨大优势，通过在各层级推进地区间数字技术分配均衡，加快区域间的互联互通数字建设；三是高度重视"人群—技术—空间"三者的内在紧密联系，不断缩小群体之间的数字鸿沟，为县城国土空间结构调整与数字化协同发展奠定坚实的人群基础。

2. 调整国土空间多元结构，优化国土空间发展关系

以县城为重要载体的国土空间结构具有空间性、动态性与多元性特征，使国土空间发展关系演化呈现复杂性规律，因为在县城与其他城市之间、县城与县城之间及县城内部等多元空间结构中，难免因为各自所属区域方位、所拥有自然禀赋，以及所确立战略目标等因素的巨大差异，导致国土空间发展关系的无序、混沌，甚至是冲突，这可能极大增加县城国土空间结构调整与数字化协同发展的不确定性风险，进而从根本上影响县城新型城镇化建设的有效性。因此，有必要从国家整体战略格局出发，立足不同县城所处空间的功能定位与优势进行国土空间多元结构调整，不断推进以县城为重要载体的系统格局，进而精准制定优化战略目标。具体而言，应当依据县城所处的城乡、城市群、中心城市与东中西板块等多方关系提出推进县城空间结构调整与数字化协同发展的建设路径。一是在城乡空间结构关系上，优化城乡之间的国土空间边界，引导村庄建设，支撑区域优质发展，发挥城镇居住区、城市圈和中心城市的战略枢纽作用。同时，在对城镇住宅和中心城市的产业和人口管理方面，通过采取撤县设区、撤镇设市、切块设市等多种措施，尽可能提高有限资源配置的效率和经济发展的质量，使优势地区在盘活村庄、建设新型城镇化的框架内，在合理评估其现实的法律、资源条件和功能目标后，增强县市综合服务能力，促进初生城市加快发展。二是充分发挥城市及城市圈在国家经济增长过程中的引领角色，重视京津冀、长江中游、粤港澳、长三角等城市群区域的资源要素有效配置，建立国家层面的高新技术开发区、产业园区和出口加工区，形成发展枢纽。各地区也必须在园区建设、交通信息基础设施建设等诸多领域共同探索合作机制，作为区域协调发展战略的重要组成部分，支持革命老区、少数民族自治区、陆路边疆区和欠发达地区的政策必须更好地配合，重新推

动这些地区的发展。支持贫困地区和青年投身"一带一路"建设,以开放合作的精神推动区域振兴。加快老、少、边、穷地区的基础设施发展,通过空间优化调整与关系重构,发挥当地要素潜能,通过构筑特色产业体系打造新发展动能,最终提高这些落后地区的基本竞争力。三是在当前的发展背景下,各地区的发展目标及首要任务已经被清晰地划分。针对发达地区的中心城市,其功能设置与发展路径应当保持在适当的范围内,并朝着全球或者国家级的核心城市发展;反之,相对滞后的地区核心城市则应该朝着区域中心城市发展。依据城市化区域、主要农业生产区域及生态功能区域的功能划分,有效地集中和合理地进行政策和资源分配。四是鼓励县城在数字经济发展、推进数字工业化等方面,发挥在城市圈、中心城市与东中西板块等空间关系上的支撑点作用。

3. 健全区域多元主体协同,增进国土空间民生福祉

县城国土空间结构调整与数字化协同是一个牵涉诸多主体的系统性工程,厘清区域各主体的责任边界并协同多元主体关系,能极大减少县城国土空间结构调整与数字化协同发展过程中因主体功能定位不清晰、责任边界模糊与协同优势难以充分释放等问题,进而极大提高县城国土空间结构调整与数字化协同发展效率、增强其对经济社会发展与公众福祉的积极效果。因此,实现县城国土空间结构调整与数字化协同发展的多元主体协同,进一步提升国土空间福祉,需要综合考虑以下几个方面。一是必须建立合理、科学的国土空间规划体系,在区域发展和城乡融合过程中充分考虑生态环境保护、资源利用和经济社会可持续发展的要求。这需要进行深入研究和详细调查,制定相应的国土空间规划方案,并严格执行,确保规划的科学性和有效性。二是在实施国土空间结构调整与数字化协同发展过程中,需要充分发挥各类主体的作用和力量,形成多元主体的协同合作机制。政府、企业、社会组织等各类主体应当相互支持、合作共赢,形成良好的合作关系和利益共享机制。同时,应该加强信息共享和沟通交流,提高各类主体的合作意识和能力,共同推动县城国土空间结构调整与数字化协同发展。三是应注重城乡一体化发展,打破城乡之间的刚性壁垒,建立城乡融合发展的机制和政策体系。在国土空间结构调整中要注重缓解城市扩张带来的人口和资源环境压力,提升农村地区的基础设施建设水平,促进县城与周边农村地区

的协同发展。四是加强数字化技术在国土空间管理和规划中的应用，提升国土空间管理的精细化水平。通过建立国土空间信息系统，利用遥感、地理信息等技术手段进行数据采集和分析，在国土资源管理、土地利用监管等方面实现数字化管理和决策支持，提高国土空间福祉的提供和服务能力。五是应加强监管和评估机制，确保国土空间结构调整与数字化协同发展的实施效果。建立健全的绩效考核体系，加强对实施过程的监测和评估，即使发现、调整和改进问题。同时，要加强宣传和教育，提高公众对国土空间管理和发展的认识和参与度，形成全社会共同推动国土空间福祉提升的合力。

（二）保障举措

1. 启动国土空间规划立法

改组国家土地管理制度，确保其领导和约束作用，并监测其执行情况，都需要法治规划作出重大努力。体制规划机制的改革需要在对现行法律、法规和条例进行彻底审查和合理化的基础上，制定、修订或废除相关的部门法律、法规和条例，赋予每级空间规划相应的法律地位，并进一步规范编制、批准、实施和修订的程序要求，明确相关的责任规定。为加快建设一个层次清晰、功能明确、运行高效的空间规划体系提供法律依据。

2. 编制国土空间布局框架

保护、发展和利用国土空间和进行高质量保护的总体框架是在国土空间规划发展框架内建立的，国土空间规划结合了生态、文化、经济和社会的多层面特点，利用设计思维确定国土空间布局，培育有吸引力的空间，扩大空间潜在用户的范围，更注重详细的设计，以发展控制为目标，并从网络传播带来的规模经济中获得外部利益。整合土地使用规划现状、分析和结果数据，以便通过"一张图"合并土地使用规划价值评估数据库。数字经济进入空间规划领域的基础是建立一个强大的数据储存库，通过将各种类型的数据纳入空间规划，将数据与空间资源联系起来，并为外部测量空间发展情况奠定基础。"一张图"数据应包括关于土地利用现状、基本地质环境、自然资源调查后续行动、历史和文化遗产、社会经济的数据，以及正在进行的分析和评估数据等基本地理信息，鉴于数字经济的自我扩展特点，数据网络连接的影响呈指数级增长，因此范围广泛的数据库为土地利用提供了前所未有的基本优势。

3. 确立国土空间布局优化技术标准

为不同区域和不同规模的城市空间规划监测要素的价值制定技术标准。正确核算和评估城市空间外部影响的价值是建立一个平台的先决条件，该平台是城市空间规划控制要素的产权交易平台，也是制定空间产权交换制度的科学基础。实现城市空间规划控制要素的价值应以交换价值而不是利用价值为基础，后者的潜在机会成本、负面外部损害和正外部利益难以从单一利用价值方面来评估。因此，在国家不同发展区域和不同规模城市制定空间规划监测要素的技术标准和进行交流价值评估符合国家当前的国土空间现实。

制定奖惩标准，控制城市空间的发展。数字经济为城市空间规划控制管理人员提供了持续监测和事后监测的技术能力，同时为发展行为体提供了一种新的经济形态，即房地产科学和技术及预测短期和长期发展风险的科学基础。为此，对于城市空间规划控制的双方而言，非正常开发、市场环境变化和监管变化将更透明和具有追溯力，在此基础上，为规划控制活动和事件制定激励和威慑标准，对发展行为体机会主义行为的制裁，有助于全面覆盖城市空间规划监测机制和事后监测机制。

4. 健全国土空间发展调查监测体系

空间规划必须以客观和准确的数据来源为基础。建立一个统一的自然资源调查监测系统和一个技术标准系统，以满足自然资源部协调调查责任的要求，提供关于自然资源开发和利用的准确和实时信息，支持国土空间统一规划、有序发展、密集使用、有效保护、综合规划和精确监督。

在数字县城建设管理制度和优化土地空间分配的框架内，土地利用管理制度规定，城市规划界限内的建设必须经过详细规划和规划许可。今后，"小、特、优、精"空间将成为发展单位之间竞争的高潮，也将成为具有数字规模经济的城市发展质量和品牌形象的重要轴心。建议通过高质量的城市设计来规划和引导地区，以确保空间的效益。

建立一个开放的数据更新和共享机制，绘制地图和土地使用图，并积极监督整个城市空间规划监测进程。数字经济中的精细数据不仅在空间上而且在时间上反映出来。通过建立数据更新机制，保持数据的可见性，提升数据的及时性，并促进对整个城市空间规划监测进程的动态监测，从而降低谈判和监测发展及监测的成本；与此同时，建立了一个开放的数据共享机制，以支持在数字经济时代发展新的房地产领域，帮助发展行为体避免发展风险和减少监管阻力。

5. 建立统一的空间规划信息平台

促进土地利用规划数据管理，建立科学的国家土地利用规划数据库，将不同类型的土地利用规划、各级基本地理信息、项目审批信息和土地利用信息结合起来，实施数据共享，同步进行统计评估、提供分析和决策咨询意见，将有助于规范行政审批方面的决策，并有助于形成"一表填报、并联审批、限时办结"新的项目审批机制。

6. 强化空间规划理论储备

中国关于空间规划应用的基础研究远远落后于空间管理的实际过程和客观需要，还存在许多理论和方法上的错误认知。对人类在空间规划中的角色、目的、内容和行动的交互模式，以及它们如何影响市场、公平、海洋、土地的融合、资源环境的保护等问题的了解仍然有限，已经变成中国在空间规划系统中科学重塑的一大难题。因此，有必要将这些领域的知识融合在一起，推动理论探索和技术革新，同时应该设计出符合中国具体情况的空间规划的研究结构和理论框架。

第五章

产业结构转型与数字化协同：
以县城为重要载体的数字产业发展

第一节 产业结构转型与数字化协同的理论框架

一 产业结构转型与数字化协同的发展目标和内在逻辑

（一）产业结构转型与数字化协同的发展目标

"以县城为重要载体的数字产业发展"是县城产业结构转型与数字化协同的发展目标。具体而言，是通过对县城的数字化建设与智慧化改造，不断优化县城产业结构，促进以县城为重要载体的产业结构转型及其与城镇数字化的协同并进，进而实现传统农业向"数字产业"转变。鉴于此，本章将在县城城镇化数字化协同发展背景下，对中国县城产业结构转型与数字化协同的内在逻辑、水平特征与组态路径进行分析，提出推进传统农业向"数字产业"转变的可行建议。

（二）产业结构转型与数字化协同的内在逻辑

产业结构转型是指由于外部环境发生较大变化，产业内部资源配置不合理，其发展遇到多重制约，需要通过要素升级置换、重组要素并提升其素质，重组原有资产与资源，使产业由低附加值向高附加值、由粗放式向集约式、由分散型向集聚型转变，达成良好的经济效益与社会效益，以满足传统产业长远发展的需要。[①] 根据《产业结构调整指导目录

---

① 史丹：《数字经济条件下产业发展趋势的演变》，《中国工业经济》2022 年第 11 期。

第五章 产业结构转型与数字化协同：以县城为重要载体的数字产业发展

(2019年本)》，产业结构转型应以供给侧结构性改革为主线、以构建现代产业体系为目标、以制造业高质量发展为重点。坚持以供给侧结构性改革为主线，通过改革制度供给，优化体制机制，大力激发微观经济主体活力。注重夯实产业基础能力，重点推进产业基础高级化；促进要素协同发展；着力提升产业链水平，推进产业链现代化。重点推动产业链和价值链由低端环节向高端产品、高端要素、高端服务、高端平台等高端环节深化延伸；坚持绿色发展理念；提高服务效率和服务品质，加快发展现代服务业。[1] 由此可见，产业结构转型应综合考虑制度、产业基础、资源禀赋与要素、绿色发展等因素，科学合理地推动供给侧结构性改革、产业体系构建和高质量发展。根据对县城产业结构转型的概念解读，本章中的县城产业结构转型与数字化协同是指，以问题为导向，以运用数字技术推动县城产业结构合理化、产业结构高级化为目标，通过人工智能、5G网络、大数据、物联网等新一代信息技术，实现县城产业要素升级置换、重组和素质提升，生产、销售、服务等环节的数字转型，使县城原有资产与资源重组，促使各种要素配置效率增长的过程。产业结构转型与数字化协同的根本目的在于通过运用现代信息技术实现传统农业向数字产业的转型。

党的十九届五中全会报告指出，加快发展现代产业体系，坚持把发展经济着力点放在实体经济上，坚定不移建设制造强国、质量强国、网络强国、数字中国，推进产业基础高级化、产业链现代化，提高经济质量效益和核心竞争力，推动经济体系优化升级。[2] 突出数字化发展的引领作用，大力发展数字经济，遵循数字产业化和产业数字化两条路径，推动数字经济和实体经济深度融合。发展城镇产业体系是解决中国社会主要矛盾的重要抓手，是社会主义新农村建设的重要路径，也是城乡发展的重大战略性转变，契合了新时代城乡资源要素双向流动的新趋势，补齐了全面实现中国式现代化的乡村短板，有利于从根本上实现传统农业向数字产业转变。当下中国县域经济总体上进入总量跨越、质量提

---

[1] 《新时期产业结构转型升级的重要指引》，国家发展和改革委员会，https://www.ndrc.gov.cn/fggz/cyfz/zcyfz/201911/t20191108_1202519.html。

[2] 《中国共产党第十九届中央委员会第五次全体会议公报》，中国新闻网，https://www.chinanews.com.cn/gn/2020/10-29/9325672.shtml。

升、动能转换的关键发展阶段,新旧交织、破立并存。在这个过程中,以县城为重要载体的数字产业发展在新型城镇化建设上具有巨大潜力和广阔空间。产业结构转型与数字技术是产业结构转型与数字化协同的重要支撑,分别发挥着适配和赋能作用,在交互耦合作用下共同促进以县城为重要载体的数字产业发展,其内在逻辑如图5-1所示。

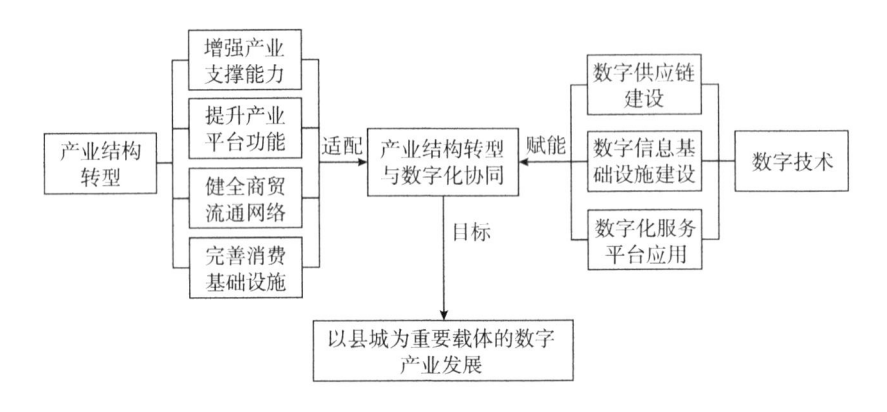

图5-1 产业结构转型与数字化协同的内在逻辑

产业结构转型是县城经济高质量发展的内在动力。从历史进程来看,科技革命是产业结构转型的核心驱动力。在新一轮信息革命下,数字技术正重塑各领域的产业格局,数字技术的应用为农业发展注入新的活力,改变了传统的商业逻辑。互联网应用夯实了信息基础,将传统的"人与信息对话"形式转变为"人与数据对话"形式,并逐步实现"数字与数字对话";数据逐步成为产业发展的核心要素,数字技术增强了数据资源属性。[①] 数字技术爆发式增长,倒逼传统产业数字化转型全面提速。数字技术应用对以县城为载体的农业结构、制造业结构、服务业结构造成多层次、多维度的影响。

在数字经济时代,新兴技术产业将逐步成为产业体系中的主导产业,通过技术扩散、产业关联、系统性融合等效应带动传统产业转型升级,促进产业结构实现合理化、高级化演进。依据边际报酬递减规律,土地、劳动、资本等传统生产要素瓶颈日益明显、驱动能力日趋减弱,

---

① 肖旭、戚聿东:《产业数字化转型的价值维度与理论逻辑》,《改革》2019年第8期。

新一代信息技术创造的数字经济将数据作为重要生产要素，数据具有"高乘数"效应，其低成本性、高效清洁性、可复制性等特点克服了传统生产要素的缺陷。[1]

1. 逻辑起点：产业结构转型与数字技术

依据演化经济学理论，持久的经济优化源于技术与制度的变革、创新和新偏好的形成及新资源的组合方式的创造。为了满足县城城镇化数字化协同的功能作用，县城产业结构应进行相应的转型。县城经济是城乡要素融合的天然载体，其发展质量直接影响着吸纳农业转移人口的质量与能力，推动县城产业结构转型、构筑符合县城自然禀赋的现代化产业体系，是中国经济从高速增长转向高质量发展的必由之路，也是实现县城城镇化的关键环节。[2] 产业结构转型能有效增加农业劳动力报酬，并缩小农业与工业、服务业劳动力报酬的鸿沟，有利于优质劳动力加速向城镇转移，优势特色产业向价值链高端攀升，产品设计、生产装备、销售网络等诸多环节实现技术赋能，产业向园区集聚并享受更便利的服务，产业链向上下游延伸，在延链中强链补链，进而扎实有效推动县城提质升级，保障新型城镇化建设高质量发展。[3]

在数字经济发展浪潮中，县域产业发展正面临前所未有的机遇与挑战，数字技术应用逐渐成为县域产业结构转型的"必选题"。县域经济作为国家经济体系中的重要组成部分，其产业升级对地方经济实现可持续发展至关重要。在县域产业中，由于资源禀赋、历史基础等，传统产业仍占据主导地位，农业、轻工业等往往是县城的支柱产业，随着数字政策的支持与数字化转型大势的到来，传统产业迎来发展契机。国家推出一系列政策支持县域数字经济发展，早在 2014 年，商务部、财政部便实施电子商务进农村综合示范计划，利用数字技术和电商赋能传统产业。2018 年，《中共中央　国务院关于实施乡村振兴的意见》进一步提出大力发展农村电子商务，实施电子商务进农村综合示范县工程。此

---

[1] 陈晓东、杨晓霞：《数字经济发展对产业结构升级的影响——基于灰关联熵与耗散结构理论的研究》，《改革》2021 年第 3 期。
[2] 李波等：《返乡创业如何促进县域产业结构升级——基于政策试点的准自然实验》，《华中农业大学学报》（社会科学版）2023 年第 3 期。
[3] 叶振宇：《以产业转型升级激发县域经济活力》，《人民论坛》2023 年第 20 期。

后，中央一号文件数次提出要将电子商务推向农村。在全面建设社会主义现代化国家新征程中，推进以县城为载体的产业结构转型成为各地的重要任务。当前，县域产业发展面临的窘境：一是受制于自身条件与能力，县域产业整合现有资源的能力不足，无法冲破行业的壁垒和垄断，无法进一步加强与周边地区的交流与合作，传统农业实现数字化转型的任务已较为紧迫；二是在县域产业发展进程中，传统产业与新兴产业间尚存在一定差距，传统产业与数字技术的有效融合尚未跟上新兴产业步伐，这导致县城产业结构较不平衡，传统农业向数字产业发展还存在一定阻碍。当前，中国智慧农业加快普及，智慧制造业快速成长，智慧服务业全面渗透，对产业转型的理解已不再是简单的传统人力、资本、土地等要素的升级，而是通过数字技术的有效融合、数据的商业化发展而表现出新的内涵。

2. 逻辑主线：产业结构转型与数字化协同

在数字技术逐步嵌入产业结构场域的进程中，传统农业利用数字技术积极寻求数字形式的转型，新供给和新生产力通过社会消费新需求实现其产业化、商品化改造。一方面，产业结构转型的必要性是推动产业结构转型与数字化协同的前提条件。在县域产业中，智能化制造、数字化生产等特征不断浮现，数据要素化成为最主要的产业转型内容。在传统的产业结构中，受到生产信息不匹配、销售效率低下、产业分工零散、空间地理局限等客观因素的束缚，产业结构转型面临转型动力不足、转型形式缺乏的尴尬局面，无法切实有效地支撑县城现代化产业体系发展，最终的新型城镇化建设效果也难以保证。通过采用各类数字技术及工具，不仅能够有效降低生产成本，提高资源利用效率，也能打破生产互动的经济可行性与技术可达性，特别是产业逻辑形态形成深层次变革，产业组织分工大幅拓展，进而更好适应新型城镇化建设需要。具体来看，产业结构转型通过增强县城产业支撑能力、提升产业平台功能、健全商贸流通网络、完善消费基础设施，实现其与数字化的有效协同。① 在产业结构转型进程中，重点发展带动农业农村能力强、比较优

---

① 《中办国办印发〈关于推进以县城为重要载体的城镇化建设的意见〉》，《人民日报》2022年5月7日第1版。

势明显、就业容量大的产业，统筹培育本地产业并承接外部产业，以数字技术的多元化应用实现技术集成、农资供应、农产品营销等农业生产性服务业转型。依托各类开发区、数字园区、产业集聚区等平台，引导县城数字产业发展，依据需要配置公共配套设施，健全共性技术研发仪器设备、质量基础设备、通用基础制造装备。县城专业市场与物流中心的建设，打造出农产品和工业品分拨中转地，以及具备集散分拨、运输仓储等功能的数字化物流配送中心，可有效改善农贸市场经营条件。围绕居民消费升级需求与产业转型升级，县城信息基础设施环境和消费环境不断完善，配套电子商务硬件设施及软件系统更全面。另一方面，数字技术赋能是推动产业结构转型与数字化协同的重要途径。通过数字供应链建设、数字信息基础设施发展和数字化服务平台应用，大力推进产业数字化转型。[①] 具体来看，县域数字化建设将协同推进数据要素供应链化和供应链要素数据化，形成数字供应链并以此形成数字生态圈。5G 网络规模部署和商业应用不断深化，社区、商场等重点区域配套网络设施持续优化，覆盖程度日益加深，骨干网、城域网扩容，交通、物流等重点领域物联感知设施逐步部署为产业发展奠定公共服务基础。产业数字化转型服务平台的建立，将培育农业、制造业与服务业的智能应用场景，促进企业"上云用数赋智"，实现智能化改造与产业结构转型协同发展。

3. 逻辑终点：以县城为重要载体的数字产业发展

在新发展阶段，县城产业结构转型与新型城镇化的内在关联是在城乡产业分工演进中形成的，在县城城镇化数字化协同发展进程中，通过推动农业现代化、制造业、服务业向城镇集聚，形成城镇主导产业体系，传统农业部门的生产资料与产品的主要销售市场无法形成农村内部循环，而是依赖城镇非农业部门，加速推动新型城镇化提质升级。同时，城镇化发展形成的规模效应与集聚效应，通过自身市场需求、产业规模和城市结构逐步完善，增强对农村经济的辐射力度，为产业结构转

[①] 《国家发展改革委办公厅关于加快落实新型城镇化建设补短板强弱项工作有序推进县城智慧化改造的通知》，中国政府网，https://www.gov.cn/zhengce/zhengceku/2020-07/29/content_5530869.htm。

型提供物质与技术人才保障。[①] 在数字县城的建设中,数字产业培养是核心要义之一。其原因主要有以下两点:一是数字县城建设的驱动力形成需要传统农业打破原有空间布局、要素匹配、生产方式、服务效率等因素的限制,以全新的内在作用机制实现生产力与生产关系矛盾的进一步演变,实现产业结构的优化与调整;二是产业自身实现数字化转型是经济主体应对市场"部分出清"的主动性应变,使产业潜在的增强空间得以激发,其"存量"与"流量"持续扩大,资源扭曲与错配状况减少,真正成为数字县城建设的重要支撑,使数字县城建设更具开放性、高效性,进而促进传统农业向数字产业转变。

二 产业结构转型与数字化协同的理论基础

(一)产业共生理论

1879年,德贝里(Anton de Bary)首先提出"共生"的概念,共生是不同的生物种类通过某种互利机制有机组合在一起,从而实现共同生存和发展。[②] 此后,经过保罗布克纳、范明特和Ahmadjian的不断发展完善,"共生"被定义为不同种属按某种物质联系在一起,形成协同进化、共同生存的关系。20世纪50年代后,"共生"研究范式由生物学领域延伸到社会科学领域,包括哲学、管理学、经济学等学科。在国内,袁纯清于1998年首先将共生理论引入经济学研究中,从共生密度、共生界面、共生组织模式、共生行为模式四个方面总结共生特征。[③] 产业共生理论是共生理论与产业经济理论相结合的产物,进一步拓展了经济学领域研究的新方法和新思路。

产业经济学范围内的产业共生是指因同类或异类资源互补,产业内共生单元之间形成的共生系统。此共生系统可促进各产业之间直接或间接、横向或纵向的资源配置效率改进,产业共生关系产生的内因是产业之间的交融性、产业链上下游的连续性,外因则是产业共生关系带来的

[①] 冯丹萌、孙鸣凤:《国际视角下协调推进新型城镇化与乡村振兴的思考》,《城市发展研究》2020年第8期。

[②] Bary A. D., *Die Erscheinung der Symbiose*, Strassburg: Verlag von Karl J. Trübner, 1879.

[③] 袁纯清:《共生理论及其对小型经济的应用研究(下)》,《改革》1998年第3期。

第五章 | 产业结构转型与数字化协同：以县城为重要载体的数字产业发展

价值增值。[①] 共生单元之间不仅存在实物资源的交换，更重要的是存在技术、知识和信息之间的交流，共生目标是共生主体提升价值创造能力、获得长期利益目标，具有协同性、互动性、融合性的特征。其中，协同性是指在产业共生中实现质量与数量双层次协调，质量协调强调以最优共生手段实现产业个体发展能力，数量协调强调产业供需上的协调。[②] 互动性是指通过共生单元间的物质交换，产业间会形成不对称的偏利型利益分配。不同发展阶段的产业互动形成差异性互动关系。融合性是指共生单元间通过产品的供需、技术的互补、业务模块的组合等形成新的部门的过程。

就共生行为模式来讲，共生可分为竞争共生、合作共生、竞合共生三种。合作共生包括寄生、偏利共生、非对称互惠共生、对称互惠共生，较理想的共生模式应该是以非对称互惠共生和对称互惠共生为代表的互惠共生类型。[③] 在互惠共生类型中，共生单元之间是近乎平等的关系，信息、能量、物质在共生单元之间循环流动，共生单元各取所需，系统内部实现共赢。因此，互惠共生是共生系统中最稳定的共生模式。

通过对上述内容的梳理总结，针对产业结构转型与数字化单方或双方研究，学术界基于不同研究视角，研究成果差异较大。这说明两者之间的协同是一个复杂的系统工程，需要更高层面的分析。产业共生理论是研究共生单元之间物质交流、信息传递及合作共生的环境与模式，对产业结构转型与数字化相互关系具有良好的适用性与兼容性，能够系统、全面、有序梳理两者之间的内在联系及作用影响。共生理论在产业发展及作用机制方面已有广泛应用，不过就课题设计的产业结构转型与数字化协同方便的共生理论尚属少见。将共生理论运用到产业结构转型与数字化相互协同的影响分析，具有很强的理论意义与实践意义。产业

---

① 胡海、庄天慧：《共生理论视域下农村产业融合发展：共生机制、现实困境与推进策略》，《农业经济问题》2020年第8期。
② Felicio M. et al., "Industrial Symbiosis Indicators to Manage Eco-industrial Parks as Dynamic Systems", *Journal of Cleaner Production*, Vol. 118, No. Apr. 1, 2016, pp. 54–64.
③ Stéphanie M., Waelbroeck P., "The Nature of Innovation and the Origin of Technological Spillovers: An Econometric Analysis on Individual French Data", *SSRN Electronic Journal*, Vol. 46, No. 3, 2003, pp. 87–106.

发展目标是产业结构优化，数字化应依托产业生产产出效益价值。本章以梳理二者相互影响为基础，引入共生理论分析二者的共生关系。一是研究单元适用性。数字化建设背景下的县城产业结构转型具有较强的现势性和动态性，农业、制造业、服务业均需要实现数字化改造，同时数字产业化发展为产业新支撑，二者具有较高的切合性与一致性。二者协同是以县城为载体的新型城镇化建设的趋势所在，是经济高质量发展进程中实现共荣、共存的异质共识。二是研究目标适用性。随着新一代信息革命的到来，以县城为载体的产业比较优势发生重大变化，数字化进程下的产业结构转型正加速演进，从失衡走向优化是县城产业结构转型最重要的特征。"十四五"规划纲要提到，中国将把数字经济转型作为未来10年的关键机会窗口，经济转型的核心部件是数字经济，县城产业数字化转型是提升国家竞争力的关键所在。产业高质量发展的一系列目标要求与共生理论导向的最高层次"对称互惠共生"不谋而合，以数字产业化、产业数字化为导向是构筑数字化与产业结构转型协同格局的实践体现。因此，共生理论对二者关系的应用具有较强的契合性。三是研究范围适用性。在县城产业结构转型与数字化之间，产业结构差异化特征、数据可获取性等原因，导致已有研究大多以实践性为导向，研究范围大多集中于省域和市域层面，以县域为对象的研究尚不充分，包需理论基础来支持实现县城产业高质量发展的实践工作。

（二）演化经济学理论

"演化"概念最早出现在生物学领域，之后学者从社会学、系统论、过程论角度对演化进行了进一步的定义。制度经济学派创始人凡勃仑（Thorstein B. Veblen）最早提出"演化经济"一词。[1] 此后，演化经济学逐渐成为现代西方经济学中最重要的分支学派之一，是研究经济现象、市场过程及产业竞争的学科，演化经济学认为经济现象背后的根本力量是技术变迁及创新，以技术创新与变迁为核心研究对象，从动态理念出发分析经济系统的发展。由于演化概念本身的多样性与模糊性，演化在经济学方面的应用思想尚不统一，其定义至今仍未达成一致，但可

---

[1] Thorstein B. V., *The Theory of the Leisure Class: An Economic Study in the Evolution of Institutions*, New York: Macmillan Corporation, 1899.

第五章 产业结构转型与数字化协同：以县城为重要载体的数字产业发展

以确定演化有方面含义：一方面仅指哲学意义上的向前发展和持续演变，另一方面是指事物由简单到复杂、由低级到高级、由不完善到完善的运行过程。[1] 系统演化的研究内容包括两个方面，一是研究变化过程，二是研究变化的规律性及动因。大多数西方经济学家将演化用于市场变迁、制度完善、产业发展的研究中，推动演化经济学的实践走向成熟。[2] 演化经济学拒绝了理性人、经济均衡和利润最大化的基本假设，坚持从动态的、演化的角度分析经济社会发展，核心内涵包括三大特征：多样性、演化性、有限理性。

演化经济学的分析框架具备三个特征：一是演化是解释系统如何及为何达到目前这一状态的演化过程；二是演变在相对较长时间内有清晰的轨迹或模式，具有一定的惯性；三是系统的演化结果具有不确定性和因果性。演化经济学认为，自然生态系统的进化模式与创新活动的演化有着类似的方面，是从简单到复杂、从低级到高级的运行过程，此过程体现在遗传、变异、选择三个方面。创新系统演化中的遗传是指创新演化过程中对已有的创新的知识的汲取，知识、数据、方法、信息都是创新活动的"基因"，创新系统的共享数据库及外溢效应有利于后代汲取前代的创新"基因"。首先，变异可以增加创新"基因"突变的频率和范围，通过循环往复维持系统的生态性，丰富系统的信息含量。其次，变异具有随机性特性，可以保障创新的多样性，在各类产业领域发挥作用。变异产生范围的非限定性增加了变异的多样性。选择是创新活动和系统演化的重要影响因素。创新系统的演化方向受市场选择影响，选择行为是系统中共生机制与创新活动的表现形式，市场机制可以在综合考虑各种因素后，依据效用最大化而作出选择。演化经济学是从动态、演化的角度分析经济变迁的重要理论，强调事物随着时间推移而不断产生变化，对研究产业结构转型与数字化协同演化过程有极强的适应性。

---

[1] Volberda H. W. and Lewin A. Y., "Co-evolutionary Dynamics within and between Firms: From Evolution to Co-evolution", *Journal of Management Studies*, Vol. 40, No. 8, 2010, pp. 2111-2136.

[2] 张林、周济民：《对资本主义本质的非正统经济学解读——评杰弗里·霍奇森〈资本主义的本质：制度、演化和未来〉》，《政治经济学评论》2019年第4期。

演化经济学是一门研究"变化"的学科。农业、制造业与服务业的数字化转型的一系列活动都是逐步演化的过程,数字化转型过程中,知识的扩散、新技术的应用、信息的传播与推广、数字环境等都是随着时间推移不断变化的。以县城为载体的产业结构转型与数字化协同本身就是一个动态演变的过程。运用演化经济学理论,能够对产业结构转型与数字化协同的本质与内涵进行定性、定量研究,为其内生性本质提供理论基础。一是研究内容的适用性。演化经济学为县城产业结构转型与数字化协同提供了新的研究理论框架,依托演化经济学理论,本章将产业结构转型与数字化协同视作一个持续演化发展的过程。任何系统的形态从形成到发展、从线性模式转变为非线性模式都与外界环境密切相关,产业自身的结构与数字技术的演化成为二者协同的内源力。在县城产业结构转型与数字化协同过程中,农户生产、销售的新业态、新模式不断出现,从县城产业自组织视角来看,产业结构逐步从非线性关系转变为线性关系,整体向新稳态转变。二是研究目标的适用性。演化经济学是研究经济变迁的理论,它认为持久的经济变化源于技术与制度的变革和创新、新偏好的形成及新资源的组合方式的创造,即经济变化取决于变革和创新。随着以县城为载体的产业结构转型与数字化协同演化的开始,产业运行状态会发生变化,县城的信息与资源是协同的基本要素,协同的本质是信息与资源的交换及利用效率提升的过程,在二者交互依托的背景下,各主体有效共生并整合创新资源,逐步适应内外部环境。以县城为载体的产业结构转型与数字化是如何协同的,蕴含着生物进化的特征,二者协同直观体现于产业结构优化与产业转型升级中,最终实现数字产业新形态。

三 产业结构转型与数字化协同的分析框架

本章以技术—组织环境(technology - organization - environment,TOE)理论分析框架为基础,TOE 框架是由 Tornatzky 和 Fleischer 在 1990 年的《技术创新的过程》一书中首次提出的。[①] TOE 是一个高度系统化和可操作性的框架,它不仅系统地考虑了技术因素,还考虑了组

---

① Tornatzky L. G. et al., *Processes of Technological Innovation*, London: Lexington Books, 1990.

织内部和外部因素，然而 TOE 作为一般性的分类框架，对不同来源的影响因素没有指定变量。此外，通过对技术层面因素的考虑，TOE 框架具有适应性和解释力，因此相应的决定因素可以灵活地适应具体的研究课题。

针对本章的研究对象，县域产业结构转型与数字化协同的进程，包括利用数字技术条件推动产业结构优化与产业转型升级，除受到技术、环境方面的影响外，也在较大程度上受到区域数字经济发展水平的影响，而组织结构以中国行政体制建设为基础，本章认为组织条件对县域产业结构转型与数字化协同产生的作用较小。因此，本章采用"技术赋能—数字经济—环境支撑"分析框架，研究影响产业结构转型与数字化协同的因素。技术赋能维度包括信息基础设施、数字技术应用，数字经济维度包括产业数字化和数字产业化，环境支撑维度包括上级政府压力和县域经济发展水平。本章的分析框架如图 5-2 所示。

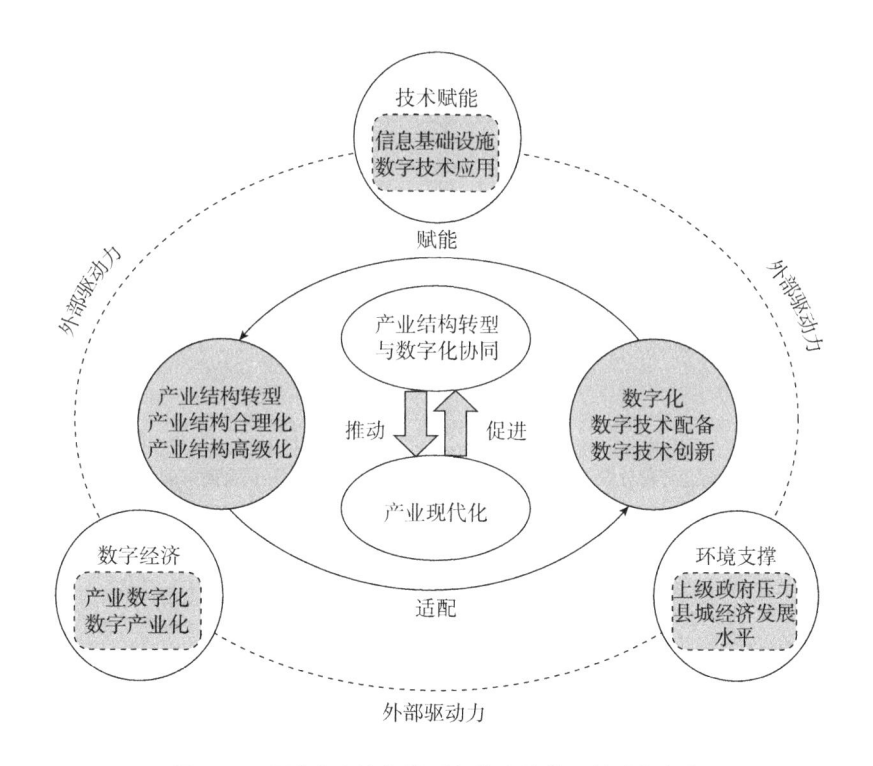

图 5-2 县城产业结构转型与数字化协同的分析框架

第二节 产业结构转型与数字化协同水平测度与组态分析

一 研究方法与样本选择

(一) 研究方法

本章采用模糊集定性比较分析方法(fsQCA)进行研究,fsQCA是一种以案例研究为导向的理论集合研究方法,依据的核心逻辑是集合论思想,从集合论的角度观测条件和结果的关系,并利用布尔代数算法形式化分析问题的逻辑过程,强调通过实证资料与相关理论相结合的方式,从小样本数据中建构出研究议题的因果性关系。该方法具有两个显著特征。其一,基于布尔逻辑探寻原因组合路径。将变量做两分处理,在分为条件变量和结果变量的基础上,将其条件出现或不出现分别取值1或0;用"+"表示或的关系,用"*"表示和的关系,用"="及"→"表示推导出。其二,面向多因诱致的复杂社会问题。对"复杂性"的界定暗含两种情境:一是"复杂性",体现在针对同一结果的产生,有可能是由多种条件组合导致的;二是"复杂性",体现在对因果关系的非线性理解上,fsQCA认为条件对结果的效应是相互依赖的,因果关系是复杂且可替代的。

对于该方法的具体操作程序,现有研究已有较为详细的介绍,并归纳出九个关键步骤,如图5-3所示。

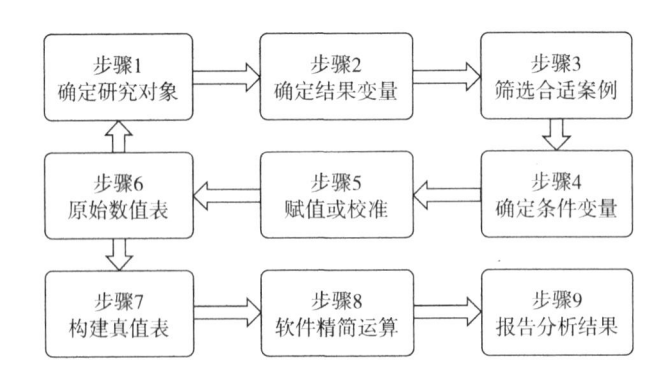

图 5-3 fsQCA 操作过程

（二）样本选择

QCA的样本选择需要注意以下几个方面。一是选择原则。案例的选取是根据理论构建和实践的需求完成的，而非随机选取。二是选择数量。样本案例的数量选择需要尽可能覆盖所有情况，但是无法强求一定实现样本的全覆盖。三是QCA方法在案例选择上需要遵循案例总体的充分同质性和案例总体内的最大异质性。[①] 一般而言，在中等样本（10—40个案例）分析中，通常选择4—6个条件变量进行分析。[②]

鉴于数据可得性，本章以《县城城镇化数字化协同发展案例数据资料库》为基础，在删除数据缺失较多的县（县级市）后，最终保留其中的东部、中部、西部和东北地区31个县及县级市作为研究样本，符合案例总体的充分同质性标准。本章结合QCA方法在研究领域所确定样本数量的一般原则，东部、中部、西部和东北地区县城经济发展状况和社会环境有较大差异，导致产业结构转型和数字化协同水平参差不齐，能够满足案例总体内的异质性分析要求。样本县的区域分布如表5-1所示。

表5-1　　　　　　　　　样本县的区域分布

东部	中部	西部	东北
河北省唐山市滦南县、河北省保定市博野县、山东省潍坊市昌乐县、山东省济宁市嘉祥县、江苏省徐州市丰县、浙江省温州市苍南县	山西省朔州市怀仁市、安徽省六安市霍山县、安徽省六安市金寨县、安徽省滁州市定远县、安徽省阜阳市太和县、江西省上饶市婺源县、江西省抚州市南丰县、河南省灵宝市、河南省济源市、湖北省荆州市洪湖市、湖南省长沙市长沙县、湖南省郴州市永兴县	云南省红河哈尼族彝族自治州蒙自市、云南省红河哈尼族彝族自治州弥勒市、贵州省黔东南苗族侗族自治州凯里市、四川省阿坝藏族羌族自治州汶川县、宁夏回族自治区银川市永宁县、新疆维吾尔自治区昌吉回族自治州昌吉市、青海省海南藏族自治州贵德县、青海省海西蒙古族藏族自治州格尔木市、广西壮族自治区柳州市鹿寨县	黑龙江省大庆市肇源县、吉林省白山市抚松县、黑龙江省绥化市安达市、辽宁省沈阳市新民市

资料来源：笔者根据相关资料整理。

[①] ［比］伯努瓦·里豪克斯、［美］查尔斯·C.拉金编著：《QCA设计原理与应用：超越定性与定量研究的新方法》杜运周等译，机械工业出版社2017年版，第21页。

[②] 卓越、罗敏：《基层政府组织持续创新：关键因素和组合路径——基于14个政府部门创新台胞台企集成环境的定性比较分析》，《中南大学学报》（社会科学版）2022年第1期。

二 数据收集与变量测度

(一) 数据收集

依据 TOE 理论分析框架与模糊集定性比较分析方法,本章选取的变量如表 5-2 所示。本章将条件变量划分为技术赋能、数字经济及环境支撑三个维度。结果变量采用产业结构转型与数字化耦合协同度衡量。相关数据来源于《国民经济和社会发展统计公报》、北京大学新农村发展研究院发布的《县域数字乡村指数(2020)》、中国工业互联网研究院发布的《中国工业互联网产业经济发展白皮书(2022年)》和各县所在城市的统计年鉴,部分缺失数据采用插补法补齐。其中,受数据可获取性的影响,工业互联网平台应用普及度的赋值主要依据《工业互联网平台应用数据地图(2021)》中样本县所在省份层级分布进行赋值,即小于 500 亿元,赋值为 1;500 亿—1000 亿元,赋值为 2;1000 亿—2000 亿元,赋值为 3;2000 亿—4000 亿元,赋值为 4;大于 4000 亿元,赋值为 5。

表 5-2　县城产业结构转型与数字化协同发展变量

变量类型	变量名称		变量定义	数据来源
结果变量	产业结构转型与数字化协同指数		产业结构转型与数字化耦合协同度	通过耦合协同度模型测算所得
条件变量	技术赋能	信息基础设施	县城互联网宽带接入用户数量(万户)	《2020年中国县城建设统计年鉴》、县统计局
		数字技术应用	县域每万人中的电商数(家)	
	数字经济	产业数字化	农业数字化	农业农村信息化发展水平(%)	《2020年中国县城建设统计年鉴》
			工业数字化	工业互联网平台应用普及度	《中国工业互联网产业经济发展白皮书(2022年)》
			服务业数字化	电商服务站行政村覆盖率(%)	《2020年中国县城建设统计年鉴》

第五章 │ 产业结构转型与数字化协同：以县城为重要载体的数字产业发展

续表

变量类型	变量名称	变量定义		数据来源
条件变量	数字经济 数字产业化*	电信业	电信业务总量（亿元）	《2020年中国县城建设统计年鉴》、县统计局
		电子信息制造业	电子信息制造业产值（亿元）	
		软件和信息技术服务业	软件业务收入（万元）	
	环境支撑	上级政府压力	上级政府出台的关于产业数字化建设的政策文件（个）	政府官网查找或网页搜索、县统计局
		县城经济发展水平	县城人均GDP（万元）	

注：*指标分类参照中国信息通信研究院发布的《中国数字经济发展与就业白皮书（2019年）》、国家工业信息安全发展研究中心编制的《全国数字经济发展指数（2021）》报告，并结合部分省份关于数字产业化指标的分类进行。

1. 条件变量

（1）技术赋能。技术赋能包括信息基础设施和数字技术应用两个子因素。选取信息基础设施的原因在于：县城的信息基础设施是实现产业数字化转型的根基，新一代信息技术集成迭代是信息基础设施建设的核心特征。[①] 一是物联网、人工智能、大数据、5G网络等新一代信息技术在产业发展中的运用存在一定的技术门槛，信息基础设施能够显著突破实现产业结构转型与数字化协同所需的技术壁垒，加快显隐性知识的生产和数据要素的流动速率。二是信息基础设施作为县域底层通用技术，提升其建设水平，将使县域经济系统网络链接节点呈现无标度网络特征，使产业各主体能够以更高的效率形成并实现新一代信息技术的转换。[②] 三是信息基础设施建设能够克服要素流动面临的空间、时间约

[①] 钞小静、薛志欣：《新型信息基础设施对中国经济韧性的影响——来自中国城市的经验证据》，《经济学动态》2023年第8期。

[②] Fan R. et al., "Study on the Optimal Supervision Strategy of Government Low-carbon Subsidy and the Corresponding Efficiency and Stability in the Small-world Network Context", Journal of Cleaner Production, Vol. 168, No. Dec. 1, 2017, pp. 536-550.

束，要素由地理空间集聚向虚拟网络集聚转变，加速数据、人才、资本等要素以网络形式进行传输与共享，使原有的要素作用进一步强化，提升各要素之间的匹配能力与响应度。本章采用县城互联网宽带接入用户数量衡量信息基础设施状况。选取数字技术应用的原因在于：数字技术应用能力是将数字技术转化为现实绩效的重要体现，反映数字资源的综合利用效率。在数字经济时代，数据成为主要的生产要素之一，产业内部组织管理决策、运营流程、信息交互等方面均会发生相应的变化。① 一是数字技术应用有利于产业链主体通过对海量数据进行整理与分析，实现从信息发展向价值创造的转变，基于数字技术的渗透，产业资源与信息实现高效共享，管理成本显著下降。② 二是数字技术应用有利于提高政府服务水平与政务处理效率，实现协同办公、信息共享及数据互通。实现产业结构转型与数字化协同离不开数字政府的构建，复杂性管理需要政府充分利用信息技术开展多部门合作，将各部门信息力量融合。有效的技术应用将有助于扫除各部门间的行政障碍，建立县域政府由上至下反应迅速、高效协调的联动机制。本章采用县城每万人中的电商数来衡量数字技术应用水平。

（2）数字经济。数字经济包括产业数字化和数字产业化。本章从数字经济中的产业数字化与数字产业化两方面进行分析，其中产业数字化包括农业数字化、制造业数字化与服务业数字化。产业数字化是指应用数据资源和数字技术为传统产业带来产出增加和效率提升，是数字技术与实体经济的融合。③ 在内生经济增长模型中，技术是内生生产要素，技术进步会带来边际生产率递增，进而为产业发展提供长久的动力源。在数据资源和数字技术推动下，传统产业资源配置效率提升，生产可能性曲线扩张，边际产出效应进一步增强，传统农业突破传统经济模式及经济形态，催生产业新组织、新管理、新业态，进而实现产业结构

---

① 陈国青等：《大数据环境下的决策范式转变与使能创新》，《管理世界》2020年第2期。
② 刘业政等：《大数据的价值发现：4C模型》，《管理世界》2020年第2期。
③ 国家统计局：《数字经济及其核心产业统计分类（2021）》（国家统计局令第33号），2021年。

第五章 产业结构转型与数字化协同：以县城为重要载体的数字产业发展

转型与数字化协同。① 数字产业化选取电信业、电子信息制造业、软件和信息技术服务业为分析对象，衡量以县城为组织载体的数字支撑能力。选取数字产业化的原因在于：基于数字技术带来的数字产业化为传统产业数字化转型提供支撑，带动传统农业提质增效。数字产业化既是传统农业数字技术创新的过程，也是数字商业创新的过程，数字产业化是技术创新与商业创新互动的结果，技术创新是数据价值释放的重要根基，商业创新为数据市场化发展开拓途径，数字基础催生出县域数字产业，传统农业获取更好的数字技术，并实现传统商业模式创新，有力推动传统农业转型升级。

（3）环境支撑。环境支撑包括上级政府压力、县城经济发展水平。其中上级政府压力是内部环境因素，县城经济发展水平是外部因素。选取上级政府压力的原因在于：近年来，中国正加快建设服务型政府，县域事务繁杂，受到地理位置、人口构成、社会结构等多重因素的影响，产业的利益考量往往截然不同，因此县域的社会治理是一个复杂的协调过程。一是在中国政府体系中，上级政府将压力层层转接给下级，直至县域政府、镇政府。上级政府根据政治局势和国情变化，借助自身法定的检查监督权利，根据县域政府的执行情况给予奖惩，县域政府依据法定职责遵守上级指示。二是考核评估作为执行层政府完成上级交办任务的最后环节，任务完成情况不仅关系到获得上级政府信任度的高低，更关系到当地政治福利，因此，任务考核评估成为衡量基层政府绩效的重要依据，上级政府的压力越大，采取行动便越频繁，为了向上级政府呈现最优成效，以表明任务在执行过程中基层政府策略的合理性、科学性和合法性，县域政府会在对照"标准化公式"的基础上，审时度势，主动采取更灵活高效的措施来完成任务，并来应对上级行政部门的考核。本章采用上级政府出台的关于产业数字化建设的政策文件对上级政府压力进行衡量。② 选取县城经济发展水平的原因在于县城经济发展水平是有效实行上级命令、构建多元数字经济发展规划的重要动力。一方

---

① 祝合良、王春娟：《"双循环"新发展格局战略背景下产业数字化转型：理论与对策》，《财贸经济》2021年第3期。

② 曹慧琴、张廷君：《城市政府数据开放平台发展的影响因素及提升建议》，《城市问题》2020年第12期。

面，县城经济发展水平较高意味着县城更具有实现产业结构转型与数字化协同的动机，以实现经济高水平向高质量发展的转变并维持县域产业竞争力。另一方面，县城高经济发展水平可以扩大农业消费市场、提高农业消费水平，县域消费水平提高会增加相应农产品及其加工产品的需求，进而引导人力、资本、数字等要素向县域农业集聚。本章采用县城人均 GDP 衡量县城经济发展水平。

2. 结果变量

本节的结果变量为产业结构转型与数字化协同指数。本章采用耦合协同度测度产业结构转型与数字化协同指数。耦合协同度模型根据物理学中容量耦合概念和系数模型推广得到。结果变量选取如表 5-3 所示。其中，产业结构转型水平采用产业结构合理化与产业结构高级化衡量，数字化水平采用数字技术配备与数字技术创新衡量。

表 5-3　县城产业结构转型与数字化耦合协同度测算指标

指标名称	指标测量		指标定义	数据来源
产业结构转型与数字化耦合协同度	产业结构转型水平（U_1）	产业结构合理化	产业结构合理化指数	《2020 年中国县城建设统计年鉴》、县统计局
		产业结构高级化	地区第三产业产值与第二产业产值之比（%）	
	数字化水平（U_2）	数字技术配备	每万人拥有 5G 基站数量（个）	
		数字技术创新	每万人有效发明专利拥有量（个）	

（二）变量测度

本章采用耦合协同度模型测度产业结构转型与数字化协同指数，如式（5-1）所示：

$$\begin{cases} C = \sqrt{U_1 \times U_2}/(U_1+U_2) \\ T = \alpha U_1 + \beta U_2 \\ D = \sqrt{C \times T} \end{cases} \quad (5\text{-}1)$$

式中：U_1、U_2 分别为产业结构转型子系统发展水平指数和数字化子系统发展水平指数；C 为二者耦合度，取值区间为 [0, 1]，数值越大表明子系统耦合程度越好；T 为两个子系统综合发展度，反映不同子系统对协调度的贡献；α、β 为待估计系数，且 $\alpha+\beta=1$，考虑产业结构转型子系统与数字化子系统所处地位相当，将参数设定为 $\alpha=0.5$、$\beta=0.5$；D 为产业结构转型与数字化耦合协同度，D 越大，表明二者协同程度越好。

本章借鉴已有研究，[①] 采用泰尔指数衡量产业结构合理化程度。具体见式（5-2）：

$$TL = \sum_{i=1}^{N} \frac{Y_i}{Y} \ln\left(\frac{Y_i}{L_i} \bigg/ \frac{Y}{L}\right), \quad i = 1, 2, 3 \tag{5-2}$$

式中：Y 为区域总产值；Y_i 为第 i 个产业产值；L_i 为第 i 个产业就业人数；L 为区域总就业人数；Y_i/Y 为产出结构；Y/L 为生产率，当经济均衡时，$Y_i/Y = Y/L$，$TL = 0$，TL 越大，表明产业结构越不合理，经济越偏离均衡状态。

对产业数字化、数字产业化的评价，使用变异系数—TOPSIS 法。首先采用变异系数法确定指标权重，该方法根据评价指标当前值与目标值的变异程度进行赋权。TOPSIS 法根据距离原理解决多目标决策分析问题，通过数据测算正负理想解，采用离正理想解更近而离负理想解更远的值测算相对贴近度，以贴近度进行优劣排序。变异系数法步骤如下。

步骤 1　分别计算各评价指标的平均值 $\overline{x_j}$ 和标准差 σ_j：

$$\overline{x_j} = \frac{1}{31} \sum_{i=1}^{31} x_{ij}, \quad j = 1, 2, 3 \tag{5-3}$$

$$\sigma_j = \sqrt{\frac{1}{31} \sum_{i=1}^{31} (x_{ij} - \overline{x_j})^2}, \quad j = 1, 2, 3 \tag{5-4}$$

步骤 2　计算各指标的变异系数：

$$CV_j = \frac{\sigma_j}{\overline{x_j}} \tag{5-5}$$

步骤 3　归一化变异系数后，测算指标权数：

$$\omega_j = \frac{CV_j}{\sum_{j=1}^{m} CV_j} \tag{5-6}$$

[①] 干春晖等：《中国产业结构变迁对经济增长和波动的影响》，《经济研究》2011 年第 5 期。

TOPSIS法步骤如下。

步骤1 采用极差标准化法，对数据进行规范化处理。设 c_{ij} 为第 i 个县城第 j 个指标标准化处理结果，由于本章的指标均为正向指标，仅采用正向指标标准化计算式，计算得出标准化矩阵 $\boldsymbol{a}=(x_{ij})_{31\times3}$，计算公式：

$$c_{ij}=[x_{ij}-\min(x_j)]/[\max(x_j)-\min(x_j)] \tag{5-7}$$

步骤2 依据测算的指标权重，得到赋权后的规范化决策矩阵（$\boldsymbol{T}$），计算公式：

$$\boldsymbol{T}=\boldsymbol{\omega}\cdot\boldsymbol{a}=[z_{ij}]_{31\times3} \tag{5-8}$$

式中，$\boldsymbol{a}$ 为规范化矩阵；$\boldsymbol{\omega}$ 为根据熵权法测算权重构建的权重向量。

步骤3 分别确定各指标的正理想解（Z^+）、负理想解（Z^-）：

$$Z^+=(z_1^+,z_2^+,z_3^+)=\left\{\max_i Z_{ij},j=1,2,3\right\}$$

$$Z^-=(z_1^-,z_2^-,z_3^+)=\left\{\min_i Z_{ij},j=1,2,3\right\} \tag{5-9}$$

步骤4 计算各评价指标与正理想解（Z_j^+）和负理想解（Z_j^-）的欧氏距离，计算公式：

$$e_i^+=\sqrt{\sum_{j=1}^{3}(z_{ij}-z_j^+)^2}$$

$$e_i^-=\sqrt{\sum_{j=1}^{3}(z_{ij}-z_j^-)^2} \tag{5-10}$$

步骤5 计算评估对象的相对贴进度：

$$F_i=e_i^-/(e_i^++e_i^-) \tag{5-11}$$

式中：$0\leq F_i\leq1$，F_i 值越大，代表地区产业数字化、数字产业化发展水平越高；反之越低。z_i 越靠近正理想解，F_i 越接近1；z_i 越靠近负理想解，F_i 越接近0。

三 数据分析与实证结果

（一）数据分析

变量的描述性统计结果如表5-4所示，包括观测数、均值、标准差、最小值和最大值，为本章的研究奠定了重要基础。

表 5-4　　　　　　　　　变量的描述性统计结果

变量	观测数（个）	均值	标准差	最小值	最大值
县城互联网宽带接入用户数量（万户）	31	12.690	16.983	1.830	85.000
县域每万人中的电商数（家）	31	8.368	12.364	0.273	48.560
农业农村信息化发展水平（%）	31	6.769	8.579	17.760	56.500
工业互联网平台应用普及度	31	0.920	1.074	1.000	5.000
电商服务站行政村覆盖率（%）	31	14.354	18.964	29.000	100.000
电信业务总量（亿元）	31	6.399	8.409	2.200	37.730
电子信息制造业产值（亿元）	31	77.644	154.408	1.640	800.000
软件业务收入（万元）	31	39.722	86.930	2.200	485.500
上级政府出台的关于产业数字化建设的政策文件（个）	31	36.464	44.776	1.000	153.000
县城人均GDP（万元）	31	22524.114	29163.922	20030.000	151000.000
产业结构合理化指数	31	0.149	0.175	0.005	0.591
地区第三产业产值与第二产业产值之比（%）	31	145.852	82.006	33.900	406.500
每万人拥有5G基站数量（个）	31	9.141	11.220	0.186	45.185
每万人有效发明专利拥有量（个）	31	4.790	9.223	0.490	51.980

（二）实证结果

1. 耦合协同度测算结果

本章将产业结构转型设定为子系统 U_1，将数字化设定为子系统 U_2。将产业结构合理化与产业结构高级化测度结果线性加总得到产业结构转型子系统评分，将数字技术配备与数字技术创新测度结果线性加总得到数字化子系统评分。具体测算结果如表5-5所示。

表 5-5 县城产业结构转型和数字化耦合协同度测算结果

地区		产业结构转型子系统	数字化子系统	耦合协同度	地区		产业结构转型子系统	数字化子系统	耦合协同度
东部	河北滦南县	1.241	14.865	0.267	中部	山西怀仁市	1.139	45.745	0.154
	河北博野县	1.423	14.865	0.282		均值	1.469	24.417	0.261
	山东昌乐县	1.421	24.608	0.227	西部	云南蒙自市	1.402	19.257	0.252
	山东嘉祥县	1.371	22.494	0.233		云南弥勒市	1.189	34.674	0.179
	江苏丰县	1.269	30.522	0.196		贵州凯里市	3.888	5.211	0.495
	浙江苍南县	1.525	19.096	0.262		四川汶川县	1.070	7.090	0.338
	均值	1.375	21.075	0.245		宁夏永宁县	2.040	29.243	0.247
中部	安徽霍山县	1.041	33.334	0.171		新疆昌吉市	1.507	4.820	0.426
	安徽金寨县	1.058	26.601	0.192		青海贵德县	1.046	4.476	0.392
	安徽定远县	1.475	17.096	0.270		青海格尔木市	0.774	6.636	0.306
	安徽太和县	1.300	6.498	0.373		广西鹿寨县	1.646	7.456	0.385
	江西婺源县	3.002	34.594	0.271		均值	1.618	13.207	0.336
	江西南丰县	2.065	11.350	0.361	东北	黑龙江肇源县	1.926	27.231	0.248
	河南灵宝市	0.837	10.461	0.262		吉林抚松县	2.041	15.651	0.319
	河南济源市	0.910	20.823	0.200		黑龙江安达市	4.222	6.992	0.485
	湖北洪湖市	2.000	10.837	0.363		辽宁新民市	2.364	16.201	0.333
	湖南长沙县	1.325	68.406	0.137		均值	2.638	16.519	0.346
	湖南永兴县	1.476	7.261	0.375	整体均值		1.645	19.496	0.290

2. 模糊集定性比较分析实证结果

（1）数据校准。在模糊定性比较分析求解中，校准是将案例赋予集合属性隶属的过程。校准后的数据范围应位于 0—1，[1] fsQCA 以集合为处理对象，而非变量。依据已有研究，通常采用完全隶属（模糊评分＝0.95）、交叉点（模糊评分＝0.5）和完全不隶属（模糊评分＝0.05）进行校准能取得较好的效果。依据多数研究并参照案例实际情况，本章选取 0.95、0.5、0.05 锚点对案例数据进行校准。数据分析在

---

[1] Verweij S., "Set-Theoretic Methods for the Social Sciences: A Guide to Qualitative Comparative Analysis", International Journal of Social Research Methodology, Vol. 16, No. 2, 2012, pp. 165-166.

fsQCA 3.0 软件中完成。变量校准锚定点如表 5-6 所示，变量校准结果如表 5-7 所示。

表 5-6　　　　　　　　　变量校准锚定点

变量类型		变量名称	完全隶属	交叉点	完全不隶属
结果变量		产业结构转型与数字化协同度	0.455	0.270	0.163
条件变量	技术赋能	信息基础设施	58.050	25.060	8.980
		数字技术应用	29.600	1.844	0.296
	数字经济	产业数字化	0.749	0.452	0.317
		数字产业化	0.328	0.017	0.003
	环境支撑	上级政府压力	167.000	42.000	1.000
		县城经济发展水平	117600.000	51105.000	33700.000

表 5-7　　　　　　　　　变量校准结果

地区	结果变量	条件变量					
	产业结构转型与数字化协同度	技术赋能		数字经济		环境支撑	
		信息基础设施	数字技术应用	产业数字化	数字产业化	上级政府压力	县城经济发展水平
河北滦南县	0.480	0.180	0.050	0.730	0.400	0.750	0.390
河北博野县	0.550	0.180	0.090	0.730	0.400	0.750	0.390
山西怀仁市	0.040	0.070	0.050	0.500	0.500	0.980	0.660
黑龙江肇源县	0.350	0.140	0.050	0.150	0.110	0.970	0.340
吉林抚松县	0.690	0.080	0.070	0.170	0.090	0.740	0.550
山东昌乐县	0.230	0.580	0.230	0.950	0.700	0.500	0.800
山东嘉祥县	0.260	0.800	0.830	0.940	0.520	0.830	0.090
江苏省丰县	0.110	0.840	0.520	1.000	0.880	0.520	0.580
安徽霍山县	0.060	0.520	0.620	0.920	0.530	0.540	0.720
安徽金寨县	0.100	0.260	0.560	0.870	0.040	0.060	0.370
安徽定远县	0.500	0.570	0.160	0.880	0.050	0.670	0.140
安徽太和县	0.840	0.940	0.080	0.880	0.050	0.520	0.560
浙江苍南县	0.440	0.090	0.990	0.960	0.150	0.190	0.470

续表

地区	结果变量 产业结构转型与数字化协同度	条件变量 技术赋能 信息基础设施	条件变量 技术赋能 数字技术应用	条件变量 数字经济 产业数字化	条件变量 数字经济 数字产业化	条件变量 环境支撑 上级政府压力	条件变量 环境支撑 县城经济发展水平
江西婺源县	0.500	0.070	0.400	0.560	0.060	0.650	0.520
江西南丰县	0.810	0.010	0.500	0.220	0.040	0.540	0.410
河南灵宝市	0.440	0.500	0.070	0.750	0.040	0.320	0.710
河南济源市	0.120	0.630	0.970	0.750	0.050	0.920	0.940
云南蒙自市	0.370	0.370	0.660	0.190	0.510	0.880	0.790
云南弥勒市	0.070	0.120	0.220	0.120	0.510	0.880	0.890
湖北洪湖市	0.820	0.720	0.920	0.170	0.560	0.070	0.500
湖南长沙县	0.020	0.960	0.560	0.140	0.980	0.120	0.990
湖南永兴县	0.850	0.100	0.710	0.080	0.060	0.050	0.710
贵州凯里市	0.970	0.660	0.100	0.500	0.600	0.090	0.160
四川汶川县	0.750	0.030	0.540	0.840	1.000	0.170	0.910
宁夏永宁县	0.340	0.700	0.650	0.210	0.610	0.060	0.130
新疆昌吉市	0.930	1.000	0.550	0.180	0.500	0.050	0.960
青海贵德县	0.880	0.320	0.650	0.050	0.510	0.050	0.030
青海格尔木市	0.640	0.250	0.610	0.040	0.380	0.050	0.000
广西鹿寨县	0.870	0.680	0.220	0.500	0.420	0.050	0.260
黑龙江安达市	0.970	0.690	0.070	0.000	0.780	0.170	0.170
辽宁新民市	0.740	0.700	0.050	0.500	0.790	0.050	0.290

(2) 单个影响变量分析。在 fsQCA 3.0 软件中依步骤操作，在条件组态分析前对单个变量的必要性进行逐个检验。QCA 方法的推断逻辑依据必要条件和充分条件展开，呈现"非对称因果关系"，具体表现为"产业结构转型与数字化高协同水平"和"产业结构转型与数字化非高协同水平"，一般来说，一致性大于 0.9 的变量被认为是必要条件，在产业结构转型与数字化高协同水平下，所有条件的一致性水平均低于 0.8，表明并未出现影响结果变量的必要条件；非高上级政府压力的一

致性大于 0.8，表明该变量是结果变量的充分条件，对结果变量具有较强的解释性，是影响产业结构转型与数字化协同的关键因素。Rihoux 认为，必要条件应在后续的组态分析中剔除。[①] 但 Schneider 和 Wagemann 认为，必要条件剔除后不仅有脱离实际的危险，还会影响整个研究框架的完整性，且在社会科学实践与研究中，充要条件是罕见的，因此不应该剔除。[②] 鉴于此，不在组态分析中剔除必要条件。必要条件分析结果如表 5-8 所示。

表 5-8　　　　　　　　　必要条件分析结果

条件变量	产业结构转型与数字化高协同水平		产业结构转型与数字化非高协同水平	
	一致性	覆盖度	一致性	覆盖度
高信息基础设施水平	0.593	0.678	0.581	0.644
非高信息基础设施水平	0.689	0.629	0.710	0.628
高数字技术应用水平	0.759	0.478	0.856	0.522
非高数字技术应用水平	0.241	0.633	0.144	0.367
高产业数字化水平	0.538	0.547	0.717	0.707
非高产业数字化水平	0.241	0.633	0.541	0.532
高数字产业化水平	0.526	0.646	0.571	0.679
非高数字产业化水平	0.739	0.640	0.702	0.590
高上级政府压力	0.435	0.519	0.674	0.779
非高上级政府压力	0.815	0.720	0.584	0.500
高经济发展水平	0.591	0.603	0.739	0.731
非高经济发展水平	0.736	0.744	0.598	0.586

[①] Rihoux B., "Qualitative Comparative Analysis (QCA) and Related Systematic Comparative Methods Recent Advances and Remaining Challenges for Social Science Research", *International Sociology*, Vol. 21, No. 5, 2006, pp. 679-706.

[②] Schneider C. Q., Wagemann C., *Set-theoretic Methods for the Social Sciences: A Guide to Qualitative Comparative Analysis*, Cambridge: Cambridge University Press, 2012, pp. 23-41.

（3）组态分析。在进行必要性分析后，需通过 fsQCA 软件中的 Truth Table Algorithm 函数构建真值表。构建真值表时，为确保逻辑最小化过程的有效性，需要对频数阈值与一致性阈值进行设定，当样本规模较大时，案例频数应提高，并至少保留 75% 的案例。由于本节研究案例数量为 31，是小样本数据，因此将频数阈值设定为 1，保留覆盖案例数大于或等于频数阈值的真值表行并进行下一步最小化分析，删除小于频数阈值的真值表行。Schneider 和 Wagemann 认为，条件组态充分性分析的一致性阈值应大于或等于 0.75，本章依据大多数研究结果，将一致性阈值设定为 0.8，大于或等于原始一致性阈值的真值表行的结果变量赋值为 1，小于原始一致性阈值的真值表行结果变量赋值为 0。

基于一致性阈值与案例频数，依据因果条件反事实分析的布尔算法，以逻辑方式将真值表缩减为包含简化条件组合的解，通过一致性与覆盖度的运算结果构建条件变量的组合路径。一致性指标用于检验条件变量组合是否构成结果变量的充分或必要条件，覆盖度用于判定条件变量组合解释结果变量的程度。分析后得到复杂解、中间解和简单解，其中复杂解不纳入逻辑余项、中间解纳入符合经验证据和理论方向预期的逻辑余项、简单解纳入全部逻辑余项但不进行合理性评估，由于复杂解会出现过多的构型而存在重复性解释，相较于复杂解，中间解不允许消除必要条件且复杂程度适中，并能较好简化模型，本章主要选用中间解并辅以简单解的形式汇报。[①] 组态分析结果如表 5-9 所示，表中的每一纵列表示可能存在的条件组态。用 ● 表示边缘条件存在，☆ 表示边缘条件缺席，• 表示边缘条件存在，★ 表示核心条件缺失，空格代表条件可存在也可缺席，空白表示该条件影响不显著。分析结果显示，解的一致性为 0.881，表明所分析的高水平产业结构转型与数字化协同的组态案例中，有 88.1% 的县域产业结构转型与数字化协同呈现较高水平。解的覆盖度为 0.559，表明所选条件组态可以解释 55.9% 的产业结构转型与数字化协同案例。解的一致性与覆盖度均高于临界值，表明分析结构有效，组态路径能够成为产业结构转型与数字化高水平协同的充要条

[①] 王萍等：《组态视角下共享住宿多主体信任的影响因素研究》，《管理评论》2023 年第 4 期。

件。分析结果显示共形成三组有效条件组态，条件组态构型分别解释了30.8%、25.1%、20.5%的样本。在产业结构转型与数字化高水平协同条件组态中，信息基础设施在一条路径中发挥推动作用，数字技术应用在两条路径中分别发挥推动作用，产业数字化在一条路径中发挥推动作用，数字产业化在两条路径中分别发挥推动作用，上级政府压力并未发挥明显作用，县城经济发展水平在两条路径中分别发挥主导推动作用。

依据分析结果，将三条路径概括为"技术—经济"型、"技术—环境"型和全条件驱动型。

表5-9　产业结构转型与数字化协同的条件组态分析结果

条件组态	"技术—经济"型	"技术—环境"型	全条件驱动型
	组态1	组态2	组态3
信息基础设施	●	★	★
数字技术应用		●	●
产业数字化	★	★	
数字产业化	●	★	●
上级政府压力	★	★	★
县城经济发展水平	★	●	●
一致性	0.936	0.988	0.814
原始覆盖度	0.308	0.251	0.205
唯一覆盖度	0.098	0.114	0.073
解的一致性	0.881		
解的覆盖度	0.559		

注："●"表示边缘条件存在，"●"表示核心条件存在，"☆"表示边缘条件缺失，"★"表示核心条件缺失。

①"技术—经济"型。组态1表明，技术赋能条件中的信息基础设施、数字经济条件中的数字产业化对实现产业结构转型与数字化协同发挥核心作用，因此将其命名为"技术—经济"型，在该路径下，信息基础设施、数字产业化推动了县城产业结构转型与数字化协同发展。结果显示，该路径一致性为0.936，原始覆盖度为0.308，唯一覆盖度为0.098，说明该路径可以解释30.8%的产业结构转型与数字化协同案例，同时存在9.8%的案例不被该条路径解释。县城信息基础设施以新一代信

息技术的集成迭代为核心特征,核心层包括数据中心、互联网、人工智能等;外延层包括以数字化为核心的配套基础设施,如产业园区、无人化配套设施等;辐射层包括对传统基础设施的数字化改造与升级。依托电信业、电子信息制造业、软件与信息技术服务业的发展,以互联网宽带为代表的信息基础设施建设,打破了资源、要素之间的隔离性与封闭性,通过对信息资源的充分利用,实现县城传统农业要素之间的连接与流通,拓展了市场范围,降低了要素流动成本。同时,以县城为载体的数字产业化发展为农村数据价值商业化提供了途径、为数据价值最大化提供了可能。数字技术发展能与数字商业创新保持动态促进关系,以数据要素经济价值最大化为目标,数字产业化是县城数据商业化的有效路径,使农村企业能够更好地发掘数字技术带来的商业机会,推动产业需求升级,释放以县城为载体的数字技术创新潜能,实现数据商业化持续动态发展,使数字产业化成为新型城镇化建设的内生动力,进而创造更大的价值。

具有这一组态特征的城市是黑龙江省安达市,安达市以国家创新型县市建设为契机,加快培育科技型企业、高新技术企业,鼓励企业加强技术研发和科技成果转化。安达市统一了技术底座,基于统一的互联网平台底座,为业务应用提供能力支撑,实现系统间数据互通和业务融合。安达市通过统一决策分析,实现了统一风险管控、风险管理,将产业风险及时推动到对应的职能部门;通过统一的检测预警,对县域工业园区内安全、环保、封闭、能源等各类风险进行实时监测,对产品生产、储存、经营、运输等各环节进行全过程信息化管理和监控;通过智慧平台的建成使用,有效加大产业园区的数字化程度,最终实现智慧防治一条链、安全感知一张网、运营保障一盘棋,全面推动产业高质量发展。

②"技术—环境"型。组态2表明,技术赋能条件中的数字技术应用、环境支撑条件中的县城经济发展水平对实现产业结构转型与数字化协同发挥核心作用,因此将其命名为"技术—环境"型。在该路径下,数字技术应用、县城经济发展水平推动了县城产业结构转型与数字化协同发展。结果显示,该路径一致性水平为0.988,原始覆盖度为0.251,唯一覆盖度为0.114,说明该路径可以解释25.1%的产业结构转型与数字化协同案例,同时存在11.4%的案例不被该路径解释。从该

第五章 产业结构转型与数字化协同：以县城为重要载体的数字产业发展

路径来看，县城经济发展水平与数字技术应用共同发挥作用。在"三农"领域，数字技术对传统农业、农户日常生活、商业模式等领域产生了深刻影响。一是数字技术应用通过数据要素赋能，增强产业创新活力，实现数字化背景下的产业结构转型。农业产业链、供应链的各环节均会产生大量数据信息，通过数据平台对其进行有效整合，使其转化为核心生产要素，这些数据能够帮助企业搜集反馈信息，应用数字技术能使企业更好地集聚创新要素资源，利用互联网外部性特征，激发企业创新活力，拓展产业发展空间。二是数字技术应用下，市场化程度日益加深，产业发展潜力凸显。数字技术应用有助于平台经济建设，平台经济能够打破交易与生产的时空局限性，转变传统农业销售模式与服务模式，这一新配置方式增加了市场消费需求，提高了商品交易效率，改善了商品流通方式。在平台经济下生产要素周转循环更通畅，资源配置更有效，信息透明度明显提升，产业结构与数字化协同程度日益增强。三是县城经济实力的增强在一定程度上源于其高质量的产业发展，居民收入水平越高，消费能力越强，数字化消费为数字产业化发展提供良好的市场环境。对于企业而言，维持市场竞争力成为其进行数字化改造的实践动机；对于农户而言，为维持并增加自身收入，农户自身将着眼推动传统农业升级转型，以数字技术为依托，实现其与制造业、服务业的有效融合。

具有这一组态特征的是湖南省郴州市永兴县。永兴县是湖南省首个建设智慧城市时空信息云平台并通过专家验收的区县，同时数字永兴地理信息基础工程是湖南省首个采用政府和社会资本合作方式建设的地理信息项目。近年来，永兴县推进数字技术应用，赋能传统产业转型升级，培育区块链、人工智能、物联网等新业态新模式新产业，实现产业数字化转型蝶变。大数据除提高农业生产效率外，还有助于提高农产品品质，永兴县依托粤港澳大湾区先进经验，开展农产品冷链科技钻研，建成农产品电子商务平台、农业数据调度中心、农产品质量检测中心等产业链配套体系，实现从农产品种植到销售的全过程溯源。依托其良好的产业发展和高效的数字技术应用，下一步，永兴县将推动5G基础设施建设和应用，推进电子信息服务业绩效提升，实现传统产业数字化转型。

③全条件驱动型。组态3表明，技术赋能条件中的数字技术应用、数字经济条件中的产业数字化与数字产业化、环境支撑条件中的县城经

济发展水平对实现产业结构转型与数字化协同发挥核心作用，由于三种条件同时产生影响，将其命名为全条件驱动型。在该路径下，数字技术应用、数字产业化、产业数字化与县城经济发展水平同时推动县城产业结构转型与数字化协同发展。结果显示，该路径一致性水平为0.814，原始覆盖度为0.205，唯一覆盖度为0.073，说明该路径可以解释20.5%的产业结构转型与数字化协同案例，同时存在7.3%的案例不能被该路径解释。在该路径下，技术、数字经济与环境同时发挥作用，不存在单个要素的影响。与上述路径不同的是，数字经济条件中存在产业数字化的促进作用。以县城为载体的产业数字化发展需要涵盖生产、加工、销售等环节。应用场景应服务于生产经营主体，通过数字化运用提高其业务经营管理水平。从生产环节来看，一是通过分析种植面积分布状况，基于地形、土壤、气候等指标进行适应性评价，建立产业资源管理系统，实时观测农产品产量、种植面积。二是建立投入管理系统，通过对除草剂、肥料等投入品的销售去向进行分析，为作物生长提供保障。从加工环节来看，通过大数据分析出热销区域、消费者偏好、热销门类，既能帮助经营主体实现精准加工与营销，也能为政府相关部门宣传品牌提供依据。从销售环节来看，通过市场行情分析、质量溯源、价值管理，对农产品进行综合性评价，出现质量问题时直接定位至相关环节，为产业监管提供依据。

具有这一组态特征的是四川省阿坝藏族羌族自治州汶川县。近年来，汶川县始终将现代农业园区建设作为促进脱贫攻坚成果同乡村振兴有效衔接、推动现代农业产业发展的治本之策。加快培育农产品加工、电子商务、休闲体验等农业新业态，促进农业第一、第二、第三产业深度融合，依托农业园区产业基础、资源禀赋，以标准化果园建设为载体，推进"田园景区、新型社区、产业园区"三区合建，农田水利、土地整理、高标准农田等涉农建设项目向园区集聚，实现田网、路网、渠网、电网、光纤和移动网络全覆盖，依托与四川农科院、四川农业大学等院校建立县校合作，在园区建设中推广数字农业、物联网、科学技术等新技术，提升园区智慧化水平。汶川县依托特色产业，在技术赋能、数字经济、环境支撑条件的有效赋能下，产业结构转型与数字化的协同效应愈加明显。

第五章 产业结构转型与数字化协同：以县城为重要载体的数字产业发展

第三节 产业结构转型与数字化协同的结论与启示

一 研究结论

人工智能、大数据、5G 网络等新一代信息技术的广泛应用使以县城为载体的产业结构开始发生深层次变化，产业结构转型与数字化协同成为推动新型城镇化建设的应有之义。通过 fsQCA 研究，本章有效识别了产业结构转型与数字化协同的三种构型，并且每组组态表现出不同的条件及不同状态。依据三种构型包含的主导条件及其逻辑，本章认为产业结构转型与数字化协同是由技术、数字经济与环境三大层面的因素彼此互动而共同决定的。为进一步揭示不同组态背后的理论逻辑，对本章研究构型进行深入诠释，依据本章 TOE 分析框架，从技术赋能、数字经济与环境支撑层面进行分析。整体来看，技术赋能、数字经济、环境支撑均不能单独作为产业结构转型与数字化协同的必要条件，这三类条件构成的三条组态路径构成了高水平产业结构转型与数字化协同的驱动路径，具体可以归纳为以信息基础设施、数字产业化为条件的"技术—经济"型，以数字技术应用、县城经济发展水平为条件的"技术—环境"型，以数字技术应用、数字产业化、产业数字化、县城经济发展水平为条件的全条件驱动型。以县城为载体的产业结构转型与数字化协同是多种因素共同协作的结果，技术赋能条件、数字经济条件和环境支撑条件"多重并发"形成驱动以县城为载体的产业结构转型与数字化协同的多样化组态驱动路径。因此，本章充分借鉴实证分析确立的有效组态路径，在实现数字产业发展目标方面提出"整合资源、盘活农村要素存量""以局部试点方式，以点带面""推动城乡融合""构筑多元链条协同发展生态"，在实现信息基础设施建设方面提出"以新基建为载体""构建城乡一体化基础设施""升级改造传统基础设施""多主体协同优化资源配置"，在实现产业数字化与数字产业化高质量发展方面提出"立足乡村特色，实现以农业为根基的产业数字化新格局""因地制宜引入农村数字产业化项目"，从而更好地推进以县城为重要载体的数字产业发展，实现传统农业向数字产业转变。

二 经验启示

（一）明确目标：推进数字产业建设

以农业数字化、制造业数字化、服务业数字化为立足点，充分发挥产业数字化"存量"变革机制和数字产业化"增量"筑基机制，通过传统农业数字化转型，优化资源配置，提高其创新水平与生产效率，二者相互促进、相辅相成。

1. 应进一步整合资源，盘活农村要素存量，充分发掘农业数字化赋能效应

依据《数字乡村建设指南1.0》数据，截至2020年，中国支持1.2万农户购置农用北斗终端1.5万台，支持20个省份进行植保无人机试点项目，加速数字农业发展进程。农业数字化建设将各类资源与要素以多维功能形式呈现在数字空间中，使农业生产中的劳动力、土地与数字要素实现有效配置，加速生产要素流动。要素向农业企业集聚，依托农业企业动态数据，激活、储备并升级数据，进行产业重构，在多层次平台基础上，汇集于平台终端，以提升产品附加值、建构多主体协同网络、拓展市场信息的方式实现农业数字化转型。

2. 采取局部试点方式，以点带面

数字化转型并非一个短期过程，需要具备扎实的产业基础，农业数字化转型应从生产端、服务端、治理端逐步推进试点，依托已有的技术、设备、人才，局部优化，补齐产业短板，降低数字化转型风险。从生产端来看，应开启农业集约化、规模化试点，注重从成本与效率两方面衡量数字技术应用短期时效。从服务端来看，应注重突破市场信息壁垒，进行服务网络平台试点，以电子商务改变原有线下专卖店、批发、餐饮的非效率销售方式，依托平台共享市场信息，生产符合客户价值需求的针对性产品，提升商业绩效。从治理端来看，为避免数据自身带来的偏误造成市场紊乱的状况，应搭建数字管理分析小组试点，优化产业布局，通过内部员工培训、营销策略推广、农户会等方式加大对数字化管理人才的培养力度，积极开展跨界合作，增强决策科学性、合理性。《中国数字乡村发展报告（2020年）》数据显示，截至2020年末，全国累计建成45.4万个运营益农信息社，提供各类农业服务超过6.5亿人次，累计培训106.3万人，通过信息入户进村工程，形成了由省到村的信息服务网络体系。

3. 应推动城乡产业融合

一是运用数字化助力智慧农业数字创新,加强对智能农业机械设备的研发,实现数字信息技术与农业机械设备集成创新,因地制宜,聚焦特色农业,利用大数据进行分析与决策,实现品种培优、产品提质。引导社交媒体、普惠金融、电子商务等产业下沉农村,服务农村现代信息化建设。截至2020年末,全国通4G与光纤行政村比重超过98%,基本实现农村与城市"同网同速",同时5G网络逐步向农村覆盖。二是将数据作为生产要素赋能农村生产各环节,发展设施农业,加快智能温室养殖技术研发、农业智能机器人、智慧冷链物流体系的研发与建设,打造智慧农场、智慧牧场,以电商为纽带,激发城乡一体化建设潜能。

4. 应构筑多元链条协同发展生态,拓展数字空间合作范畴

一是农业行业协会应发挥引导作用,强化以县城为载体的农业生产企业、加工企业、销售企业、服务企业间的联动,实现县城农业产业链、供应链统一生产资料供应、统一技术指导、统一产业销售的服务体系。县城龙头企业可依托自身优势,充分整合区域资源,打造"企业+农户+销售+物流"的企业联动模式,发挥引领作用,增强农业集聚性,充分发挥联动效应。二是以县城各类园区为基础,政府发挥引导与协调作用,将农业产业链、供应链、资金链、创新链上的主体融入同一平台,形成高效、集约的多链化数字集聚空间园区,增加县城涉农性多链融合政策的制定。加快构建资源共享、主体互动、市场开放的数字产业发展格局,促进要素在各链上有序流动,形成县城数字产业空间合作新模式。

(二)高效筑基:加快信息基础设施建设与革新

推动以县城为载体的数字产业建设,打造成体系的县城数字化基础能力,是实现县城产业结构转型与数字化协同的重点。2022年,中国数字经济规模达50.2万亿元,数字经济占GDP的比重达41.5%,连续11年高于GDP增速,成为稳定经济的关键动力,其中信息基础设施建设发挥了重要作用。[1] 在信息通信技术带动下,信息基础设施催生出新

---

[1] 《2022年我国数字经济规模达50.2万亿元》,中国政府网,https://www.gov.cn/yaowen/2023-04/28/content_5753561.htm。

产业、新业态、新模式，带来大量数字化探索机遇。由本章分析可知，数字基础设施是推动以县城为载体的产业转型升级与数字化协同的关键要素，已成为县城城镇化建设的重要支撑。

1. 以新基建为载体，推动大数据、人工智能、5G网络等新一代信息技术与农业农村深度融合

创新5G农业应用新模式，以5G网络为基础，运用增强现实、虚拟现实技术开展远程教育、电商直播、乡村旅游等数字活动。构建信息技术农业农村应用示范工程，选取农业科研创新基地、农机作业农田、规模养殖基地等重点领域，部署5G网络与智能连接终端，为智慧农业建设提供必要支撑，打造以县城为载体的现代数字产业高质量发展样板工程。加大对新一代信息基础设施的支撑与保护力度，加快传统农业网络化转型、数字化改造，促进数字农业集聚，借助产业集聚效应提升区域数字化创新活跃度。

2. 共建共享城乡一体化的信息基础设施

将农村新基建与城市新基建统筹规划，联通各类要素资源、打造城乡一体化的新型基础设施体系。加强对城乡信息资源的整合与利用，打造城乡信息交换共享平台，实现城乡各类涉农数据资源开放共享。对数字经济已形成规模的农村地区，应以实现低成本生产与销售为目标，扩大农产品销售市场与加工市场，消除商品服务流通障碍，深化城乡间的专业化分工。对数字经济规模较小、自然条件恶劣、交通不便的村庄，可将村庄搬迁撤并与新型城镇化建设相结合，构建安置区域并形成规模化的数字村庄，为新型城镇化建设奠定规模基础。对于城市周边的村庄，应加快城市信息基础设施向村庄扩散，实现联通共享，使村庄有效承载城市功能并服务城市。

3. 持续升级传统信息基础设施

一是不断推动信息基础设施与新型城镇化建设的深度融合，在产业结构转型与数字化协同的实践中，应增强风险投资与区域人才政策、产业政策的关联性，全方位简化信息基础设施建设的审批手续，完善信息基础设施管理运营政策。谋划信息基础设施建设路径、完善顶层设计，因地制宜，分步推进，重点突破。二是针对信息基础设施存续周期短、技术迭代快的独特规律，以创新驱动为正确理念，坚持需求导向、建创

并重，以市场实际需求把控农村信息基础设施布局建设的节奏与速度，既要避免信息基础设施发展脱离实际需求、超前建设带来的产能过剩风险、技术的迭代风险，也要避免供给不足抑制产业发展的局面。三是实行弹性建设，灵活创新。把握区块链、5G通信、数据中心等技术的迭代更新趋势，保持信息基础设施的弹性、可扩展性，选定正确技术路线，聚焦短板，避免更新后仍处于技术低点。

4. 多方协同推进建设，充分发挥市场资源的配置作用

针对信息基础设施实施精度高、市场化竞争程度高、创新链条长的特点，加强政产学研用协同创新，充分发挥市场机制，构筑多主体协同的发展环境。一是多元推进、市场主导。破除传统县城信息基础设施建设中政府管理的条块分割弊端，建立常态化工作机制，统筹推进企业、农户、研发机构、政府、客户之间跨行业、跨主体、跨部门联动，形成上下游协同创新的局面。二是精准建设与市场选择齐头并进。对于信息基础设施薄弱区域，应进行普惠式帮扶建设，以政府投入为主，将公共产品属性强的信息基础设施建设好、应用好。针对信息基础设施具备一定规模的区域，信息基础设施建什么、怎么建应由市场决定，避免过度干扰其创新规律与市场规律。

（三）双向赋能：产业数字化与数字产业化同步推进

产业兴旺是新型城镇化建设的关键基础，实现以县城为载体的数字产业发展的前提是正视中国传统农业发展面临的困难与挑战。为立足新发展阶段、贯彻新发展理念、构建新发展格局，党中央作出数字乡村建设战略部署，明确着力发挥信息与知识的溢出效应、信息技术创新的扩散效应、数字技术释放的普惠效应，加快推进农业农村现代化。[①] 作为数字乡村建设的重要内容，数字产业发展将成为新型城镇化发展的重要推动力。随着数字技术向农业领域的扩散应用，产业数字化、数字产业化正成为产业结构转型与数字化协同的核心路径。

---

① 《中共中央办公厅 国务院办公厅印发〈数字乡村发展战略纲要〉》，中国政府网，https：//www.gov.cn/zhengce/2019-05/16/content_5392269.htm。

1. 立足农村特色产业的发展升级，实现以农业为根基的产业数字化新格局

当前，中国乡村产业发展面临两大困境：产业分割明显导致产业链上下游衔接不畅和区位空间限制导致城乡要素市场化不对等。产业分割造成企业生产成本增加、产品附加值低，因而无法为农民提供增收与就业机会，可采取如下措施解决这一问题。一是通过数字技术下乡促进农村电商产业发展，吸引优质电商入驻带动产品销售，引导农户积极参与农产品直播营销，充分发掘农业多功能属性，延伸农业产业链、供应链，实现生产与消费有效衔接。二是通过数字技术赋能，激活传统文化资源的商业价值，通过对特色农产品的宣传、改造，提升其市场化价值。区位空间限制会导致农产品成品过高，阻碍农业产业化发展。通过数字技术下乡，建立线上线下融合流通渠道，解决分散农户无法有效进入市场的困境，打造物流多级网络建设，畅通电子商务物流服务，形成智能化的物流新模式。

2. 因地制宜地引入农村数字产业化项目

农村地区新产业、新业态培育缓慢，找准农村产业发展高效机制尤其重要。一是要依托数字经济发展大环境，农村地区可积极引入人工智能、物联网等新一代信息技术产业。通过推广项目的方式，实现城镇、农村网络互通，获得融入市场分工的新机会。推动数字技术多层次发展，既要有数字技术的普适性应用，也要有专业化分工。二是要创新体制机制，进一步开放公共数据。公共数据开放对实现知识共享具有重要作用，通过创新公开数据激励机制与明确数据放开责任，使公共部门真正愿意公开农村公共数据，进一步规划农村公共数据共享平台，采用市场化的方式推进公共数据开放。三是要大力培育企业家精神，构建良好的农村营商环境，采取有利于农村创业的扶持措施，鼓励农村核心企业快速成长。

（四）效率维护：构筑实现技术赋能、数字经济与环境支撑条件交互联动的多元保障体系

本章研究表明，为实现县城产业结构转型与数字化协同，一方面，必须考虑技术赋能、数字经济、环境支撑条件的作用，在建设数字产业过程中，应发挥社会多元力量，让三种组态条件充分发挥功能；另一方

面，三种组态条件均存在两种要素，在对产业结构转型与数字化协同组态路径进行分析时，应抓住并突出重点要素，使作用最显著的要素成为县城重点发展方向。

1. 提升数字技术安全水平

数字技术安全是技术条件发挥作用的重要保障。数字技术安全可以增加数字技术应用的准确性，提高产业供应链风险的预测能力和遭遇风险后的恢复力。一方面，应对信息传递过程进行选择性保密，数字技术安全首先要保证产业供应链内信息传递加密，县域农业供应链具有生产、加工、消费、服务等多维场景，其过程会产生海量数据，要提高信息储备安全水平，对可用信息进行甄别，选择性发布有效信息。另一方面，着力实现价值传递可认证性。在产品销售环节中，消费者安全支付是价值传递的重要途径，信息传递是价值传递的外在体现，通过对信息传递源进行有效识别并认证，从根本上解决价值交换中的可靠性和安全性问题。

2. 结合产业数字化、数字产业化发展进程，实现县域农业供应链整合优化

提升农业供应链资源分配效率是整合优化的基础，充分认识供应链节点企业的资源优势，结合供应链生产实践，运用科学合理的管理手段，完善农业供应链生态建设，制定有利于提质增效的运作架构。一是提高各环节主体的契合度，构建完备的信息沟通体系。各主体具有较大的功能差异，但协作过程中往往会产生交叉关系，为提高供应链效率，需要以县城为载体制定有效的农业供应链协调机制，提升管理结构契合度。二是提高合作伙伴关系信任度。合作信任拉近了农业供应链多元主体间的距离，减弱了主体间的功能异质性，为治理效能提升奠定了基础。各主体在商业策略、价值认同等方面去异化同，将对供应链整体合作质量提升起显著促进作用。三是构建数字产业发展共同体，增强主体间合作意愿。资源依赖关系是县域农业供应链关系存在的基础，资源依赖性决定共同体合作水平，适当的组织依赖推动数字要素融入供应链各环节，促进技术与管理的升级，提升产业劳动效率。

3. 创新数据共享技术

建立数据共享网络，采用先进的数据共享技术，可以有效提升农业

供应链节点企业数据共享效率。传统的中心化数据共享系统依赖农业供应链核心企业的资金与技术支出,中心化的数据共享导致信息扩散速度严重受限,部分企业为弥补信息差,往往采用弹性库存、提前预测等高成本的方式降低企业风险。创新数据共享技术,重要的是创新数据共享系统架构,不同于传统的以核心节点为组织间信任的方式,而是以大数据、物联网、区块链为代表的信息共享技术,秉承共治、共建、共享等理念,使县域农业产业链上各节点企业都能记录存储与交易,物联网与区块链真正做到在信息共享中分而治,新一代信息技术成为数据共享的突破口。点对点的数据运输也是价值增值过程,从根本上改变了数据共享系统架构,以及传统的数据传输方式,实现了数据共享技术的革新。

4. 转变县域政府互联网服务供给理念

县域政府数字化服务供给理念应实现从"被动接受"到"主动改善"、从"循规蹈矩"到"推陈出新"的转变。一是"被动接受"与"主动改善"展现出不同的行政状态,在被动接受状态下,政府工作依据机械化的工作流程展开,持续服从上级指令,难以实现政府工作的新突破。在主动改善状态下,积极完成相关数字化政务工作的同时,政府会具备敏锐的洞察力,及时总结经验,努力寻求提升数字化服务效率的新方法、新途径,改善现有数字化政策的不足。二是县域政府数字化服务能力不应仅按照现有标准进行设计,而应在已有基础上取长补短、勇于革新,以满足不同主体的合理需求为重点,创造出适应信息时代变化的服务方式。利用新一代信息技术形成政务信息的有效共享,实现数字化服务的精准匹配,构建协同联动、横向到边、纵向到底、上下贯通的政务服务体系。三是完善政府数字服务财政资源供给体系。政府数字服务需要耗费大量人力、物力、财力,需要大量资源投入,虽然政府加大了数字服务建设投入强度,但其服务能力并未出现显著提升,亟待规范政府财政资源供给体系。数字服务财政供给体系不应遵循"二上二下"的原则随批随拨,而应构建统筹规划的整体框架,以部门、科目、项目等为单位分层推进,既要立足当下也要规划未来,不断创新资金使用方式,将资金供给与建设成效挂钩。

第六章

治理结构变革与数字化协同：以县城为重要载体的数字公民形塑

第一节 治理结构变革与数字化协同的理论框架

一 治理结构变革与数字化协同的发展目标与内在逻辑

（一）治理结构变革与数字化协同的发展目标

"以县城为重要载体的数字公民形塑"是县城治理结构变革与数字化协同的发展目标。具体而言，是通过对县城的数字化建设与智慧化改造，推动治理结构变革，促进以县城为重要载体的治理结构变革与数字化的协同并进，进而实现传统农民向"数字公民"转变。鉴于此，本章将在以县城为重要载体的数字公民形塑背景下，对中国县城治理结构变革与数字化协同的内在逻辑、水平特征与组态路径进行分析，提出推进传统农民向"数字公民"转变的可行建议。

（二）治理结构变革与数字化协同的内在逻辑

古拉丁文中"治理"（steering）一词的意思是控制、引导和操纵某一领域的权力行使。全球治理委员会对治理的解释为"个人或公共机构管理同一事务的多种方式的总和"。从治理的要素与向度方面分析治理结构，主要包括二维度说、[①] 三维度说、[②] 五维度说等。[③] 变革与改变、改革同义，主要指对本质的改变，废旧立新。习近平总书记指出，改革的目的是机构设置更加科学、职能配置更加优化、体制机制更加完善、运行管理更加高效，[④] 改革的目标是追求组织与社会环境的适应，满足相关主体的需求。《中华人民共和国国民经济和社会发展第十四个五年规划和2035年远景目标纲要》将"完善村（居）民议事会、理事会、监督委员会等自治载体，健全村（居）民参与社会治理的组织形式和制度化渠道"作为构建基层社会治理新格局的重要内容。[⑤] 由此可见，治理结构变革是基于特定的治理理念，进行的治理主体间及主体与客体间的搭配和安排的改变，以及互动模式的有效性建构。[⑥⑦] 在数字时代，公民的需求进一步丰富，政府的职能进一步加强，治理结构逐渐转向"结合性形态"，进一步加强了政府和居民及居民内部的联系。[⑧] 政府和居民的互动更便捷，通过互联网平台，居民能够及时、准确地获取政府信息与表达诉求，政府也能有效回应社会关切，政府的透明度与回应性进一步增强。[⑨] 通过吸纳民主参与，实现加强执行力量和公共服务精准供给的有效的一线政府。[⑩] 鉴于此，本章中的治理结构变革与数字化协同指的是，以问题为导向，以推动公民参与、保障公民权

[①] Fukuyama, Francis, "What is Governance?", *Governance*, Vol. 26, No. 3, 2013, pp. 347-368.

[②] 沈东、杜玉华：《"社会治理"的三维向度及其当代实践——基于价值理念、制度设计与行动策略的分析》，《湖南师范大学社会科学学报》2016年第1期。

[③] 刘智峰：《论现代国家治理转型的五个向度》，《新视野》2014年第3期。

[④] 习近平：《深化党和国家机构改革 推进国家治理体系和治理能力现代化》，中国政府网，https：//www.gov.cn/yaowen/liebiao/202307/content_6892146.htm。

[⑤] 《中华人民共和国国民经济和社会发展第十四个五年规划和2035年远景目标纲要》，中国政府网，https：//www.gov.cn/xinwen/2021-03/13/content_5592681.htm。

[⑥] 李东泉：《新型城镇化进程中社区治理促进市民化目标实现的条件、机制与路径》，《同济大学学报》（社会科学版）2021年第3期。

[⑦] 王猛、毛寿龙：《社会共享与治理变革：逻辑、方向及政策意蕴》，《社会科学研究》2016年第4期。

[⑧] 王文彬、赵灵子：《数字乡村治理变革：结构调适、功能强化与实践进路》，《电子政务》2023年第5期。

[⑨] 杨桦：《"互联网+"时代政府治理结构变革及法治回应》，《江海学刊》2020年第4期。

[⑩] 何哲：《新信息时代中央地方职能与纵向治理结构变革趋势探析》，《电子政务》2019年第12期。

第六章 治理结构变革与数字化协同：以县城为重要载体的数字公民形塑

利和治理结构优化为目标，充分利用互联网、大数据、人工智能等数字技术，提高县城政府精准识别需求和及时回应关切的能力，以实现传统农民向"数字公民"转变。

党的二十大报告把"国家治理体系和治理能力现代化深入推进"作为未来5年国家发展的主要目标任务之一，指出"基层民主是全过程人民民主的重要体现"，作出"健全基层党组织领导的基层群众自治机制，加强基层组织建设，完善基层直接民主制度体系和工作体系，增强城乡社区群众自我管理、自我服务、自我教育、自我监督的实效。完善办事公开制度，拓宽基层各类群体有序参与基层治理渠道，保障人民依法管理基层公共事务和公益事业"等重点部署。[①] 这表明，中国在推进全面深化改革的进程中，将发展和完善社会主义制度同国家职能的转变实现了深度融合，这将更好地服务全面建成社会主义现代化强国。在党的坚强领导下，随着国家机构权力的整合，以及国家治理多元化的出现，中国基层治理结构形成了新的逻辑关系。这种新逻辑关系实现了基层治理由"管制"到"治理"模式的发展，为发展基层民主、推动治理结构变革指明了前进方向、提供了战略支撑。在全面建成社会主义现代化强国新征程的背景下，要充分把握县城在户籍人口城镇化、公共服务均等化、农民参与城市社会治理中的关键定位，深入认识县城在支撑新型城镇化建设中的巨大潜能，将治理结构变革与数字化协同作为以县城为重要载体的数字公民形塑的主要抓手。治理结构变革与数字技术是治理结构变革与数字化协同的重要支撑，分别发挥着适配和赋能作用，在交互耦合作用下共同促进以县城为重要载体的"数字公民"的形塑，其内在逻辑如图6-1所示。

第四次科技革命的不断发展、中国特色社会治理体系的初步建立、农村社会结构的转型与公民自身数字素养的快速提升都为以县城为载体的治理结构变革与数字化协同提供了历史性的发展机遇。

1. 逻辑起点：治理结构变革与数字技术

根据结构功能主义理论，结构决定功能，功能影响结构。在数字化

[①] 习近平：《高举中国特色社会主义伟大旗帜 为全面建设社会主义现代化国家而团结奋斗——在中国共产党第二十次全国代表大会上的报告（2022年10月16日）》，人民出版社2022年版，第25、39页。

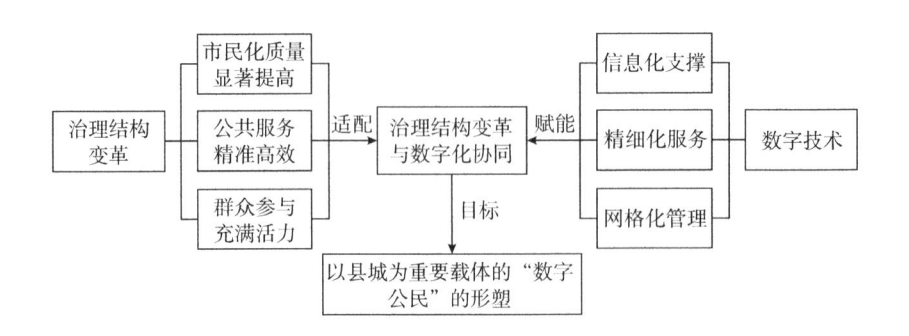

图 6-1 治理结构变革与数字化协同的内在逻辑

技术逐步嵌入县域治理场域的进程中，传统的治理格局与流程都发生了显著变化，一种全新的治理生态正在被塑造。在县域治理中，数据公开化、信息流通便利化等特征不断浮现，数字化也成为最典型的治理生态内容。[①] 为满足县城城镇化和数字化协同的功能性变化，县城治理结构也应进行相应的变革。县级政府是新型城镇化建设的责任主体，通常按照标准化和程式化的模式执行上级政府的决策部署，在体现国家意志和政策执行方面发挥着重要作用。但过于追求标准化可能会造成基层治理"躺平"或"加码"等非常规行为。[②] 而通过治理结构变革提高城镇居民参与社会治理的积极性，可以促进治理权力合理配置，加强对治理权力的制约和监督，有利于实现城镇治理权力结构扁平化、动态化和柔性化，进而保障新型城镇化建设平稳发展。

2. 逻辑主线：治理结构变革与数字化协同

一方面，治理结构变革的适配性是推动治理结构变革与数字化协同的前提条件。推进农业转移人口市民化是新型城镇化的首要任务，以提高市民化质量为核心，既是促进社会公平正义与和谐稳定的客观要求，又是构建新发展格局的必然选择。[③] 提高市民化质量，不是简单的户籍

[①] 王文彬、赵灵子：《数字乡村治理变革：结构调适、功能强化与实践进路》，《电子政务》2023年第5期。

[②] 郭阳、范和生：《县域乡村振兴的内在逻辑、实践张力与路径选择》，《云南社会科学》2023年第4期。

[③] 《国家发展改革委关于印发"十四五"新型城镇化实施方案的通知》，中国政府网，https://www.gov.cn/zhengce/zhengceku/2022-07/12/content_5700632.htm。

变化，而是需要公共服务精准高效的供给来支撑从农村到城市的生活场景的转换，这也是以人为核心的新型城镇化的内在要求。① 此外，激发群众参与的热情是推动农业转移人口融入城市生活的有效途径，也有助于"健全充满活力的基层群众自治制度"，② 是县城治理结构变革的重要内容。另一方面，在数字中国的战略背景下，云计算、大数据、人工智能、移动互联网等技术驱动的数字化转型时代全面来临。"互联网+政务服务"已经不再是一种理念和概念，而是上升到了国家战略的高度。③ 当前，中国以数字技术为支撑的新型治理框架正在陆续构建，技术嵌入县城治理结构变革逐渐呈现信息化支撑、精细化服务、网格化管理的新趋势。④ 在传统的县域治理中，受到治理资源相对短缺、治理信息不对称及治理主体间沟通不足等客观因素的束缚，很多治理事项都陷入了迟滞僵化的尴尬境遇，不仅无法卓有成效地完成治理任务，而且最终的治理效果往往难以保证。而借助各种数字化技术及工具，信息流通链得以打通，形成了一种开放、公开、透明的治理场景。⑤ 借助数字化工具不仅能大大简化治理流程，也能促进多元主体的积极参与，特别是能够大大降低农业转移人口参与成本，提供便利的网络参与方式，进而更好地匹配实际治理需求。

3. 逻辑终点：以县城为载体的"数字公民"形塑

以人为核心的新型城镇化是中国新型发展方式在城乡统筹建设中的表现。以人为本是当代中国优先发展的重大理念，关系着中国未来经济增长目标，反映了新型城镇化建设的各个环节。⑥ 此外，公民素养包括

---

① 盛玉雷：《促进农业转移人口市民化（人民时评）》，《人民日报》2022年4月7日第5版。
② 《中共中央关于坚持和完善中国特色社会主义制度 推进国家治理体系和治理能力现代化若干重大问题的决定》，中国政府网，https：//www.gov.cn/zhengce/2019-11/05/content_5449023.htm。
③ 吴旭红等：《技术治理的技术：实践、类型及其适配逻辑——基于南京市社区治理的多案例研究》，《公共管理学报》2022年第1期。
④ 《中共中央 国务院关于加强基层治理体系和治理能力现代化建设的意见》，中国政府网，https：//www.gov.cn/zhengce/2021-07/11/content_5624201.htm。
⑤ 周锐、黄静：《数字政府建设促进了城乡基本公共服务均等化么？——基于地级市面板数据的实证分析》，《农村经济》2022年第10期。
⑥ 刘治彦、余永华：《以新型城镇化建设促进城乡高质量发展的路径研究》，《企业经济》2021年第10期。

政治规范、文化规范和行为习惯等，是动态发展的，在不同的时代有不同的表现，在数字时代表现为对数字知识、数字技能、数字规范的学习和使用。数字素养是县城居民在数字时代应该具备的信息品质，包含检索、获取、鉴别、理解、开发信息的能力。在县城城镇化发展进程中，"数字公民"是公民在互联网时代的身份，是传统农民转变为"数字城镇"的"新市民"，是在县城城镇化和数字化协同发展背景下农民市民化的新体现。它要求市民具有良好的公民素养和准则，能在互联网时代通过使用信息技术手段成为全面发展的社会成员。在数字县城的建设中，"数字公民"培养同样是不可或缺的，原因主要有以下两点：一是数字县城建设的智慧生活环境需要生活在其中的人们具备较好的数字技能和数字素养，以适应数字县城的生活、享受数字县城与数字技术带来的便利；二是居民具备较好的数字技能和数字素养才能更好地参与数字县城建设，在数字县城建设的决策中提出有价值的、真正符合人们需求的建议和意见，从而进一步推动治理结构变革和数字化协同发展，使数字县城建设的决策更具科学性和适用性。

二 治理结构变革与数字化协同的理论基础

（一）结构功能理论

结构功能理论的核心思想是"结构决定功能，功能影响结构"。[①] 换言之，对发展的事物可以尝试切割为"结构"与"功能"两个层面进行单独解析。结构功能主义的概念是由美国社会学家塔尔科特·帕森斯（Talcott Parsons）于20世纪40年代提出的，在随后的许多研究中，塔尔科特·帕森斯对系统性的结构功能理论的形成作出了重大贡献，并成为结构功能理论的代表人物。[②] 结构功能理论是一个重要的社会学分析框架，可以从整体层面帮助强化对事物的系统认识。根据结构功能理论，社会系统必须满足其维持和存在的四个功能条件：一是适应，从环境中获得必要的资源，并进行系统内部分配；二是目标实现，确定系统的目标，确定各项目标的主次关系和联系，调动资源并指

[①] ［美］塔尔科特·帕森斯、尼尔·斯梅尔瑟：《经济与社会——对经济与社会的理论统一的研究》，刘进等译，林地校，华夏出版社1989年版，第17—18页。

[②] Parsons T., *The System of Modern Societies*, Englewood Cliffs, New Jersey: Prentice-Hall, 1971, pp.1-27.

导社会成员实现这些目标；三是整合系统的各组成部分，使之成为一个协调的整体并发挥作用；四是潜在模式维系，维护社会共同价值观的基本模式并使之制度化。① 在社会系统中，这四个功能条件是相互联系的。系统与系统之间、系统与其内部的子系统之间，在互动中具有输入—输出的交换关系，而金钱、权力、影响和价值承诺是交换媒介。通过这样的互动关系建立结构化的社会秩序。塔尔科特·帕森斯认为，社会系统是趋向平衡的，满足四个基本功能条件可以确保系统的稳定性。与此相对应的是，为了更好地满足上述功能性诉求，结构内容应不断进行改革。②

中国县域基本遵循结构革新和功能强化的理念来推进各项治理工作，这意味着结构功能理论与县域治理具有较强的契合性。从整体来看，推进县城城镇化与数字化协同正是整个县域治理系统的功能诉求。在这一功能要求的影响下，必须不断革新各地的县域治理结构，只有不断夯实县域治理结构，才能为各项治理工作提供强有力的支持。在实践中，为了真正实现县域治理有效目标，各地都在积极改革基层治理模式，如创新性使用社区工作委员会、村民理事会和监事会、"互联网+"政务服务等方式，都可以视为在治理结构层面的有效探索。③ 实践证明，只有采取符合当地需求的治理创新举措，才能得到居民的拥护与支持，进而实现较好的治理效果。

（二）推拉理论

推拉理论认为，人口迁移的动力由迁出地的推力（排斥力）与迁入地的拉力（吸引力）共同构成。④ 迁入地的一个或多个积极因素会促使人们迁入。1938 年，赫伯尔（Heberle）将影响农村人口转移至城市

---

① 刘润忠：《试析结构功能主义及其社会理论》，《天津社会科学》2005 年第 5 期。
② 王文彬、赵灵子：《数字乡村治理变革：结构调适、功能强化与实践进路》，《电子政务》2023 年第 5 期。
③ 叶兴庆：《迈向 2035 年的中国乡村：愿景、挑战与策略》，《管理世界》2021 年第 4 期。
④ Ravenstein E. G., "The Laws of Migration", *Journal of the Royal Statistical Society*, Vol. 52, No. 2, 1889, pp. 241-305.

的各种影响因素称为"力"。① 博格（Bogue）进一步将之区分为"拉力"与"推力"，前者是流入地改善生活条件的因素，包括就业、收入和教育机会；后者是资源枯竭、失业、种族歧视或丧失个人机会等流出地不利生活条件的因素，拉力和推力等因素共同作用造成人口迁移。② 20世纪60年代，Lee提出系统的人口迁移理论——推拉理论。他将影响迁移的因素分为两个方面："推力"和"拉力"，这两个方面解释了促使人们离开原来居住地并吸引人们前往新居住地的原因。并且推力和拉力可以同时存在于流入地和流出地。Lee还认为地理距离、物质结构和语言文化差异等是影响人口迁移的中间障碍因素，即第三方面因素。根据推拉理论的假设，在自由流动的环境中，农民是在评估了原居住地点的各种因素和重新安置预期收益的基础上选择离开乡村。换句话说，人口迁徙的选择实际上是在城市"推拉"和农村"推拉"之间个人的权衡和取舍。③

伴随该理论的发展，更多的因素被纳入分析中。西奥多·W. 舒尔茨将人力资本的概念用于分析人口迁移与就业，人力资本包括个体的教育、健康状况、技术、经济收入等，如具有较高教育水平的个体能够在城市中找到较体面的工作，获得经济收入来源，为其提供经济基础。④ 罗宾（Robin）区分了经济因素与政治因素对人口转移的影响，经济发展较好的地区可能作为更多人选择流入的目的地，其较开放与公平的政策环境能吸引更多人流入。⑤ 李强指出，"在市场经济和人口自由流动的情况下，人口迁移和移民搬迁的原因是人们可以通过搬迁改善生活条件"。⑥ 根据推拉理论，中国城乡在就业、医疗、教育、社会保

---

① Heberle R., "The Causes of Rural-urban Migration a Survey of German Theories", *American Journal of Sociology*, Vol. 43, No. 6, 1938, pp. 932-950.
② Bogue D. J., *Principles of Demography*, New York: John Wiley & Sons, Inc, 1969, pp. 753-755.
③ 郭忠华、谢涵冰:《农民如何变成新市民？——基于农民市民化研究的文献评估》，《中国行政管理》2017年第9期。
④ ［美］西奥多·W. 舒尔茨:《人力资本投资——教育和研究的作用》，蒋斌、张蘅译，王璐校，商务印书馆1990年版，第26页。
⑤ Robin C., *Theories of Migration*, Vermont: Edward Elgar Publishing, 1996, p. 964.
⑥ 李强:《影响中国城乡流动人口的推力与拉力因素分析》，《中国社会科学》2003年第1期。

第六章 | 治理结构变革与数字化协同：以县城为重要载体的数字公民形塑

障等公共服务领域的不平衡发展，会形成明显的推力和拉力。此外，作为中国特有的制度结构，户籍制度使市场经济中劳动力流动规律发生变化，从而促使农民采取了两种生存策略：一种是没有定居城市期望的农民在城市社区中生活缺乏认同感和融入感，甚至脱离城市主体社会；另一种是具有定居城市期望的农民能够积极融入城市社区，并为定居城市建立基础。第一代农民工"返乡"就是城市户籍制度的"推力"与乡土情结的"拉力"相互作用的结果。① 可见，在以县城为重要载体的农民市民化过程中，县城同时存在户籍制度带来的"推力"、较高的公共服务水平带来的"拉力"及资源更加集中的大城市带来的"拉力"。因此，进一步推进农民市民化必须优化资源配置，优化县城公共服务供给，同时降低户籍制度的"推力"。

（三）公民身份理论

公民身份（citizenship）是指"一种地位（status），一种共同体的所有成员都享有的地位，所有拥有这种地位的人，在这一地位所赋予的权利和义务上都是平等的"。②③ 国家与公民的互动，贯穿宏观的社会环境转变、中观的网络结构变迁和微观的个体心理适应等层面，是研究国家与其内部成员相互作用的基础。公民身份具有悠久的历史渊源，如在古希腊，亚里士多德将公民界定为轮流担任统治者与被统治者，这是一种典型的对共和主义公民身份概念的表述。在1949年发表的《公民身份与社会阶级》演讲中，马歇尔（T. H. Marshall）将公民身份划分为公民要素（civil elements）、政治要素（political elements）和社会要素（social elements）三个组成部分，是人们有意识地研究公民身份理论的开端。公民要素的组成包含个人自由必需的四方面权利：人的人身、言论、思想和信仰自由，拥有财产和订立有效契约的权利及司法权利，政治要素规定了公民作为政治权力实体的成员或选民参与行使政治权力的权利，社会要素包含从经济福利和安全到充分享有社会遗

---

① 郭星华、王嘉思：《新生代农民工：生活在城市的推拉之间》，《中国农业大学学报》（社会科学版）2011年第3期。

② Marshall T. H., *Citizenship and Social Class*, London: Cambridge University Press, 1950, p. 20.

③ 郭忠华、刘训练编：《公民身份与社会阶级》，江苏人民出版社2007年版，第15页。

产和享受符合一般规范的文明生活等权利。马歇尔通过研究英国公民身份的历史演进，提出公民身份是一个从民事权利向政治权利和社会权利逐渐发展的过程。马歇尔将公民身份的"公民要素"称为"公民权利"，对应发展于18世纪的法院；将公民身份的政治要素称为"政治权利"，对应发展于19世纪的国会和地方议会；将公民身份的社会要素称为"社会权利"，对应发展于20世纪的教育体制和社会公共服务体系。

根据马歇尔的公民身份理论，在中华人民共和国成立初期公民身份的建构主要表现为，为保障国家战略实施，优先市民公民权利，尽量压制了农民需求。[①] 随着改革开放的进行，城市和农村经济结构的调整，土地承包责任制的实行、农民外出务工和村民自治，以及全球化的影响，城乡之间的不平等现象开始发生变化，逐步出现平等化趋势。进入21世纪，由于实施城乡统筹战略和加强公共服务均等化，农民和城市居民的平等趋势进一步加强。在农民市民化的过程中，农业转移人口能够自由地选择在城市或者农村生活，这属于"公民权利"的范畴；农业转移人口能够平等地享有城市的公共服务，这属于"社会权利"的范畴；农业转移人口能够参与城市社会治理，这正是"政治权利"的体现。

三 治理结构变革与数字化协同的分析框架

县城治理结构变革与数字化协同的驱动力分为内部驱动力和外部驱动力两个部分。党的十九届五中全会指出，"改善人民生活品质，提高社会建设水平。健全基本公共服务体系，完善共建共治共享的社会治理制度，扎实推动共同富裕，不断增强人民群众获得感、幸福感、安全感，促进人的全面发展和社会全面进步"。[②] 在城市治理结构变革中，公共服务供给和城市社会治理参与既是优化城市治理结构的需要，也是在提升户籍城镇化率的基础上进一步提高农业转移人口市民化质量的重要目标，因此城市户籍获取、公共服务供给和城市治理参与共同构成县城治理结构变革与数字化协同的外部驱动力。内部驱动力由治理结构条

---

① 文军、桂家友：《1949年以来中国城乡公民权利的发展：基于经济结构视角的考察》，《社会科学研究》2012年第1期。

② 《中国共产党第十九届中央委员会第五次全体会议公报》，《中国人大》2020年第21期。

第六章 | 治理结构变革与数字化协同：以县城为重要载体的数字公民形塑

件和数字技术条件构成，分别发挥适配和赋能作用。基于"内外驱动力"的治理结构变革与数字化协同分析框架如图6-2所示。

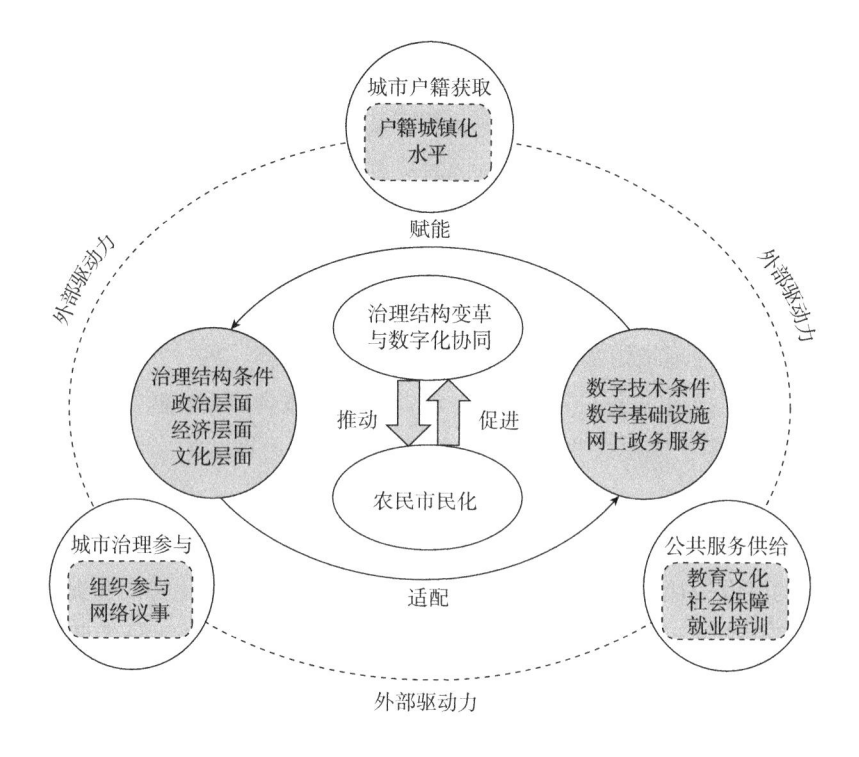

图 6-2 基于"内外驱动力"的治理结构变革与数字化协同分析框架

从内部驱动力来看，治理结构条件适配治理结构变革与数字化协同，也深刻影响着政治、经济、文化等层面。数字技术飞速发展，已经成为推动国家治理体系和治理能力现代化的重要手段和工具。[1] 政府部门之间通过信息共享，建立一体化的综合政务服务平台，人民群众通过政务服务小程序、App等途径进行业务办理，极大地提高了政务服务效率，为建设人民满意的服务型政府奠定了坚实的技术基础。党的十九大报告指出，"我国经济增长已由高速增长阶段转向高质量发展阶段"，[2] 而近年来数字经济持续快速增长，彰显了经济高质量发展的新

---

[1] 黄寿峰、赵岩：《政务服务信息化与基本公共服务水平》，《世界经济》2023年第8期。
[2] 习近平：《决胜全面建成小康社会 夺取新时代中国特色社会主义伟大胜利——在中国共产党第十九次全国代表大会上的报告（2017年10月18日）》，人民出版社2017年版。

趋向，数字技术在供需均衡、产业融合、宏观经济增长等方面发挥积极作用。① 在文化层面，治理结构变革与数字化协同，能够克服文化生产的"成本病"，从而大规模提升全社会文化生产能力，促进文化供给侧与消费侧良性循环。② 此外，数字技术条件的赋能在县城治理结构变革与数字化协同中至关重要。其中，数字基础设施建设是数字技术同县城治理的各领域有机结合的基础，同时有助于政府各部门信息共享和业务整合，从而提高网上政务服务的质量，提升用户体验，打造人民满意的服务型政府。值得注意的是，县城治理结构变革与数字化协同和农民市民化二者呈相辅相成、相互促进的关系。一方面，提高农业转移人口市民化质量是治理结构变革与数字化协同的重要内容。另一方面，农民市民化的不断推进带来了空间拥挤、就业困难、城乡冲突、群体差异等社会问题，③ 为了解决这些问题，必须进一步提高治理结构变革与数字化协同水平。

从外部驱动力来看，城市户籍获取、公共服务供给和城市治理参与三者的有效衔接、协调联动对县城治理结构变革与数字化协同和提高农民市民化质量至关重要。一是二元户籍制度将城乡居民划分为两个阶层，随之附带的社会权益也分为两个层级。这种户籍制度在某种程度上将农民禁锢在了土地上，限制农民自由流动迁徙。在推进农民市民化发展进程中，二元户籍制度也造成了劳动力就业市场的城乡二元分割。农民从事传统农业生产劳动，进入城市工作以后受二元户籍制度影响，同工不同酬、被歧视的现象仍然十分普遍。户籍制度改革不彻底或不进行实质性的改革，将严重影响农民市民化发展进程，进而破坏公平公正的社会环境，阻碍经济社会健康可持续发展。二是公共服务及基础设施属于非排他性的产品，农业转移人口与城市居民都有平等获得公共服务的

---

① 荆文君等：《数字技术赋能经济高质量发展：一种改进的"技术—经济"分析范式》，《电子政务》2023年第10期。
② 傅才武：《数字技术作为文化高质量发展的方法论：一种技术内置路径变迁理论》，《人民论坛·学术前沿》2022年第23期。
③ 李庆瑞：《"制度—话语"视角下农业转移人口的治理变迁》，《华南农业大学学报》（社会科学版）2022年第5期。

权利。① 2023 年，人力资源社会保障部等九部门《关于开展县域农民工市民化质量提升行动的通知》（以下简称《通知》）明确将"加强县域公共服务供给"作为提升县城治理效能和推进县域农民工市民化的重点任务。② 中国社会已经达到全面小康水平，根据马斯洛的需求层次理论，人们在满足基本的需求之后，会追求更高层次的精神需求。享有均等化的公共服务是推进农民市民化发展的核心内容，只有农业转移人口享有了与城镇居民大体均等化、等值化的公共服务待遇，他们与城镇居民相同的合法身份和社会权益才可能获得。三是政治参与是公民表达政治意愿、实现政治权利的重要手段，是现代政治体系的重要组成部分。③ 农民工参与了城镇建设，对城镇发展贡献了自身的力量，参与城市社会治理，表达自身意愿和诉求，是农业转移人口在主观上取得市民身份认同的重要体现。推动农民工转变为县城的"新市民"最本质的要求是通过制度建设、文化培训和社区管理，增加农民政治参与的意愿和能力，此外，应保障农民工平等享有参与公共事务的权利和政治权利，最终实现从县城市民到公民的转变。充分保障好农民工政治权利和公民权利，确保农民工平等参与社区治理、企业管理等，实现享有与城市居民相同的权利，使新市民积极融入城市生活，增强归属感和认同感，既是农民市民化的重要目标，也是提升县域治理效能的内在要求。

第二节　治理结构变革与数字化协同水平测度与组态分析

一　研究方法与样本选择

（一）研究方法

1. 定性比较分析

20 世纪初，随着系统科学的出现，整体论开始取代还原论逐步成

---

① 燕连福、毛丽霞：《县域公共服务均等化推动乡村振兴的目标旨归、面临问题和实践路径》，《兰州大学学报》（社会科学版）2022 年第 5 期。

② 人力资源社会保障部等九部门：《关于开展县域农民工市民化质量提升行动的通知》，中国政府网，https://www.gov.cn/zhengce/zhengceku/2023-01/19/content_5737933.htm。

③ 左珂、何绍辉：《论新生代农民工政治参与：现实困境与路径选择》，《中国青年研究》2011 年第 10 期。

为西方科学研究的主导范式。① 1987 年，社会学学者 Ragin 首次提出定性比较分析（qualitative comparative analysis，QCA）方法。② QCA 方法是一种以案例研究为导向的理论集合研究方法，其重点是根据现实数据进行不断的理论对话，从小样本数据中建立因果关系。不同于定量研究提倡的"线性因果关系"的逻辑，QCA 方法中研究对象的因果关系是非线性的，前因变量对结果的影响是相互依存的，并且相同结果的产生可能是由多重前因组合造成的。③

QCA 方法适用于对中小规模样本的分析，由于县城统计数据缺失严重，可供考察的案例数量相对有限，QCA 方法恰恰为县城治理结构变革和数字化协同的小样本局限提供了可行解决方案。此外，使用 QCA 方法可以深入分析影响因素，弥补了单案例研究和单一因素分析的不足，能够分析多个案例研究系统中事件发生的原因、可能的组合和不同影响因素的相互作用。广大县城治理结构变革和数字化协同的建设过程复杂多样，其建设和发展是一种复杂的演化过程，协同水平的提升可能是多种因素合力作用的结果，QCA 方法可以分析导致协同水平提升的复杂成因组合及其互动关系。根据变量类型划分，QCA 方法分为清晰集定性比较分析（csQCA）、模糊集定性比较分析（fsQCA）和多值集定性比较分析（mvQCA）。其中，csQCA 方法和 mvQCA 方法只能处理分类变量，而 fsQCA 方法可以将变量转化为 0—1 的隶属度，从而更好地解决程度变化和部分隶属的问题。根据本章选取的变量类型，采用 fsQCA 方法分析县城治理结构变革与数字化协同的影响因素。

2. 耦合协同度模型

基于对协同效应的研究，不同的学者采用了不同的方法，较常见的有耦合协同度模型、动态耦合模型等。耦合协同度模型可以更好地

---

① 杜运周、贾良定：《组态视角与定性比较分析（QCA）：管理学研究的一条新道路》，《管理世界》2017 年第 6 期。

② Ragin C. C., *The Comparative Method: Moving Beyond Qualitative and Quantitative Strategies*, Berkeley, Los Angeles and London: University of California Press, 1987, pp. 31–37.

③ 杨志、魏姝：《政策爆发生成机理：影响因素、组合路径及耦合机制——基于 25 个案例的定性比较分析》，《公共管理学报》2020 年第 2 期。

对两个或多个子系统间的协调发展情况进行评价和分析,且模型计算更简便、结果更直观,因此本章采用耦合协同度模型来解释治理结构变革与数字化两个子系统的相互影响关系,并在此基础上进一步对整个系统的耦合协同度进行测度。耦合协同度模型一共涉及3个指标值的计算,分别是耦合度C、协调指数T、耦合协同度D。计算公式如下:

$$\begin{cases} C = \sqrt{U_1 \times U_2}/(U_1 + U_2) \\ D = \sqrt{C \times T}, \quad T = \alpha U_1 + \beta U_2 \end{cases}$$

式中:C 为耦合度;T 为协调指数;D 为耦合协同度,D 值越大,表明二者协同程度越好;U_1 为治理结构变革子系统发展水平指数;U_2 为数字化子系统发展水平指数;α、β 分别为治理结构变革子系统和数字化子系统所占的比重,反映不同子系统对协调度的贡献,为待估计系数,由于二者具有相同的重要程度,因此本章 $\alpha = \beta = 0.5$。

(二)样本选择

选择 QCA 方法的样本必须考虑到以下几个方面:一是选择原则,根据理论和实际需要选择,而不是随机选择;二是选择数量,尽可能广泛地选择个案,但不必要求全覆盖;三是在选择个案时,QCA 方法必须遵循案例总体的充分同质性和案例总体内的最大异质性。[①] 通常在 10—40 个的中小样本分析中,设置 4—6 个或 4—7 个条件变量最合适。[②]

本章基于《县城城镇化数字化协同发展案例数据资料库》,结合本章研究的问题,以及 QCA 方法关于研究领域样本数量的一般性原则,同时考虑数据可得性,在删除数据缺失较多的县(县级市)后,最终从数据库中选取东部、中部、西部和东北地区 30 个县及县级市作为中国县城治理结构变革和数字化协同水平提升路径分析的案例。该数据库以中华人民共和国住房和城乡建设部发布的三批国家智慧城市试点名单和中国信息化研究与促进网、国衡智慧城市科技研究院、太昊国际互联

[①] [比]伯努瓦·里豪克斯、[美]查尔斯·C.拉金编著:《QCA 设计原理与应用:超越定性与定量研究的新方法》,杜运周等译,机械工业出版社 2017 年版,第 21 页。

[②] 卓越、罗敏:《基层政府组织持续创新:关键因素和组合路径——基于 14 个政府部门创新台胞台企集成环境的定性比较分析》,《中南大学学报》(社会科学版)2022 年第 1 期。

网大数据区块链评级、国新智库等权威机构联合发布的《中国新型智慧城市（SMILE指数）百强区县榜单》为来源，从中抽取了83个县及县级市。将这83个县及县级市作为县城治理结构变革和数字化协同组态路径分析的样本库，符合案例总体的充分同质性标准。东部、中部、西部和东北地区县城经济发展和社会环境等条件有较大差异，治理结构变革和数字化协同水平参差不齐，能够满足案例总体内最大异质性标准。样本县的区域分布如表6-1所示。

表6-1　　　　　　　　　　　样本县的区域分布

东部	中部	西部	东北
河北省唐山市滦南县、河北省保定市博野县、山东省潍坊市临朐县、山东省潍坊市寿光市、江苏省连云港市东海县、江苏省徐州市新沂市、江苏省盐城市东台市、浙江省温州市苍南县	安徽省六安市金寨县、安徽省滁州市定远县、安徽省阜阳市太和县、江西省上饶市婺源县、江西省宜春市樟树市、河南省平顶山市舞钢市、河南省三门峡市灵宝市、湖北省荆州市洪湖市、湖北省黄冈市麻城市、湖南省长沙市长沙县、湖南省常德市汉寿县、湖南省郴州市安仁县	四川省阿坝藏族羌族自治州汶川县、四川省乐山市峨眉山市、四川省绵阳市江油市、新疆维吾尔自治区伊犁哈萨克自治州伊宁市、新疆维吾尔自治区巴音郭楞蒙古自治州库尔勒市	黑龙江省佳木斯市桦南县、吉林省白山市抚松县、吉林省辽源市东丰县、辽宁省大连市庄河市、辽宁省沈阳市新民市

资料来源：笔者根据相关资料整理。

二　变量选取与数据来源

（一）结果变量

本章以耦合协同度模型计算得出的治理结构变革与数字化协同度为结果变量，具体测算指标如表6-2所示。数字县城建设在治理结构变革与数字化协同发展的环境下，深刻影响城镇政治、经济、文化的层面，不断完善县城的数字基础设施建设，不断提高农业转移人口的数字素养，从而更积极主动地参与城市社会治理，推动城镇化和数字化不断发展。基于数据可获取性和可比较性，本章以2020年30个县城为研究样本，从县城治理结构变革和数字化两个子系统选取指标。县城治理结构变革子系统中，用每万人支付宝实名用户中政务业务使用用户数表征政治层面，用每亿元社会消费品零售总额中线上消费金额表征经济层面，用教育培训类 App 平均使用时长表征文化层面；县城数字化子系统中，用每千人拥有互联网宽带接入端口数表征数字基础设施，用涉农政务服务事项在线办事率表征网上政务服务。相关数据主要来自各地区 2020 年统计年鉴、农业农村部信息中心和北京大学新农村发展研究院，缺失数据以 2019 年数据补充。

表 6-2　　县城治理结构变革与数字化耦合协同度测算指标

指标名称	指标测度		指标定义	数据来源
治理结构变革与数字化耦合协同度	治理结构变革水平（U_1）	政治层面	每万人支付宝实名用户中政务业务使用用户数（人）	北京大学新农村发展研究院
		经济层面	每亿元社会消费品零售总额中线上消费金额（万元）	北京大学新农村发展研究院
		文化层面	教育培训类 App 平均使用时长（小时）	北京大学新农村发展研究院
	数字化水平（U_2）	数字基础设施	每千人拥有互联网宽带接入端口数（个）	各地区 2020 年统计年鉴
		网上政务服务	涉农政务服务事项在线办事率（%）	农业农村部信息中心

（二）条件变量

习近平总书记在中央农村工作会议上强调："要推动城乡融合发展见实效，健全城乡融合发展体制机制，促进农业转移人口市民化。"[①] 农业转移人口市民化是农业人口转变为市民的过程，但是对于市民化内涵的理解有狭义和广义之分。狭义的市民化指城市居民的身份与权利的获得，以及城镇居民合法身份和社会权益的获取过程，即获得

[①] 《习近平出席中央农村工作会议并发表重要讲话》，中国政府网，https://www.gov.cn/xinwen/2020-12/29/content_5574955.htm。

市民权（citizenship）的过程，包括居住权、学习权利、工作与福利保障权、选择推荐权等，在中国城市户籍首先被关联。而广义的市民化也包括市民思想的广泛激发和居民变为城市权利主体的历程，不仅包含价值理念、身份认同等各种主观因素和社会生活方式的转变，还包括就业、住房、教育、养老等一系列城市市民待遇与社会权利，[①] 涉及经济体制、社会结构、制度变迁、社会心理与意识等多层次的转化，[②] 是在城市化和工业化的推进中让农民的地位、身份、人身权利、价值观与生产生活方式等内容趋于市民身份的转变。市民化这一过程包括生产方式和职业身份、居住空间、生活方式的转变和文化组织的提升、社会关系的重构，其中职业的非农化是前提，居住生活空间的转变是城市化带来的结果，文化素质的提升、生活方式的变化和社会关系的重构是适应城市生活的体现和要求。市民化内涵的独特性在于如何从作为职业与身份的农民转化为市民，与当代城市文明的各种因子相遇前后，在获取市民资格的同时，发展出相应的能力、与城市相适应并养成城市市民素养的历程。[③] 农业转移人口市民化，不是简单的户籍变化，也不只是公共服务供给的问题，还要保障农业转移人口参与城市社会治理的权利，重视农业转移人口的社会融入。因此，主要以城市户籍获取、公共服务供给和城市治理参与三个方面作为分析县城治理结构变革与数字化协同的条件变量。具体指标如表6-3所示。

表6-3　县城治理结构变革与数字化协同发展分析指标

变量类型	变量名称	变量定义	数据来源
结果变量	治理结构变革与数字化协同	治理结构变革与数字化耦合协同度	耦合协同度模型计算

[①] 佟大建等：《基本公共服务均等化、城市融入与农民工城市居留意愿》，《农业技术经济》2023年第10期。

[②] 卢海阳等：《农民工的城市融入：现状与政策启示》，《农业经济问题》2015年第7期。

[③] 王通：《中国流动人口市民化的场域适应与行为变迁》，《华南农业大学学报》（社会科学版）2023年第6期。

续表

变量类型	变量名称		变量定义	数据来源
条件变量	城市户籍获取	户籍城镇化水平	户籍人口城镇化率（%）	统计年鉴、统计公报
	公共服务供给	教育文化	农民工随迁子女接受义务教育比例（%）	统计年鉴
		社会保障	农民工医疗保险参保率（%）	统计年鉴
		就业培训	农民工职业技能培训参与人次（人次）	统计年鉴、政府官网
	城市治理参与	组织参与	基层工会组织新增会员数（人）	统计年鉴
		网络议事	在线议事行政村覆盖率（%）	农业农村部信息中心

在城市户籍获取方面，主要以户籍人口城镇化率衡量户籍城镇化水平。《"十四五"新型城镇化实施方案》（以下简称《方案》）指出，"2020年末全国常住人口城镇化率达到63.89%，户籍人口城镇化率提高到45.4%。农业转移人口市民化成效显著"。在此基础上，《方案》提出"到2025年，全国常住人口城镇化率稳步提高，户籍人口城镇化率明显提高，户籍人口城镇化率与常住人口城镇化率差距明显缩小。农业转移人口市民化质量显著提升，城镇基本公共服务覆盖全部未落户常住人口"的目标。[1] 户籍人口城镇化率是在中国特有的户籍制度下的一种测度方法，指常住在城镇地区同时拥有常住地户籍的人口占总人口的比例。[2] 由户籍制度导致的城乡二元状态，对农民市民化进程有重要影

---

[1] 国家发展和改革委员会：《"十四五"新型城镇化实施方案》，中国政府网，https://www.gov.cn/zhengce/zhengceku/2022-07/12/content_5700632.htm。

[2] 孙红玲等：《论人的城镇化与人均公共服务均等化》，《中国工业经济》2014年第5期。

响。[①] 户籍制度改革不断深入，以及土地、财政、教育文化、就业、医疗卫生、养老和住房保障等公共服务均等化改革稳步推进，农业转移人口市民化的进程正在加快，更多的农业转移人口实现了落户城镇，享受城镇居民待遇。本章参考已有研究，据户籍城镇人口与常住人口的比值计算户籍人口城镇化率。[②]

在公共服务供给方面，以农民工随迁子女接受义务教育比例衡量教育文化，以农民工医疗保险参保率衡量社会保障，以农民工职业技能培训参与人次衡量就业培训。其原因，一是农村地区获得教育的机会有限，教育质量低。城市教育的投入较大，资源相对丰富，但教育资源的分配和获取比农村地区更严格。在农民迁移到城市后，城市中的教育资源将根据他们的户籍地或住房所在地进行分配。生活在人口集中地区的少数农民工，也能满足其子女的教育需求。无论如何，公平地接受教育是教育部门重点关注的一个工作要点。二是在现行社会保障政策框架下，农村和城市地区的居民享受不同的社会保障待遇。市民化后，农民将根据其职业身份享受养老保险和医疗保险，同时，其社会福利和社会救助水平将与城镇居民平等享有。三是农民迁移进城后，对于那些拥有在城市生活技能的农民来说，他们的生活方式没有重大变化，但对于那些继续通过传统农业生产作为收入来源的农民来说，他们将面临一个艰难的转变过程，这将使他们淘汰传统的农业生产方式，并学习非农业生产方式。增强农业转移人口新的劳动技能，包括制造业、服务业和家庭经营等，是农民市民化工作的核心。已有研究证实，各类公共服务供给对城镇化和人口流动有显著影响，各类公共服务支出的增加都有助于吸引技能劳动力流入。[③] 城乡公共服务均等化有助于促进人口本地城镇化。[④]

[①] 朱巧玲、甘丹丽：《新型城镇化背景下农民市民化评价指标体系的构建》，《福建论坛》（人文社会科学版）2014 年第 5 期。

[②] 戚伟等：《中国户籍人口城镇化率的核算方法与分布格局》，《地理研究》2017 年第 4 期。

[③] 贾婷月：《基本公共服务支出与城镇化地区差距——基于劳动力流动的视角》，《上海经济》2018 年第 1 期。

[④] 李斌等：《公共服务均等化、民生财政支出与城市化——基于中国 286 个城市面板数据的动态空间计量检验》，《中国软科学》2015 年第 6 期。

第六章 治理结构变革与数字化协同：以县城为重要载体的数字公民形塑

在城市治理参与方面，以基层工会组织新增会员数衡量组织参与，以在线议事行政村覆盖率衡量网络议事。党的十九届五中全会通过的《中共中央关于制定国民经济和社会发展第十四个五年规划和二〇三五年远景目标的建议》，将"国家治理效能得到新提升"作为主要目标之一，其中"社会治理特别是基层治理水平明显提高"是"国家治理效能得到新提升"的重要内容。[1] 显然，治理效能的提升不仅依赖党和政府这一治理主体，还需要公民参与。[2] 公民的有序、有效参与既是提高公共服务水平的制度保障，也是提高治理效能的制度保障，这更符合中国特色社会主义民主政治的制度优势。一是作为劳动者维护自身合法劳动权益的重要途径、促进和谐劳资关系的重要组织保障，工会在农民工市民化进程中同样发挥重要作用。新时期的工会工作将超越传统职能的合法权益保护，拓展至对国家新型城镇化战略的自觉性回应，通过多种渠道来协助政府推进农民工市民化进程，以提升城镇化发展质量。[3] 二是在数字化时代，公民参与治理的方式日益多样化，甚至可以打破时空限制。作为连接多元主体互动的数字空间，网络为公民参与提供了广泛的可能性。通过建立公民参与网络的反馈、纠正和引导机制，鼓励公民有序参与诸如咨询、利益表达等活动，提升公民参与效能，从而促进国家治理体系和治理能力的现代化。[4] 由于网络参与成本相对低廉，农民工利用网络平台了解城市治理信息，在实现政治权利的同时锻炼和提高自身政治参与能力，有助于将农民工参与的理念、思想、愿景转化为行为，赢得社会的尊重、公正和平等。[5] 相关数据主要来自 2020 年各地区统计年鉴、统计公报、政府官网及农业农村部信息中心。

---

[1] 《中共中央关于制定国民经济和社会发展第十四个五年规划和二〇三五年远景目标的建议》，中国政府网，https://www.gov.cn/zhengce/2020-11/03/content_5556991.htm。
[2] 姜晓萍：《国家治理现代化进程中的社会治理体制创新》，《中国行政管理》2014年第2期。
[3] 崔亚东等：《工会与农民工居留意愿：兼析工会的双重职能悖论》，《财经研究》2022年第10期。
[4] 王聪：《治理效能视角下公民参与公共服务的制度研究》，《重庆大学学报》（社会科学版）2021年第5期。
[5] 蒋琳等：《新生代农民工参与网络问政的调查与思考》，《电子政务》2016年第9期。

三 数据分析与实证结果

（一）数据分析

变量的描述性统计结果如表6-4所示，包括观测数、均值、标准差、最小值和最大值，为本章的研究奠定了重要基础。

表6-4　　　　　　　　变量的描述性统计结果

变量	观测数（个）	均值	标准差	最小值	最大值
户籍人口城镇化率（%）	30	52.781	11.108	29.710	84.150
农民工随迁子女接受义务教育比例（%）	30	73.991	8.312	56.400	92.870
农民工医疗保险参保率（%）	30	87.945	11.263	62.440	99.880
农民工职业技能培训参与人次（人）	30	7877.367	5654.123	286	27800
基层工会组织新增会员数（人）	30	1330.267	1666.674	126	8318
在线议事行政村覆盖率（%）	30	90.371	83.032	11.038	98.540
每万人支付宝实名用户中政务业务使用用户数（人）	30	1412.900	1859.967	28	7548
每亿元社会消费品零售总额中线上消费金额（万元）	30	3267.777	780.414	1914.300	4972.500
教育培训类App平均使用时长（小时）	30	1247.834	2467.014	72	788
每千人拥有互联网宽带接入端口数（个）	30	771.033	406.926	209	1843
涉农政务服务事项在线办事率（%）	30	46.333	23.519	9	88

（二）实证结果

1. 耦合协同度测算结果

鉴于每个指标与该指标处于同一类别的其他指标的地位、作用与影响不完全相同，以及为避免主观赋权法造成的指标权重的不精确，本章采用客观赋权法中的熵值法对所选指标进行赋权，最终得到30个县及县级市治理结构变革和数字化耦合协同度，如表6-5所示。

第六章 | 治理结构变革与数字化协同：以县城为重要载体的数字公民形塑

表6-5　30个县和县级市治理结构变革和数字化耦合协同度

地区		治理结构变革子系统	数字化子系统	耦合协同度	地区		治理结构变革子系统	数字化子系统	耦合协同度
东部	河北滦南县	0.091	0.578	0.479	中部	湖北麻城市	0.717	0.392	0.728
	河北博野县	0.049	0.368	0.366		湖南长沙县	0.393	0.739	0.734
	山东临朐县	0.112	0.612	0.512		湖南汉寿县	0.381	0.248	0.554
	山东寿光市	0.140	0.689	0.557		湖南安仁县	0.253	0.322	0.535
	江苏东海县	0.099	0.277	0.407		均值	0.351	0.317	0.538
	江苏新沂市	0.080	0.217	0.363	西部	四川汶川县	0.128	0.322	0.451
	江苏东台市	0.112	0.309	0.431		四川峨眉山市	0.218	0.430	0.553
	浙江苍南县	0.138	0.141	0.373		四川江油市	0.076	0.808	0.497
	均值	0.103	0.399	0.436		新疆伊宁市	0.146	0.701	0.566
中部	安徽金寨县	0.068	0.109	0.293		新疆库尔勒市	0.117	0.729	0.540
	安徽定远县	0.074	0.213	0.354		均值	0.137	0.598	0.521
	安徽太和县	0.078	0.170	0.339	东北	黑龙江桦南县	0.057	0.432	0.397
	江西婺源县	0.060	0.171	0.318		吉林抚松县	0.047	0.641	0.417
	江西樟树市	0.671	0.308	0.674		吉林东丰县	0.043	0.414	0.366
	河南舞钢市	0.570	0.245	0.611		辽宁庄河市	0.145	0.536	0.528
	河南灵宝市	0.622	0.298	0.656		辽宁新民市	0.069	0.278	0.372
	湖北洪湖市	0.321	0.586	0.658		均值	0.072	0.460	0.416

在治理结构变革水平指数方面，各地区治理结构变革水平指数均值从高到低排序为中部、西部、东部、东北，其中湖北麻城市和江西樟树市的治理结构变革水平指数较高，分别为0.717和0.671，吉林东丰县的治理结构变革水平指数最低，为0.043。其中，湖北麻城市在组织结构优化方面，尤其是在优化治理单元、健全组织架构、推动"党建入章"、推行"双向进入"和实行"三个同步"等方面下功夫。[1] 此外，湖北麻城市紧紧围绕小区建设、治理和服务需求，以党员骨干、居民为主体灵活开展形式多样的"微活动"，增强小区居民获得感、幸福感、安全感。鼓励所有小区居民积极参与制定和执行小区居民公

---

[1] 杜英姿等：《麻城市：夯实"五个基本"深化小区治理》，《中国城市报》2023年8月14日第31版。

约,引导居民在公序良俗、社会公德、言行举止等方面形成一套行为规范,凝聚居民共识,培育小区精神,形成"最大公约数"以促进小区治理。由小区综合党组织牵头成立党群议事会,搭建议事平台,采取"业主(居民)提议、联席议事会商议、党组织审议、业委会或业主(代表)大会决议"的方式开展议事。年末开展工作评议,由居民对小区党组织年度工作实绩进行综合评价,有效激发了居民参与的热情。

在数字化水平指数方面,各地区数字化水平指数均值从高到低排序为西部、东北、东部、中部,其中四川江油市、湖南长沙县和新疆库尔勒市的数字化水平指数较高,分别为0.808、0.739和0.729,安徽金寨县的数字化水平指数最低,为0.109。其中,四川江油市以"数字江油"为总揽,在政务服务、公共服务、城乡治理等方面广泛使用数字技术,加快政务服务数智化、加快数字政府建设和城乡智慧治理。四川江油市大数据中心"太白金芯"接入28个政府公共管理信息化平台,整合7285个各类摄像头、传感器等感知源,打破数据孤岛,实现相关信息互联互通、资源共享。"太白金芯"首批整合四川江油市14个部门39项政府公共管理职能,让城市运行情况都在一块大屏幕上实时呈现,一屏统揽、一网统管。[①] 截至2020年末,江油市移动电话用户为103.04万户,同比增长10.5%;互联网用户数为31.28万户,同比增长5.6%,其数字基础设施水平得到显著提高,为城市治理、民生服务、经济发展赋能的能力进一步提升。[②]

在耦合协同度方面,各地区均值从高到低排序为中部、西部、东部、东北,其中湖南长沙县和湖北麻城市的治理结构变革和数字化耦合协同度较高,分别为0.734和0.728,安徽金寨县的治理结构变革和数字化耦合协同度最低,为0.293。截至2020年,长沙县全县移动电话用户为168.3万户,同比增长6.0%;全县互联网络用户为52.8万户,

---

[①] 《江油:大数据赋能数字政府建设》,江油市人民政府网,http://www.jiangyou.gov.cn/xwzx/sjjy/tpxw/34360511.html。

[②] 《2020年江油市国民经济和社会发展统计公报》,江油市统计局官网,http://www.jiangyou.gov.cn/public/5441/26256531.html。

同比增长19.2%,网民数量快速增长。① 长沙县率先建设了全省首个政务云平台,数据共享粗具规模。依托"在星沙"等App,逐步实现政务服务"一网通办"、城市运行"一网通管"、产业发展"一网通览",智慧教育、智慧医疗、智慧交通、智慧文旅等一批重点民生工程稳步推进,数字化发展水平明显提高,县域治理水平和居民生活质量进一步提升。②

2. 模糊集定性比较分析结果

(1) 数据校准。借鉴现有研究,运用直接校准法将数据转换为模糊集隶属分数。将治理结构变革与数字化耦合协同度、户籍城镇化水平、教育文化、社会保障、就业培训、组织参与和网络议事交叉点的校准标准设置为0.5分位点,完全不隶属的校准标准为0.25分位点,完全隶属的校准标准为0.75分位点。校准锚定点如表6-6所示。在确定变量校准锚点的基础上,再进行变量校准计算,校准结果如表6-7所示。

表6-6 变量校准锚定点

变量类型	条件和结果	校准		
		完全隶属	交叉点	完全不隶属
结果变量	治理结构变革与数字化耦合协同度	0.590	0.487	0.379
条件变量	户籍城镇化水平	59.827	51.365	45.828
	教育文化	78.378	76.225	67.438
	社会保障	98	90.900	81.510
	就业培训	8963	6825	3887.750
	组织参与	1575.750	754.500	419.250
	网络议事	105.435	73.835	42.106

① 《2020年长沙县国民经济和社会发展统计公报》,长沙县统计局官网,http://www.csx.gov.cn/zwgk/zfxxgkml/fdzdgknr/sjkf/sjgb/202106/t20210608_9995435.html。
② 《湖南省长沙县出台规划加快数字经济转型》,长沙县工信局官网,http://www.csx.gov.cn/zwgk/zfxxgkml/gzdt75/bmdt/202209/t20220926_10820935.html。

表 6-7　　　　　　　　　　　　变量校准结果

地区	结果变量	条件变量					
	治理结构变革与数字化协同度	城市户籍获取	公共服务供给			城市治理参与	
		户籍城镇化水平	教育文化	社会保障	就业培训	组织参与	网络议事
河北滦南县	0.440	0.080	0.070	0.980	0.930	0.430	0.570
河北博野县	0.040	0.380	0.070	0.890	0.010	0.050	0.760
山东临朐县	0.730	0.020	0.040	0.900	0.370	0.100	0.550
山东寿光市	0.950	0.710	0.070	0.960	0.870	0.260	1
江苏东海县	0.110	0.410	0.070	0.980	0.990	0.080	0.750
江苏新沂市	0.040	0.920	0.030	0.910	0.080	0.510	0.970
江苏东台市	0.190	0.950	0.050	0.610	1	0.170	0.950
浙江苍南县	0.050	1	0.040	0.490	0.590	0.470	0.990
安徽金寨县	0.010	0.170	0.050	0.950	0.950	0.540	0.070
安徽定远县	0.030	0.060	0.030	0.970	0.280	0.520	0.050
安徽太和县	0.020	0.020	0.770	0.510	1	0.540	0.060
江西婺源县	0.010	0.560	0	0.710	0.050	0.010	0.010
江西樟树市	1	0.870	0.670	0.480	0.430	1	0.040
河南舞钢市	0.990	0.930	0.750	0.360	0.230	1	0.020
河南灵宝市	1	0.010	0.920	0.010	1	0.950	0.330
湖北洪湖市	1	0	0.490	0.060	0.730	1	0.110
湖北麻城市	1	0.190	0.630	0.070	0.970	1	0.040
湖南长沙县	1	0.960	0.990	0	1	1	1
湖南汉寿县	0.940	0.150	0.540	0.970	0.010	0.050	0.450
湖南安仁县	0.880	0.070	0.620	0	0.040	0.980	0.010
四川汶川县	0.280	0.580	1	0.910	0	0.610	0
四川峨眉山市	0.940	0.960	0.930	0.420	0.010	0.800	0.100
四川江油市	0.590	0.640	0.040	0.950	0.940	0.960	0.940
新疆伊宁市	0.960	1	0.050	0.010	1	0.010	1
新疆库尔勒市	0.900	0.980	0.010	0	0.930	0	1
黑龙江桦南县	0.090	0	1	0	0.020	0.050	0.140
吉林抚松县	0.140	1	1	0.980	0.010	0.010	1

续表

地区	结果变量	条件变量					
	治理结构变革与数字化协同度	城市户籍获取	公共服务供给			城市治理参与	
		户籍城镇化水平	教育文化	社会保障	就业培训	组织参与	网络议事
吉林东丰县	0.040	0	1	0.070	0.390	0.010	0.020
辽宁庄河市	0.840	0.990	1	0.090	0.640	0.840	0.810
辽宁新民市	0.050	0	1	0.020	0.110	0.010	0.900

（2）必要条件分析。必要性分析是对各条件变量的必要性进行检验。使用 fsQCA 3.0 软件进行必要条件检验，结果如表 6-8 所示，高水平和非高水平治理结构变革与数字化协同各条件变量的一致性水平均在 0.9 以下。因此，选取的条件变量中没有影响县城治理结构变革与数字化协同水平的必要条件。

表 6-8　　　　　　　必要条件检验结果

条件变量	高水平治理结构变革与数字化协同		非高水平治理结构变革与数字化协同	
	一致性	覆盖度	一致性	覆盖度
高户籍城镇化水平	0.599	0.626	0.460	0.464
非高户籍城镇化水平	0.487	0.483	0.629	0.602
高教育文化	0.560	0.614	0.419	0.443
非高教育文化	0.491	0.467	0.635	0.582
高社会保障	0.402	0.402	0.687	0.663
非高社会保障	0.663	0.687	0.381	0.381
高就业培训	0.641	0.628	0.463	0.438
非高就业培训	0.427	0.451	0.607	0.620
高组织参与	0.702	0.767	0.338	0.357
非高组织参与	0.412	0.392	0.780	0.716
高网络议事	0.531	0.553	0.547	0.551
非高网络议事	0.569	0.566	0.556	0.534

(3) 条件组态分析。对一致性大于 0.8 的非必要条件进行组态分析，可以呈现其发挥作用的多元路径。对于充分性的一致性水平，已有研究采用了不同的一致性阈值，如 0.75、0.8 等。[1][2] 对于中小样本，频数阈值通常设置为 1。[3] 在具体研究中，要考虑案例在真值表中的分布及研究者对观察案例的熟悉程度。本章最终确定的充分性一致性阈值为 0.8，频数阈值为 1。表 6-9 呈现了用于解释高水平治理结构变革与数字化协同的 4 条组态路径。其中，每一纵列表示一种可能的条件组态。4 条路径中，总体解和单个解的一致性水平均高于 0.75，表明实证分析有效。其中，总体解的一致性为 0.901，表明所有满足这 4 类条件组态的治理结构变革与数字化协同的案例中，有 90.1% 的治理结构变革与数字化均呈现较高的协同水平。解的总体覆盖度为 0.490，意味着 4 类条件组态可以解释 49% 高水平治理结构变革与数字化协同案例。

表 6-9　　高水平治理结构变革与数字化协同组态分析

条件组态	路径 1	路径 2	路径 3	路径 4
户籍城镇化水平	★	●	●	
教育文化		●	●	●
社会保障	☆		☆	☆
就业培训	•	★	•	★
组织参与	●	●	●	●
网络议事	★	★		★
一致性	0.849	0.896	0.981	0.985
原始覆盖率	0.188	0.197	0.137	0.214

---

[1] 唐鹏程、杨树旺：《企业社会责任投资模式研究：基于价值的判断标准》，《中国工业经济》2016 年第 7 期。
[2] 程聪、贾良定：《我国企业跨国并购驱动机制研究——基于清晰集的定性比较分析》，《南开管理评论》2016 年第 6 期。
[3] 张明、杜运周：《组织与管理研究中 QCA 方法的应用：定位、策略和方向》，《管理学报》2019 年第 9 期。

续表

条件组态	路径1	路径2	路径3	路径4
唯一覆盖率	0.129	0.042	0.098	0.038
总体一致性	0.901			
总体覆盖率	0.490			

注：●或者•表示该条件存在，☆或者★表示该条件不存在；●或☆表示核心条件，•或★表示边缘条件；空白代表条件可存在也可不存在。

路径1表明，组织参与发挥了核心作用，就业培训发挥了辅助作用。这意味着，当组织参与和就业培训水平较高时，即便县城户籍城镇化水平、社会保障和网络意识较低，也依然可以实现高水平的治理结构变革与数字化协同度。就业是民生之本，是最大的民生，农民工进城的首要目标就是就业。可见，对于县城而言，积极开展农民工就业培训，提升农民工职业技能，同时积极推动农民工通过参加工会等途径参与城市社会治理，能够显著提高县城的治理结构变革与数字化协同度。路径1的代表性案例有湖北麻城市、湖北洪湖市和河南灵宝市。其中，湖北麻城市在新冠疫情过后，适时开展人口和人力资源信息采集工作，逐一摸排，登记新冠疫情期间返乡人员和节后外出务工人员，主动与用工城市对接，"点对点、一站式"输送返岗复工人员，让务工人员"出家门、上车门、进厂门"。[①] 此外，湖北麻城市充分尊重老百姓的知情权与参与权，让大家参与到决策中，通过党建引领，以村社为单元，在全市探索"决策共谋、发展共建、建设共管、效果共评、成果共享"的社会治理模式。[②] 该路径的一致性为0.849，唯一覆盖率为0.129，原始覆盖率为0.188，表明该路径能够解释12.9%的高水平县城治理结构变革与数字化协同案例。另外，18.8%的高水平县城治理结构变革与数字化协同案例仅能被该路径解释。

路径2表明，户籍城镇化水平、教育文化和组织参与发挥了核心作

[①]《勇担当，善作为，麻城市打好就业保卫战》，麻城市劳动就业管理局网，http://rst.hubei.gov.cn/bmdt/ztzl/ywzl/wjybjy_1/zllwlb/202101/t20210106_3202181.shtml。

[②] 刘卫：《共建共治共享——从麻城看"共同缔造"的价值观》，湖北省人民政府网，https://www.hubei.gov.cn/hbfb/xsqxw/202209/t20220907_4296760.shtml。

用。这意味着,当就业培训和网络议事覆盖度不足时,如果县城的户籍城镇化水平、教育文化和组织参与水平较高,依然能够实现高水平的县城治理结构变革与数字化协同度。不断缩小户籍城镇化率和常住人口城镇化率的差距,是提升农业转移人口市民化的重要内容。对于农业转移人口而言,教育文化程度的提高,有利于提升自身表达意愿、行使权利和参与城市社会治理的能力,从而促进身份认同、融入城市生活。路径2的代表性案例有四川峨眉山市、河南舞钢市、四川汶川县和江西樟树市。其中,河南舞钢市2020年户籍人口城镇化率为58.73%。[1] 作为河南省新型城镇化试点市,河南舞钢市紧紧抓住政策契机,坚持统筹兼顾,积极筹措"百城百亿"政策资金等,厚植发展优势,促进城乡协调发展。舞钢市积极完善学前教育资源,在义务教育阶段学校内部质量得到进一步提升,办学条件得到明显改善。在公众参与方面,河南舞钢市坚持全民参与、共建共享的工作原则,引导群众把"村里事"当成"自己事",让广大群众真正成为城市和乡村治理的参与主体。该路径的一致性为0.896,唯一覆盖率为0.042,原始覆盖率为0.197,表明该路径能够解释19.7%的高水平县城治理结构变革与数字化协同案例。另外,4.2%的高水平县城治理结构变革与数字化协同案例仅能被该路径解释。

路径3表明,户籍城镇化水平、教育文化和组织参与发挥了核心作用,就业培训和网络议事发挥了辅助作用。这意味着,户籍城镇化水平、教育文化、组织参与、就业培训和网络议事的协调联动,能够克服社会保障覆盖率不足,实现高水平的县城治理结构变革与数字化协同度。网络议事是互联网时代呈现出的一种新兴的公民参与治理方式,具有低成本、便捷化、开放性等特征,是农业转移人口参与城市社会治理的重要方式。路径3的代表性案例是湖南省长沙市长沙县和辽宁省大连市庄河市。其中,长沙县2020年城镇人口为49.3万人,乡村人口为33.3万人,户籍人口城镇化率为59.7%。[2] 长沙县不断加强农民工参与社会治理管理服务,全县实名登记的基层工会组织有2414家,会员为156677人

---

[1] 《舞钢市2020年国民经济和社会发展统计公报》,舞钢市人民政府网,http://zg-wg.gov.cn/contents/15686/216437.html。

[2] 《2020年长沙县国民经济和社会发展统计年鉴》,长沙县统计局网,http://www.csx.gov.cn/zwgk/zfxxgkml/fdzdgknr/sjkf/sjnj/202108/P020210908344366091663.pdf。

第六章 | 治理结构变革与数字化协同：以县城为重要载体的数字公民形塑

（新就业形态劳动者会员为 6 万余人），创新了农民工入会服务链式推进工作法、建筑工地项目工会建设等一系列工作方法。此外，长沙县大力扩充学位资源，"十三五"时期投资 50 多亿元整体新建义务教育阶段学校 26 所、普通高中 1 所（在建）、公办幼儿园 4 所，提质改扩建学校 42 所，创建"未来学校" 2 所，积极促进进城务工农民子女与本地学生的整合，享受公平而有质量的教育。① 长沙县还依托"在星沙"等 App，逐步实现政务服务"一网通办"，方便居民通过互联网参与治理。该路径的一致性为 0.981，唯一覆盖率为 0.098，原始覆盖率为 0.137，表明该路径能够解释 13.7%的高水平县城治理结构变革与数字化协同案例。另外，9.8%的高水平县城治理结构变革与数字化协同案例仅能被该路径解释。

路径 4 表明，教育文化和组织参与发挥了核心作用。这意味着，当教育文化和组织参与条件存在时，即便县城社会保障、就业培训和网络议事覆盖度较低，也依然可以实现高水平的治理结构变革与数字化协同度。对于农业转移人口而言，教育文化程度的提高有利于提升自身表达意愿、行使权利和参与城市社会治理的能力，从而促进身份认同、融入城市生活。路径 4 的代表性案例有河南舞钢市、湖南安仁县、四川峨眉山市和江西樟树市。其中，江西樟树市于 2020 年完成 3 所中学的改扩建工作，1 所新建小学投入使用，投入 2.2 亿元发展普惠性学前教育，在稳步提升教育质量的同时缓解了农民工子女上学的顾虑。② 另外，江西樟树市坚持以人民为中心的发展理念，全面推进综治中心实体化建设，深入开展网格化服务管理，提升精细化服务水平，引导群众积极参与，有效提升了全市社会治理水平。该路径的一致性为 0.985，唯一覆盖率为 0.038，原始覆盖率为 0.214，表明该路径能够解释 21.4%的高水平县城治理结构变革与数字化协同案例。另外，3.8%的高水平县城治理结构变革与数字化协同案例仅能被该路径解释。

---

① 《长沙县教育事业发展第十四个五年规划》，长沙县教育局网，http://www.csx.gov.cn/zwgk/bmxxgkml/1289170/1289164/202201/t20220124_10453020.html。
② 《2021 年樟树市人民政府工作报告》，樟树市人民政府网，http://www.zhangshu.gov.cn/zssrmzf/zfgzbg/202104/871fda52e591416aa5239a84f19a2a14.shtml。

第三节 治理结构变革与数字化协同的结论与启示

一 研究结论

以县城为重要载体的新型城镇化是以人为核心的城镇化,在新型城镇化的过程中,大量农民从农村迁移到城镇寻找工作并改变生活方式,当进城的农民不仅获得城镇永久居住身份并且平等地享受城镇居民的公共服务和参与社会治理的政治权利时,就实现了农民的市民化。[①] 在互联网时代,县城通过治理结构变革与数字化协同并进,推动传统农民向数字县城的"新市民"转变,具有重要的现实意义。

本章基于耦合协同度模型和模糊集定性比较分析方法,在测算出30个样本县治理结构变革与数字化协同度的基础上,进一步探究城市户籍获取、公共服务供给和城市治理参与因素对县城治理结构变革与数字化协同度的联动效应及驱动路径。研究发现:一是30个样本县治理结构变革与数字化协同度总体水平偏低,有较大的提升空间。其中,中部和西部地区县城治理结构变革与数字化协同度高于东部和东北地区。二是从总体上看,城市户籍获取、公共服务供给和城市治理参与因素都不能单独作为县城治理结构变革与数字化协同的必要条件,而4类条件组态构成了高水平县城治理结构变革与数字化协同的驱动路径。具体为以组织参与发挥核心作用,就业培训发挥辅助作用的驱动路径;户籍城镇化水平、教育文化和组织参与发挥核心作用的驱动路径;户籍城镇化水平、教育文化和组织参与发挥核心作用,就业培训和网络议事发挥辅助作用的驱动路径;教育文化和组织参与发挥核心作用的驱动路径。其中,以教育文化和组织参与为核心的驱动路径在高水平县城治理结构变革与数字化协同上发挥着更重要的作用。三是县城治理结构变革与数字化协同是多种因素协同作用的结果,各因素的有效结合以"殊途同归"的方式实现高水平县城治理结构变革与数字化协同。例如,对比路径1和路径4可以发现,在特定的条件下,教育文化和组织参与条件的联

[①] 孙中艮、施国庆:《新型城镇化背景下农民市民化的要素及其演变:一个社会分析框架》,《南京社会科学》2015年第9期。

动可以突破就业培训的限制,显现县城高水平治理结构变革与数字化协同。

二 经验启示

(一) 明确目标:推进农民市民化

需要指出的是,进一步深化户籍制度改革,并不是要取消或减少城镇居民原有的社会权益及福利待遇,而是要在城镇居民原有的社会权益及福利待遇得到切实保障的基础上,城镇居民和农村转移人口都能够享受到均等化、等值化的社会权益及福利待遇。

第一,要破除城乡二元分割的户籍管理结构,以及由此衍生出来的各种类型户口,建立城乡一体的户籍管理制度,并通过户籍管理基础性工作的不断完善,推动户籍登记制度和人口迁移政策的进一步调整,促进人口迁移限制政策逐步放宽,实现转移人口的流动合理有序,最终达到人口自由流动迁徙的目的。另外,要建立健全深化户籍制度改革的配套制度。实践也已证明,户籍制度改革不在于给农民市民户口,而是要赋予农民与市民同等的身份,享受同等的社会权益,彰显社会公平,所以必须加强配套制度、配套措施的改革,不断弱化和减少直到最后消除城镇户籍制度附带的各种社会权益和福利待遇,确保农村转移人口市民化发展顺利推进。

第二,加大公共服务均等化投入。农业转移人口在城镇实现了就业和安居。进一步推动市民化需要市民权利和市民待遇平等,特别是在基本公共服务方面,包括养老、医疗卫生、教育文化等待遇与城市居民平等。一方面是基本公共服务的覆盖率,即城市居民提供的基本公共服务同样覆盖农业转移人口;另一方面是在获得基本公共服务方面没有任何身份差异,即在享有基本公共服务的质量和水平上,农业转移人口和城市居民不存在差别。此外,社会公共服务作为一种公共产品和必需品,不仅要满足城市居民的需要,农村居民作为社会的一员也应该拥有同等的公共服务。一是政府应该加大财政调控力度,建立省、市、县三级财政补贴制度,多部门协同推进对农村的社会保障制度、农业基础设施、农村生活设施的规划和完善,提升覆盖面和服务水平,组织相关部门加强对农业基础设施的修缮和管理。二是抛弃过去单独依靠政府推动的模式,发挥市场和社会组织的作用,引进大型的工商企业,鼓励企业积极为农民参保、修建道路等服务和设施履行社会责任，提升企业形象，同时政府应减免其税收，给予积极的扶持。三是建立城市对口援建偏远地区农村的项目。发达城市参与落后地区农村的基础设施建设，既带动了农村地区经济发展、人口就业，又实现了公共服务的完善。

第三，要以共同治理推动全面融入。适当增加各级党员代表大会、人大代表大会、政协代表大会中农业转移人口比例，以支持其行使参政议政的权利。建设一个包容性社会，使农民工完全融入社区、企业和城市社会。促进和谐企业的建设，建立包容性强、和谐的企业文化，加强农民工自我管理和自我管理服务的能力。实施以公办学校为主、私立学校为辅的义务教育"无门槛"和"无差别"，解决农民工子女入学问题。推动农业转移人口与城市户籍人口子女实行"混合编班"，加强统一管理，确保教育权利的平等。通过现代化的技术包括互联网、大数据、在线政务平台等，丰富多层面的社区服务体系，推动农业转移人口融入社区。在农民工集中居住地区，鼓励农民工参与社区议事会、居民代表会议，积极促进农民工共同参与社区治理，拓宽参与渠道。通过社区融入，推动农民工归属感和认同感的建立。

（二）数字赋能：优化公共服务供给

1. 加大投入，多元主体协同，供给高品质公共服务

政府给予更多的关注和资源投入是高水平县城公共服务建设的重要条件。以县城公共服务数字化推动农民工"市民化"，推动在县城工作生活的农民向市民转变，提供完善的公共服务至关重要。区别于农村的完善的县城公共服务，使农民工感觉生活在县城舒适、便利，有家的感觉，是农民工客观上"市民化"的表现。除了数字化公共服务设施的供给，要提供居民使用、享受公共服务数字化带来的便利性、技能性供给，使农民工真正融入数字县城，是农民工主观上"市民化"的表现。县城居民积极参与有助于优化县城公共服务供给。具体到县城公共服务供给行动层面，县城居民基于自身利益需求积极参与协商、政策制定达到多元主体协同。数字县城公共服务建设需要政府与企业、社会合作，增强个性化公共服务供给能力。县级政府应从具体的、具有竞争性的基本公共服务的直接提供过程中解脱出来，履行好基本公共服务供给过程

中"引航员""指挥员""服务员""裁判员"的义务,即引导基本公共服务供给的方向和重点区域,指挥相关主体在合适的时间向特定的主体提供基本公共服务。

2. 需求识别,扩大有效供给,积极回应公众需求

以人为核心的新型城镇化是中国新型发展方式在城乡统筹建设中的表现。以人为本是当代中国优先发展的重大理念,联系着中国未来经济增长目标,反映了新型城镇化建设的各环节。数字县城是以人为核心的新型城镇化发展模式,县城公共服务建设不仅强调供给主体,更重要的是满足居民需求,以公众满意为价值追求,实现县城公共服务高质量建设。以居民需求为导向,使县城公共服务建设供需结合,具体要做到以下三点。一是调查居民需求。通过大数据分析、意见反馈、民意调查等找出公共需求,纳入政策制定中。二是回应居民需求。对居民的疑问、意见等给予耐心的解答和考量,进而对政策进行调整。三是质量监测。引入居民监测县城公共服务建设的各环节,倒逼县政府在公共服务供给中重视居民需求,既重视加大对公共服务的投入效率指标,又重视公共服务供给的公平、可持续性、公众满意度等质量指标。

3. 技术保障,破除鸿沟壁垒,共享统一数字支撑体系

信息基础设施水平是影响高水平县城公共服务建设的关键因素。按照《"十四五"推进国家政务信息化规划》的要求,建立县城居民数字身份库,在市场交易和公共服务领域进行数字化改造升级,保障信息安全,构建统一的数字服务平台。进行普惠化的数字建设,提升县城民生公共服务包容度。充分利用数字化技术,建设新型市政基础设施。数字赋能县城道路交通,提高通行效率;数字赋能县城供排水,构建供排水集中控制、处理系统;数字赋能县城管网,推动县城管网智能化运行;数字赋能县城环卫,提升环卫作业质量;数字赋能县城能源,有效节能增效。促进大数据、5G、物联网等技术与市政基础设施相融合。一方面,在数字技术发展的同时,充分考虑到弱势群体接受度低、使用困难等现实情况,无障碍改造数字化民生服务,满足弱势群体的特殊需求。另一方面,坚持线上线下协同发展,在推行数字化建设的同时,为有需要的群体保留人工服务窗口,这体现出数字县城以人为本的包容度。数字县城是城镇体系数字化的重要组成部分,构建统一共享的公共服务数

字支撑体系，对促进新型城镇化建设具有重要意义。

（三）以教为核心：加快数字公民形塑

1. 以学校教育为核心，奠定素养基础

一方面，学校是数字公民素养培养的重要场所，因此数字公民素养的提升要以学校教育为核心，为不同学段的学习者提供人机智能生成内容（AIGC）技术普及的相关课程，同时开展丰富多彩的数字教学实践活动。学校应注重课程的更新和改进，以适应不断发展的教学环境；同时，要在总结人机交互经验的基础上，普及人工智能原理、人机对话设计、人工智能教学应用等知识。数字形成机制中的表达力、解读力，是人机交互的基础能力，而这些能力在过去并未得到足够的重视。基于此，学校设置相关的智能课程时要注重提升学习者的表达力、解读力，以奠定数字公民素养培养的基础。具体而言，可以将人机交互的特定内容（如高效的提示工程、跨平台的自动化开发等）设立为单独的课程。这些课程不仅能帮助学生深入理解和掌握人机交互的基础知识和技术，也能通过实际的项目实践提升他们的表达力和解读力，从而更好地应对复杂的人机交互环境。另一方面，学校应采用各种创新的实践性教学模式（如游戏化学习、项目式学习等），提高学习者的参与度和实践能力。在教学实践过程中遇到复杂的问题时，学习者要能灵活切换角色并运用六种能力解决问题。游戏化学习、项目式学习等实践性教学模式强调学习者动手操作和全身心投入，这对于不同阶段的学习者来说都是有效培养数字公民素养、提升思维能力的重要路径。以美国常识媒体（Common Sense Media）组织开发的数字公民教育游戏为例，其通过角色扮演和解决虚拟社区困境，鼓励学生在充满趣味和挑战的游戏环境中提升自身素养。另外，AIGC技术对硬件要求低，学校利用人工智能教学平台和软件，通过计算机、手机、平板等设备便可实现智慧教学环境的再开发，改变学习者被动的信息接收者角色。例如，将基于AIGC技术开发的教学软件添加到白板中，可为学习者提供更优质、高效、个性化的数字学习体验，并能激发其创造力和探究精神，提高人机交互能力和高阶思维能力，进而提升其数字素养。

2. 以企业培训为支撑，提升实践能力

对于企业员工来说，保持竞争优势和职业发展，积极吸纳新的知识和技术以适应新的环境需求是必要的。但是，对于传统行业的工作人员和缺乏相关技术背景的员工来说，仅依赖政府的推动远远不够，企业自身也应构建完善的培训系统，重新审定职业需求，提升员工的数字素养和数字技术应用能力，通过开展技术实训、提供政策激励来推动企业的数字化转型。一方面，企业应开设有针对性的技术实训课程，并结合实际业务问题，进行项目式的实践训练。考虑到不同员工在年龄、认知水平、专业能力等方面的差异，企业机构应定期组织员工参与数字素养培训，并鼓励员工通过在线课程、技术研讨会等方式学习数字技术的相关知识与技能，提高员工的实践应用能力，增强员工对信息的解读力和信息安全意识，以不断提升其适应技术变革和职业转型的能力。另一方面，企业应从员工的实际需求出发，设计和实施以提升数字素养为目标的激励政策。具体来说，企业机构应根据生产组织的目标一致性，通过奖金发放、岗位晋升、外出考察等激励性政策，吸引员工主动提升数字素养，增加个人对技术水平提升的投入，并鼓励员工对 AIGC 技术进行二次开发，以便其在实践中总结经验，创造更多价值。

3. 以社区教育为延伸，扩展数字教育

良好的社区教育是增强社会资本、推动社区成员终身成长和社区可持续发展的关键路径。基于此，除了学校教育和企业培训，对数字公民素养的提升应依靠社区教育，将数字公民教育覆盖正式、非正式教育领域，以构建全面的数字公民素养提升体系。一方面，社区应创建一个鼓励社区居民学习和发展的环境并用心维护，包括提供适应性的学习空间、设施和资源，如社区学习中心或图书馆、在线学习平台和资源库等。具体来说，可通过线上线下相融合的方式，将社区和家庭有机地融合，构建全新的社区教育生态系统，为社区居民提供更便利、高效、个性化的学习方式，并使社区居民可以轻松地分享学习经验，形成学习共同体。同时，可以家庭为单位，充分利用家庭教育的优势，让家长和孩子合作学习、共同解决问题，形成和睦、进步的家庭学习文化。此外，不同家庭还可以通过社区平台、社区活动等进行交流互动，营造浓厚的社区学习氛围。另一方面，社区应通过多种途径和方式（如社区讲座、研讨会、宣传册、社区网站等），将数字公民教育的重要性、内容、方式等信息广泛地传播给社区居民，激发他们的学习兴趣和动力。具体来说，一是要建立完善的社区数字资源库，便于社区居民随时随地获取所需的数字资源，包括各种数字化学习工具、在线课程、电子书籍等。二是要广泛普及法律法规教育，确保社区居民形成正确的态度价值观，深化其对智能技术的道德认知，使其具有一定的自我约束力，合理应用智能技术为社区的发展贡献力量。

第七章

迈向整体智治：县城城镇化数字化协同发展的优化路径

第一节 数字县城建设整体智治的理论框架

一 数字县城建设整体智治的发展目标与内在逻辑

（一）发展目标

"县城城镇化数字化协同"是数字县城建设整体智治的发展目标。具体而言，是通过对县城的数字化建设与智慧化改造，实现空间结构调整与数字化协同、产业结构转型与数字化协同、治理结构变革与数字化协同，推动传统农村向"数字城镇"转变、传统农业向"数字产业"转变、传统农民向"数字公民"转变的三维驱动变革，融合以人为核心，政治、法治、德治、自治、智治"一核五治"的发展理念，探索数字县城"三农三变——一核五治"的县城城镇化数字化协同发展的整体智治新路径，从而实现县城城镇化过程中县域社会治理从局部治理的"量变"阶段到全域治理的"质变"阶段的跨越。

（二）内在逻辑

城镇化是社会发展的客观趋势，县城作为中国城镇系统中最基本的单元，承上启下地连接城市、服务农村，是工业化和城镇化发展的关键点。《中共中央关于制定国民经济和社会发展第十四个五年规划和二〇三五年远景目标的建议》（以下简称《建议》）明确提出，要"推进以县城为重要载体的城镇化建设"，①标志着新型城镇化战略和政策体系将更突出"县城"这一重要载体，这不仅是就近就地城镇化战略指向的重要内容，也是促进城乡融合发展、全面推进乡村振兴、增进人民生活福祉的重要举措。自2020年以来，国家发展改革委印发了《关于加快开展县城补短板强弱项工作的通知》及若干配套文件，形成了"1+N+X"系列政策体系，并指导120个县城建设示范地区积极探索实践。2022年5月，中共中央办公厅、国务院办公厅印发《关于推进以县城为重要载体的城镇化建设的意见》不但进一步凸显了推进以县城为重要载体的城镇化建设在城镇化战略中的独特地位和重要作用，还明确提出"推进数字化改造"，"建设新型基础设施，发展智慧县城"。②党的二十大再次强调要深入实施新型城镇化战略，着力推动高质量发展。

随着互联网、物联网、大数据、云计算、人工智能等先进技术加速向各领域广泛渗透，在新型城镇化推进过程中，数字化与城镇化的融合形成的数字城市，成为必然趋势和新型城镇化的核心内容，③"全要素数字化转型"成为基本要求。在推进新型城镇化进程中，县城国土空间布局、产业基础设施建设、基层社会治理等领域还停留于沿用传统管理模式与方法，纵向间政府财权与事权分离，横向间政府、市场与社会边界不明，面临权责不清、监督滞后、数字孤岛等问题。随着城镇化水平的逐步提高，越来越多的城市问题相继产生，人们对更高质量城市生活品质的需求日益突出，要实现精细化、高效能的中国城市发展和治理实践，县城城镇化数字化协同发展成为新的着力点。"三农三变"与"五治融合"是县城城镇化数字化协同发展的重要支撑，以"三农三变"为驱动力，以"五治融合"为支撑力，在两者交互作用下形成整体智治的合力，共同促进县城城镇化数字化协同发展，其内在逻辑如图7-1所示。

---

① 《中共中央关于制定国民经济和社会发展第十四个五年规划和二〇三五年远景目标的建议（二〇二〇年十月二十九日中国共产党第十九届中央委员会第五次全体会议通过）》，《人民日报》2020年11月4日第1、3版。

② 《中办国办印发〈关于推进以县城为重要载体的城镇化建设的意见〉》，《人民日报》2022年5月7日第1版。

③ 何江等：《中国新型城镇化：十年研究全景图谱——演进脉络、热点前沿与未来趋势》，《经济地理》2020年第9期。

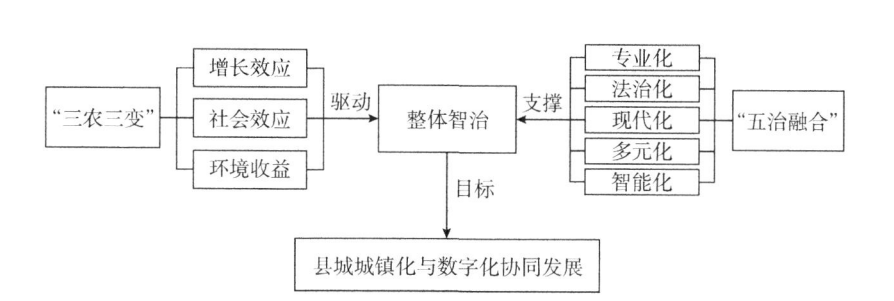

图7-1 县城城镇化数字化协同的内在逻辑

县城城镇化不仅是新发展格局下扩大内需、拉动经济增长的有效手段，也是以县城辐射县域、带动县域、服务县域，从而加强空间结构优化、促进产业结构转型、推动治理结构变革，实现"三农三变"，推进人的全面发展的关键举措。在推进县城城镇化数字化协同发展的过程中，"三农三变"是一种综合了增长效应、社会效应和生态效应的强大"驱动力"，在吸引农村剩余劳动力转移、促进传统乡镇企业更新换代、加速消费结构转型升级、推动工业化进程等发展过程中起着至关重要的作用。它不仅指引着经济发展方式的转型，还引领着社会结构的转变，推动提升人口素质，形成生态文明。因此，"三农三变"共同作用形成的强大驱动力可释放推进县城城镇化数字化协同发展的增长效应、社会效应与环境收益。

县域社会治理是城市社区治理与农村基层治理的有机统一，既是对国家治理的方针政策的贯彻落实，也是对基层社会治理实践的具体指导。县城城镇化既是城乡关系问题，也是空间结构问题、产业经济问题、农民主体性问题、公共服务和社会治理问题。因此，既要格外关注城镇化进程中县城整体性发展的问题，还应从县城善治的角度出发，借鉴基层社会治理"五治融合"的治理理念，即围绕以"人"为核心，实现政治、法治、德治、自治、智治相融合的理念为数字县城治理提供较完善的制度保障。具体而言，通过发挥政治引领作用，提升县域社会治理"专业化"；发挥法治保障作用，增强县域社会治理"法治化"；发挥自治强基作用，推进县域社会治理"现代化"；发挥德治教化作用，打造县域社会治理"多元化"；发挥智治支撑作用，推动市域社会治理"智能化"。因此,"五治融合"共同作用形成的强大"支撑力"可促进数字县城治理的专业化、法治化、现代化、多元化、智能化。

在基层治理数字化转型背景下,公共治理主体既面临着结构碎片化、信息冗余化和程序混沌化等治理要素的复杂互动,也经历着信息化、数字化、智能化、智慧化的转型迭代,数字技术与基层治理系统的互嵌程度不断跃升,推动基层治理从电子政务、数字政府时代不断迈向更高阶的整体智治时代。在推动县城城镇化数字化协同发展过程中,通过以"三农三变"形成的驱动力和以"五治融合"提供的支撑力相互作用,形成推动县城城镇化数字化协同发展的整体智治合力。整体智治作为实现县城城镇化数字化协同发展目标的手段与路径,其实现的理论逻辑与实践路径成为关键问题。理论上,整体智治是整体性治理的进一步演进,它将数字技术和数据智能应用于治理过程中,强调通过数字技术的运用更好地理解社会问题,减少治理供给主体与治理需求主体的信息不对称程度,以及替代部分对治理主体的能力要求,[1] 推动更智能、更高效、更贴近民众需求的治理,制定更有效的政策和提供更精确的服务,从而重组治理结构和重塑治理功能,以提升治理效能。实践中,在推动县城城镇化数字化协同发展的过程中,在整体智治的"整体性治理"思维的指导下,各地因地制宜积极探索数字化转型的创新之路,以县城空间结构调整为核心,推动传统农村向数字城镇转变;以产业结构转型为进路,实现传统农业向数字产业转变;以治理结构变革为基点,促进传统农民向数字公民转变。

二 数字县城建设整体智治的理论基础

(一)整体性治理理论

整体性治理理论是具有高度包容性的公共管理部门之间寻求协调与整合的理论,以整体性制度和责任为治理保障,通过协调、整合与合作的治理机制,形成一致目标,达成紧密合作关系。[2] 整体性治理理论由佩里·希克斯(Peri Six)在20世纪80年代到90年代初公共行政管理

---

[1] 郁建兴、黄飚:《"整体智治":公共治理创新与信息技术革命互动融合》,《光明日报》2020年6月12日第11版。
[2] 胡占光、吴业苗:《数字乡村何以实现"整体智治"?——基于浙江五四村"数字乡村一张图"全景治理平台实证考察》,《电子政务》2023年第12期。

第七章 | 迈向整体智治：县城城镇化数字化协同发展的优化路径

领域经历"新公共管理"改革浪潮后出现了治理部门化、空心化、碎片化等问题的背景下提出。①② 传统公共行政学和新公共管理学都注重"整合"理念。但是，传统官僚制中的整合是森严的等级制度下与工具理性相适应的、以"命令—服从"关系链为特征的权威性整合；新公共管理范式中的整合是以市场化竞争机制的引入来提高公共管理效率的整合；整体性治理理论中的整合是合作共赢的整合，是各政府间及政府内各层级与各职能部门间通过行政活动的业务流程整合，以及政府、市场、社会、公民之间多元主体协同合作而形成的整合。

具体而言，整体性治理以满足公众需求和解决公共问题为导向、以追求公共利益最大化为核心、以数字技术为主要工具，拆除公共管理部门之间的樊篱，通过充分沟通与互动形成有效的协调、整合与合作机制，坚持从政府本位向公民本位转变，从而实现治理活动由碎片到整合、由分散到集中、由局部到整体的治理。③ 整体性治理理论的核心内容包括去碎片化、反分权化、逆部门化、建立大部制、降低行政成本，通过机构重组、流程再造和技术应用等手段实行扁平化、网络化治理，提供"一站式"公共服务。④ 整体性治理的关键是协调整合机制的运作与执行，强调多元治理主体间的功能互补与相互嵌入，助力政府机构以结果和目标为中心进行再造和创新，通过协调整合机制的有效运行消除利益冲突、促进各利益相关者合作形成协同效应，实现一体化运作和公共服务的集约式供给，进而释放"1+1>2"的聚合效应。

（二）数字治理理论

从广义上看，数字治理是一种社会组织、政治组织及其活动的形式⑤，它包含了对经济、社会的综合治理，而不仅指在公共事务领域运用现代信息技术，涵盖了如何影响政府、立法机关和公共管理过程的一

---

① Six P., *Holistic Government*, London: Demos, 1997.
② 张涛：《个人信息保护的整体性治理：立法、行政与司法的协同》，《电子政务》2023年第6期。
③ 丁建彪：《整体性治理视角下中国农村扶贫脱贫实践过程研究》，《政治学研究》2020年第3期。
④ 竺乾威：《从新公共管理到整体性治理》，《中国行政管理》2008年第10期。
⑤ Dunleavy P., "New Public Management is Dead—Long Live Digital-Era Governance", *Journal of Public Administration Research & Theory*, Vol. 3, No. 3, 2006, pp. 467–494.

系列活动；从狭义上看，数字治理是指政府与企业、政府与社会及政府内部运行过程中通过运用现代信息技术，使行政工作与公共事务处理流程更简化、高效与便捷，使民主化程度得以提高的治理模式。在数字化的大环境下，数字治理借助高速发展的现代信息技术，使原本只能在现实空间内进行的行政功能，被数字化地扩展出去，从而使整个政府的整体服务数字化。[①]

数字治理的基本要素主要包括治理原则、治理主体和治理手段。其一，数字治理包括以人为本、透明开放、公平正义、共享共治、简单易行五大基本治理原则。数字治理首先应以人为中心，以实现人的全面、自由发展为核心目标；开放、透明和创新是互联网的特性，也是数字治理必须遵守的准则；数字化的发展必须坚持包容、普惠、平等的理念，必须坚定不移地走公平公正的道路，超越国家、地区、种族的樊篱，使人们享有基本平等的参与权、发展权和治理权；数字治理是一种由多个主体共同享有、共同管理的管理方式，它有助于促进各主体的利益共享和增值；数字治理是技术赋能的治理，是流程再造的治理，其相关的规则、程序、机制、方法应简单明了，这样才能更有效地指导治理的实施。其二，数字治理的主体可以是政府、社会组织、企业、公民个体等，与其他的治理主体相比，政府有更强的约束力和强制性，具有其他国家或社会成员不具有的诸如司法强制、跨地区统筹协调等功能。在实施数字治理时，既要充分发挥政府的领导作用，也要引导平台企业、社会组织、网络社区、智库、公民个人等有序参与。具体而言，一是在数字治理中充分发挥政府的领导地位；二是加强网络平台和企业在数字治理中的作用；三是发挥社会组织、行业协会、网络社区和社会媒体的协同效应；四是激发公民个体参与数字治理的积极性。其三，在数字治理手段上要正确处理行政、市场、技术、价值的关系。一是加强政策法规的延伸和创新，及时扫除某些政策法规中的"盲点"，填补监管的"空白"；二是充分利用市场机制在政府管理中的重要作用；三是创新数字化技术手段，以技术"治"技术，充分发挥大数据、云计算、人

---

① 黄建伟、陈玲玲：《国内数字治理研究进展与未来展望》，《理论与改革》2019年第1期。

第七章　迈向整体智治：县城城镇化数字化协同发展的优化路径

工智能等技术在数字治理中的作用；四是重视文化、伦理在治理中的重要作用，更加注重数字文化建设、数字伦理建设，夯实数字治理的文化与价值之基。①

（三）整体智治理论

整体智治理论是在新公共管理的危机与数字时代治理兴起的背景下应运而生的一种新的理论模型与治理框架，是对整体性治理理论的继承与发展。② 相比整体性治理，整体智治更强调以公众需求为治理的价值导向和逻辑起点，更注重融合现代信息技术的价值理性和工具理性的统一。③ 具体而言，主要体现为以下几个方面。一是整体智治理论更强调以公民需求为导向。在智能化时代，借助数字技术的应用，通过大数据的汇聚与分析，使民意可以在互联网、移动终端中清晰地显现，有助于将整体性治理中以需求为核心的思想落实落地。二是整体智治理论更强调技术的价值理性和工具理性的统一。相比整体性治理理论存在的技术工具主义倾向，虽然整体智治理论的实现在很大程度上依赖数字技术的发展，但其始终坚持"以人民为中心"的理念，呵护不被智能化时代包容的"数字贫困户"。三是整体智治理论更重视治理手段的多样化与公民自治能力的提升，希冀借助技术赋权，构建"政府—社会—市场—公民"等多元主体的合作治理体系。四是整体智治理论更强调法治的规范作用，希冀以制度化的方式实现政府治理体系的革新。④

整体智治是深度融合数字化改革和组织体制变革，强调组织制度创新和技术创新的交互作用与协同演变的治理模式，⑤ 表现为通过数字政府建设驱动数字技术和组织制度优势转化为治理效能。其中，"整体"即"整体治理"，是指通过组织间横向与纵向的组织权威再分配、治理

---

① 李韬、冯贺霞：《数字治理的多维视角、科学内涵与基本要素》，《南京大学学报》（哲学·人文科学·社会科学）2022年第1期。

② Vanolo A., "Smartmentality: The Smart City as Disciplinary Strategy", *Urban Studies*, Vol. 51, No. 5, 2013, pp. 883-898.

③ 邓念国：《整体智治：城市基层数字治理的理论逻辑与运行机制——基于杭州市S镇的考察》，《理论与改革》2021年第4期。

④ 喻少如、许柯：《整体智治：公共法律服务数字化转型的内在机理与创新路径——以杭州市滨江区"一码解纠纷"为例》，《电子政务》2023年第5期。

⑤ 王英等：《"数据飞轮效应"：数字政府建设实现整体智治的内在机理》，《中国行政管理》2023年第6期。

职能及权力的系统协调、合理配置，借助跨部门的流程再造和数据共享，形成综合性、一体化的治理平台和治理模式。"智治"即政府数字化转型背景下的"智慧治理"，强调治理主体对数字技术的广泛运用，①主张通过更好地运用数字技术，推动政府决策更加科学、治理更加精准、服务更加高效。②换言之，整体智治是政府治理模式适应技术进步与社会情境变化，通过技术赋能推进治理范式变革，是基于智慧化的整体性治理发展形成的新治理范式。

整体智治包括强调治理主体之间有效协调的"整体治理"和治理主体对数字技术广泛运用的"智慧治理"，二者有机结合，并非简单叠加。一方面，在整体性思维的牵引下，"智慧治理"有了价值目标，能够精准、智能地匹配社会需求，推动公共治理有效实施，实现整体性的公共价值目标。另一方面，在数字技术的加持下，"整体性治理"有了工具和抓手，能助力治理主体的有效协调，高效地对治理资源进行整合。③

三 数字县城建设"三农三变——一核五治"的分析框架

（一）"一核五治"的核心要素阐释

在整体智治的思维指导下，本书提出的"一核五治"主要包含"以人为核心"和"五治融合"两个层次的含义。"以人为核心"的新型城镇化建设，是党的十八大以来党中央提出的一项新的城镇化发展战略，遵循城镇化规律的基本原则，关键是以人民为中心，顺应城镇发展规律，促进发展的共享与持续发展。"五治融合"是在"三治结合"的基础上健全发展而来的，由政治、自治、法治、德治、智治组成。"五治融合"治理体制具有较强的综合性、时代特征，是实现县域社会整体性、系统性治理的关键，其逻辑关系如图7-2所示。

---

① 郁建兴、黄飚：《"整体智治"：公共治理创新与信息技术革命互动融合》，《光明日报》2020年6月12日第11版。
② 陈宏彩主编、中共浙江省委党校编著：《数字化改革与整体智治：浙江治理现代化转型》，中共中央党校出版社2021年版，第52～53页。
③ 胡占光、吴业苗：《数字乡村何以实现"整体智治"？——基于浙江五四村"数字乡村一张图"全景治理平台实证考察》，《电子政务》2023年第12期。

第七章 | 迈向整体智治：县城城镇化数字化协同发展的优化路径

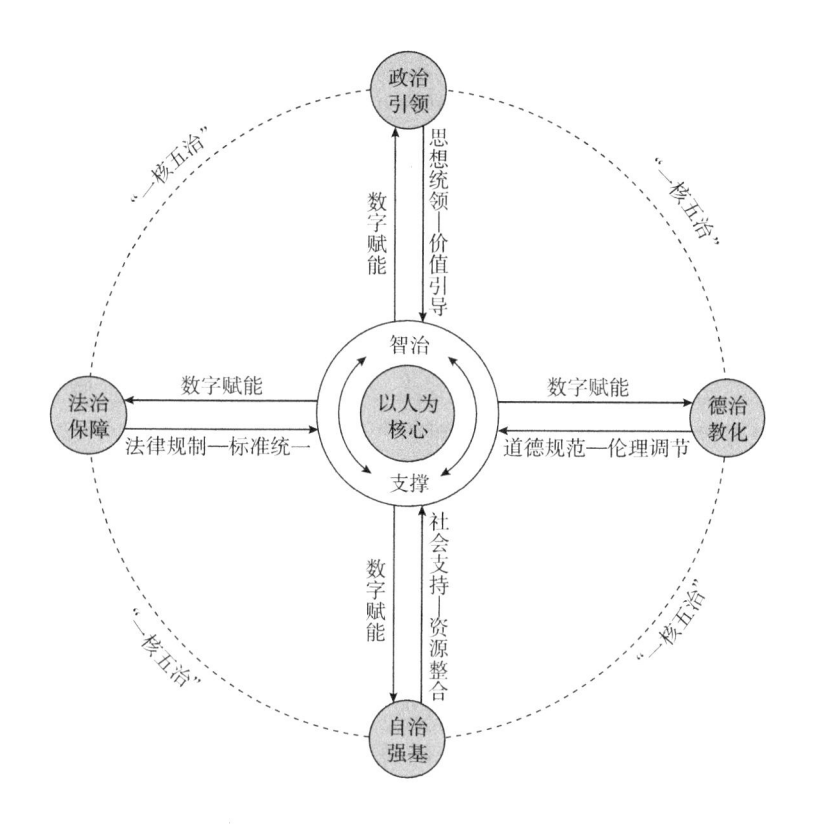

图 7-2 "一核五治"逻辑关系

1. 政治引领

推进县城城镇化数字化协同发展，必须加快构建以党建为核心的县城社会治理新格局。党委发挥的领导核心和政治保障作用具有不可替代性。深化县城城镇化建设过程中县城社会治理，要把农村、社区、宗教、校园、企业、社会组织等各个方面都纳入党的领导。党的领导要全面、系统，任何一个方面或环节的缺失或薄弱，都会导致管理的漏洞、机制的缺陷、服务的盲区。因此，我们要紧紧把握党的领导，把政治安全作为生命线，把党的各项方针政策落到实处，让县城城镇化工作在政治上步入健康发展的轨道，确保县城城镇化数字化协同发展路径不"走偏"。

2. 法治保障

推进县城城镇化数字化协同发展，必须运用法治思维和法治方式推

255

进县城社会治理。法治路径研究从立法、执法、司法、守法各环节发力，全面提高法治能力，为县城城镇化提供有力的法治政策保障。在立法层面上，加快及时调整、修改与当前县城城镇化发展过程中矛盾或不相符的法律法规条文和填补县城城镇化法律领域空白；在执法层面上，在提高制度执行力上下功夫，增强法治意识、维护法治权威、强化制度执行，并贯穿县城城镇化数字化协同发展过程中的空间布局优化、产业结构转型、治理结构变革等全过程和各方面；在司法层面上，准确把握县城城镇化建设过程中的特点和要求，敢于直面顽症，敢于打破利益固化的樊篱，以改革治"痛点""难点"，以"堵点"为重点，全面推进全面的司法责任制改革，实现司法权力的"阳光"；在守法层面上，提高运用法治思维和法治方式的能力，要引导全社会在县城城镇化法治建设过程中自觉遵守法律，全面营造知法、守法、护法的氛围，形成推动发展、防范风险和维护稳定的治理合力。

3. 德治教化

推进县城城镇化数字化协同发展，要充分发挥德治教化的作用，强化对县城城镇化数字化的社会治理的普遍性认同。德治教化是县城城镇化数字化协同发展过程中不可或缺的具有基础性和引导性作用的关键一环，是一种从根本上进行教育的方式。德治教化要以社会主义核心价值观为指导，加强社会、职业、家庭和个人层面的品德建设。一方面，农民市民化是重要的研究问题。农民向市民转变的进程，其本质在于从制度上、思想上打破对农民身份的固化，形成统一的公民身份；同时，引导农民提高道德修养，增强感恩意识，激励广大群众充实精神世界，规范道德行为，让农民在融入县城城镇化过程中有更多的获得感。另一方面，提升原本市民的接纳度，引导他们树立正确的价值观，培育其明辨是非善恶、包容开放、诚实守信的优良品德，从而凝聚起强大的精神动力，推动县城城镇化和数字县城建设进程。

4. 自治强基

推进县城城镇化数字化协同发展，要充分发挥基层自治的作用，激活县城基层社会治理的内在动力。坚持以人为本，保障人民的知情权、参与权、表达权、监督权，维护人民群众作为基层社会治理的参与者、受益者与评判者的最大利益。厘清政府与人民自治的界限，剥离多余的行政事项，将不可缺少的自治内容纳入其中，使基层群众持续发挥自治生命力。要积极探索基层群众自治的新路径，找到各方利益的均衡点，使群众的多层次、差异化、个性化需求得到充分的满足。深入推进居民会议、监督听证等民主决策，全面强化以自我管理、自我服务、自我教育为主体的民主管理，不断增强以村务公开、民主评议为主要内容的民主监督实践，充分发挥好市民公约、村规民约、行业规章、团体章程等社会规范对县城社会管理的积极作用，使各主体都能在县城城镇化数字化协同发展建设中释放出更大的活力。

5. 智治支撑

推进县城城镇化数字化协同发展，要充分利用"大数据"增强县城社会治理的活力与效能。为适应信息化发展的要求，加快"大数据+科学决策"的步伐，努力完善县城"数字政府"的体系结构，强化社会治理事前、事中、事后的资源整合、力量整合、功能整合、手段整合，形成推进县城城镇化数字化协同发展的新工具与新模式。推动"大数据+风险预防"，充分利用大数据"显微镜""透视镜""望远镜"的功能，从源头、传导、转化等关键环节化解社会风险，强化对县城城镇化建设中各领域风险的发现、排查和监管处置，让大数据成为促进县城社会治理现代化的重要推手。

与"三治协同"相比，"五治融合"的重点是"政治"与"智治"。首先，"政治"是以党建为主导，实现"自治"、"法治"和"德治"功能的融合与互动。改革开放以来，中国的经济发展速度持续高速增长，社会治安保持稳定，党的领导功不可没。中国共产党的领导地位与组织特征决定了其在基层治理层面拥有超乎寻常的领导作用，自治、法治、德治作用的发挥与力量的增强离不开政党力量的引导与规范。[①] 因而，在"五治融合"的治理体制中，党的领导应发挥"政治"的主导功能，通过组织、整合、协调，使"自治"的基础功能、"法治"的保障功能、"德治"的教化功能有效整合；政治引领的基础在于获得社会认同和凝聚多方力量，关键在于多元主体积极参与。总之，数

---

① 张明皓、豆书龙：《党建引领"三治结合"：机制构建、内在张力与优化向度》，《南京农业大学学报》（社会科学版）2021年第1期。

字县城的治理追求的是政党"秩序"与社会"活力"的良性互动,从宏观上的组织引导、微观上的党员参与、广泛的协商自治,将规范性、整合性的政党要素有机嵌入分散的基层组织,从而激发社会成员的积极参与,增强治理的内部活力。[①] 其次,"智治"是通过现代信息科学技术实现"自治"、"法治"和"德治"的融合与互动。网络平台由于虚拟沟通、实时在线、掌上服务等技术手段,已经成为国家政治力量融入地方社会的重要现实维度。[②] 新一代的信息技术如互联网、大数据等嵌入城市治理,并通过技术扩散、场景再造等手段,使行为者的权利和能力增强。

(二)"三农三变——一核五治"分析框架

治国安邦的关键在于基层。新时期,中国社会主要矛盾的新变化给基层社会、"三农"等问题带来了许多新的机遇和挑战,为更好地解决城乡发展不均衡、不充分的矛盾,不断满足人民日益增长的美好生活需要,应进一步探索基层治理的体系建设及治理途径。本章结合党的十九届五中全会精神,力求建构出具有适配性、包容性、时代性和充分解释力的县城城镇化数字化协同发展的数字县城建设分析框架。根据对《中国共产党第十九届中央委员会第五次全体会议公报》和《中共中央关于制定国民经济和社会发展第十四个五年规划和二〇三五年远景目标的建议》相关内容的梳理,这一分析框架应彰显"城乡融合发展"和"国内大循环"的战略指引,凸显"以人为核心"的价值皈依和"数字化"的主要特征,涵盖空间结构调整与数字化协同、产业结构转型与数字化协同、治理结构变革与数字化协同三大维度,形成传统农村向"数字城镇"转变、传统农业向"数字产业"转变、传统农民向"数字公民"转变的"三农三变"分析维度。

在条件变量的选取中"空间结构优化""产业结构优化""治理结构优化"分别与"三农三变"分析框架相匹配。此外,县城城镇化数字化协同发展不仅是"三农三变"问题,还涉及农民主体性问题、社

---

① 袁方成、杨灿:《嵌入式整合:后"政党下乡"时代乡村治理的政党逻辑》,《学海》2019 年第 2 期。

② 郭明:《互联网下乡:国家政权对乡土社会的"数字整合"》,《电子政务》2020 年第 12 期。

第七章 | 迈向整体智治：县城城镇化数字化协同发展的优化路径

会治理问题、公共服务问题、技术治理问题等。因此，数字县城建设还应从县城善治的角度出发，借鉴基层社会治理"五治融合"的治理理念，即围绕以"人"为核心，实现政治、法治、德治、自治、智治相融合的理念为数字县城治理提供较完善的制度保障。"一核五治"的制度保障可助推县城城镇化过程中县域社会治理实现从局部治理的"量变"阶段到全域治理的"质变"阶段的跨越，为推进县城城镇化高质量发展和数字县城建设提供有力保障。鉴于此，本章建立了"三农三变——一核五治"的分析框架（见图7-3），探究中国数字县城建设成效影响因素与优化路径。

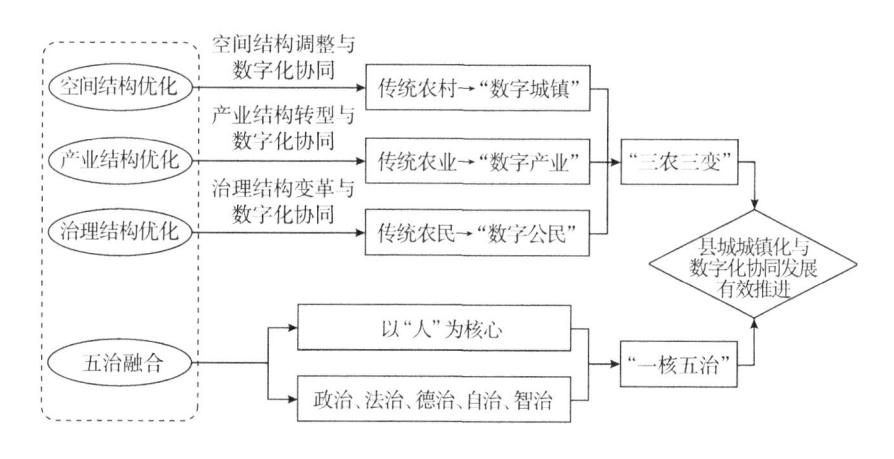

图7-3 数字县城建设"三农三变——一核五治"分析框架

第二节 县城城镇化数字化协同发展的组态分析

随着新型城镇化战略的推进，中国城市人口数量和密度持续上升，城镇化水平逐步提高。城市问题随之增多，人们对城市生活的更高要求日益突出。随着物联网、大数据、人工智能、区块链等技术在各领域的不断发展与延伸，要实现精细化、高效能的中国城市发展和治理实践，数字城市的建设成为新的着力点。当前对数字城市的研究大多是宏观的，以直辖市、计划单列市、副省级城市和省会城市为研究对象，以县城为研究样本的则较少。此外，关于数字县城建设发展影响因素的研究相对缺乏，并且多为传统定量分析。因此，探索数字县城建设效果的影响因素及其优化方案中体现的创新路径是实践发展的现实需要，也是学术界需要创新的研究课题。

基于此，本章从中国信息化研究与促进网、国衡智慧城市科技研究院、太昊国际互联网大数据区块链评级、国新智库等权威机构联合发布的《中国新型智慧城市（SMILE 指数）百强区县榜单》中选取中国数字县城建设典型案例，确定相关变量并进行分析。从数字县城建设影响因素的角度切入，进行定性比较分析，探究样本数字县城建设过程中不同因素的组合如何影响和推动数字县城的建设，从高数字县城建设成效的组态解中挖掘未来数字县城建设的创新路径。

一 研究方法与样本选择

（一）研究方法

近年来，定性比较分析（Qualitative Comparative Analysis，QCA）方法在研究以"结果驱动"和"组态"为本质的管理学领域得到广泛应用。具体来说，QCA 方法主要有以下特点。一是基于组态思想，借助布尔逻辑和集合论。QCA 方法采取的是以案例为导向的组态比较分析技术（Configurational Comparative Analysis，CCA），研究者在案例分析中实现理论与现实的对话，同时，因为 QCA 方法通过借助布尔逻辑和集合论思想构建了一套形式语言，使其可以归纳式的方式开展研究。二是多重并发因果关系。QCA 方法提出了这个新的因果关系概念，指出不同的因果关系"路径"可能会导致相同的结果，QCA 方法关注的重点不是结果的发生是否由某一个单一变量所致，而更多关注不同变量组合成的路径如何引起相同的结果。三是源于小样本，向中等样本量和大样本拓展。作为一种案例导向型的研究方法，它可以更好地与理论进行对话，因此 QCA 方法在理论上被定义为"中观理论"范畴，但是其应用范畴已经拓展到"中等样本量"和"大样本"研究。[1] 由于本章选择的条件变量和结果变量均不属于二分类变量，故本章决定采用模糊集

---

[1] Caren N. and Panofsky A., "TQCA: A Technique for Adding Temporality to Qualitative Comparative Analysis", *Sociological Methods & Research*, Vol. 34, No. 2, 2005, pp. 147-172.

定性比较分析（fsQCA）作为研究方法。

（二）样本选择

QCA方法是以案例为导向的研究方法，案例选择应主要考虑以下几个方面的因素。一是案例样本规模最好是控制在10—60个的中小样本。二是所选案例之间必须有充足的共同背景和特点。三是在少量的案例样本中尽可能实现案例间最大限度的异质性，且几乎包含所有条件变量和结果变量的信息。四是选择的大多数案例是典型案例，且可以获取案例的相关信息。基于以上QCA方法对于中小样本的案例选择的原则和数据可得性原则，本章以《县城城镇化数字化协同发展案例数据资料库》为基础，在删除数据缺失较多的县（市、区）后，最终保留其中的30个县（市、区）作为研究样本。

二 数据来源与变量测度

（一）数据来源

本章所需数据主要来自中国信息化研究与促进网、各地区各类统计年鉴、统计公报、政府工作报告、官方统计网站、官方发布信息，以及由北京大学新农村发展研究院联合阿里研究院共同编制的《县域数字乡村指数（2020）研究报告》，具体见变量测度。

（二）变量测度

1. 条件变量

在选择条件变量过程中要同时考虑条件变量选择的原因与数量。其一，条件变量选取主要有以下四种方案：一是使用精确的"波普尔"证伪法来检测影响结果的相关检验；二是检验多重并发假设的补充性策略；三是从实证研究文献的理论视角出发，构建一个条件组合库；四是依据现有理论、假设和解释机制进行全面的测量。其二，条件变量在数量上要求与选取的案例数量达到平衡状态。通常，在10—50个中等样本案例分析中，以选择4—7个前因条件为宜。因此，本章选择的条件变量不可能涵盖与数字县城建设成效相关的全部影响因素，而是在不同类型中选择代表性较强、研究依据较充分的条件变量。鉴于此，结合上文构建的数字县城建设的"三农三变——一核五治"分析框架，本章选取空间结构优化、产业结构优化、治理结构优化、"五治融合"作为进行QCA方法的条件变量，具体如表7-1所示。

表 7-1 县城城镇化数字化协同发展优化路径分析变量

变量类型	变量名称		变量定义	数据来源
结果变量	数字县城建设整体智治水平		智慧城市建设与发展综合影响力 Tahaoo SMILE 指数得分	中国信息化研究与促进网
条件变量	空间结构优化	生产空间	地均 GDP 值（亿元/平方千米）	统计年鉴、统计公报
		生活空间	路网密度是否在 2.5—4 千米每平方千米？是=1，否=0	统计公报、政府官网
		生态空间	人均公园绿地面积是否≥9 平方米/人？是=1，否=0	统计公报、政府官网
	产业结构优化	产业结构合理化	产业结构合理化指数 $\left[\text{泰尔指数}: TL = \sum_{i=1}^{N} \frac{Y_i}{Y} \ln\left(\frac{Y_i}{L_i} \Big/ \frac{Y}{L}\right)\right]$	统计年鉴、统计公报
		产业结构高级化	第三产业产值与第二产业产值之比（%）	统计年鉴、统计公报
	治理结构优化	城市户籍	非农业人口占常住人口的比重（%）	统计年鉴、统计公报
		公共服务	乡村生活数字化指数	北京大学新农村发展研究院
		农民参与	乡村治理数字化指数	北京大学新农村发展研究院
	"五治融合"	政治引领	是否建立数字党建系统？是=1，否=0	政府官方信息
		法治保障	出台的数字化建设相关政策文件数（份）	
		德治教化	一年内在基层开展数字化宣教的次数（次）	
		自治强基	现有群众和社会组织数（个）	
		智治支撑	"雪亮工程"行政村覆盖率（%）	

（1）空间结构优化。国土空间作为国民赖以生存和发展的场景，是经济社会活动的重要载体。随着中国城镇化进程的不断推进，国土空

间开发程度显著提高，国民生活生产领域与自然场景的交互叠加越发深入复杂，对国土空间科学、合理、有效布局提出必然要求、带来巨大挑战。国土空间治理作为国家治理体系的重要组成部分，其治理能力的高低反映国家治理能力的高低。2013 年 5 月，习近平总书记在十八届中央政治局第六次集体学习时提出，"科学布局生产空间、生活空间、生态空间，给自然留下更多修复空间"；[1] 2015 年 12 月，在中央城市工作会议上强调，"城市发展要把握好生产空间、生活空间、生态空间的内在联系，实现生产空间集约高效、生活空间宜居适度、生态空间山清水秀"，[2] 为新时代城市建设工作指明了方向。在党的二十大报告中，习近平总书记强调，要推动绿色发展，促进人与自然和谐共生。[3] 中国式现代化是人与自然和谐共生的现代化，统筹好城市建设和生产、生活、生态空间布局的关系不仅是生态文明建设的要求，也是新阶段城市高质量发展的应有之义。因此，对于空间结构优化这一条件变量，本章主要从生产空间、生活空间、生态空间三个维度进行综合考量，具体如表 7-1 所示。将生产空间、生活空间和生态空间对应的指标数据进行标准化处理之后，取其均值作为对空间结构优化这一条件变量的综合评价数据。

（2）产业结构优化。随着新型城镇化建设的推进，推进以县城为重要载体的城镇产业结构优化符合新时代城乡资源要素双向流动的新趋势，不仅是解决中国社会主要矛盾和社会主义新农村建设的重要手段，也是城乡发展的重大战略性转变，有利于从根本上实现传统农业向现代产业转变。党的二十大报告指出：建设现代化产业体系。坚持把发展经济的着力点放在实体经济上，推进新型工业化，加快建设制造强国、质

---

[1] 《习近平：坚持节约资源和保护环境基本国策努力走向社会主义生态文明新时代》，中国共产党新闻网，http://cpc.people.com.cn/n/2013/0525/c64094-21611332.html。
[2] 《中央城市工作会议在北京举行　习近平李克强作重要讲话》，中国共产党新闻网，http://cpc.people.com.cn/n1/2015/1223/c64094-27963704.html。
[3] 习近平：《高举中国特色社会主义伟大旗帜　为全面建设社会主义现代化国家而团结奋斗——在中国共产党第二十次全国代表大会上的报告（2022 年 10 月 16 日）》，人民出版社 2022 年版，第 49 页。

量强国、航天强国、交通强国、网络强国、数字中国。① 党的十九届五中全会报告指出：推进产业基础高级化、产业链现代化，提高经济质量效益和核心竞争力。② 由此看来，构建现代化经济体系、促进经济高质量发展、形成中国产业竞争新优势的必然要求与重要措施是发展现代产业体系，推进产业结构的优化升级。基于动态视角，产业结构变迁包含产业结构合理化和产业结构高级化，二者与经济增长关系密切。产业结构合理化是产业间聚合质量，即要素投入结构与产出结构的耦合程度；产业结构高级化则表现为经济结构服务化水平较高。一方面，产业集聚为数字技术扩散提供了前提条件，均衡的产业结构有利于数字技术对农业各环节的渗透与作用，促进数据要素与传统要素的互动整合与资源的优化配置，对数据要素功能的发挥具有积极作用。另一方面，现代服务业的本质是通过为其他产业提供一系列服务获取收益的，农业技术服务和农产品物流服务等则是现代服务业与农业相互渗透的结果。③ 因此，对于产业结构优化这一条件变量，本章主要从产业结构合理化和产业结构高级化两个维度进行综合考量，具体如表7-1所示。将产业结构合理化和产业结构高级化对应的指标数据进行标准化处理之后，取其均值作为对产业结构优化这一条件变量的综合评价数据。

（3）治理结构优化。党的二十大报告着重指出：推进以人为核心的新型城镇化。④ 以人为核心的新型城镇化发展理念强调城镇化进程应以人民为中心，关注人民群众的居住环境、就业创业、文化教育、医疗保障等方面的需求，并以提高人民群众的生活品质和幸福感为目标。在此背景下，农业转移人口市民化是农民在城市中获得市民身份和享受市

---

① 习近平：《高举中国特色社会主义伟大旗帜　为全面建设社会主义现代化国家而团结奋斗——在中国共产党第二十次全国代表大会上的报告（2022年10月16日）》，人民出版社2022年版，第30页。
② 《中共中央关于制定国民经济和社会发展第十四个五年规划和二〇三五年远景目标的建议（二〇二〇年十月二十九日中国共产党第十九届中央委员会第五次全体会议通过）》，《人民日报》2020年11月4日第1、3版。
③ 侯明利、郝新哲：《数字技术如何推动农业高质量发展——基于要素流动的中介效应与产业结构转型的调节效应》，《河南师范大学学报》（哲学社会科学版）2023年第6期。
④ 习近平：《高举中国特色社会主义伟大旗帜　为全面建设社会主义现代化国家而团结奋斗——在中国共产党第二十次全国代表大会上的报告（2022年10月16日）》，人民出版社2022年版，第32页。

民权利的过程，本质是权利、福利与城镇户籍人口均等化。县城城镇化可借助数字化技术不断增强对治理结构优化赋能，实现城乡居民在"同命、同权"的基础上享有均等化、普惠化、便捷化公共服务权益，合理兼顾社会需求与城市综合承受能力，逐步推进基本公共服务均等化，实现同城同待遇，让更多的人"进得来、留得住、过得好"。2013年12月12—13日，中央城镇化工作会议指出，要努力提高农民工融入城镇的素质和能力。① 这个过程包括政治、经济、文化等方面的转变。在政治方面，农民市民化意味着农民可以参与城市政治生活，享受公民的政治权利和履行公民的义务，如选举权、被选举权、言论自由等。在经济方面，农民市民化意味着农民可以享受城市的经济福利和机会，如就业、社保、医疗等。在文化方面，农民市民化意味着农民可以融入城市文化，接受城市的价值观和生活方式。因此，对于治理结构优化这一条件变量，本章主要从城市户籍、公共服务和农民参与三个维度进行综合考量，具体如表7-1所示。将城市户籍、公共服务和农民参与对应的指标数据进行标准化处理之后，取其均值作为对治理结构优化这一条件变量的综合评价数据。

（4）"五治融合"。党的十八大以来，党中央高度重视国家治理体系和治理能力现代化建设，提出了一系列新理念、新思想、新战略。中央政法委秘书长在延安干部学院开班仪式上提出："发挥'五治'作用，以政治强引领、以法治强保障、以德治强教化、以自治强活力、以智治强支撑，加快推进市域社会治理现代化。"② 党的十九届四中全会又明确提出："健全党组织领导的自治、法治、德治相结合的城乡基层治理体系。"③ 因此，数字县城的建设须以"人"为核心，坚持政治、自治、法治、德治、智治相结合，通过互动、协商、合作实现政府、社会组织、公民及各方的多元参与、良性互动与共同治理，发挥政府、市

---

① 《中央城镇化工作会议举行 习近平、李克强作重要讲话》，中国政府网，https://www.gov.cn/ldhd/2013-12/14/content_2547880.htm。
② 《陈一新：在全国新任地市级政法委书记培训示范班开班式上的讲话》，中国法院网，https://www.chinacourt.org/article/detail/2019/07/id/4208361.shtml，2019-07-23。
③ 《中共中央关于坚持和完善中国特色社会主义制度、推进国家治理体系和治理能力现代化若干重大问题的决定》，新华网，http://www.xinhuanet.com/politics/2019-11/05/c_1125195786.htm。

场、社会等多元主体在社会治理中的协同协作、互动互补、相辅相成作用，形成推动社会和谐发展和促进数字县城建设的社会治理合力，实现以"五治"促"共治"。因此，对于"五治融合"这一条件变量，本章主要从政治、法治、德治、自治、智治五个维度进行综合考量，具体如表7-1所示。将政治、法治、德治、自治、智治对应的指标数据进行标准化处理之后，取其均值作为对"五治融合"这一条件变量的综合评价数据。

2. 结果变量

2009年中国部分城市开始了智慧城市建设，通过不断地探索与创新，中国新型智慧城市建设与发展进入了提档加速的新阶段。为进一步推动中国新型智慧城市建设和发展，结合党的十九届五中全会《中共中央关于制定国民经济和社会发展第十四个五年规划和二〇三五年远景目标的建议》的文件要求和工作部署，以及太昊国际互联网大数据区块链评级联合促进网网络发展研究中心、国衡智慧城市科技研究院等权威机构，通过在线申报、网络采集、单位自荐、问卷调查、综合评估、专家推荐等方式，连续6年开展中国新型智慧城市建设与发展综合影响力评估。2020年的评估参考了太昊国际未来微笑（SMILE）新型智慧城市模型，结合了Tahaoo互联网+大数据评级指数，经过多轮探讨与修订，具体评估指标体系如表7-2所示。该评估通报具体从智慧社会战略推进、智慧政府综合治理、智慧生活技术服务、智慧经济产业运营及智慧未来创新发展五个层面展开，涵盖了可体现智慧城市建设过程中智慧化水平的不同维度。此外，从指标选取及评估过程来看，该评估通报的结果具有较强的科学性。因此，在数据可得性的基础上，根据《2019—2020中国新型智慧城市建设与发展综合影响力评估结果通报》（以下简称《评估通报》），本章将《评估通报》中百强区县指数得分排名（百强区县榜单）中"智慧城市建设与发展综合影响力Tahaoo SMILE指数得分"的结果作为定性比较分析的结果变量基础数据，如表7-3所示。

表 7-2　2019—2020 年中国新型智慧城市建设与发展综合影响力评估指标体系

指标类别	具体指标分解	
智慧社会战略推进	短期目标	
	中期规划	
	长期战略	
智慧政府综合治理	智慧政务	
	城市大脑	
	智慧决策	
	公共资源交易平台	
	城市舆论引导	
	公共安全管理	
	公众参与度	
	社会化民生服务	
智慧生活技术服务	技术支撑类	基础网络
		互联网
		移动互联网
		物联网
		云计算
		大数据
	应用服务类	及时通信
		短视频
		搜索引擎
		网络新闻
		电子商务
		网约出行
		网络教育
		疫情防控
智慧经济产业运营	智慧旅游	
	智慧教育	
	智慧医疗	
	智慧民生	
	智慧养老	
	智慧能源	
	智慧物流	
	智慧零售	
	智慧金融	

续表

指标类别	具体指标分解
智慧经济产业运营	智能交通
	智能环保
	智能安防
	智能水务
	智能制造
	智能建筑
	智能家居
智慧未来创新发展	AI
	5G
	生物制药
	量子计算
	新材料
	新能源

资料来源：笔者根据《评估通报》指标整理。

表7-3　全国百强区县新型智慧城市建设与发展综合影响力评估的排名及得分

单位：分

排名	城市	Tahaoo SMILE 指数得分	排名	城市	Tahaoo SMILE 指数得分
1	江苏苏州市昆山市	83.31	31	湖南长沙市长沙县	73.18
2	广东佛山市南海区	83.15	34	河南郑州市新郑市	73.04
7	浙江绍兴市诸暨市	81.72	39	浙江湖州市南浔区	72.09
8	湖南长沙市宁乡市	81.34	43	河北石家庄市正定县	71.34
11	福建泉州市晋江市	80.04	49	江苏苏州市太仓市	70.65
18	浙江嘉兴市桐乡市	77.37	50	福建福州市福清市	70.62
20	江苏扬州市江都区	75.73	52	内蒙古鄂尔多斯市准格尔旗	70.47
21	浙江台州市椒江区	75.57			
23	山东潍坊市诸城市	75.31	56	贵州遵义市仁怀市	69.80
25	浙江温州市乐清市	75.11	57	浙江湖州市德清县	69.77
26	广东肇庆市四会市	74.24	60	广东惠州市惠城区	69.01
29	江苏镇江市丹阳市	73.29	61	云南昆明市官渡区	68.92

续表

排名	城市	Tahaoo SMILE 指数得分	排名	城市	Tahaoo SMILE 指数得分
62	内蒙古呼和浩特市新城区	68.74	76	福建泉州市惠安县	63.54
			77	河南许昌市禹州市	63.38
67	湖南长沙市望城区	67.37	81	山西吕梁市孝义市	63.00
68	安徽合肥市肥西县	66.64	98	河南许昌市长葛市	61.48

资料来源：笔者根据《评估通报》整理。

3. 变量校准

采用直接校准法对各变量进行校准，以 95%、50% 及 5% 为完全隶属、交叉点及完全不隶属的定性锚点，如表 7-4 所示。

表 7-4　　变量校准

变量类型	变量名称	完全隶属（95%）	交叉点（50%）	完全不隶属（5%）
结果变量	数字县城建设整体智治水平	1.055	1.008	0.963
条件变量	空间结构优化	0.298	0.173	0.086
	产业结构优化	0.592	0.451	0.293
	治理结构优化	0.132	0.078	0.040
	五治融合	0.145	0.094	0.057

三　数据分析与实证结果

（一）数据分析

变量的描述性统计结果如表 7-5 所示，包括观测数、均值、标准差、最小值和最大值，为本章的研究提供了重要基础。

表 7-5　　变量的描述性统计结果

变量	观测数（个）	均值	标准差	最小值	最大值
智慧城市建设与发展综合影响力 Tahaoo SMILE 指数得分	30	72.290	5.818	61.480	83.310
地均 GDP 值	30	2.312	6.976	0.100	39.600

续表

变量	观测数（个）	均值	标准差	最小值	最大值
路网密度是否在2.5—4千米/平方千米 是=1，否=0	30	0.033	0.180	0.000	1.000
人均公园绿地面积是否≥9平方米/人 是=1，否=0	30	0.967	0.180	0.000	1.000
产业结构合理化指数	30	0.700	0.243	0.450	1.280
第三产业产值与第二产业产值之比	30	1.224	1.193	0.340	7.280
非农业人口占常住人口的比重	30	1.224	0.158	0.278	0.987
乡村生活数字化指数	30	68.396	20.492	37.201	111.609
乡村治理数字化指数	30	64.349	12.485	36.900	89.204
是否建立数字党建系统？是=1，否=0	3	0.833	0.373	0.000	1.000
出台的数字化建设相关政策文件数	30	6.767	3.801	0.000	15.000
一年内在基层开展数字化宣教的次数	30	4.000	3.661	0.000	14.000
现有群众和社会组织数	30	164.967	23.965	0.000	1038.000
"雪亮工程"行政村覆盖率	30	0.890	0.023	0.910	1.000

（二）实证结果

1. 单因素必要性分析

如表7-6所示，4个条件变量叠加发生或不发生两种情况一共可看作8个变量。经过单因素必要性分析，这8个变量与结果变量的一致性均小于0.9，这意味着本章所选4个条件变量发生或不发生均不会导致结果变量必然发生。由此可以推断，本章选取的这4个条件变量中任意单一变量均不能完全解释结果变量发生的原因，结果变量的发生是由多个条件变量共同组合作用而产生的结果。这说明数字县城建设成功不是缘于某单一因素，而是多元因素组合产生的结果。因而，需进一步通过分析条件变量组合来明晰数字县城建设的具体优化路径。

表 7-6　　　　　　　　　　　单因素必要性分析结果

条件变量	一致性	覆盖率
高空间结构优化	0.745	0.668
非高空间结构优化	0.325	0.317
高产业结构优化	0.865	0.721
非高产业结构优化	0.267	0.174
高治理结构优化	0.878	0.816
非高治理结构优化	0.386	0.309
高五治融合	0.733	0.697
非高五治融合	0.202	0.198

2. 条件组态充分性分析

借助 fsQCA 3.0 软件进行分析运算后，可得到以下 3 种结果：简单解、中间解、复杂解。区分这三种解需要引入"逻辑余项"（logical reminder）的概念。逻辑余项，是研究样本中未包含但在逻辑上可能存在的条件因素组合。简单解包括"逻辑余项"但不关注其是否合理，既考虑"简单"反事实假设，又考虑"复杂"反事实假设的情况；中间解关注合理的"逻辑余项"，只考虑"简单"反事实假设的情况；复杂解不考虑"逻辑余项"的情况。本节采用学界惯常做法，[①] 将中间解和简单解进行嵌套对比来识别条件，即在简单解和中间解同时出现的解为核心条件，仅在中间解出现的解为边缘条件，如表 7-7 所示，本节归纳出以下 4 个推进数字县城建设的组态。原始覆盖度（raw coverage）是某组条件变量组合覆盖的研究样本比例，唯一覆盖度（unique coverage）是研究样本被某组条件变量组合唯一覆盖的比例，整体一致性是所有解的集合隶属度是结果隶属度的子集的程度，整体覆盖度（solution coverage）是得出的所有条件变量组合覆盖研究样本的比例。

由表 7-7 可知，解的整体一致性为 0.894，满足 QCA 方法要求的

[①] 杜运周等：《什么样的营商环境生态产生城市高创业活跃度？——基于制度组态的分析》，《管理世界》2020 年第 9 期。

组合一致性须不低于 0.75 的要求,[①] 这表明 4 组条件变量组合对结果变量的整体正向解释力达到了 89.4%。表 7-7 中整体覆盖度为 0.672,这表明呈现出的 4 组条件变量组合可以解释 67.2% 的高水平数字县城建设的案例;其中组态 1 和组态 4 的原始覆盖度大于 0.5,说明这两条组态路径覆盖的研究样本数量较多。由此可见,解的一致性和覆盖度均高于临界值,本章得出的 4 组条件变量组合具有较大的解释和应用意义,可成为数字县城建设取得高水平的充要条件。从 4 种组态的特征来看,中国数字县城建设水平的提升存在 4 条路径,即全要素驱动型、产业结构优化与"五治融合"双轮驱动型、治理结构优化与"五治融合"双轮驱动型、多元合力驱动型。

表 7-7　　　　　数字县城建设高水平组态分析

条件组态	全要素驱动型	产业结构优化与"五治融合"双轮驱动型	治理结构优化与"五治融合"双轮驱动型	多元合力驱动型
	组态 1	组态 2	组态 3	组态 4
空间结构优化	●	○	★	
产业结构优化	●	●	○	●
治理结构优化	●	△		
"五治融合"	○	●	●	●
一致性	0.962	0.868	0.815	0.914
原始覆盖度	0.571	0.411	0.312	0.546
唯一覆盖度	0.038	0.012	0.032	0.081
整体一致性	0.894			
整体覆盖度	0.672			

注:●表示核心条件;○表示边缘条件;★表示核心条件缺失;△表示边缘条件缺失;空白则表示条件可存在也可不存在。

3. 组态路径分析

(1) 全要素驱动型。组态 1 表明,以空间结构优化、产业结构优

[①] Charles C. Ragin, "Set Relations in Social Research: Evaluating Their Consistency and Coverage", *Political Analysis*, Vol. 14, No. 3, 2006, pp. 291-310.

第七章 迈向整体智治：县城城镇化数字化协同发展的优化路径

化和治理结构优化为核心条件，以高水平"五治融合"为边缘条件可实现高水平的数字县城建设。其中，空间结构优化、产业结构优化和治理结构优化起核心推动作用，"五治融合"起辅助作用，由于这一组态结果具有较明显的全面发展特征，因此将该条件组态命名为全要素驱动型。结果显示，该路径的一致性为 0.962，原始覆盖度为 0.571，唯一覆盖度为 0.038，说明该路径可解释大约 57.1% 的高水平数字县城建设的案例，同时仅存在 3.8% 的案例不被该条路径解释。全要素驱动型这一组态路径遵循了"城乡融合发展"和"促进国内大循环"的战略指引，体现了"以人为核心"的价值取向，突出了"数字化"的主要特征，蕴含了"农村城镇化""产业数字化""农民市民化"三大内容，形成了传统农村向"数字城镇"转变、传统农业向"数字产业"转变、传统农民向"数字公民"转变的"三农三变"发展导向，贯穿践行"五治融合"发展理念，全方位推动了县城城镇化与数字化协同发展与建设。

具有这一组态特征的湖南长沙市长沙县，在新兴数字技术的支持下，汇集综合交通布局、新型基础设施建设、乡村振兴等重大工程建设规划设计，形成 1:500 的高精度数字线划图；打造智慧自然资源管理平台，将"数据壁垒"变为"数据赋能"，辅助国土空间规划等业务科学决策。此外，长沙县积极培育县域内企业发展数字经济，打造数字经济发展高地，以"平台+技术+产业+金融牌照"为发展路径，让工业互联网助力制造业园区转型升级，把长沙县打造成工业互联网第一县，并发挥星沙区块链产业园的技术优势，积极探索农业数字化、智能化道路，加快电子商务进农村的进程。在公共服务供给方面，长沙县黄花镇将 180 余项行政审批和公共服务事项形成标准化、数字化的服务流程，实行一窗受理，集成服务，实现了政务服务"就近好办"。长沙县在智慧城市建设过程中，从空间结构优化、产业结构优化、治理结构优化和贯穿"五治融合"发展理念多方面同时发力，在全国新型智慧县城建设与发展中名列前茅，取得较好成效。

（2）产业结构优化与"五治融合"双轮驱动型。组态 2 表明，以产业结构优化和"五治融合"为核心条件、以空间结构优化为边缘条件也可实现高水平的数字县城建设。其中，产业结构优化和"五治融合"起到核心推动作用,空间结构优化起到辅助作用。该路径表明,在产业结构转型升级较好和深入贯彻落实五治融合发展理念的县城,即使治理结构优化不足,也能在"五治融合"制度保障下,以高水平的产业结构优化推动县城城镇化数字化协同发展,因此将该条件组态命名为产业结构优化与"五治融合"双轮驱动型。结果显示,该路径的一致性为 0.868,原始覆盖度为 0.411,唯一覆盖度为 0.012,说明该路径可解释 41.1% 的高水平数字县城建设的案例,同时仅存在 1.2% 的案例不被该条路径解释。2020 年以来,受新冠疫情影响,国际市场收缩和国内经济下行的双重压力与日俱增,以扩大国内需求为特征的新一轮经济发展势在必行。数字经济、公共消费、新型基础设施建设、新型城镇化建设等现实需求,倒逼以县城为重要载体的城镇化产业体系调整、升级、优化并实现协同发展。加快城镇产业体系优化升级,重塑产业间要素配置。[①] 推动产业数字化进程,为乡村振兴和农业农村现代化提供了有力支撑,是发展县城城镇化过程的重要任务,也是数字县城建设的关键因素。经济基础决定上层建筑,产业结构转型升级为智慧县城建设打牢了底层基础,"五治融合"发展理念为数字县城建设提供了制度保障,这个过程中再辅以空间结构的调整优化则可有效助推数字县城的发展与建设。

具有这一组态特征的是河北石家庄市正定县,2020 年石家庄市印发了《正定数字经济产业园发展规划(2021—2025 年)》,确定了数字经济产业园发展的总体思路,为推进正定智慧县城建设提供了制度保障和策略规划。在其指导下,正定县加快数字产业园区空间规划,围绕五大百亿级产业集群打造"三区—三核—八组团"的产业空间布局。此外,正定县以数字健康及智能硬件、人工智能与软件信息服务、数字会展和跨境电商、数字基础产品、数字创意五个重点发展方向为切入口,推动正定县数字产业化、产业数字化加速落地。当前,正定县城市治理科学化、精准化、智能化水平显著提高,智慧县城建设稳步推进,到 2025 年成为全省数字经济创新发展的新支点。此外,正定县通过制定

---

① 赵川等:《中国城市包容性增长:空间集聚、区域差异及收敛特征》,《软科学》2024 年第 1 期。

并实施《关于进一步推进信息化工作的实施方案》，提高了党政机关政务数字化、智能化水平，形成了数据流和业务流融合式城乡治理机制，数字乡村和数字社区普遍建立，智慧化民生服务普惠共享能力快速提升。

（3）治理结构优化与"五治融合"双轮驱动型。组态3表明，以治理结构优化和"五治融合"为核心条件、以产业结构优化为边缘条件同样可以实现高水平的数字县城建设。其中，治理结构优化和五治融合起核心推动作用，产业结构优化起辅助作用。该路径表明，在治理结构转型升级较好和全过程贯穿"五治融合"发展理念的县城，即使空间结构优化条件缺失，也能充分发挥"五治融合"带来的制度优势，以高水平的治理结构优化为主要驱动力，推动县城城镇化数字化协同发展，因此将该条件组态命名为治理结构优化与"五治融合"双轮驱动型。结果显示，该路径的一致性为0.815，原始覆盖度为0.312，唯一覆盖度为0.032，说明该路径可解释31.2%的高水平数字县城建设的案例，同时仅存在3.2%的案例不被该条路径解释。治理结构的优化主要包含城市户籍获取、公共服务供给、城市治理参与三个维度的农民市民化过程。所谓"农民市民化"，指农民工到城镇稳定就业、固定居住，并且平等享有市民权益。一是农业劳动力或新生的潜在农业劳动力，由务农或即将务农转变为从事第二、第三产业。二是已经转移到第二、第三产业就业并成为城镇常住人口的农民工在城镇定居。三是已经在城镇稳定就业和定居的农民工，能平等享有市民权益，参与城市治理。在农民市民化治理结构变革的过程中，必然伴随农业人口转移逐渐由务农转变为从事第二、第三产业，农业人口逐渐由农村居民转变为城镇居民，剩下的少数农业劳动力人均占有更多的土地资源，为农业现代化提供必要条件，为乡村振兴提供不竭动力。在此过程中，各县城通过政治引领、法治保障、德治教化、自治强基、智治支撑的"五治融合"发展理念可进一步为治理结构的优化赋能，治理结构优化和"五治融合"两者相辅相成，形成推动县城城镇化数字化协同发展的双轮驱动力。

具有这一组态特征的浙江湖州市德清县，作为全国首个智慧城市时空信息云平台建设试点县，将云平台作为全域空间治理的数据底座，形成了覆盖全县、面向应用的地理信息时空大数据体系，创新性地构造综合空间数据和公共数据的三维倾斜摄影矢量地图，推动实现"一图全面感知"。目前，德清县建设成果在政府治理、公共服务、社会治理、市场监管和应急保障等各方面不断发挥作用。例如，德清县运用"智慧规划"，辅助精准选商引资；通过"智慧城管"，为巡查网格精准划分和巡查路线科学制定等提供数据支撑；依托"智慧公安"，构建多维警用地理信息平台，有效辅助公安日常管理工作；立足"智慧民生"，推出了系列 App、微信公众号和小程序，以电子地图等形式为公众的衣食住行提供多样化地图服务。2021 年 12 月，德清县政府发布的《德清县智慧社区建设工作实施方案》进一步为德清县智慧县城建设提供了更完善的制度保障。通过做实智慧应用，德清县切实提升了企业、民众的获得感、幸福感、安全感，推动了德清智慧县城稳步快速发展。

（4）多元合力驱动型。组态 4 表明，产业结构优化、治理结构优化和"五治融合"三个核心条件同时存在时，无论空间结构优化这一条件变量是否存在，均可实现高水平的数字县城建设。该路径表明，在产业结构转型升级较好、治理结构变革较为成功，并且在数字县城发展建设过程中能深入践行"五治融合"发展理念的城市，要实现数字县城建设，空间结构优化这一条件可存在也可不存在，需根据典型城市进行具体分析，因此将该条件组态命名为多元合力驱动型。结果显示，该路径的一致性为 0.914，原始覆盖度为 0.546，唯一覆盖度为 0.081，说明该路径可解释 54.6%的高水平数字县城建设的案例，同时仅存在 8.1%的案例不被该条路径解释。近年来，在数字化背景下推动以县城为重要载体的城镇化建设过程中，各地积极探索新路径，从多方面采取相应措施推动城镇化、数字化建设，但城市国土空间布局的优化调整是一个庞大、长期、复杂的实现过程，部分地区在政策法规不完善、财政资金紧缺的双重挑战下，难以直接推动县城空间结构的优化更新。在此情况下，部分地区拓宽思路，突破瓶颈，通过充分运用产业结构优化等引导性和扶持性政策，以及该地区良好的治理结构与治理模式的加持，仍可以有效推动县城城镇化数字化协同发展。

具有这一组态特征的福建泉州市惠安县，以《2020 年数字惠安工作要点》为目标指引与制度保障、以建设智慧惠安项目为载体推动数字经济与实体经济的深度融合。在 2020 年泉州市产业链招商推介会上，惠安县获总投资297.8亿元,以智能物流机器人、数字工厂产业基地、线上教育产业、直播基地、商贸物流等项目为切入口,为惠安县打造线上线下联动发展的综合销售服务平台,促进电商产业与配套产业规模化发展,完善惠安县产业链条,实现电商产业与实体产业、城市发展的双向融合,从全方位、多角度提高惠安城市管理与产业发展数字化、智能化水平。2021年,惠安县打造省级现代农业产业园展示中心项目,以物联网综合服务系统、农业大数据平台、线下农业智慧展厅三大建设内容为抓手,大大提高了农业生产率,形成乡村振兴数字样板。此外,惠安县投入资金约325万元,实施县城区交通安全设施优化工程、智慧停车、智慧斑马线项目等民生服务水平提升项目。例如,通过"智能管理+定点集散"智慧停车系统,采用"车位精准检测+用户自主缴费(移动支付)+PDA巡查补费"的智慧化停车管理模式,让停车更方便。

第三节 县城城镇化数字化协同发展的优化路径

本章从《县城城镇化数字化协同发展案例数据资料库》选取共30个中国数字县城建设典型案例,以空间结构优化、产业结构优化、治理结构优化和"五治融合"为条件变量,以数字县城建设整体智治水平为结果变量进行定性比较分析,探究中国数字县城建设过程中不同因素的组合如何影响和推动数字县城的建设,并从数字县城建设高成效的组态解中挖掘未来数字县城建设的创新路径。研究发现:中国数字县城高水平建设具有复杂的因果关系,单一的发展要素无法构成数字县城有效建设的必要条件。在新型城镇化建设推进过程中,数字县城的发展与建设同时受多方面因素的协同影响,其中全要素驱动型、产业结构优化与"五治融合"双轮驱动型、治理结构优化与"五治融合"双轮驱动型和多元合力驱动型是4条较优的推动数字县城建设的组合发展路径。这4条组合发展路径具有组合性、等效性和情境性。不同地方的数字县城建设可结合实际条件和现有资源,因地制宜地选择适合当地数字县城建设的优化路径。在这4条发展路径中,全要素驱动型发展路径的原始覆盖度和唯一覆盖度最高,说明在资源充足、条件符合的情况下,可优先选择加强国土空间布局优化，深化治理结构变革和完善"五治融合"这一数字县城建设发展路径。在资源条件有限的情况下，可抓住核心影响因素，集中优势推动数字县城的建设与发展，为优化数字县城建设成效进行科学战略部署。具体而言，中国数字县城建设的实践启示如下。

一 以数字化驱动县城空间布局优化

（一）明确国土空间布局调整优化总体思路

总体来看，在推进县城城镇化建设过程中，国土空间布局优化主要有以下五种思路。一是稳规模。保持城镇化平稳放缓，结合各县城实际情况有针对性地制定相应政策，大力推进非户籍人口就业落户，同时争取在关键改革上取得一定突破。二是调结构。逐步调整城镇格局，使其与当地开发强度、资源禀赋、发展潜力相匹配，逐渐实现因城分类施策，以都市圈为单元进行政策配置与生产分工，推进大中小城市和小城镇协调发展。三是强功能。进一步完善各类城镇综合配套功能，进行精准施策。在全国层面通过纵向联动、横向统筹厘清各城市的功能定位，在具体的城市发展定位中贯彻落实国家战略意图。四是多形态。坚持根据各地实际情况，结合时代背景有针对性地制定相应政策，形成多种形态城镇并存的局面。中小城市要找准发力领域，提高承载力，发挥特色，实施对要素集聚、产业扩展、空间融合有利的政策措施，进而促进城乡融合体、创新共同体的形成。五是高效益。推动新型城镇化建设和数字县城建设的近期效益与长远效益并重，兼顾经济社会发展与生态效益。

（二）构建智能化转型的国土空间规划框架

新时代县城城镇化建设过程中国土空间规划的智能化转型是为了配合现在及未来国土空间治理转型的要求。智慧型国土空间规划应具有数化、连接、赋能三大核心能力，其目标分别是建立数字空间、实现协同治理与智能决策。一是"数化+"。数字空间包括管控指标数字化、实体要素数字化、规则模型数字化。这是一个将指标、复杂业务逻辑的相关规则等转化为计算机可识别、计算的数字化模型的过程。二是"连接+"。"连接+"以信息共享、网络连接、渠道畅通为目标，建立一个规划编制者、专家、管理者与公众的规划协同的线上到线下联动的生态圈，将政府、企业和个人等多方主体紧密联合，从而实现跨区域协同、跨层级协同和跨群体共享。三是"智能+"。"智能+"是以促进国土空间治理创新为目标，综合运用大数据、区块链、人工智能等现代信息技术，形成国土空间规划全流程数字化决策链，整体生成可感知、能学习、善治理、自适应的循序渐进的智慧型应用，促进传统的以经验为主导的决策模式转变为更科学的以数据为主导的决策模式。

（三）促进数字赋能"三生"空间的优化变革

《中共中央 国务院关于建立国土空间规划体系并监督实施的若干意见》（中发〔2019〕18号）将空间结构划分为生产空间、生活空间、生态空间，"三生"空间基本上涵盖了人类活动的空间范围。通过数字技术推动生产空间高效集聚、促进生活空间适度宜居、助推生态空间绿色发展，可提高流动人口定居意愿，推动县城城镇化高质量发展，促进以人为本的新型城镇化建设。一是各地可通过加强对生产空间中数字经济的应用，赋能城镇经济快速增长。各地区因地制宜地结合自身资源禀赋和实际发展情况动态化，调整本地区的数字经济发展规划，充分发挥数字经济对传统生产要素的整合与配置功能，从而提高资源使用效率。二是各地可通过提高生活空间中数字化程度，打造舒适宜居的生活空间。大力推进数字技术在城市治理和基层治理中的运用，强化以智能交通等为代表的县城数字基础设施建设，充分利用大数据优势辅助突发公共卫生事件监测、灾害预警监测，增强城市抗风险能力。同时，充分挖掘数字技术潜能，保障城市生态环境质量。深入推进以大数据、区块链、云监测等为代表的数字技术在生态保护领域的应用，实现对生态系统智能化、全面化和精细化监测。[1]

二 以数字化驱动县城产业结构转型

（一）推动产业数字化

城镇化发展的根本动力是产业，通过吸纳、协调、溢出等多种效应的作用实现产业转型升级，进而加速推进中国县城城镇化建设。当前，中国产业发展虽然在一些方面取得了较为瞩目的成绩，但仍存在产业集中度过低、缺乏核心竞争力、创新网络建设滞后等一系列不足之处。要

---

[1] 李豫新、欧国刚：《数字经济、"三生"空间与流动人口居留意愿——来自流动人口调查数据的证据》，《新疆大学学报》（哲学社会科学版）2023年第3期。

破解这些现实困境，唯有发展数字化生产力，充分挖掘并利用好数据这一生产要素发展数字产业，才能加速产业的优化升级，推动关键核心技术的突破。运用数字化技术构建灵敏精细化的生产经营体系和管理体系，畅通生产要素的流动路径，加快生产要素的优化重组，降低实体经济成本，加速产业转型升级，进而全方位提高经济投入产出效率，推动经济发展变革。随着大数据等为代表的新一轮科技革命的快速发展，要用数字技术为实体经济和传统产业赋能，实现产业升级增效；要从务实数字基建、优化供应链、拓展产业链、延伸价值链等层面推动产业数字化转型，推动产业结构由低附加值向高附加值、高污染向低污染、高能耗向低能耗、粗放型向集约型转变，有效整合中国劳动力市场资源，提升产业竞争力，推动城镇化建设的可持续发展。

（二）促进产业链数字化

在推进县城城镇化建设过程中要解决"三农"问题中的传统农业向现代产业的转变，实现产业链数字化是关键。一方面，要借助区块链、大数据、云计算、物联网等新兴人工智能技术，打通供应链上的商品流、票据流、资金流、物流"四流"的高效协同，实现互联网数字技术与供应链运营模式的深度整合，构建产业数字化供应链服务平台，进而实现产业链、供应链的智慧管理。另一方面，数字化赋能城镇产业发展是一个全过程的系统工程，需要在农业数字化国家标准体系建成的基础上，形成数字农业运营管理理论方法，保障规范又不限制行业与企业标准体系的形成与发展。城镇化产业发展过程中要精准把握农村信息供给主体多元化、供给内容多样化、传播渠道立体化等特点，通过技术、管理、模式等方面的创新，运用现代数字技术赋能产业发展，推进产业现代化，打造数字化产业链，实现城乡一体化。

三　以数字化驱动县城治理结构变革

（一）建设以需求为导向的"人本城市"

一方面，通过数字技术赋能推动形成政社协同、扁平化和赋权社会，为公众参与社会治理拓宽渠道，也为政府感知社情民意、研判和化解社会风险提供新途径，如市民热线、接诉即办、政务服务"好差评"等。另一方面，要将特殊群体的需求纳入数字县城治理的建设方案，将服务更广泛的公众作为数字县城的建设目标，综合考虑不同群体的利益诉求，特别针对困难群体、弱势群体的利益和需求开展智慧服务，如充分考虑"数字难民"使用智能设备的能力，通过线上线下相结合的方式提供专人指导等多样化服务，满足特殊群体的基本公共信息服务需求，提升人民群众的参与感、获得感。

（二）提高公民数字素养教育普及力度

在国民基础教育层面，上海、浙江等地已率先提出将推动人工智能、编程技术等课程纳入基础教育体系，但全国层面尚缺乏统一指引，不同区域间的"数字鸿沟"和不同人群间的"能力鸿沟"亟待弥合。一方面，可通过加大培训力度，让更多人接受信息技术培训、掌握先进信息技术知识及工具使用技能，提升其熟练使用智能手机等先进信息技术产品和服务的能力。另一方面，基础教育是数字化人才能力培养和价值发挥的关键环节之一，建议将数字素养课程全面融入国民教育课程体系，打造小学、初中、高中互相衔接的一体化的数字素养教育体系，着力推动各阶段数字素养教育有效衔接和数字资源共建共享；加强对相关师资力量的培养和培训提升，提升数字素养教育质量；鼓励开展并广泛组织各类科学知识、数字化应用的普及活动，夯实全社会数字素养的常识基础。

（三）完善数字化人才资源和服务保障体系

一方面，建议规范数字技能培训办学，联合行业协会等相关社会组织制定数字技能职业培训准入标准；鼓励行业组织、企业、职业院校、培训机构等主体成立产教融合发展联盟，推进政产学研用资源共享、协同创新；鼓励行业领先企业积极参与相关专业规划、课程开发和实习实训，推动学科专业建设与产业数字化转型升级相适应。另一方面，加快建立全国通用的数字化人才分类标准和学习成果认定、累积和转换制度，完善数字化人才资质评定协同机制，加强对数字化相关职业的认定；加大对数字化人才培养的资源支持力度，营造规则统一开放、标准互认、人才自由流动的人力资源市场环境，提升数字化人才的社会认可度。

四 以"五治融合"助推数字县城高质量发展

（一）政治统领凝聚数字县城建设合力

政治统领凝聚治理合力，要注重党建在新型城镇化建设中在自治、法治、德治领域的引领作用，建立相应的制度以实现自治、法治、德治的协同与融合，从而推动县城社会治理结构的平衡。以党建引领县城社会治理自治、法治、德治的整合机制主要包括三个层面。一是补位机制。虽然县城治理领域具有自治、法治、德治等要素，但是自治、法治、德治发展的程度各不相同，因此，基层党组织可以作为乡村社会治理薄弱环节的引领主体。自治与德治可以看作一种内在化的治理形态，具有制度化的运作条件；德治是一种潜伏的治理力量，也是县城治理的外在规范。党建补位机制主要体现在：坚持党的领导，强化自治的原则，丰富其内容；通过党建发掘德育资源，提高德育的社会功能；以党建为先导、以法治为支点，实现法治的补充。自治、德治与法治在县城社会治理中的组织整合与权力平衡是其补充机制的内在体现。二是整合机制。在县域社会治理过程中，党建工作应在保证自治、德治和法治结构完整的前提下，加强"三治"的高效整合。基层党建一方面通过发挥整体部署的功能，以组织覆盖的方式激活基层法治、自治与德治的共治需求，实现对基层法治、自治与德治的统一领导；另一方面通过发挥统筹协调的功能，以组织流程重构的方式推动法治、自治与德治在处理县域社会治理的现实问题中紧密相扣，实现对基层法治、自治与德治的有机融合。三是调控机制。要通过党建的调控机制化解"三治协同"过程中存在的问题与矛盾，强化"三治"的协调作用。党建调控机制的一个重要组织原理就是民主集中制，即在各方协商民主的基础上，达成多方治理主体的共识，实现政府的集中统一领导，解决法治、自治与德治的矛盾，保障法治、自治与德治正常的制度化运作。总而言之，政治统领凝聚治理合力的机制主要有：以补位机制充实法治、自治与德治的结构层次，以整合机制推进法治、自治与德治的统筹协调，以调控机制化解法治、自治与德治的矛盾冲突，最后形成一个均衡的县域社会治理体系。[①]

（二）法治保障增强数字县城建设定力

数字县城建设必须运用法治思维和法治方式推进县城社会治理。法

[①] 张明皓、豆书龙：《党建引领"三治结合"：机制构建、内在张力与优化向度》，《南京农业大学学报》（社会科学版）2021年第1期。

治路径研究要从立法、执法、司法、守法各环节发力，全面提高依法治理能力，为数字县城提供有力的法治政策保障。在立法层面上，及时调整、修改与当前县城城镇化发展和数字县城建设相矛盾或不相符的法律法规，填补数字县城建设法律领域的空白；在执法层面上，着重关注制度执行力的提高，加强法治意识、维护法治权威、增强制度执行，并贯穿数字县城建设中的空间结构调整、产业结构转型、治理结构变革等全过程；在司法层面上，准确把握数字县城建设过程中的特点和要求，敢于向顽瘴痼疾下手，勇于突破利益固化的屏障，通过改革治"痛点"、攻"难点"和疏"堵点"，扎实推进司法责任制综合配套改革，让司法权在阳光下运行；在守法层面上，提高全社会运用法治思维和法治方式的能力，引导全社会在县城城镇化数字化协同发展的法治建设过程中崇尚法律、遵守法律、捍卫法律，全面营造知法、懂法、守法、护法的浓厚氛围，形成深化改革、促进发展、化解矛盾、保持稳定、化解风险的强大合力。

（三）自治强基激发数字县城建设活力

推进县城城镇化数字化协同发展，要充分发挥自治基础作用，激发县城社会治理内生动力。探究运用互联网、大数据、人工智能等现代信息技术、网络信息平台、社交平台和新媒体传播等数字化技术宣传、倡导和鼓励居民积极参与基层公共事务的治理，在这个过程中让民众认识到自己不仅是被治理者，也是治理者。要坚持以群众自治为基础，保障人民的知情权、参与权、表达权、监督权，真正让人民群众成为县城社会治理的最广参与者、最大受益者、最终评判者。厘清政府管理权和群众自治权的边界，剥离不必要的行政事务，纳入不可或缺的自治内容，不断激发基层群众自治活力。积极探索、创新基层群众自治路径，通过找准各方利益结合点，在不同诉求中寻求平衡，更好地满足人民群众多层次、差异化、个性化的需求。深入推进居民会议、议事协商、监督听证等民主决策实践，进一步加强民主治理中的自我管理、自我服务、自我教育等，扎实开展包括村务公开、居务公开、民主评议等在内的民主监督，发挥好市民公约、行业规章、乡规民约、团体章程等社会规范在县城社会治理中的正面作用，让各领域在数字县城建设中释放发展能量与潜力。现代治理精神的关键是民众的自主性，因此只有让民众真正参与到基层社会治理中，发挥他们的各类资源优势与社会资本效能，才能真正实现社会系统的有机整合，进而推动县城城镇化与数字县城的建设进程。

（四）德治教化提高数字县城建设能力

推进县城城镇化数字化协同发展，要充分发挥德治教化的作用，形成县城城镇化社会治理中的普遍认同感。德治教化是中华文化的天然优势，是中国绵延千年的历史传统；是一种从内心、本源上进行的治理，在县城城镇化社会治理中具有无可替代的向导性、基础性作用。一方面，农民市民化是重要的研究问题。农民向市民转变的进程，其本质在于从制度上打破对农民身份的固化，形成统一的现代化市民身份，同时帮助农民在这个过程中提高道德修养，规范道德行为，充实丰富精神世界，让农民在融入县城城镇化过程中拥有更强的满足感与获得感。另一方面，提升原有城市公民的接纳度，引导公民形成知荣辱、诚实守信、明辨是非善恶的价值观，为推进县城城镇化凝聚强大的精神力量。此外，要以社会主义核心价值观为统领，塑造具有中国特色、彰显时代精神的德治体系；要强化社会公德建设，深入推进弘扬真善美、贬斥假恶丑的宣传与教育；要强化职业道德建设，开展体现行业特色、工作特质、职业特征的文明行业创建活动，全面提升不同行业的道德水平；要强化家庭美德建设，持续加强家德、家风教育，以中国社会无数良好的家庭风气推动形成良好的社会风气。

（五）"智治"支撑打造数字县城建设动力

"智治"支撑，即智能化是"中国之治"的新工具，是推动数字县城建设中不可或缺的支柱。在数字技术、人工智能技术蓬勃发展的背景下，必须以互联网思维、信息化、智能化推动县域社会治理模式的创新。智慧治理凸显了国家治理的理念与价值，与人的全面发展、社会的整体进步和国家治理水平的提高密切相关。"智治"既是新科技革命的重要象征，也是推进社会治理现代化的关键手段。县城作为中国城镇体系的重要组成部分，是城市数字化转型的重要空间载体，承担着数字经济高质量发展的特殊任务。当前，在国家政策的推动下，区县级新型智慧城市建设进入了快速增长阶段。各地有关部门加快推进县域社会治理智能化建设，在基础建设、体制机制、实际应用等方面已探索出大量经验，取得较好成效。对于"数字县城"建设的"智治"支撑，要加强社会治理体系的科技支撑，搭建社会治理服务新平台，提升县域社会治理的智能化水平，推动县域社会治理与人工智能、大数据等现代信息科学技术的深度融合，打造数据驱动、跨界融合、人机协同、共创分享的智能化治理新模式。

第八章

研究结论与成果价值

数字县城建设是中国特色新型城镇化的一个重要方面。推进数字县城研究与实践，是学习贯彻习近平总书记关于"新型城镇化"、"数字化改革"和"三农"工作重要论述的现实之举，是落实中共中央、国务院关于"推进以县城为重要载体的城镇化建设""推进数字化改造、发展数字县城"等重大决策部署的紧迫要求，对推动构建新型工农城乡关系、增进人民美好生活福祉具有重要价值和意义。

数字县城扎根于"三个必然"的时代语境中。它是适应人口流动新态势、缓解"大城市病"、构建内循环"新发展格局"的必破之题，也是推进数字中国、智慧城市、数字乡村等"数字化战略"的大势所趋，更是推进乡村振兴、新型城镇化与共同富裕"多螺旋驱动"的必由之路。

因此，本书将数字县城置于"城乡中国""数字中国""善治中国"的研究视野，不仅将其视为大中小城市与小城镇协调发展、城乡融合发展的重要突破点，也是"新型城镇结构—数字技术结构—协同治理结构"同构共变的重要切入点，更是"大国三农"底色与"大国之治"特色相互交融的重要观测点。数字县城研究与实践有助于促进"三农三变"，即传统农村向"数字城镇"转变、传统农业向"数字产业"转变、传统农民向"数字公民"转变。

在上述逻辑下，本书以"结构—过程—功能"框架回应三个关键问题：一是中国特色新型城镇化为何以县城为重要载体、县城为何要走数字化智能化道路；二是在县城城镇化数字化协同发展的三个子系统（县城空间城镇化、县城产业现代化、县城农民市民化）中，如何推进传统农村向"数字城镇"转变、如何推进传统农业向"数字产业"转变、如何推进传统农民向"数字公民"转变;三是如何将"中国之治"制度优势更好地转化为"数字县城"和"三农三变"的效能。

第一节　研究结论

一　县城城镇化数字化协同发展"功能论"

(一)数字县城建设有助于激活新增长点,构建新发展格局

新型城镇化已进入直面大中城市"城市病"与大量中小城镇低质量问题并存的新阶段。数字县城建设能助力县城在扩大内需、带动投资、促进消费、拉动经济中发挥"增长点"功能,在解决中国城市化进程中各种矛盾时发挥"金钥匙"功能,在吸纳农业转移人口中发挥"蓄水池"功能;还能助力县城在促进城乡融合发展中发挥"关键纽带"功能,在全面推进乡村振兴中发挥"辐射带动"功能,是加快形成以国内大循环为主的新发展格局的现实选择。

(二)数字县城建设有助于促进城乡融合,全面推进乡村振兴

城镇化的本质特征主要体现在农村人口的空间转换、非农产业向城镇聚集和农业劳动力向非农业劳动力转移三个方面。数字县城建设不应局限在县"城"数字化基础设施建设之维,还要有关联性的"乡"及"城乡融合"的视野。数字县城建设有助于推动形成工农互促、城乡互补、协调发展、共同繁荣的新型工农城乡关系,加快农业农村现代化。

(三)以县城为重要载体的新型城镇化要走数字化智能化新路

中国县域数字化发展基础薄弱,亟须补短板强弱项。走数字化智能化的新路,有助于破解县城城镇化发展过程中的空间结构调整、产业结构转型、治理结构变革面临的瓶颈与障碍,促进县城城镇化高质量发展。

二　县城城镇化数字化协同发展"赋能论"

(一)数字县城建设的"三大领域"是建设数字城镇、发展数字产业、培育数字公民

第一,从国土空间布局优化的角度看,数字县城要打造"数字城

镇",关键是完善"三生协同"机制。围绕生产空间、生活空间、生态空间的内在联系,实现生产空间集约高效、生活空间宜居适度、生态空间山清水秀,走内涵式、集约式、绿色化的高质量发展路子。

第二,从产业转型升级提档的角度看,数字县城要发展"数字产业",关键是完善"三维驱动"机制。围绕产业链现代化的目标,从技术赋能、数字经济、环境支撑三个层面出发,促进大数据与产业链深度融合。

第三,从公共治理效能提升的角度看,数字县城要塑造"数字公民",关键是完善"供需协动"机制。在供给侧,要创新"公共治理",深化户籍制度改革,加强市政服务、民生服务、人居环境的数字化建设,推行县城运行"一网统管"、政务服务"一网通办"、公共服务"一网通享",畅通全民有序参与城市治理的渠道;在需求侧,要培育"数字公民",围绕工作、生活、学习打造全民数字素养与技能应用的场景,全方位提升全民数字素养与技能,实现数字县城公共服务与数字公民的"供需协动"。

(二)数字技术"三大效应"为数字县城建设提供核心技术驱动引擎

数字技术具备"扩散"效应、"普惠"效应及信息和知识的"溢出"效应。数字县城通过构建"物理世界"和"数字世界"孪生的虚拟空间,激活和放大各种功能效应,改变时空关系、交互方式、要素组合,为数字产业、城乡流通、县域治理、生活形态、文化观念等应用场景赋能,进而助推县城城镇化和乡村振兴进程。协调好上级政府与县域政府"财权""事权""数据权"的关系,是数字县城建设的关键。

三 县城城镇化数字化协同发展"效能论"

(一)数字县城建设不仅要注重"数字赋能",还要激发"善治效能"

数字县城的"善治"体现在"一脉、四叶、五全"的逻辑体系中,即坚持"以人民为中心"的价值依归,在"城与乡的全景式关怀""质与量的协同性适配""供与需的高效能平衡""智与治的整体性推进"四个结构性维度上协同发力,最终实现"全人保障""全面强基""全民覆盖""全域提档""全链增效"的目标。

（二）数字县城建设要运用系统思维，尊重发展规律，推进"整体智治"，夯实"一核五治"

坚持"新发展格局""数字化战略""城乡双轮驱动"的"战略靶向"，瞄定"以县城为重要载体"就近就地城镇化的"政策靶心"，以数字赋能构筑城乡融合、乡村振兴、共同富裕的"善治靶场"。要尊重"发展规律"，立足资源承载能力、区位条件、产业基础、功能定位，统筹县城生产、生活、生态、安全需要，合理确定不同类型县城发展路径，在加快发展大城市周边县城、积极培育专业功能县城、合理发展农产品主产区县城、有序发展重点生态功能区县城、引导人口流失县城转型发展五大重点方面靶向发力。要推进"一核五治"。坚持"以人为核心"，推进"政治引领、法治保障、德治教化、自治强基、智治支撑"整体治理变革；健全农业转移人口市民化机制、多元可持续投融资机制、集约高效的建设用地利用机制。

第二节　成果价值

一　理论价值

（一）在"结构—过程—功能"框架下提出数字县城建设新问题

本书研究不仅注重激发县城催生增长点、构建新发展格局、促进城乡融合的目标和功能维度，而且聚焦结构和运行维度上的"新型城镇结构—数字技术结构—协同治理结构"同构共变的过程、机制和路径，由此深入分析了"中国特色新型城镇化为何以县城为重要载体""县城为何走数字化智能化道路""如何推进县城'数字城镇''数字产业''数字公民'发展""如何将'中国之治'制度优势更好转化为'数字县城'和'三农三变'的效能"等重要问题。

（二）分析县城城镇化与数字化协同发展"三农三变"新机制

本书以"传统农村向'数字城镇'转变""传统农业向'数字产业'转变""传统农民向'数字公民'转变"的"三农三变"为研究主旨，将研究从县"城"数字化新型基础设施建设延伸到有"乡"及"城乡融合"之维，并深入探究了数字县城助力国土空间布局优化的"三生协同"机制、数字县城产业转型升级提档的"三维驱动"机制、数字县城公共治理效能提升的"供需协动"机制，为数字县城建设提供了制度安排和组态路径的参考。

(三) 提出县城"新型城镇化+数字化变革"的协同发展新观点

本书提出了旨在揭示县城城镇化数字化协同机制的"数字视角论"，旨在推动国土空间布局与县城主体功能适配互促的"数字驱动论"，旨在推动形成新发展格局、激活经济增长新动能和推进县城产业体系发展的"数字融合论"，旨在促进城乡融合发展、稳步有序推进农民工市民化的"数字赋能论"，旨在强化县城城镇化要素保障、推进县城高质量发展的"数字支撑论"，进一步丰富和深化了中国特色"新型城镇化+数字化变革"的协同发展理论。

(四) 探索数字县城"数字赋能+善治效能"的整体智治新路径

本书将数字县城置于"城乡中国""数字中国""善治中国"的研究视野，提出数字县城建设不仅要注重"数字赋能"，还要激发"善治效能"，并论证了"一脉、四叶、五全"的数字县城善治路径，即坚持"以人民为中心"的价值根脉，在"城与乡的全景式关怀""质与量的协同性适配""供与需的高效能平衡""智与治的整体性推进"四个结构性维度上协同发力，最终实现"全人保障""全面强基""全民覆盖""全域提档""全链增效"的目标。在此基础上，提出运用"系统思维"、尊重"发展规律"、推进"五治融合"的对策建议，有助于推动数字县城建设由物到人、由结构到功能、由技术到价值、由管理到治理的整体性跃迁。

二 实践价值

县城城镇化数字化协同发展，是中国现代化新征程背景下新型城镇化建设的重要切入点。这不仅是适应人口流动新态势、缓解"大城市病"、构建以内循环为主的"新发展格局"的必破之题，也是推进数字中国、智慧城市、数字乡村等"数字化战略"的大势所趋，更是推进乡村振兴、新型城镇化与共同富裕"多螺旋驱动"的必由之路。

(一) 本书研究有助于以"数字县城"建设这一载体推进新型城镇化建设

加快推进县城城镇化数字化协同发展，有助于补齐空间结构调整、产业结构转型、治理结构变革过程中的短板，是一项既利当前又利长远的重大决策。从短期看,这有利于拉动投资、促进消费、推进实施扩大内需战略。从中长期看,这有利于优化城镇化空间格局、推进城乡融合发展、提升人民群众获得感。本书围绕"空间结构调整与数字化协同发展"展开研究,有助于推进以县城为重要载体的国土空间布局,建设高质量发展的支撑体系;围绕"产业结构转型与数字化协同发展"展开研究,有助于激活数字技术动能,协同推进以县城为重要载体的数字经济和实体经济深度融合;围绕"治理结构变革与数字化协同发展"展开研究,有助于扩大户籍开放度,推进公共服务均等化及城市治理参与进程,提升全民数字素养与技能,从而在以人为核心的新型城镇化进程中全面推进乡村振兴,促进工农城乡融合发展,切实提升民生福祉水平。

(二)本书研究有助于在县城城镇化数字化协同发展中构建新发展格局

2020年12月,习近平总书记强调,赋予县级更多资源整合使用的自主权,强化县城综合服务能力。县城既是县域政治经济文化的中心,也是全县人口聚居中心。满足人民日益增长的美好生活需要,为城乡居民提供高品质生活空间,必须抓住县城这个着力点,提升县城综合服务能力。县城的基础设施水平和公共服务能力,关系县城乃至全县居民的民生质量。2023年中央一号文件提出,"推动基本公共服务资源下沉,着力加强薄弱环节";"推进县域城乡融合发展","深入推进县域农民工市民化"。加快推进县城城镇化数字化协同发展,既有利于保障基本民生需求,也能有效增加城乡居民收入,是构建新发展格局,提升人民群众获得感、幸福感、安全感的重要途径。

(三)本书研究有助于促进传统农村向'数字城镇'转变、传统农业向'数字产业'转变、传统农民向'数字公民'转变

2023年中央一号文件提出,"强国必先强农,农强方能强国","深入实施数字乡村发展行动,推动数字化应用场景研发推广。加快农业农村大数据应用,推进智慧农业发展"。推进县城城镇化建设,不应局限在县"城"建设的维度,还要关联性的"乡"及"城乡融合"的视野。加快推进县城城镇化数字化协同发展,有利于全面实施乡村振兴战略,有利于推动形成工农互促、城乡互补、协调发展、共同繁荣的新型

工农城乡关系，加快农业农村现代化。本书研究结合党的十九届五中全会精神，建构出具有适配性、包容性、时代性和充分解释力的县城城镇化数字化协同发展的三维驱动分析框架，剖析县城城镇化数字化协同发展的三个子系统——县城空间城镇化、县城产业现代化、县城农民市民化，有助于促进传统农村向'数字城镇'转变、传统农业向'数字产业'转变，传统农民向'数字公民'转变的"三农三变"进程。

参考文献

一　中文文献

（一）著作

习近平：《决胜全面建成小康社会　夺取新时代中国特色社会主义伟大胜利——在中国共产党第十九次全国代表大会上的报告（2017年10月18日）》，人民出版社2017年版。

习近平：《高举中国特色社会主义伟大旗帜　为全面建设社会主义现代化国家而团结奋斗——在中国共产党第二十次全国代表大会上的报告（2022年10月16日）》，人民出版社2022年版。

［西德］H.哈肯：《协同学引论》，徐锡申等译，章杨忠、徐锡申校，原子能出版社1984年版。

［美］H.钱纳里：《结构转换：经济发展的实证研究程序》，转引自中国社会科学院经济研究所发展经济研究室译《发展经济学的新格局——进步与展望（耶鲁大学经济增长中心第25届发展经济学年会论文精选）》，经济科学出版社1987年版。

［美］W.W.罗斯托：《从起飞进入持续增长的经济学》，贺力平等译，四川人民出版社1988年版。

［德］阿尔弗雷德·韦伯：《工业区位论》，李刚剑等译，朱立新校，商务印书馆1997年版。

［英］安东尼·吉登斯：《社会的构成——结构化理论大纲》，李康、李猛译，生活·读书·新知三联书店1998年版。

［美］奥利弗·E.威廉姆森：《资本主义经济制度》，段毅才、王伟译，商务印书馆2020年版。

包亚明主编：《现代性与空间的生产》，上海世纪出版集团、上海教育出版社2003年版。

［比］伯努瓦·里豪克斯、［美］查尔斯·C. 拉金编著：《QCA设计原理与应用：超越定性与定量研究的新方法》，杜运周等译，机械工业出版社2017年版。

陈宏彩主编、中共浙江省委党校编著：《数字化改革与整体智治、浙江治理现代化转型》，中共中央党校出版社2021年版。

樊杰主编：《资源环境承载能力和国土空间开发适宜性评价方法指南》，科学出版社2019年版。

［美］冯·贝塔朗菲：《一般系统论——基础、发展和应用》，林康义等译，清华大学出版社1987年版。

付文忠、马莲主编：《晚期资本主义的空间理论与城市化》，中国人民大学出版社2022年版。

辜胜阻：《非农化与城镇化研究》，浙江人民出版社1991年版。

顾朝林：《中国城镇化》，科学出版社2021年版。

郭治安等编著：《协同学入门》，四川人民出版社1988年版。

郭忠华、刘训练编：《公民身份与社会阶级》，江苏人民出版社2007年版。

［德］赫尔曼·哈肯：《协同学——大自然构成的奥秘》，凌复华译，上世纪出版集团，上海译文出版社2005年版。

［法］亨利·列斐伏尔：《空间的生产》，刘怀玉等译，商务印书馆2022年版。

姜璐编：《钱学森论系统科学（讲话篇）》，科学出版社2011年版。

李志刚、顾朝林：《中国城市社会空间结构转型》，东南大学出版社2011年版。

陆铭：《空间的力量：地理、政治与城市发展》（第二版），格致出版社2017年版。

［美］尼尔·博任纳：《城市　地域　星球：批判城市理论》，李志刚等译，商务印书馆2019年版。

沈建光等：《产业数字化：驱动中国经济打造新模式、新赛道和新生态》，中信出版集团、中信出版社 2020 年版。

［美］施坚雅：《中国农村的市场和社会结构》，史建云、徐秀丽译，虞和平校，中国社会科学出版社 1998 年版。

［美］塔尔科特·帕森斯、尼尔·斯梅尔瑟：《经济与社会——对经济与社会的理论统一的研究》，刘进等译，林地校，华夏出版社 1989 年版。

［日］藤田昌久等：《空间经济学——城市、区域与国际贸易》，梁琦主译，中国人民大学出版社 2005 年版。

魏后凯等：《中国城镇化和谐与繁荣之路》，社会科学文献出版社 2014 年版。

［德］沃尔特·克里斯塔勒：《德国南部中心地原理》，常正文等译，商务印书馆 2010 年版。

［美］西奥多·W. 舒尔茨：《人力资本投资——教育和研究的作用》，蒋斌、张蘅译，王璐校，商务印书馆 1990 年版。

［美］西蒙·库兹涅茨：《各国的经济增长》，常勋等译，商务印书馆 1999 年版。

［美］西蒙·库兹涅茨：《现代经济增长：速度、结构与扩展》，戴睿、易诚译，北京经济学院出版社 1989 年版。

新玉言主编：《国外城镇化——比较研究与经验启示》，国家行政学院出版社 2013 年版。

［德］约翰·冯·杜能：《孤立国同农业和国民经济的关系》，吴衡康译，谢钟准校，商务印书馆 1986 年版。

张晓：《数字化转型与数字治理》，中国工信出版集团、电子工业出版社 2021 年版。

中共中央马克思恩格斯列宁斯大林著作编译局编：《马克思恩格斯选集》（第四卷），人民出版社 1995 年版。

中共中央文献研究室编：《毛泽东文集》（第七卷），人民出版社 1999 年版。

中华人民共和国住房和城乡建设部编：《中国县城建设统计年鉴（2021）》，中国统计出版社 2021 年版。

周其仁：《城乡中国》（修订版），中信出版社 2017 年版。

周振华：《产业结构优化论》，上海人民出版社 2014 年版。

（二）期刊

鲍静、贾开：《数字治理体系和治理能力现代化研究：原则、框架与要素》，《政治学研究》2019 年第 3 期。

蔡文柳、赵艳霞：《要素依赖、新型城镇化与区域流通产业发展关系分析》，《商业经济研究》2022 年第 4 期。

蔡跃洲、牛新星：《中国数字经济增加值规模测算及结构分析》，《中国社会科学》2021 年第 11 期。

曹飞：《省域城市建设用地驱动因素的空间面板分析》，《华东经济管理》2016 年第 7 期。

曹慧琴、张廷君：《城市政府数据开放平台发展的影响因素及提升建议》，《城市问题》2020 年第 12 期。

柴彦威等：《空间——行为互动理论构建的基本思路》，《地理研究》2017 年第 10 期。

钞小静、薛志欣：《新型信息基础设施对中国经济韧性的影响——来自中国城市的经验证据》，《经济学动态》2023 年第 8 期。

陈光金等：《新型城镇化与社会治理》，《学术研究》2014 年第 12 期。

陈国军、王国恩：《"盒马村"的"流空间"透视：数字农业经济驱动下的农业农村现代化发展重构》，《农业经济问题》2023 年第 1 期。

陈国青等：《大数据环境下的决策范式转变与使能创新》，《管理世界》2020 年第 2 期。

陈海贝、卓翔芝：《数字赋能研究综述》，《图书馆论坛》2019 年第 6 期。

陈瑾：《基于数据包络分析的西部地区高速公路网规模与经济社会发展适应性的分析研究》，《公路》2023 年第 10 期。

陈明星等：《城市化地区实体与流空间演变及高质量发展路径分析》，《中国科学院院刊》2023 年第 12 期。

陈明星等：《中国特色新型城镇化理论内涵的认知与建构》，《地理学报》2019 年第 4 期。

陈明星等：《中国新型城镇化在"十九大"后发展的新态势》，《地理研究》2019年第1期。

陈世香、邹胜男：《制度变迁视角下中国制度改革研究：一个整合性分析框架》，《求实》2022年第6期。

陈伟雄等：《数字技术赋能生态文明建设：理论基础、作用机理与实现路径》，《当代经济研究》2023年第9期。

陈文：《政务服务"信息孤岛"现象的成因与消解》，《中国行政管理》2016年第7期。

陈文胜、李珊珊：《城乡融合中的县城：战略定位、结构张力与提升路径》，《江淮论坛》2023年第5期。

陈晓东、杨晓霞：《数字经济发展对产业结构升级的影响——基于灰关联熵与耗散结构理论的研究》，《改革》2021年第3期。

陈心颖：《新型城镇化中"人"的现代化解读》，《福建论坛》（人文社会科学版）2020年第2期。

陈亚军：《〈国家新型城镇化规划（2014—2020年）〉确定的目标任务顺利完成》，《宏观经济管理》2021年第11期。

陈宇轩、章顺：《数字乡村治理的系统集成改革及其风险规避》，《浙江社会科学》2023年第5期。

程聪、贾良定：《我国企业跨国并购驱动机制研究——基于清晰集的定性比较分析》，《南开管理评论》2016年第6期。

程明洋等：《空间句法理论与建筑空间的研究》，《地域研究与开发》2015年第3期。

崔亚东等：《工会与农民工居留意愿：兼析工会的双重职能悖论》，《财经研究》2022年第10期。

戴文远等：《基于"三生空间"的土地利用功能转型及生态服务价值研究——以福州新区为例》，《自然资源学报》2018年第12期。

戴长征、鲍静：《数字政府治理——基于社会形态演变进程的考察》，《中国行政管理》2017年第9期。

戴正、包国宪：《QCA在中国公共管理研究中的应用：问题与改进》，《公共管理评论》2023年第2期。

邓慧慧等：《中国数字技术城市网络的空间结构研究——兼论网络型城市群建设》，《中国工业经济》2022年第9期。

邓毛颖、邓策方：《基于结构、效率、公平与韧性的路网密度适宜性评价研究》，《交通运输系统工程与信息》2023年第6期。

邓念国：《整体智治：城市基层数字治理的理论逻辑与运行机制——基于杭州市S镇的考察》，《理论与改革》2021年第4期。

丁建彪：《整体性治理视角下中国农村扶贫脱贫实践过程研究》，《政治学研究》2020年第3期。

丁明磊等：《碳中和目标下的国土空间格局优化：理论框架与实践策略》，《自然资源学报》2022年第5期。

董有德、宋国豪：《人口集聚、中国制造业企业出口与技术复杂度》，《上海经济研究》2023年第10期。

杜庆昊：《数字产业化和产业数字化的生成逻辑及主要路径》，《经济体制改革》2021年第5期。

杜运周等：《复杂动态视角下的组态理论与QCA方法：研究进展与未来方向》，《管理世界》2021年第3期。

杜运周等：《什么样的营商环境生态产生城市高创业活跃度？——基于制度组态的分析》，《管理世界》2020年第9期。

杜运周、贾良定：《组态视角与定性比较分析（QCA）：管理学研究的一条新道路》，《管理世界》2017年第6期。

段亚明等：《"生产—生活—生态"空间的概念与理论研究》，《中国农业大学学报》2023年第4期。

范冬萍、陈林昊：《系统论是系统科学与马克思主义哲学之桥梁——评〈系统论——系统科学哲学〉》，《系统科学学报》2022年第1期。

方创琳：《城市多规合一的科学认知与技术路径探析》，《中国土地科学》2017年第1期。

方创琳：《中国新型城镇化高质量发展的规律性与重点方向》，《地理研究》2019年第1期。

方创琳等：《特大城市群地区城镇化与生态环境交互耦合效应解析的理论框架及技术路径》，《地理学报》2016年第4期。

费孝通：《论中国小城镇的发展》，《中国农村经济》1996年第3期。

费孝通：《中国城乡发展的道路——我一生的研究课题》，《中国社会科学》1993年第1期。

冯丹萌、孙鸣凤：《国际视角下协调推进新型城镇化与乡村振兴的思考》，《城市发展研究》2020年第8期。

冯健、张琦楠：《城市社会空间结构及分异——基于武汉的实证研究》，《城市发展研究》2021年第9期。

冯素玲、许德慧：《数字产业化对产业结构升级的影响机制分析——基于2010—2019年中国省际面板数据的实证分析》，《东岳论丛》2022年第1期。

付晶莹等：《黑土保护与粮食安全背景下齐齐哈尔市国土空间优化调控路径》，《地理学报》2022年第7期。

傅才武：《数字技术作为文化高质量发展的方法论：一种技术内置路径变迁理论》，《人民论坛·学术前沿》2022年第23期。

傅元海等：《制造业结构优化的技术进步路径选择——基于动态面板的经验分析》，《中国工业经济》2014年第9期。

干春晖等：《中国产业结构变迁对经济增长和波动的影响》，《经济研究》2011年第5期。

高乐、李晓方：《发展高效协同的数字政务：数字中国整体布局视域下的政府数字化转型》，《电子政务》2023年第9期。

高鑫等：《城市地理学的"流空间"视角及其中国化研究》，《人文地理》2012年第4期。

戈大专、陆玉麒：《面向国土空间规划的乡村空间治理机制与路径》，《地理学报》2021年第6期。

古恒欢、孙斌栋：《城市社会空间结构及其演变——从芝加哥、洛杉矶到上海》，《地理科学》2023年第2期。

古清中：《经济体制改革与人口城镇化》，《人口学刊》1985年第2期。

顾爱华、孙莹：《赋能智慧治理：数字公民的身份建构与价值实现》，《理论与改革》2021年第4期。

顾朝林、曹根榕：《论新时代国土空间规划技术创新》，《北京规划建设》2019年第4期。

顾朝林等：《北京城市社会区分析》，《地理学报》2003年第6期。

关婷等：《技术赋能的治理创新：基于中国环境领域的实践案例》，《中国行政管理》2019年第4期。

郭晗：《数字经济与实体经济融合促进高质量发展的路径》，《西安财经大学学报》2020年第2期。

郭晗、全勤慧：《数字经济与实体经济融合发展：测度评价与实现路径》，《经济纵横》2022年第11期。

郭家堂、骆品亮：《互联网对中国全要素生产率有促进作用吗？》，《管理世界》2016年第10期。

郭明：《互联网下乡：国家政权对乡土社会的"数字整合"》，《电子政务》2020年第12期。

郭倩倩等：《"流空间"视角下西北地区城市关联特征与网络格局分析》，《经济地理》2023年第3期。

郭星华、王嘉思：《新生代农民工：生活在城市的推拉之间》，《中国农业大学学报》（社会科学版）2011年第3期。

郭阳、范和生：《县域乡村振兴的内在逻辑、实践张力与路径选择》，《云南社会科学》2023年第4期。

郭忠华、谢涵冰：《农民如何变成新市民？——基于农民市民化研究的文献评估》，《中国行政管理》2017年第9期。

韩君、高瀛璐：《中国省域数字经济发展的产业关联效应测算》，《数量经济技术经济研究》2022年第4期。

韩永辉等：《产业政策推动地方产业结构升级了吗？——基于发展型地方政府的理论解释与实证检验》，《经济研究》2017年第8期。

郝政等：《国家创新系统对经济赶超绩效影响的定性比较分析——基于QCA方法的联动效应研究》，《经济问题探索》2022年第10期。

何鹤鸣：《增长的局限与城市化转型——空间生产视角下社会转型、资本与城市化的交织逻辑》，《城市规划》2012年第11期。

何江等：《中国新型城镇化：十年研究全景图谱——演进脉络、热点前沿与未来趋势》，《经济地理》2020年第9期。

何哲：《新信息时代中央地方职能与纵向治理结构变革趋势探析》，《电子政务》2019年第12期。

侯明利、郝新哲：《数字技术如何推动农业高质量发展——基于要素流动的中介效应与产业结构转型的调节效应》，《河南师范大学学报》（哲学社会科学版）2023年第6期。

胡海洋、姚晨：《数字经济、技术创新与产业结构高级化——基于省级面板数据的实证分析》，《技术经济与管理研究》2023年第2期。

胡海、庄天慧：《共生理论视域下农村产业融合发展：共生机制、现实困境与推进策略》，《农业经济问题》2020年第8期。

胡卫卫等：《技术赋能何以变成技术负能？——"智能官僚主义"的生成及消解》，《电子政务》2021年第4期。

胡卫卫、卢玥宁：《数字乡村治理共同体的生成机理与运作逻辑研究——基于"中国大棚第一村"数字乡村建设的实证考察》，《公共管理学报》2023年第1期。

胡晓艳等：《数字国土空间规划背景下的新空间认知与分析》，《规划师》2020年第24期。

胡占光、吴业苗：《数字乡村何以实现"整体智治"？——基于浙江五四村"数字乡村一张图"全景治理平台实证考察》，《电子政务》2023年第12期。

黄安等：《"生产—生活—生态"空间识别与优化研究进展》，《地理科学进展》2020年第3期。

黄萃等：《学科交叉视角下人工智能治理领域知识流动与研究主题的国际比较研究》，《信息资源管理学报》2022年第6期。

黄璜：《数字政府：政策、特征与概念》，《治理研究》2020年第3期。

黄璜等：《数字化赋能治理协同：数字政府建设的"下一步行动"》，《电子政务》2022年第4期。

黄建伟、陈玲玲：《国内数字治理研究进展与未来展望》，《理论与改革》2019年第1期。

黄金川等：《面向国土空间优化的三生空间研究进展》，《地理科学进展》2017年第3期。

黄茂兴、张建威：《中国推动城镇化发展：历程、成就与启示》，《数量经济技术经济研究》2021年第6期。

黄寿峰、赵岩：《政务服务信息化与基本公共服务水平》，《世界经济》2023年第8期。

贾婷月：《基本公共服务支出与城镇化地区差距——基于劳动力流动的视角》，《上海经济》2018年第1期。

江曼琦、刘勇：《"三生"空间内涵与空间范围的辨析》，《城市发展研究》2020年第4期。

姜晓萍：《国家治理现代化进程中的社会治理体制创新》，《中国行政管理》2014年第2期。

姜晓萍、吴宝家：《警惕伪创新：基层治理能力现代化进程中的偏差行为研究》，《中国行政管理》2021年第10期。

姜晓萍、吴宝家：《人民至上：党的十八大以来我国完善基本公共服务的历程、成就与经验》，《管理世界》2022年第10期。

蒋琳等：《新生代农民工参与网络问政的调查与思考》，《电子政务》2016年第9期。

金晓玲、田一伟：《共享经济下消费者信任和不信任的形成机制——基于结构方程模型和模糊集定性比较方法》，《技术经济》2019年第8期。

荆文君等：《数字技术赋能经济高质量发展：一种改进的"技术—经济"分析范式》，《电子政务》2023年第10期。

孔芳霞等：《中国城市治理绩效时空演变特征——基于"三生"空间功能视角》，《经济体制改革》2023年第1期。

孔宇等：《基于多源数据的国土空间高质量利用评价思路》，《中国土地科学》2020年第5期。

李斌等：《公共服务均等化、民生财政支出与城市化——基于中国286个城市面板数据的动态空间计量检验》，《中国软科学》2015年第6期。

李波等：《返乡创业如何促进县域产业结构升级——基于政策试点的准自然实验》，《华中农业大学学报》（社会科学版）2023年第3期。

李东泉：《新型城镇化进程中社区治理促进市民化目标实现的条件、机制与路径》，《同济大学学报》（社会科学版）2021年第3期。

李季刚、孟玉龙：《推进我国新型城镇化内涵式发展》，《中国党政干部论坛》2017年第8期。

李兰冰等：《"十四五"时期中国新型城镇化发展重大问题展望》，《管理世界》2020年第11期。

李立清等：《提升县城土地资源利用效率的数字化驱动路径研究》，《农业经济与管理》2023年第5期。

李强：《影响中国城乡流动人口的推力与拉力因素分析》，《中国社会科学》2003年第1期。

李庆瑞：《"制度—话语"视角下农业转移人口的治理变迁》，《华南农业大学学报》（社会科学版）2022年第5期。

李韬、冯贺霞：《数字治理的多维视角、科学内涵与基本要素》，《南京大学学报》（哲学·人文科学·社会科学）2022年第1期。

李腾等：《数字产业化与产业数字化：双向联动关系、产业网络特征与数字经济发展》，《产业经济研究》2021年第5期。

李晓倩等：《公众友好型政府信息公开：理论构建与实证检验》，《公共管理评论》2023年第3期。

李燕凌、陈梦雅：《数字赋能如何促进乡村自主治理？——基于"映山红"计划的案例分析》，《南京农业大学学报》（社会科学版）2022年第3期。

李燕凌、高猛：《农村公共服务高质量发展：结构视域、内在逻辑与现实进路》，《行政论坛》2021年第1期。

李燕凌、高猛：《新中国农村基层治理变革的三重逻辑》，《中国农村观察》2022年第6期。

李燕凌、温馨：《推进以县城为重要载体的城镇化建设：新发展格局中的战略选择》，《中国行政管理》2022年第5期。

李永红、黄瑞：《我国数字产业化与产业数字化模式的研究》，《科技管理研究》2019年第16期。

李豫新、欧国刚：《数字经济、"三生"空间与流动人口居留意愿——来自流动人口调查数据的证据》，《新疆大学学报》（哲学社会科学版）2023年第3期。

李豫新、赵奕萌：《新发展理念下新型城镇化高质量发展水平测度及空间非均衡性分析》，《工业技术经济》2021年第12期。

李治国等:《数字基础设施建设赋能包容性绿色增长:内在机制与经验证据》,《浙江社会科学》2023年第8期。

李祖佩、钟涨宝:《"经营村庄":项目进村背景下的乡镇政府行为研究》,《政治学研究》2020年第3期。

廖文梅等:《城镇化与乡村振兴的耦合协同研究——基于江西省脱贫县(市)的数据》,《生态经济》2022年第11期。

林佳等:《国土空间系统"三生"功能协同演化机制研究——以阜新市为例》,《中国土地科学》2019年第4期。

林伊琳等:《基于MCR-FLUS-Markov模型的区域国土空间格局优化》,《农业机械学报》2021年第4期。

林毅夫:《新结构经济学——重构发展经济学的框架》,《经济学(季刊)》2011年第1期。

刘航等:《基于中国实践的互联网与数字经济研究——首届互联网与数字经济论坛综述》,《经济研究》2019年第3期。

刘和东、纪然:《数字经济促进产业结构升级的机制与效应研究》,《科技进步与对策》2023年第1期。

刘建国等:《远程耦合世界的可持续性框架》,《生态学报》2016年第23期。

刘润忠:《试析结构功能主义及其社会理论》,《天津社会科学》2005年第5期。

刘士琪等:《基于PCA-STIRPAT模型的绿洲区耕地变化社会经济驱动力研究——以酒泉市为例》,《中国农业资源与区划》2019年第12期。

刘守英、龙婷玉:《城乡融合理论:阶段、特征与启示》,《经济学动态》2022年第3期。

刘天宝、马嘉铭:《空间生产理论在中国城镇化研究中的应用进展与展望》,《地理科学进展》2023年第5期。

刘伟、蔡志洲:《我国工业化进程中产业结构升级与新常态下的经济增长》,《北京大学学报》(哲学社会科学版)2015年第3期。

刘希朝等:《人地耦合协调度与"三生"空间配置研究——以江苏省为例》,《现代城市研究》2022年第10期。

刘修岩等：《城市空间结构与地区经济效率——兼论中国城镇化发展道路的模式选择》，《管理世界》2017年第1期。

刘彦随等：《新时期中国城乡发展的主要问题与转型对策》，《经济地理》2016年第7期。

刘彦随、王介勇：《转型发展期"多规合一"理论认知与技术方法》，《地理科学进展》2016年第5期。

刘业政等：《大数据的价值发现：4C模型》，《管理世界》2020年第2期。

刘治彦、余永华：《以新型城镇化建设促进城乡高质量发展的路径研究》，《企业经济》2021年第10期。

刘智峰：《论现代国家治理转型的五个向度》，《新视野》2014年第3期。

卢海阳等：《农民工的城市融入：现状与政策启示》，《农业经济问题》2015年第7期。

卢静静：《毛泽东农村文化建设思想的当代价值》，《中共南昌市委党校学报》2019年第2期。

卢晓玲、杨钢桥：《小城镇工业用地空间扩张的方式与特征》，《国土资源科技管理》2005年第3期。

陆铭：《从分散到集聚：农村城镇化的理论、误区与改革》，《农业经济问题》2021年第9期。

陆铭：《中国经济结构转型与消费发展趋势》，《新金融》2023年第11期。

陆学艺：《农村发展新阶段的新形势和新任务——关于开展以发展小城镇为中心的建设社会主义新农村运动的建议》，《中国农村经济》2000年第6期。

陆学艺：《遵循社会建设原则　积极稳妥推进城镇化》，《北京工业大学学报》（社会科学版）2013年第5期。

陆学艺、杨桂宏：《破除城乡二元结构体制是解决"三农"问题的根本途径》，《中国农业大学学报》（社会科学版）2013年第3期。

罗茜等：《数字经济发展对实体经济的影响研究》，《当代经济管理》2022年第7期。

罗亚等：《数字化转型下的国土空间数字化治理逻辑研究》，《规划师》2022 年第 8 期。

罗震东：《新兴田园城市：移动互联网时代的城镇化理论重构》，《城市规划》2020 年第 3 期。

吕拉昌、赵彩云：《中国城市创新地理研究述评与展望》，《经济地理》2021 年第 3 期。

吕铁：《传统产业数字化转型的趋向与路径》，《人民论坛·学术前沿》2019 年第 18 期。

吕晓、张启岚：《耕地利用中农户"药肥双减"意愿的前因条件与组态路径——基于 QCA 方法的探索》，《中国土地科学》2023 年第 9 期。

马恩朴等：《远程耦合视角下的土地利用/覆被变化解释》，《地理学报》2019 年第 3 期。

马长发等：《以人为核心的"城市能力"论——中国新型城镇化研究新思维》，《城市发展研究》2020 年第 12 期。

毛艳华、信超辉：《新时代中心城市的引领作用与城市群高质量发展》，《中山大学学报》（社会科学版）2022 年第 1 期。

孟天广：《数字治理生态：数字政府的理论迭代与模型演化》，《政治学研究》2022 年第 5 期。

孟天广等：《政务热线驱动的超大城市社会治理创新——以北京市"接诉即办"改革为例》，《公共管理学报》2021 年第 2 期。

米加宁等：《"数字空间"政府及其研究纲领——第四次工业革命引致的政府形态变革》，《公共管理学报》2020 年第 1 期。

米运生等：《土地经营权强度增进新型农业经营主体信贷可得性的路径研究——基于中国三个省份的清晰集定性比较分析》，《华南师范大学学报》（社会科学版）2023 年第 1 期。

倪鹏飞：《新型城镇化是经典城市化的回归和升级》，《江淮论坛》2016 年第 5 期。

钮心毅、林诗佳：《城市规划研究中的时空大数据：技术演进、研究议题与前沿趋势》，《城市规划学刊》2022 年第 6 期。

欧阳静：《治理体系中的能动者结构：县域的视角》，《文化纵横》

2019年第2期。

欧阳静、王骏：《形式主义地"讲政治"：基层策略主义的新表现》，《广西师范大学学报》（哲学社会科学版）2022年第1期。

彭炳忠、易俊宇：《数字经济对长江经济带产业结构升级的影响研究》，《湖南社会科学》2021年第6期。

彭亮、柯平：《赋能对于图书情报事业是否是个新概念？——基于组织管理和技术发展双视角》，《现代情报》2022年第4期。

彭长生：《从城市空间结构理论看我国小城镇建设》，《求实》2002年第S1期。

戚伟等：《中国户籍人口城镇化率的核算方法与分布格局》，《地理研究》2017年第4期。

乔海波、蒲国良：《我国城镇化滞后于工业化的影响因素探究》，《改革》2018年第9期。

邱泽奇等：《数字化与乡村治理结构变迁》，《西安交通大学学报》（社会科学版）2022年第2期。

任保平、张倩：《新时代我国现代化产业体系构建的工业化逻辑及其实现路径》，《江苏行政学院学报》2020年第1期。

任勇、白子玉：《网格化管理政策转移要素组合与政府注意力配置：基于S市实践的QCA分析》，《政治学研究》2023年第3期。

任宇飞等：《城镇化与生态环境近远程耦合关系研究进展》，《地理学报》2020年第3期。

山少男、段霞：《复杂性视角下公共危机多元主体协同治理行为的影响因素与行动路径——基于元分析与模糊集QCA的双重分析》，《公共管理与政策评论》2022年第1期。

沈东、杜玉华：《"社会治理"的三维向度及其当代实践——基于价值理念、制度设计与行动策略的分析》，《湖南师范大学社会科学学报》2016年第1期。

单学鹏：《中国语境下的"协同治理"概念有什么不同？——基于概念史的考察》，《公共管理评论》2021年第1期。

史丹：《数字经济条件下产业发展趋势的演变》，《中国工业经济》2022年第11期。

史宇鹏等：《我国企业数字化转型：现状、问题与展望》，《经济学家》2021年第12期。

史育龙、潘昭宇：《成渝地区双城经济圈空间结构特征与空间格局优化》，《宏观经济管理》2021年第7期。

宋伟轩等：《南京棚户区改造的城市社会空间重构效应》，《地理研究》2021年第4期。

苏红键：《数字城乡建设：通往城乡融合与共同富裕之路》，《电子政务》2022年第10期。

苏竣：《开展人工智能社会实验 探索智能社会治理中国道路》，《中国行政管理》2021年第12期。

苏竣等：《社会实验：人工智能社会影响研究的新路径》，《中国软科学》2020年第9期。

孙红玲等：《论人的城镇化与人均公共服务均等化》，《中国工业经济》2014年第5期。

孙久文、邢晓旭：《国土空间体系和区域经济布局的协同路径和优化方向》，《经济学家》2023年第8期。

孙凌宇、罗杨帆：《产业结构合理化对碳排放影响的空间效应》，《重庆社会科学》2022年第10期。

孙新波等：《数据赋能研究现状及未来展望》，《研究与发展管理》2020年第2期。

孙叶飞等：《新型城镇化发展与产业结构变迁的经济增长效应》，《数量经济技术经济研究》2016年第11期。

孙中艮、施国庆：《新型城镇化背景下农民市民化的要素及其演变：一个社会分析框架》，《南京社会科学》2015年第9期。

塔娜、柴彦威：《行为地理学的学科定位与前沿方向》，《地理科学进展》2022年第1期。

唐红涛、谢婷：《数字经济视角下产业扶贫与产业振兴有效衔接的机理与效应研究》，《广东财经大学学报》2022年第4期。

唐京华：《村干部选举"共谋"行为及其对村庄治理的影响——基于山东省S村换届选举的调查》，《中国农村观察》2019年第3期。

唐鹏程、杨树旺：《企业社会责任投资模式研究：基于价值的判断标准》,《中国工业经济》2016 年第 7 期。

唐任伍:《新时代乡村振兴战略的实施路径及策略》,《人民论坛·学术前沿》2018 年第 3 期。

陶勇:《协同治理推进数字政府建设——〈2018 年联合国电子政务调查报告〉解读之六》,《行政管理改革》2019 年第 6 期。

佟大建等:《基本公共服务均等化、城市融入与农民工城市居留意愿》,《农业技术经济》2023 年第 10 期。

汪传雷等:《供应链控制塔赋能企业数字化转型》,《情报理论与实践》2019 年第 9 期。

王常军:《数字经济与新型城镇化融合发展的内在机理与实现要点》,《北京联合大学学报》(人文社会科学版)2021 年第 3 期。

王聪:《治理效能视角下公民参与公共服务的制度研究》,《重庆大学学报》(社会科学版)2021 年第 5 期。

王高远、陈天:《流域国土空间优化研究进展》,《城市规划》2023 年第 8 期。

王汉生、王一鸽:《目标管理责任制:农村基层政权的实践逻辑》,《社会学研究》2009 年第 2 期。

王敬尧、黄祥祥:《县域治理:中国之治的"接点"存在》,《行政论坛》2022 年第 4 期。

王猛、毛寿龙:《社会共享与治理变革:逻辑、方向及政策意蕴》,《社会科学研究》2016 年第 4 期。

王明华:《人本观念下新型城镇化高质量发展转型研究》,《农业经济》2021 年第 12 期。

王萍等:《组态视角下共享住宿多主体信任的影响因素研究》,《管理评论》2023 年第 4 期。

王士君等:《从中心地到城市网络——中国城镇体系研究的理论转变》,《地理研究》2019 年第 1 期。

王通:《中国流动人口市民化的场域适应与行为变迁》,《华南农业大学学报》(社会科学版)2023 年第 6 期。

王文彬、赵灵子:《数字乡村治理变革:结构调适、功能强化与实践进路》,《电子政务》2023 年第 5 期。

王小鲁：《中国城市化路径与城市规模的经济学分析》，《经济研究》2010年第10期。

王晓东、李繁荣：《农村劳动力流动正向驱动乡村绿色发展研究——基于新中国成立70年历史的分析》，《经济问题》2019年第12期。

王鑫等：《数字治理视角下县级政府治理现代化的评估体系研究》，《中国行政管理》2019年第12期。

王亚飞等：《国土空间结构演变解析与主体功能区格局优化思路》，《中国科学院院刊》2020年第7期。

王益民：《数字政府整体架构与评估体系》，《中国领导科学》2020年第1期。

王英等：《"数据飞轮效应"：数字政府建设实现整体智治的内在机理》，《中国行政管理》2023年第6期。

王裕瑾、李梦玉：《中国数字经济与高质量发展的耦合协调研究》，《经济与管理评论》2023年第1期。

王钊、曾令果：《新中国70年农业农村改革进程回顾、核心问题与未来展望》，《改革》2019年第9期。

韦吉飞等：《"数字政府"何以影响新市民城市融入性——基于163个地级以上城市千份数据的检验》，《公共管理与政策评论》2023年第3期。

魏后凯：《新型城镇化与新农村建设需统筹推进》，《新西部》2017年第8期。

魏后凯：《走新型城镇化发展之路》，《前线》2014年第12期。

魏后凯等：《"十四五"时期中国城镇化战略与政策》，《中共中央党校（国家行政学院）学报》2020年第4期。

魏后凯、关兴良：《中国特色新型城镇化的科学内涵与战略重点》，《河南社会科学》2014年第3期。

温涛、陈一明：《数字经济与农业农村经济融合发展：实践模式、现实障碍与突破路径》，《农业经济问题》2020年第7期。

文军、桂家友：《1949年以来中国城乡公民权利的发展：基于经济结构视角的考察》，《社会科学研究》2012年第1期。

吴朝宁等：《基于圈层结构的游客活动空间边界提取新方法》，《地理学报》2021 年第 6 期。

吴康、方创琳：《新中国 60 年来小城镇的发展历程与新态势》，《经济地理》2009 年第 10 期。

吴万宗等：《产业结构变迁与收入不平等——来自中国的微观证据》，《管理世界》2018 年第 2 期。

吴晓林：《技术赋能与科层规制——技术治理中的政治逻辑》，《广西师范大学学报》（哲学社会科学版）2020 年第 2 期。

吴旭红等：《技术治理的技术：实践、类型及其适配逻辑——基于南京市社区治理的多案例研究》，《公共管理学报》2022 年第 1 期。

吴志刚等：《移民型城市社会空间演变及形成机制研究——以珠海市为例》，《华南师范大学学报》（自然科学版）2020 年第 2 期。

席广亮等：《2022 年城市数字化转型发展热点回眸》，《科技导报》2023 年第 1 期。

夏杰长、袁航：《数字经济、要素市场化与中国产业结构转型升级》，《广东社会科学》2023 年第 4 期。

向秋兰等：《产业结构演进与中国经济高质量转型发展》，《贵州财经大学学报》2023 年第 1 期。

肖骁等：《新时代城市空间结构变革与转型》，《中国科学院院刊》2023 年第 8 期。

肖旭、戚聿东：《产业数字化转型的价值维度与理论逻辑》，《改革》2019 年第 8 期。

谢天成、施祖麟：《中国特色新型城镇化概念、目标与速度研究》，《经济问题探索》2015 年第 6 期。

新华通讯社：《中国共产党第十六届五中全会公报》，《当代广西》2005 年第 21 期。

徐瑾等：《人口老龄化、居民消费与产业结构升级》，《经济问题探索》2023 年第 3 期。

徐梦周、吕铁：《赋能数字经济发展的数字政府建设：内在逻辑与创新路径》，《学习与探索》2020 年第 3 期。

徐晓亮等：《中国省域旅游效率时空演变特征及影响因素研究》，

《干旱区地理》2023 年第 12 期。

徐晓林等:《数字政府环境下政务服务数据共享研究》,《行政论坛》2018 年第 1 期。

徐影等:《碳中和视角下福建省国土空间分区特征与优化策略》,《应用生态学报》2022 年第 2 期。

许刚等:《中国人口与土地城镇化:演化趋势、区域和规模差异及测度方法比较》,《中国土地科学》2022 年第 5 期。

许经勇:《新时代城乡融合发展的若干思考》,《学习论坛》2020 年第 1 期。

燕连福、毛丽霞:《县域公共服务均等化推动乡村振兴的目标旨归、面临问题和实践路径》,《兰州大学学报》(社会科学版)2022 年第 5 期。

杨贵庆:《城乡共构视角下的乡村振兴多元路径探索》,《规划师》2019 年第 11 期。

杨华:《多中心工作与过程管理:县域治理结构变革的内在逻辑》,《政治学研究》2022 年第 6 期。

杨桦:《"互联网+"时代政府治理结构变革及法治回应》,《江海学刊》2020 年第 4 期。

杨俊宴等:《数字国土空间治理的"空间码"理论与技术研究》,《规划师》2023 年第 3 期。

杨巧云等:《国外政府数字化转型政策比较研究》,《情报杂志》2021 年第 10 期。

杨忍、林元城:《论乡村数字化与乡村空间转型》,《地理学报》2023 年第 2 期。

杨嵘均、操远芃:《论乡村数字赋能与数字鸿沟间的张力及其消解》,《南京农业大学学报》(社会科学版)2021 年第 5 期。

杨滔:《数字城市与空间句法:一种数字化规划设计途径》,《规划师》2012 年第 4 期。

杨志、魏姝:《政策爆发生成机理:影响因素、组合路径及耦合机制——基于 25 个案例的定性比较分析》,《公共管理学报》2020 年第 2 期。

姚毓春、张嘉实：《数字经济与城乡融合发展耦合协调的测度与评价研究》，《兰州大学学报》（社会科学版）2023年第1期。

叶兴庆：《迈向2035年的中国乡村：愿景、挑战与策略》，《管理世界》2021年第4期。

叶兴庆：《中国特色新型城镇化的主要特征与实现路径》，《中国党政干部论坛》2016年第4期。

叶振宇：《以产业转型升级激发县域经济活力》，《人民论坛》2023年第20期。

于斌斌、申晨：《产业结构、空间结构与城镇化效率》，《统计研究》2020年第2期。

郁建兴、吴结兵：《数字化改革赋能未来社区治理》，《浙江经济》2021年第6期。

郁建兴、周幸钰：《数字技术应用与政府创新的双向互构——基于浙江省"三张清单"数字化改革的分析》，《经济社会体制比较》2023年第1期。

喻少如、许柯：《整体智治：公共法律服务数字化转型的内在机理与创新路径——以杭州市滨江区"一码解纠纷"为例》，《电子政务》2023年第5期。

袁纯清：《共生理论及其对小型经济的应用研究（下）》，《改革》1998年第3期。

袁方成、杨灿：《嵌入式整合：后"政党下乡"时代乡村治理的政党逻辑》，《学海》2019年第2期。

苑丰：《近30年中国县政研究综述》，《东南学术》2008年第1期。

翟云等：《中国数字化转型的理论阐释与运行机制》，《电子政务》2021年第6期。

曾渝、黄璜：《数字化协同治理模式探究》，《中国行政管理》2021年第12期。

张鸿雁：《特色小镇建设与城市化模式创新论——重构中国文化的根柢》，《南京社会科学》2017年第12期。

张京祥等：《空间生产视角下的城中村物质空间与社会变迁——南京市江东村的实证研究》，《人文地理》2014年第2期。

张磊：《都市圈空间结构演变的制度逻辑与启示：以东京都市圈为例》，《城市规划学刊》2019年第1期。

张林、周济民：《对资本主义本质的非正统经济学解读——评杰弗里·霍奇森〈资本主义的本质：制度、演化和未来〉》，《政治经济学评论》2019年第4期。

张明、杜运周：《组织与管理研究中QCA方法的应用：定位、策略和方向》，《管理学报》2019年第9期。

张明皓、豆书龙：《党建引领"三治结合"：机制构建、内在张力与优化向度》，《南京农业大学学报》（社会科学版）2021年第1期。

张品：《社区、空间与城市社会学——再议城市社会学的研究对象》，《理论月刊》2016年第11期。

张琦：《新型城镇化的新着力点——以县城为重要载体的城镇化建设路径思考》，《人民论坛》2022年第18期。

张思思等：《人口集聚对城市韧性的影响探究》，《西北人口》2023年第1期。

张松林等：《中国土地城市化与人口城市化失衡之谜——基于城市便利性视角的分析》，《财贸研究》2021年第11期。

张涛：《个人信息保护的整体性治理：立法、行政与司法的协同》，《电子政务》2023年第6期。

张婷等：《绿色金融、环境规制与产业结构优化》，《山西财经大学学报》2022年第6期。

张蔚文：《网络化治理视角下的城市大脑——从效率导向到公共价值导向》，《人民论坛·学术前沿》2021年第9期。

张蔚文、麻玉琦：《我国县城分类建设发展思路》，《宏观经济管理》2022年第4期。

张秀生、樊君晗：《经济发展新常态下产业结构优化研究》，《科技进步与对策》2015年第21期。

张学良、林永然：《都市圈建设：新时代区域协调发展的战略选择》，《改革》2019年第2期。

张亚新、宿雪莲：《产业结构、全要素生产率与中国经济增长——新中国70年的历史考察》，《东北财经大学学报》2020年第4期。

张衍毓等：《国土空间监测网络布局优化方法研究》，《中国土地科学》2018年第1期。

张永奇、单德朋：《"流空间"透视：数字经济赋能县域城乡融合的时空效应——基于2703个县域的经验证据》，《云南民族大学学报》（哲学社会科学版）2023年第4期。

赵川等：《中国城市包容性增长：空间集聚、区域差异及收敛特征》，《软科学》2024年第1期。

赵金旭、孟天广：《技术赋能：区块链如何重塑治理结构与模式》，《当代世界与社会主义》2019年第3期。

赵娟、孟天广：《数字政府的纵向治理逻辑：分层体系与协同治理》，《学海》2021年第2期。

赵筱青等：《云南喀斯特山区国土空间优化分区与管控》，《自然资源学报》2020年第10期。

甄峰等：《从信息化赋能到综合赋能：智慧国土空间规划思路探索》，《自然资源学报》2019年第10期。

郑度：《21世纪人地关系研究前瞻》，《地理研究》2002年第1期。

郑烨、姜蕴珊：《走进智慧城市：中国智慧城市研究的十年发展脉络与主题谱系》，《公共管理与政策评论》2021年第5期。

《中国共产党第十九届中央委员会第五次全体会议公报》，《中国人大》2020年第21期。

周黎安：《行政发包制》，《社会》2014年第6期。

周清香、何爱平：《中国城乡融合发展的历史演进及其实现路径——马克思主义城乡关系理论的视角》，《西安财经大学学报》2022年第2期。

周锐、黄静：《数字政府建设促进了城乡基本公共服务均等化么？——基于地级市面板数据的实证分析》，《农村经济》2022年第10期。

周雪光、练宏：《政府内部上下级部门间谈判的一个分析模型——以环境政策实施为例》，《中国社会科学》2011年第5期。

周振华：《论现代经济增长与产业结构优化》，《财经研究》1990年第6期。

朱鹤等：《国土空间优化背景下文旅产业高质量发展：特征、认识与关键问题》，《经济地理》2021年第3期。

朱巧玲、甘丹丽：《新型城镇化背景下农民市民化评价指标体系的构建》，《福建论坛》（人文社会科学版）2014年第5期。

朱桃杏等：《京沪高铁与沿线区域旅游经济协调发展研究》，《铁道工程学报》2019年第11期。

竺乾威：《从新公共管理到整体性治理》，《中国行政管理》2008年第10期。

祝合良、王春娟：《"双循环"新发展格局战略背景下产业数字化转型：理论与对策》，《财贸经济》2021年第3期。

卓越、罗敏：《基层政府组织持续创新：关键因素和组合路径——基于14个政府部门创新台胞台企集成环境的定性比较分析》，《中南大学学报》（社会科学版）2022年第1期。

邹诗鹏：《马克思主义与激进主义的界分》，《马克思主义与现实》2020年第3期。

左珂、何绍辉：《论新生代农民工政治参与：现实困境与路径选择》，《中国青年研究》2011年第10期。

左鹏飞等：《互联网发展、城镇化与我国产业结构转型升级》，《数量经济技术经济研究》2020年第7期。

（三）报纸

胡锦涛：《坚定不移沿着中国特色社会主义道路前进　为全面建成小康社会而奋斗》，《人民日报》2012年11月18日第1版。

杜英姿等：《麻城市：夯实"五个基本"深化小区治理》，《中国城市报》2023年8月14日第31版。

孔德晨：《到2025年，以县城为重要载体的城镇化建设取得重要进展——25项建设任务推动县城发展》，《人民日报》（海外版）2022年5月9日第4版。

盛玉雷：《促进农业转移人口市民化（人民时评）》，《人民日报》2022年4月7日第5版。

魏后凯：《深入推进城市理论研究的根本遵循（构建中国特色哲学社会科学）》，《人民日报》2023年3月20日第13版。

薛澜、张楠：《以数字化提升国家治理效能（人民观察）》，《人民日报》2023年11月3日第9版。

郁建兴、黄飚：《"整体智治"：公共治理创新与信息技术革命互动融合》，《光明日报》2020年6月12日第11版。

《中办国办印发〈关于推进以县城为重要载体的城镇化建设的意见〉》，《人民日报》2022年5月7日第1版。

《中共中央关于制定国民经济和社会发展第十个五年计划的建议》，《人民日报》2000年10月19日第1版。

《中共中央关于制定国民经济和社会发展第十四个五年规划和二〇三五年远景目标的建议（二〇二〇年十月二十九日中国共产党第十九届中央委员会第五次全体会议通过）》，《人民日报》2020年11月4日第1、3版。

《中共中央国务院关于建立国土空间规划体系并监督实施的若干意见》，《人民日报》2019年5月24日第1版。

（四）其他

李鹏：《关于国民经济和社会发展"九五"计划和2010年远景目标纲要的报告》，中国政府网，https：//www.gov.cn/govweb/test/2008-04/21/content_950407.htm。

胡锦涛：《胡锦涛在中国共产党第十八次全国代表大会上的报告》，中国政府网，https：//www.gov.cn/ldhd/2012-11/17/content_2268826.htm。

习近平：《深化党和国家机构改革　推进国家治理体系和治理能力现代化》，中国政府网，https：//www.gov.cn/yaowen/liebiao/202307/content_6892146.htm。

习近平：《习近平在中央农村工作会议上强调　坚持把解决好"三农"问题作为全党工作重中之重　促进农业高质高效乡村宜居宜业农民富裕富足　李克强主持　栗战书汪洋王沪宁赵乐际韩正出席》，新华网，http：//www.xinhuanet.com/politics/2020-12/29/c_1126923715.htm。

《习近平：坚持节约资源和保护环境基本国策努力走向社会主义生态文明新时代》，中国共产党新闻网，http：//cpc.people.com.cn/n/2013/0525/c64094-21611332.html。

《习近平出席中央农村工作会议并发表重要讲话》，中国政府网，

https://www.gov.cn/xinwen/2020-12/29/content_5574955.htm。

《11个国家城乡融合发展试验区公布》，中国政府网，https://www.gov.cn/guowuyuan/2019-12/28/content_5464649.htm。

《2020年江油市国民经济和社会发展统计公报》，江油市统计局官网，http://www.jiangyou.gov.cn/public/5441/26256531.html。

《2020年长沙县国民经济和社会发展统计公报》，长沙县统计局官网，http://www.csx.gov.cn/zwgk/zfxxgkml/fdzdgknr/sjkf/sjgb/202106/t20210608_9995435.html。

《2020年长沙县国民经济和社会发展统计年鉴》，长沙县统计局网，http://www.csx.gov.cn/zwgk/zfxxgkml/fdzdgknr/sjkf/sjnj/202108/P020210908344366091663.pdf。

《2021年樟树市人民政府工作报告》，樟树市人民政府网，http://www.zhangshu.gov.cn/zssrmzf/zfgzbg/202104/871fda52e591416aa5239a84f19a2a14.shtml。

《2022年我国数字经济规模达50.2万亿元》，中国政府网，https://www.gov.cn/yaowen/2023-04/28/content_5753561.htm。

《31省份城镇化率：8省份超70%，重庆居中西部第一》，第一财经，https://www.yicai.com/news/101434160.html。

白华兵：《小县城"新故事"，一场城镇化升级赛》，新京报网，https://www.bjnews.com.cn/detail/165224000314697.html。

北京大学新农村发展研究院：《县域数字乡村指数报告（2020）研究报告》，北京大学新农村发展研究院，https://www.ccap.pku.edu.cn/nrdi/xmycg/yjxm/363361.htm。

北京市规划和自然资源委员会：《北京城市总体规划（2004—2020年）》，北京市规划和自然资源委员会，https://ghzrzyw.beijing.gov.cn/zhengwuxinxi/zxzt/bjcsztgh2004/202201/t20220110_2587452.html。

苍南县人民政府：《苍南启动跨乡镇土地综合整治 "治"出大县大城新空间》，中国政府网，http://www.cncn.gov.cn/art/2023/10/12/art_1255449_59061495.html。

操云甫：《从零开始的中国计算机事业发展史》，腾讯网，https://new.qq.com/rain/a/20230828A00TS700。

参考文献

曹惠君：《宜宾兴文县：大数据赋能，城乡更"智慧"》，中国新闻网·四川新闻，http：//www.sc.chinanews.com.cn/bwbd/2021-12-20/160091.html。

曹建：《教育部：将重点推进特大城市完善进城人员随迁子女入学政策》，中华人民共和国教育部，http：//www.moe.gov.cn/jyb_xwfb/moe_2082/2021/2021_zl25/bd/202104/t20210401_523928.html。

曹淼、万鹏：《农村改革的伟大创造》，学习时报，http：//dangshi.people.com.cn/n1/2018/1210/c85037-30453159.html。

《陈一新：在全国新任地市级政法委书记培训示范班开班式上的讲话》，中国法院网，https：//www.chinacourt.org/article/detail/2019/07/id/4208361.shtml，2019-7-23。

《城镇化率超60％ 1亿人落户任务提前完成》，腾讯网，https：//new.qq.com/rain/a/20201008A06EPR00。

《德清：浙江试点，县域空间治理核心场景数字国土空间综合应用》，搜狐网，https：//www.sohu.com/a/465222623_120179158。

冯奎：《如何加快农业转移人口市民化？》，腾讯网，https：//new.qq.com/rain/a/20201111A00FL400。

公众环境研究中心：《2019年度城市智慧环保指数研究报告》，公众环境研究中心，https：//www.ipe.org.cn/reports/report_21144.html。

郭桢：《新中国档案：邓小平提出科学技术是第一生产力》，中国政府网，https：//www.gov.cn/govweb/test/2009-10/10/content_1435113.htm。

郭桢：《新中国档案：新中国的土地改革运动》，中国政府网，https：//www.gov.cn/test/2009-08/20/content_1397342.htm。

郭桢：《中国的行政区划概述》，中国政府网，https：//www.gov.cn/test/2009-04/17/content_1288030.htm。

国家发展改革委：《2022年新型城镇化和城乡融合发展重点任务》，中国政府网，https：//www.gov.cn/zhengce/zhengceku/2023-03/25/content_5748273.htm。

国家发展改革委：《关于加快开展县城城镇化补短板强弱项工作的通知》，国家发展和改革委员会，https：//www.ndrc.gov.cn/xxgk/zcfb/

tz/202006/t20200 603_1229778. html。

《国家发展改革委关于加快开展县城城镇化补短板强弱项工作的通知》，国家发展和改革委员会，https：//www. ndrc. gov. cn/xxgk/zcfb/tz/202006/t20200603_1229778. html。

《国家发展改革委关于印发"十四五"新型城镇化实施方案的通知》，中国政府网，https：//www. gov. cn/zhengce/zhengceku/2022-07/12/content_5700632. htm。

国家发展改革委：《"十四五"新型城镇化实施方案》，国家发展和改革委员会，https：//www. ndrc. gov. cn/fggz/fzzlgh/gjjzxgh/202207/t20220728_1332050. html。

《国家发展改革委办公厅关于加快落实新型城镇化建设补短板强弱项工作有序推进县城智慧化改造的通知》，国家发展和改革委员会，https：//www. ndrc. gov. cn/xxgk/zcfb/tz/202007/t20200728_1234739. html？code=&state=123。

《国家数字经济创新发展试验区启动建设》，中国政府网，https：//www. gov. cn/xinwen/2019-10/20/content_5442574. htm。

国家统计局：《居民"钱包"七十年鼓起来近六十倍》，国家统计局，https：//www. gov. cn/xinwen/2019-08/15/content_5421318. htm。

国家统计局：《王萍萍：人口总量略有下降 城镇化水平继续提高》，国家统计局，http：//www. stats. gov. cn/xxgk/jd/sjjd2020/202301/t20230118_1892285. html。

国家统计局城市司：《城镇化水平不断提升 城市发展阔步前进——新中国成立70周年经济社会发展成就系列报告之十七》，中国政府网，https：//www. gov. cn/xinwen/2019-08/15/content_5421382. htm。

国家统计局：《数字经济及其核心产业统计分类（2021）》，国家统计局令第33号，2021年。

《国家新型城镇化规划（2014—2020年）》，中国政府网，https：//www. gov. cn/zhengce/2014-03/16/content_2640075. htm。

国家信息中心：《我国城镇化发展的历史与未来趋势》，国家信息中心，http：//www. sic. gov. cn/sic/81/455/0408/6163_pc. html。

国务院：《国务院关于加强国有土地资产管理的通知》，中国政府网，https：//www.gov.cn/gongbao/content/2001/content_60846.htm。

国务院：《国务院关于进一步推进户籍制度改革的意见》，中国政府网，https：//www.gov.cn/zhengce/content/2014-07/30/content_8944.htm。

国务院：《国务院关于农民进入集镇落户问题的通知》，中国政府网，https：//www.gov.cn/zhengce/content/2016-10/20/content_5122291.htm。

国务院：《国务院关于印发促进大数据发展行动纲要的通知》，中国政府网，https：//www.gov.cn/zhengce/content/2015-09/05/content_10137.htm。

国务院：《居住证暂行条例》，中国政府网，https：//www.gov.cn/zhengce/content/2015-12/12/content_10398.htm。

国务院：《中共中央 国务院关于建立国土空间规划体系并监督实施的若干意见》，中国政府网，https：//www.gov.cn/zhengce/2019-05/23/content_5394187.htm。

国务院办公厅：《积极稳妥地推进户籍管理制度改革》，中国政府网，https：//www.gov.cn/govweb/ztzl/nmg/content_404990.htm。

国务院第七次全国人口普查领导小组办公室：《第七次全国人口普查公报（第七号）》，国家统计局，https：//www.gov.cn/xinwen/2021-05/11/content_5605791.htm。

侯荣娜：《推进县域经济高质量发展》，中国社会科学网，https：//www.cssn.cn/skgz/bwyc/202310/t20231018_5691009.shtml。

《湖南省长沙县出台规划加快数字经济转型》，长沙县工信局官网，http：//www.csx.gov.cn/zwgk/zfxxgkml/gzdt75/bmdt/202209/t20220926_10820935.html。

吉林省人民政府：《吉林：抚松县提升政务公开水平》，中国政府网，https：//www.gov.cn/xinwen/2021-01/22/content_5581824.htm。

《江油：大数据赋能数字政府建设》，江油市人民政府网，http：//www.jiangyou.gov.cn/xwzx/sjjy/tpxw/34360511.html。

姜琳：《从"一五"计划看"一张蓝图绘到底"》，中国政府网，https：//www.gov.cn/xinwen/2021-04/28/content_5603521.htm。

李婕：《我国十年累计实现城镇新增就业1.3亿人》，人民日报海外版，https：//www.gov.cn/xinwen/2022-08/26/content_5706888.htm。

刘卫:《共建共治共享——从麻城看"共同缔造"的价值观》,湖北省人民政府网,https://www.hubei.gov.cn/hbfb/xsqxw/202209/t20220907_4296760.shtml。

刘啸萱:《中国户籍制度改革历史回眸》,中国政府网,https://www.gov.cn/xinwen/2014-07/30/content_2727331.htm。

《柳州鹿寨加速推动城乡交通运输一体化》,广西文明网,http://gx.wenming.cn/sxdt/202308/t20230824_6656148.html。

邱海峰:《中国常住人口城镇化率突破65% 城镇化进入"下半场"》,人民日报海外版,https://news.cctv.com/2023/03/29/ARTIOoMQJO0p8MNxpyBMCn3O230329.shtml。

人力资源社会保障部等九部门:《关于开展县域农民工市民化质量提升行动的通知》,中国政府网,https://www.gov.cn/zhengce/zhengceku/2023-01/19/content_5737933.htm。

《"十三五"期间,我国加快构建共建共治共享的社会治理格局》,中国政府网,https://www.gov.cn/xinwen/2020-11/30/content_5565780.htm。

《"十四五"规划〈纲要〉名词解释之270｜国家级空间规划》,国家发展和改革委员会,https://www.ndrc.gov.cn/fggz/fzzlgh/gjfzgh/202112/t20211224_1309537.html。

王飞翔:《"十四五"期间城镇化率提升至65%,增速放缓需提升发展质量》,界面新闻,https://www.jiemian.com/article/5765737.html。

魏国学、王瑞民:《进城农民工市民化 提振内需潜力巨大》,澎湃网,https://www.thepaper.cn/newsDetail_forward_17689846。

魏后凯:《高质量完成基本实现城镇化的目标任务》,中国社会科学网,http://rdi.cass.cn/rdi_cssn_yjcg/202103/t20210318_5319847.shtml。

《我国城市化道路怎么走？习近平总书记这样回答》,求是网,http://www.qstheory.cn/laigao/ycjx/2020-11/04/c_1126697064.htm。

《舞钢市2020年国民经济和社会发展统计公报》,舞钢市人民政府网,http://zgwg.gov.cn/contents/15686/216437.html。

新华社:《新中国档案:我国制定〈1956—1967年科学技术发展远景规划〉》,中国政府网,https://www.gov.cn/test/2009-09/02/

content_1406938.htm。

《新时期产业结构转型升级的重要指引》，国家发展和改革委员会，https：//www.ndrc.gov.cn/fggz/cyfz/zcyfz/201911/t20191108_1202519.html。

徐虹：《"新型职业农民"数量递增 农民职业教育培训市场规模超千亿》，中国网，http：//edu.china.com.cn/2021-05/21/content_77515533.htm。

徐祖哲：《"紧急措施"：周恩来与中国计算机事业的奠基》，人民网，http：//zhouenlai.people.cn/n1/2017/0524/c409117-29297604-2.html。

《勇担当，善作为，麻城市打好就业保卫战》，麻城市劳动就业管理局网，http：//rst.hubei.gov.cn/bmdt/ztzl/ywzl/wjybjy_1/zllwlb/202101/t20210106_3202181.shtml。

《优化国土空间发展格局 促进区域协调发展》，中工网，https：//www.workercn.cn/c/2023-02-21/7741030.shtml。

张蔚文：《城镇化是现代化的必由之路》，光明网，https：//guancha.gmw.cn/2022-05-09/content_35722936.htm。

张魏桔：《2020年中国202个城市环境空气质量达标占比59.9%》，中国新闻网，https：//m.gmw.cn/2021-05-26/content_1302321506.htm。

张晓松等：《人到哪去·钱从哪来·地怎么管——中央城镇化工作会议回应社会三大关切》，中国政府网，http：//www.gov.cn/jrzg/2013-12/15/content-2547953.htm。

《长沙县教育事业发展第十四个五年规划》，长沙县教育局网，http：//www.csx.gov.cn/zwgk/bmxxgkml/1289170/1289164/202201/t20220124_10453020.html。

长沙县自然资源局：《长沙县启动时空信息云平台二期升级项目》，中国政府网，http：//www.csx.gov.cn/zwgk/bmxxgkml/xgtzyj/gzdt66/202209/t20220927_10822091.html。

赵展慧等：《"十三五"期间我国棚改累计开工2300多万套》，人民日报，https：//www.gov.cn/xinwen/2021-02-17/content_5587360.htm。

《中共中央 国务院关于加强基层治理体系和治理能力现代化建设的意见》，中国政府网，https：//www.gov.cn/zhengce/2021-07/11/content_5624201.htm。

《中共中央办公厅 国务院办公厅印发〈数字乡村发展战略纲要〉》，中国政府网，https：//www.gov.cn/zhengce/2019 – 05/16/content_5392269.htm。

中共中央党史和文献研究院：《〈党史上的重要会议〉：中共七届二中全会》，中工网，https：//www.workercn.cn/c/2022 – 11 – 17/7231801.shtml。

《中共中央关于坚持和完善中国特色社会主义制度 推进国家治理体系和治理能力现代化若干重大问题的决定》，中国政府网，https：//www.gov.cn/zhengce/2019-11/05/content_5449023.htm。

《中共中央关于全面深化改革若干重大问题的决定》，中国政府网，https：//www.gov.cn/jrzg/2013-11/15/content_2528179.htm。

《中共中央、国务院印发〈乡村振兴战略规划（2018—2022 年）〉》，中国政府网，https：//www.gov.cn/zhengce/2018 – 09/26/content_5325534.htm。

中国城市中心：《新中国城镇化七十年演变路径》，中国城市中心，https：//m.thepaper.cn/newsDetail_4727177。

《中国共产党第十九届中央委员会第五次全体会议公报》，新华网，http：//www.xinhuanet.com//politics/2020 – 10/29/c_1126674147.htm?ivk_sa = 1024320u。

中国共产党中央委员会：《中共中央关于农业和农村工作若干重大问题的决定》，中国新闻网，https：//www.chinanews.com/2002 – 05 – 16/26/186034.html。

中国信通院：《数字时代治理现代化研究报告——数字政府的实践与创新（2021 年）》，中国信通院，http：//www.caict.ac.cn/kxyj/qwfb/ztbg/202103/t20210302_370363.htm。

中国信通院：《新型智慧城市产业图谱研究报告（2021 年）》，中国信通院，http：//www.caict.ac.cn/kxyj/qwfb/ztbg/202112/t20211229_394777.htm。

中华人民共和国工业和信息化部：《中国信息化与工业化融合大事记》，中华人民共和国工业和信息化部，https：//wap.miit.gov.cn/ztzl/lszt/gyzxsjxdjh/xwdt/lhrhsdxhd/art/2020/art_f1e17126d1d64aa8bf8de3a5fe

420b6b. html。

中华人民共和国国家互联网信息办公室：《〈中国数字经济发展与就业白皮书（2019 年）〉：各地数字经济发展成效显著》，新华网，http：//www. cac. gov. cn/2019-04/19/c_1124389256. htm。

国家市场监督管理总局、中国国家标准化管理委员会：《智慧城市评价模型及基础评价指标体系 第 1 部分：总体框架及分项评价指标制定的要求》，国家标准委，https：//openstd. samr. gov. cn/bzgk/gb/newGbInfo? hcno = 94A3D 226FB1D802A5F2 E348B0C4BEDBC。

《中华人民共和国国民经济和社会发展第十个五年计划纲要》，中国政府网，https：//www. gov. cn/gongbao/content/2001/content_60699. htm。

《中华人民共和国国民经济和社会发展第十三个五年规划纲要》，中国政府网，https：//www. gov. cn/xinwen/2016－03/17/content_5054992. htm。

《中华人民共和国国民经济和社会发展第十四个五年规划和 2035 年远景目标纲要》，中国政府网，https：//www. gov. cn/xinwen/2021-03/13/content_5592681. htm。

中华人民共和国国史网：《全国城市规划工作会议纪要》，国史网，http：//www. hprc. org. cn/gsgl/dsnb/dsj/dsj1980/200908/t20090819_3955688. html。

中华人民共和国住房和城乡建设部办公厅：《住房城乡建设部办公厅关于开展国家智慧城市试点工作的通知》，中华人民共和国住房和城乡建设部办公厅，https：//www. mohurd. gov. cn/gongkai/zhengce/zhengcefilelib/201212/20121204_212182. html。

中商产业研究院：《2021 年中国能源消费情况：清洁能源消费量占比提升至 25.5%》，中商情报网，https：//www. askci. com/news/chanye/20220301/1615401745602. shtml。

《中央城市工作会议在北京举行 习近平李克强作重要讲话》，中国共产党新闻网，http：//cpc. people. com. cn/n1/2015/1223/c64094－27963704. html。

《中央城镇化工作会议举行 习近平、李克强作重要讲话》，中国政府网，https：//www. gov. cn/ldhd/2013-12/14/content_2547880. htm。

朱惠：《最新发布统计公报显示——武汉常住人口和市场主体迎来

"双增长"》，湖北日报，https://www.hubei.gov.cn/hbfb/szsm/202204/t20220408_4073750.shtml。

自然资源部：《自然资源部关于加强国土空间详细规划工作的通知》，中国政府网，https://www.gov.cn/zhengce/zhengceku/2023-03/25/content_5748273.htm。

二 外文文献

Acemoglu D. and Guerrieri V., "Capital Deepening and Non-Balanced Economic Growth", *Journal of Political Economy*, Vol. 116, No. 3, 2008.

Affinito L. et al., "How Physicians Can Empower Patients with Digital Tools: A Joint Study of the Italian Scientific Society of Internal Medicine (FADOI) and the European Federation of Internal Medicine (EFIM)", *Journal of Public Health*, Vol. 30, 2022, pp. 897-909.

Aleksandrowicz O. et al., "Spatio-Syntactical Analysis and Historical Spatial Potentials: The Case of Jaffa-Tel Aviv", *Journal of Interdisciplinary History*, Vol. 49, No. 3, 2018.

Allam Z. and Dhunny Z. A., "On Big Data, Artificial Intelligence and Smart Cities", *Cities*, Vol. 89, 2019.

Allam Z., *Cities and the Digital Revolution: Aligning Technology and Humanity*, Cham: Springer Nature, 2019.

Anderson R. et al., "Urbanization, Productivity, and Innovation: Evidence from Investment in Higher Education", *Journal of Urban Economics*, No. 1, 2009.

Andrews L., "Public Administration, Public Leadership and the Construction of Public Value in the Age of the Algorithm and 'Big Data'", *Public Administration*, Vol. 97, No. 2, 2019.

Ansell C. and Gash A., "Collaborative Governance in Theory and Practice", *Journal of Public Administration Research and Theory*, Vol. 18, No. 4, 2008.

Antonelli C., "The Digital Divide: Understanding the Economics of New Information and Communication Technology in the Global Economy", *Information Economics and Policy*, Vol. 15, No. 2, 2003.

Ash J. et al., "Digital Turn, Digital Geographies?", *Progress in Human Geography*, Vol. 42, No. 1, 2018.

Ash J. et al., *Digital Geographies*, London: Sage Publications, 2019.

Autio E., "Digitalisation, Ecosystems, Entrepreneurship and Policy", 2017-12-14, https://www.researchgate.net/publication/321944724_Digitalisation_ecosystems_entrepreneurship_and_policy, 2023-11-20.

Baldwin R. E., "Agglomeration and Endogenous Capital", *European Economic Review*, Vol. 43, No. 2, 1999.

Baldwin R. E. et al., "Global Income Divergence, Trade, and Industrialization: The Geography of Growth Take-Offs", *Journal of Economic Growth*, Vol. 6, No. 1, 2001.

Banerjee A. V. and Duflo E., "Growth Theory through the Lens of Development Economics", *Handbook of Economics Growth*, Vol. 1, 2005.

Bartoloni E. et al., "Urban Non-Urban Agglomeration Divide: Is There a Gap in Productivity and Wages?", *Italian Economic Journal*, Vol. 9, No. 2, 2023.

Bary A. D., *Die Erscheinung der Symbiose*, Strassburg: Karl I. Trübner Verlag, 1879.

Batty M., "Big Data, Smart Cities and City Planning", *Dialogues in Human Geography*, Vol. 3, No. 3, 2013.

Beddington S. J., "The Future of Food and Farming", *International Journal of Agricultural Management*, Vol. 1, No. 2, 2011.

Benfeldt O. et al., "Data Governance as a Collective Action Problem", *Information Systems Frontiers*, Vol. 22, 2020.

Bogue D. J., *Principles of Demography*, New York: J. Wiley & Sons, Inc., 1969.

Brown M. M., "Revisiting the IT Productivity Paradox", *The American Review of Public Administration*, Vol. 45, No. 5, 2015.

Bryson J. M. et al., "Designing and Implementing Cross-Sector Collaborations: Needed and Challenging", *Public Administration Review*, Vol. 75, No. 5, 2015.

Calvino F. et al., "A Taxonomy of Digital Intensive Sectors", 2018-06-15, https://www.oecd-ilibrary.org/content/paper/f404736a-en, 2023-11-20.

Caren N. and Panofsky A., "TQCA: A Technique for Adding Temporality to Qualitative Comparative Analysis", *Sociological Methods & Research*, Vol. 34, No. 2, 2005.

Castells M., *Networks of Outrage and Hope—Social Movements in the Internet Age*, Chichester, UK: Wiley, 2012.

Castells M., *Space of Flows, Space of Places: Materials for a Theory of Urbanism in the Information Age*, London: Routledge Press, 2020: 240-251.

Castells M., *The Informational City: Economic Restructuring and Urban Development*, Oxford: Wiley-Blackwell, 1989.

Castells M., *The Rise of the Network Society*, Oxford: Blackwell Publishers, Inc., 1996.

Charles C. Ragin, "Set Relations in Social Research: Evaluating Their Consistency and Coverage", *Political Analysis*, Vol. 14, No. 3, 2006.

Chen Y. M., "Improving Market Performance in the Digital Economy", *China Economic Review*, Vol. 62, No. 8, 2020.

Connolly M. et al., "The Digital Divide and Other Economic Considerations for Network Neutrality", *Review of Industrial Organization*, Vol. 50, 2017.

Cordella A. and Paletti A., "ICTs and Value Creation in Public Sector: Manufacturing Logic vs Service Logic", *Information Polity*, Vol. 23, No. 2, 2018.

Cowen M. P. and Shenton R. W., "Agrarian Doctrines of Development: Part Ⅰ", *The Journal of Peasant Studies*, Vol. 25, No. 2, 1998.

Deverell E. et al., "Understanding Public Agency Communication: The Case of the Swedish Armed Forces", *Journal of Public Affairs*, Vol. 15, No. 4, 2015.

Dunleavy P. et al., "New Public Management is Dead-Long Live Digital-

Era Governance", *Journal of Public Administration Research and Theory*, Vol. 16, No. 3, 2006.

Dutot V. and Horne C., "Digital Entrepreneurship Intention in a Developed vs Emerging Country: An Exploratory Study in France and the UAE", *Transnational Corporation Review*, Vol. 7, No. 1, 2015.

Ebers M. and Oerlemans L., "The Variety of Governance Structures Beyond Market and Hierarchy", *Journal of Management*, Vol. 42, No. 6, 2016.

Elwood S., "Beyond Cooptation or Resistance: Urban Spatial Politics, Community Organizations, and GIS-Based Spatial Narratives", *Annals of the Association of American Geographers*, Vol. 96, No. 2, 2006.

Emerson K. et al., "An Integrative Framework for Collaborative Governance", *Journal of Public Administration Research and Theory*, Vol. 22, No. 1, 2012.

Fan R. et al., "Study on the Optimal Supervision Strategy of Government Low-Carbon Subsidy and the Corresponding Efficiency and Stability in the Small-World Network Context", *Journal of Cleaner Production*, Vol. 168, No. Dec. 1, 2017.

Felicio M. et al., "Industrial Symbiosis Indicators to Manage Eco-Industrial Parks as Dynamic Systems", *Journal of Cleaner Production*, Vol. 118, No. Apr. 1, 2016.

Fishenden J. and Thompson M., "Digital Government, Open Architecture, and Innovation: Why Public Sector IT will Never Be the Same Again", *Journal of Public Administration Research and Theory*, Vol. 23, No. 4, 2013.

Flood J., *The Fires: How a Computer Formula Burned Down New York City And Determined the Future of American Cities*, New York: Riverhead Books, 2010.

Forman C., "The Corporate Digital Divide: Determinants of Internet Adoption", *Management Science*, Vol. 51, No. 4, 2005.

Fujita M., "A Monopolistic Competition Model of Spatial Agglomeration: Differentiated Product Approach", *Regional Science and Urban Eco-*

nomics, Vol. 18, No. 1, 1988.

Fukuyama, Francis, "What is Governance?", *Governance*, Vol. 26, No. 3, 2013.

Fu W. et al., "Does Urban Agglomeration Promote the Development of Cities? Evidence from the Urban Network Externalities", *Sustainability*, Vol. 15, No. 12, 2023.

Gasco-Hernandez M. et al., "Unpacking the Role of Technology, Leadership, Governance and Collaborative Capacities in Inter-Agency Collaborations", *Government Information Quarterly*, Vol. 39, No. 3, 2022.

Gil-Garcia J. R. et al., "Digital Government and Public Management Research: Finding the Crossroads", *Public Management Review*, Vol. 20, No. 5, 2018.

Goldfarb A. and Tucker C., "Digital Economics", *Journal of Economic Literature*, Vol. 57, No. 1, 2019.

Gómez C. D. et al., "Spatial and Temporal Disaggregation of the On-Road Vehicle Emission Inventory in a Medium-Sized Andean City? Comparison of GIS-Based Top-Down Methodologies", *Atmospheric Environment*, Vol. 179, 2018.

Graham M. et al., "Digital Divisions of Labor and Informational Magnetism: Mapping Participation in Wikipedia", *Annals of the Association of American Geographers*, Vol. 105, No. 6, 2015.

Haken H., "Synergetics: An Approach to Self-Organization", *Self-Organizing Systems: The Emergence of Order*, 1987.

Haken H., "Synergetics: Basic Concepts", *Synergetics*, No. 6, 2020.

Heberle R., "The Causes of Rural-urban Migration a Survey of German Theories", *American Journal of Sociology*, Vol. 43, No. 6, 1938.

Hillier B. and Hanson J., *The Social Logic of Space*, Cambridge: Cambridge University Press, 1989.

Hillier B. et al., "Space Syntax", *Environment and Planning B: Planning and Design*, Vol. 3, No. 2, 1976.

Höchtl J. et al., "Big Data in the Policy Cycle: Policy Decision Making in the Digital Era", *Journal of Organizational Computing and Electronic Commerce*, Vol. 26, No. 1-2, 2016.

International Telecommunication Union (ITU), "Measuring Digital Development: Facts and Figures 2023", 2023-11-27, https://www.itu.int/pub/D-IND-ICT_MDD-2023-1, 2023-11-30.

International Telecommunication Union, *Measuring the Information Society: The ICT Development Index*, Geneva: International Telecommunication Union, 2009.

Jorgenson D. W. et al., "Industry Origins of the American Productivity Resurgence", *Economic Systems Research*, Vol. 19, No. 3, 2007.

Ketteni E., "Information Technology and Economic Performance in US Industries", *Canadian Journal of Economics*, Vol. 42, No. 3, 2009.

Khaki-Sedigh A., *An Introduction to Data-Driven Control Systems*, New York: John Wiley & Sons, 2023.

Latour B., *Reassembling the Social: An Introduction to Actor-Network-Theory*, New York: Oxford University Press, 2007.

Laurence R. and Newsome D. J., *Rome, Ostia, Pompeii: Movement and Space*, London: Oxford University Press, 2011.

Lefebvre H., *The Production of Space*, Translated by Nicholson-Smith D., Oxford, UK: Blackwell, 1991.

Leong C. M. L. et al., "ICT-Enabled Community Empowerment in Crisis Response: Social Media in Thailand Flooding 2011", *Journal of the Association for Information Systems*, Vol. 16, No. 3, 2015.

Li C. Q. et al., "Digital Enablement and Its Role in Internal Branding: A Case Study of HUANYI Travel Agency", *Industrial Marketing Management*, Vol. 72, 2018.

Liubinienė V. and Kasperavičienė R., "Children's Empowerment Through Digital Technologies in the Context of Smart Pedagogy: Case Study", *Didactics of Smart Pedagogy: Smart Pedagogy for Technology Enhanced Learning*, Cham: Springer Nature, 2019.

Liu C. Y., "From Los Angeles to Shanghai: Testing the Applicability of Five Urban Paradigms", *International Journal of Urban and Regional Research*, Vol. 36, No. 6, 2012.

Liu J. et al., "Complexity of Coupled Human and Natural Systems", *Science*, Vol. 317, Issue 5844, 2007.

Liu J. G. et al., "Framing Sustainability in a Telecoupled World", *Ecology and Society*, Vol. 18, No. 2, 2013.

Mäkinen M., "Digital Empowerment as a Process for Enhancing Citizens' Participation", *E-learning and Digital Media*, Vol. 3, No. 3, 2006.

Marshall T. H., *Citizenship and Social Class*, London: Cambridge University Press, 1950.

Menike H. R. A., "A Literature Review on Population Growth and Economic Development", *International Journal of Humanities Social Sciences and Education*, Vol. 5, No. 5, 2018.

Morasso P., "The Quest for Cognition in Purposive Action: From Cybernetics to Quantum Computing", *Journal of Integrative Neuroscience*, Vol. 22, No. 2, 2023.

Navarra D. D. and Cornford T., "The State and Democracy after New Public Management: Exploring Alternative Models of E-Governance", *The Information Society*, Vol. 28, No. 1, 2012.

Nicholls W. J., "The Los Angeles School: Difference, Politics, City", *International Journal of Urban and Regional Research*, Vol. 35, No. 1, 2011.

OECD, "Recommendation of the Council on Digital Government Strategies", 2014-07-15, https://legalinstruments.oecd.org/en/instruments/OECD-LEGAL-0406, 2023-11-27.

Paroutis S. et al., "A Strategic View on Smart City Technology: The Case of IBM Smarter Cities during a Recession", *Technological Forecasting and Social Change*, Vol. 89, 2014.

Parsons T., *The System of Modern Societies*, Englewood Cliffs, New Jersey: Prentice-Hall, 1971.

Partesotti E. et al., "Digital Instruments and Their Uses in Music Therapy", *Nordic Journal of Music Therapy*, Vol. 27, No. 5, 2018.

Paunov C. and Rollo V., "Has the Internet Fostered Inclusive Innovation in the Developing World?", *World Development*, Vol. 78, 2016.

Population Reference Bureau, "2018 World Population Data Sheet", 2018-08-18, https://prb.org/wp-content/uploads/2018/08/2018_WPDS.pdf, 2023-11-17.

Ragin C. C., *The Comparative Method: Moving Beyond Qualitative and Quantitative Strategies*, Berkeley, Los Angeles and London: University of California Press, 1987.

Ravenstein E. G., "The Laws of Migration", *Journal of the Royal Statistical Society*, Vol. 52, No. 2, 1889.

Reid W. V., *Millennium Ecosystem Assessment Panel: Ecosystem and Human Well-being: Synthesis*, Washington D. C., USA: Island Press, 2005.

Rihoux B., "Qualitative Comparative Analysis (QCA) and Related Systematic Comparative Methods Recent Advances and Remaining Challenges for Social Science Research", *International Sociology*, Vol. 21, No. 5, 2006.

Robin C., *Theories of Migration*, Vermont: Edward Elgar Publishing, 1996.

Rooks G. et al., "An Empirical Test of Stage Models of E-Government Development: Evidence from Dutch Municipalities", *The Information Society*, Vol. 33, No. 4, 2017.

Röller L. H. and Waverman L., "Telecommunications Infrastructure and Economic Development: A Simultaneous Approach", *American Economic Review*, Vol. 91, No. 4, 2001.

Schneider C. Q. and. Wagemann C., "Set-Theoretic Methods for the Social Sciences: A Guide to Qualitative Comparative Analysis", *International Journal of Social Reserch Methodology*, Vol. 16, No. 2, 2013.

Schneider C. Q. and Wagemann C., *Set-Theoretic Methods for the Social*

Sciences: *A Guide to Qualitative Comparative Analysis*, Cambridge: Cambridge University Press, 2012.

Scott A. J., *The Urban Land Nexus and the State*, London: Routledge, 2007.

Six P., *Holistic Government*, London: Demos, 1997.

Solow R. M., "We'd Better Watch Out", *New York Times Book Review*, No. 7, 1987.

Stéphanie M. and. Waelbroeck P., "The Nature of Innovation and the Origin of Technological Spillovers: An Econometric Analysis on Individual French Data", *SSRN Electronic Journal*, Vol. 46, No. 3, 2003.

Thomas K. W. and Velthouse B. A., "Cognitive Elements of Empowerment: An 'Interpretive' Model of Intrinsic Task Motivation", *Academy of Management Review*, Vol. 15, No. 4, 1990.

Thorstein B. V., *The Theory of the Leisure Class: An Economic Study in the Evolution of Institutions*, New York: Macmillan Corporation, 1899.

Tornatzky L. G. et al., *Processes of Technological Innovation*, London: Lexington Books, 1990.

Trendov N. M. et al., *Digital Technologies in Agriculture and Rural Areas: Status Report*, Rome: Food and Agriculture Organization of the United Nations, 2019.

UN. Population Division, *The World's Cities in 2016: Data Booklet*, 2016-10-18, https://www.un.org/en/development/desa/population/publications/pdf/urbanization/the_worlds_cities_in_2016_data_booklet.pdf, 2023-11-17.

UN DESA, *World Population Prospects 2024: Key Findings and Advance Tables*, New York: UN DESA, 2024.

UN Habitat, *Urbanization and Climate Change in Small Island Developing States*, Nairobi: UN Habitat, 2015.

Vallianatos M., "Uncovering the Early History of 'Big Data' and the 'Smart City' in Los Angeles", 2015-06-16, https://boomcalifornia.com/2015/06/16/uncovering-the-early-history-of-big-data-and-the-smart-city-in-la/, 2023-11-17.

Van Nes A. and Yamu C. , *Introduction to Space Syntax in Urban Studies*, Cham: Springer Nature, 2021.

Vanolo A. , "Smartmentality: The Smart City as Disciplinary Strategy", *Urban Studies*, Vol. 51, No. 5, 2013.

Vivona R. et al. , "The Costs of Collaborative Innovation", *The Journal of Technology Transfer*, Vol. 48, No. 3, 2023.

Volberda H. W. and Lewin A. Y. , "Co-evolutionary Dynamics within and between Firms: From Evolution to Co-evolution", *Journal of Management Studies*, Vol. 40, No. 8, 2010.

Von Bertalanffy L. , "An Outline of General System Theory", *The British Journal for the Philosophy of Science*, Vol. 1, No. 2, 1950.

Williamson O. E. , "Transaction-Cost Economics: The Governance of Contractual Relations", *The Journal of Law and Economics*, Vol. 22, No. 2, 1979.

Willis K. , ed. *Theories and Practices of Development*, London: Routledge, 2011.

World Bank Group, *World Development Report 2016: Digital Dividends*, Washington D. C. : World Bank Publications, 2016.

Yoo Y. et al. , "Research Commentary—The New Organizing Logic of Digital Innovation: An Agenda for Information Systems Research", *Information Systems Research*, Vol. 21, No. 4, 2010.

Zhu Y. , "The Urban Transition and Beyond: Facing New Challenges of the Mobility and Settlement Transitions in Asia", United Nations Expert Group Meeting on Sustainable Cities, Human Mobility and International Migration, New York: UN DESA, 2017.

Zook M. et al. , "Cyberspatial Proximity Metrics: Reconceptualizing Distance in the Global Urban System", *Journal of Urban Technology*, Vol. 18, No. 1, 2011.

后　　记

"推进以县城为重要载体的城镇化"是党的十九届五中全会提出的新命题，是在"两个一百年"奋斗目标历史交汇点上统筹"两个大局"的大势所趋。加快以县城为重要载体的城镇化发展，是"加快形成以国内大循环为主体、国内国际双循环相互促进新发展格局"的因时而动、因势而行之举。在党的十九届五中全会召开之际，习近平总书记指出："我国现有1881个县市，农民到县城买房子、向县城集聚的现象很普遍，要选择一批条件好的县城重点发展，加强政策引导，使之成为扩大内需的重要支撑点。"推进以县城为重要载体的城镇化建设，不仅是扩大投资、促进消费、推动实施扩大内需战略的重要抓手，也是优化国土空间布局、推进区域协调发展、促进城乡融合发展的有力举措。

全球新一轮科技与产业革命正在深入发展，一大批新型与先进技术如互联网、物联网、大数据、云计算、人工智能竞相创立并加速向各领域各方面广泛渗透。协调好县城城镇化过程中的财权、事权、数据权三者关系，是推进以县城为重要载体的城镇化建设的关键。虽然中国大城市、城市圈、城市群数字化发展水平较高，一些领域甚至处于国际领先水平，但是，现阶段中国县域数字化发展的基础还十分薄弱，亟须补短板强弱项。

本书立足城镇化、工业化、信息化与乡村振兴四大战略目标的统筹安排，将落脚点放在以数字化为支撑的县城城镇化这个关键点上，主要体现了以下三大特点。一是全面系统地阐述了城镇化数字化协同的基本原理。二是体现了相关理论和实践的前沿应用，同时反映了国内外最新、最权威的相关学术研究及改革发展成果。三是依据县城城镇化数字化协同发展的背景、分析框架、理论基础、实践探索、驱动路径、优化路径的逻辑体系安排全书结构。本书拟建构的县城城镇化数字化协同发展的三维驱动分析框架是县城城镇化数字化协同发展最重要的特点之一,突出了前瞻性。

本书将"以县城为重要载体"和"以数字为重要支撑"的交汇点——"数字县城"作为研究的逻辑起点和对象,将其视为"大国三农+中国之治"的重要观测点、"城镇化结构变革+数字化技术变革"的重要切入点。本书体现了四个创新点。其一,采用"结构—过程—功能"三维视角,集成创新"三农三变"分析框架,回应三个关键性问题:一是中国现代化新征程背景下为何以县城为重要载体、县城为何走数字化智能化道路;二是在县城城镇化数字化协同发展三维路径中,空间城镇化、产业现代化、农民市民化如何推进传统农村向"数字城镇"转变、如何推进传统农业向"数字产业"转变、如何推进传统农民向"数字公民"转变;三是如何将"中国之治"制度优势更好转化为"数字县城"和"三农三变"的效能。其二,以实践科学为导向,在承继以人为核心的新型城镇化理论的基础上,紧扣时代特征,凸显中国特色,进一步系统性地嵌入"数字化"维度,通过对政策文本的深入解读、研究进展的系统分析和中国县城城镇化数字化协同发展的水平特征和组态路径的实证研究,力图构建出集"政策牵引""理论支撑""数字化应用场景"于一体的"数字县城五论",即"数字视角论""数字驱动论""数字融合论""数字赋能论""数字支撑论",为县城城镇化数字化协同发展提供理论支持,进一步丰富和深化中国特色新型城镇化理论的内涵。其三,针对以县城为重要载体的城镇空间结构调整、产业结构转型、治理结构变革的三维路径,加强理论与实践创新研究,解析县城城镇化数字化协同发展新机制。其四,重点关注"县城城镇化"与"县城数字化"的耦合机制,从县城善治的角度出发,在"三农三变"的基础上,融合以人为核心,政治、法治、德治、自治、智治"一核五治"的发展理念。

全书共分为八章,以城镇化、数字化、协同发展基础理论为基石,以县城城镇化数字化协同为主体,突出数字化赋能的普遍性与多维性,注重全书各章节的结构性、逻辑性、功能性联系,使之成为一个脉络清晰的体系。第一章阐述了县城城镇化数字化协同的研究背景及重大意义，从总体上把握其时代背景、战略导向、政策逻辑及研究意义。第二、第三章构建了县城城镇化数字化协同的研究纲领，概述了基础知识，总结了研究进展，搭建了分析框架，并进一步介绍了基本理论，梳理并总结了城镇化实践历程，最后详细介绍了本书的研究设计。第四章至第六章重点考察了县城城镇化数字化协同的三维路径，以空间结构调整、产业结构转型、治理结构变革为主线展开，对各维度的发展目标、内在逻辑进行系统阐述，并就其驱动路径开展实证分析。第七章主要考察了通过县城城镇化数字化协同实现数字县城建设整体智治的综合性目标，阐述了数字县城建设整体智治的理论框架，基于实证分析提出了针对性优化路径。第八章归纳本书的研究结论与成果价值。本书附录部分为县城城镇化数字化协同发展案例数据资料库，收集了本书的案例资料及原始数据。

本书在写作过程中在体系和内容上沿袭了学术界的普遍做法，既注重对县城数字化城镇化协同的基本概念和理论的介绍，又注重实现数字化城镇化协同过程的剖析，更注重对学界最新学术观点、最新研究动态的梳理。始终贯彻理论联系实际的原则，力求将西方公共管理理论应用于中国特色社会主义县城城镇化建设实践分析中，讲好中国故事、提供中国方案。本书希望帮助读者更准确、深入地理解相关的理论，为社会各界提供实践参考。

本书是笔者主持的国家社科基金重点课题"数字化视角下推进以县城为重要载体的城镇化建设研究"（编号：21AZD049）的最终成果。徐晓林教授、高小平教授为本课题研究提供了宝贵的指导意见，李立清教授参与了课题研究的总体设计，并对全书的实证研究部分进行了严格把关。笔者的博士研究生温馨、高猛、陈梦雅、陈翔宇、蔡湘杰、李民梁和硕士研究生杨海滨等收集整理了大量资料并参与了调查研究和部分内容的撰写工作。本书的出版还得到西安交通大学"领军学者"支持计划项目"乡村振兴战略下数字赋能城乡公共服务高质量发展研究"的资助，感谢周忠良教授、朱正威教授的审读、讨论和有益的修改建议。中国社会科学出版社刘晓红编辑为本书的付梓作出了巨大贡献，令笔者十分感动。本书在写作过程中，吸收了许多中外学者的研究成果，参阅了大量中外文文献，在此一并表示感谢。由于时间紧迫、笔者水平有限，书中难免有疏漏和不足之处，敬请专家和读者批评指正！

2024 年 3 月 18 日于勺水斋